1927—1937年
南京国民政府
农地地权立法研究

杨士泰　张志红　著

当代中国出版社
Contemporary China Publishing House
2019年·北京

图书在版编目(CIP)数据

1927—1937 年南京国民政府农地地权立法研究 / 杨士泰，张志红著 . -- 北京：当代中国出版社，2019.12
ISBN 978-7-5154-0981-8

Ⅰ. ①1… Ⅱ. ①杨… ②张… Ⅲ. ①农业用地－土地所有权－立法－研究－中国－民国 Ⅳ. ① D922.302

中国版本图书馆 CIP 数据核字（2019）第 260951 号

出 版 人　曹宏举
责任编辑　聂文聪　周显亮
责任校对　康　莹
装帧设计　观止堂_未　氓　孔舒琴
出版发行　当代中国出版社
地　　址　北京市地安门西大街旌勇里 8 号
网　　址　http://www.ddzg.net　邮箱：ddzgcbs@sina.com
邮政编码　100009
编 辑 部　(010)66572264　66572154　66572132　66572180
市 场 部　(010)66572281　66572161　66572157　83221785
印　　刷　北京润田金辉印刷有限公司
开　　本　720 毫米 × 1020 毫米　1/16
印　　张　24.5 印张　2 插页　386 千字
版　　次　2019 年 12 月第 1 版
印　　次　2019 年 12 月第 1 次印刷
定　　价　89.00 元

前 言

我对土地问题感兴趣是从2000年开始，那时候我刚入学攻读硕士学位，需要选择研究方向。我读的是中国近现代史专业，遍览当时学者们的研究领域，民国时期国民政府的土地制度几乎就是一片处女地，很少有学者对它进行深入探讨。而那个时候中国的改革开放事业已经进行了20余年，曾经对农业产生巨大推动作用的农村土地承包制度开始遇到土地撂荒、地利不尽的状况。于是社会上土地私有化的论调开始泛滥。

土地撂荒，土地生产效率不高，到底是不是土地集体所有制带来的？土地私有制就真的能解决当前的土地问题吗？绝不能贸然下论断，更不能莽撞地用实践去检验，那会犯颠覆性的错误。最简便、最可靠的办法就是回顾历史，以已经被实践证明的事实来说明问题。而最能引以为鉴，并与当前土地问题形成鲜明对比的就是南京国民政府时期的土地制度了。南京国民政府时期，中国社会的封建主义趋向解体，资本主义有了一定程度的发展，法律制度在中国也进行着中西激烈碰撞，革故鼎新之势如决堤之水不可阻挡。南京国民政府在土地所有制上，试图走出与中国历史及世界各国均不相同的道路，明确全国土地属于中华民国国民全体，但实际上实行的仍然是土地私有制，只不过是为这种土地私有制留下了加以限制的空间和法理基础，但国民政府时期对土地私有制的限制并没有真正实施。这时期的土地制度与土地状况之间的关系，正体现了私人、社会、法律、国家之间力量对比与较量的关系，最能说明土地私有制的运行的不良结果。

我们客观地解剖南京国民政府在抗战前的土地制度，分析其利弊，研究其得失，不仅是出于解决社会现实问题的需要，也是学术研究的任务使然。对南京国民政府土地法律制度的研究，至今没有一部专门著作出现，不能不说是一件学术界的憾事。

本书由绪论、第一章至第四章及结论三部分组成，绪论部分介绍了本项目的研究缘起、研究现状、研究目的和方法、使用的资料、相关概念和理论框架，结论部分在总结全文基础上得出了一些重要启示，中间四章主体内容如下：

第一章　立法的背景与目标

中国古代的土地制度经历过井田制、“黔首自实田”、王田制、均田制等。唐朝中晚期以后，逐渐形成了以地主对土地的管控权利为核心，以永佃和典为特色，以自由交易为表征的复杂地权体系。清末民国初期，西方法治理念和思想进入中国，中国政府进行了大规模的变法运动。随着近代中国变法进程，国家土地制度发生了重要变革。中国民刑不分的传统法律文本形式开始被打破，土地特别法及民事相关法不断产生；以所有权为核心的现代法制观念及概念体系逐渐形成；土地私有制正式被法律明文规定下来，由此也诞生了有中国特点的西方式的土地权利体系。但清末及民国北京政府的农村地权制度本质上仍是自由放任的制度，是土地所有权过于集中、土地利用不经济、土地制度不适应商品经济发展的重要制度根源。这也在某种程度上为南京国民政府农地地权立法预置了法律价值层面的任务和目标：追求效率的实现，但又须考虑其与平等、秩序、自由等法律价值的相互关系，实现这目标，虽然面临着重大历史、现实压力，但也存在许多有利条件。

南京国民政府的农地地权立法是在孙中山等国民党领导人的土地思想和国民党政策指导下进行的。孙中山有着丰富的土地思想，他主张以和平的、法律的、渐进的方式进行土地制度改良，基本手段是地价税。其土地思想有进步意义，但也有很大的局限性：第一，对当时的地权集中现象没有客观清醒的认识和客观评判；第二，“平均地权”主要不是用以解决现实问题，而是面向未来，防止将来可能会出现的地价不公；第三，依靠政治的和法律的手段，欲求地主与农民两不伤害地达到平均地权的目的；第四，他的农地思想本身存在许多矛盾。蒋介石、胡汉民等国民党主要领导人，总体上继承了孙中山的土地主张，但也对其理论进行了主观片面地取舍。这一时期国民党农地地权政策的主要内容是依靠法治渐进地推行土地改革，实质是搁置“耕者有其田”的实现，更多的是做一些土地整理、农业合作、土地陈报、土地金融等技术性工作。确认和保护地主阶级的既得利益是南京国民政府农地地权立法内容失偏和效果不佳的关键症结所在。当时还有社会上一些知名理论家的农地地权思想被吸收到土地立法中，这一方面反映了当时农地地权问题的严重性，另一方面也说明当时政府立法有一定民主性。总体看，南京国民政府农地立法的是在受西方思想影响很深的孙中山土地主张的指导下进行的，国民党重要领导人的政见起到了重要作用，其他社会思想家的观点也有一定影响。

第二章　立法的渊源与过程

国民党中央是最高的国家权力机关，它制定立法原则后，立法院方可依此原则制定法律，立法院不过是国民党政权的法律技术机构。这种立法体制具有其优势，但也存在不可忽视的弊端。

南京国民政府的地权立法，从形式上看已颇为完备，既有国民党政纲、决议为指导，又有国家法律为依归；既有宪法统摄，又有部门法支撑；既有规定私权的民事法，也有规范地权行为之行政法；既有实体法律规定，又有程序法之保证；既有成文法之明确具体，又有判例、习惯、法理之灵活使用，形成了一个世界上独特的制定法为主的内容比较齐全的地权规范体系，这在中国近代史上是难能可贵的。但这个法律体系也存在着法出多门、庞杂混乱、以党代法、易生矛盾的弊端。

南京国民政府农地地权立法中，《民法》《土地法》出台异常迅速，《土地法施行法》却严重迟滞。其原因有很多，但最关键的制约因素在于立法者的利益倾向和政治决心。

第三章　立法的内容

南京国民政府以孙中山的三民主义为指导，选择性移植了西方特别是日本的法律，吸收借鉴了中国传统社会土地制度中的许多固有习惯，建立起了一个具有中国特点的农地地权制度体系。这个体系也即私权利体系，包括所有权、他物权（用益物权和担保物权）、典权、占有、优先权、耕作权等，其中他物权中的用益物权包括地上权、地役权和永佃权，担保物权在土地上主要是抵押权。

南京国民政府实行土地双重所有制。先是从理论上确定土地由国民全体共享，为国家控制私人土地所有权创造了理论前提，又在此基础上将土地分为公有和私有两种不同的所有性质。南京国民政府坚持社会本位的立法理念，提升了用益物权的地位，对它们以充分的保护，用以限制甚至对抗所有权，削弱了所有权的绝对性。这种做法的目标不尽相同，对地上权和地役权的保护多出于提高效率的需要，对永佃权的保护更多的是出于实现平等的需要。在抵押权的设计上，南京国民政府特别重视抵押权人权利的实现，这对提高交易效率有积极意义，但它却忽略了对第三人的利益保护，给社会交易的安全留下隐患。在典权制度设计中，南京国民政府以西方法学理论为指导，尊重了中国传统社会典的习惯，又对其进行了限制性改造，反映了其立法技术的较高水准。

南京国民政府以公权力约制私权利的主要做法包括实行土地登记、限制所有权、给农地租用者以权利特惠、鼓励及强制荒地开发、土地强制使用、土地重划、土地税收、土地征收等。实践中，本应对“平均地权”、“耕者有其田”、促进地尽其利、实现社会正义发挥决定作用的公权力，其表现却差强人意。总体上看，南京国民政府的农地地权制度既有封建性，又有资本主义性，属半封建半资本主义性质的土地私有制。

南京国民政府农地地权立法在土地纠纷处理上规定了相当多的调处方法，有民事的，也有行政的和刑事的；有诉讼程序的，也有非诉程序的。但也存在解决纠纷办法的种类过多、过于复杂凌乱、刑事处罚乏力的状况。

土地行政方面，由中央政府组织的减租运动、国土调查、土地陈报、农村合作运动；由地方政府发动的，主要是陈果夫在江苏主持的“地籍整理”、阎锡山在山西的“土地村公有”及“匪区”的土地整理。这些活动有的收到了一定效果，但也有不少活动只闻其声不见其行，不但未能改善农地地权状况，反而使之每况愈下。各地进行的土地实践活动，没有全国统一的政权力量为依托和保证，仅靠地方推动，是不可能取得实效的。

土地司法审判方面，有行政法院的审判和普通的民事审判。行政法院为数不多的地权纠纷审判明确了行政法院与普通法院的审判权界限，更主要的是它规范了土地案件审判的程序，并直接纠正了行政机关的一些不适法行为。民事审判中的有关法律规定在司法审判实践中很大程度上得以执行，但传统地权习惯仍有较大影响。总体上，这些司法裁判是在坚持土地私有制、保护地主既得土地利益的立法基础上进行的裁判，是对既有土地分配格局的维护和强化。

第四章 立法的特点与影响

1927—1937 年南京国民政府的农地地权立法存在着这样几个特点：1. 思想、政策、法律在理想与现实间步步失据；2. 在移植西方法律的同时保留了鲜明的本土特色；3. 法律在彷徨中背离了正义的价值要求；4. 立法过程、法律形式、实施结果存在着诸多矛盾，形成鲜明的反差。引致这些特点产生的原因比较复杂。孙中山的哲学思想、建国理论、三民主义、党治思想等均存在致命缺陷；落后的自然经济难以支撑资本主义式的地权制度变革，上层建筑严重脱离了经济基础能够提供的条件；国民党中央的派系斗争、中央与地方权力的冲突等不能为农地地权制度改革提供坚强政治保障；传统的义利观、重农抑商观念、宗法文化及官本位文化都对农地地权制度的变革起到了一定阻碍作用；法学家们比较成熟的法学研究推动了农地地权的立法进程，但立法者严重脱离实际的同时又受利益驱动而站偏了立场。

1927—1937 年南京国民政府农地地权立法对后世有一定影响和借鉴意义。国民党政权此后的农地地权立法基本继承了这一时期的立法原则和内容；台湾地区的土地改革取得比较明显的成效，得益于汲取这一时期立法的经验教训；中国共产党的土地改革在目标上也一定程度受其影响。我国当前农村土地制度改革也应借鉴其理念和技术经验：其民生理念、市场经济理念、依法治地理念及参古酌西、法典编纂理念都值得肯定，其土地税收、土地征收、土地重划、农地私权保护等也很值得借鉴。

总结 1927—1937 年南京国民政府 10 年农地地权立法的实践，我们得出的重要启示是：立法必须有科学的理论指导和正确的价值选择；立法必须符合国情，满足人民的利益诉求；立法必须有稳定、有力的政治力量作保证；立法必须正确处理西方文明与中国传统文明的关系；立法必须处理好公权力与私权利的关系，明确各自边界。

以上是作者撰写这部书的起因与主要内容，本书也是国家社科基金项目“1927—1937 年南京国民政府农地地权立法研究”（09CZS010）的研究成果，真诚地希望读者读后能有些许启发，也真诚地欢迎读者对我们给予批评指正，提出宝贵意见。

目录

绪 论

一、问题的缘起

地球，这个至今唯一被发现有生命的天体，是各种生命的载体。地球上的土地，则是人类生存和生活的根基，人类需要的一切资源都由它提供。于是人地关系问题在人类发展史上就成为一个非常重要的问题。在人类社会初始阶段，土地资源极其广阔和丰富，供给并不成为问题。但随着人口的增加、畜牧业和农业的出现，土地的稀缺性愈益显现，人地关系的矛盾越来越明显。也因此，“一寸山河一寸血”，土地成为群雄逐鹿的焦点。国家产生后，一国内部土地资源如何合理分配，不仅是黎民百姓关注的焦点，也是考验历代统治者管理水平、实施有效统治和社会控制能力的重要课题。在农业社会的自然经济条件下，由于工商业的阙如，土地基本是作为生产资料而存在，从而各种社会关系基本是基于土地为纽带而建立，并形成了一套与之相适应的以王权专制为特点的社会政治制度、封闭的经济秩序和等级鲜明的社会秩序。商品经济出现以后，土地不再仅作为生产资料而存在，它成为众人投资、投机的对象，成为一定意义上的“商品”。此时的土地不仅是农业产品的来源，还左右着城乡建设、金融市场等，土地的作用便更显重要。土地问题已并非简单的经济问题，它越来越成为社会各种问题的总阀门。土地的重要性，早被世人看到并赋予了无与伦比的地位。《管子》一书中就有“地者，政之本也”

之说。[①] 全世界无产阶级革命导师马克思也讲:"土地是一切生产和一切存在的源泉。"[②] 正是土地的"本"和"源"的地位和作用，促使我们必须重视土地问题并切实加强研究。

在中国历史上，土地尤显重要，它历来是社会问题的重心。中国的历次农民战争几乎都与土地问题相关。为此，历朝历代也想尽办法改变这种周而复始的状况，但都未能如愿。近代以来，土地再一次走向集中，中国也再一次进入变乱迷局。中国共产党科学地总结了历史经验，领导人民推翻了封建土地制度，建立起了全新的土地制度，城市土地实行国有制，农村土地实行集体所有，彻底结束了地权分配不公的历史。改革开放以来，农村实行土地家庭承包经营制度。每次的土地制度变革，都极大地解放了生产力。不过，随着改革开放的深入，市场经济的快速发展，第二、三产业日益发达，当前中国农村土地问题却日益受到广泛关注。这些问题，主要表现是土地小块分割、流转困难、难以使用大型机械、外出务工人员闲置土地等，归纳起来主要是土地利用不经济、土地收益的分配不公两大类。这些问题的存在，已经严重制约了农村经济的发展。同时，也酿成一系列社会矛盾，最为突出的是农村的强征土地、补偿不到位而引发冲突。这些现实问题引起学者们的广泛思考，其中既有法学学者，又有经济学学者、社会学学者，更不乏历史学学者，他们从不同角度对土地问题进行研究，提出了多种对策和观点。总的来看，可归结为三大派：一派认为应保持当前的土地公有制，在现有基本土地制度基础上设计更严密的具体制度，促进土地流转，充分土地利用，完善所有权主体制度，保障使用权；第二派观点主张土地私有化，赋予农民自由处分土地的权利，切实保证土地所有者的利益；第三派观点认为可以实行多种土地所有制形式，一部分土地继续实行国有、集体所有，有些土地可以实行私有，比如宅基地。面对如此复杂的问题和众说纷纭的研究状况，我们想，从历史的角度对以往走过的路进行总结分析，或许能提供某种思路，以便于我们看清前路，避免弯路，从而更好地确定现实之路。

---

① 《管子·乘马》。

② 马克思:《政治经济学批判导言》，载《马克思恩格斯选集》第2卷，人民出版社1972年版，第109页。

1927—1937 年南京国民政府时期的历史，对学者们来说充满着研究魅力，法律史学者不能缺位。1927—1937 年的南京国民政府，从形式上完成了国家统一，是中国自 1840 年以来难得的有基本条件进行国家建设的时期，其国家建设的经验教训弥足珍贵，其在解决土地问题上的成败得失更加具有典型意义。首先，南京国民政府时期是中国历史上公认的土地问题最为突出的时期之一，国民政府本应担当历史重任，破解难题，结果却有辱使命。众学者都在从不同角度探寻其原因。从法学角度去审视的话，其土地立法的理念是什么？内容是什么？法律规定中哪些问题导致了其实施中的障碍？对我们现在又有哪些启示？这些具体问题鞭策着我们去探索。其次，南京国民政府时期是中国法制近代化过程中的重要时期，西方的各种法律制度在这个时期基本都已在中国安家。但缘何南橘北枳？法治这个现代国家治理的标准模式，为什么没能在南京国民政府时期有效发挥作用？立法的指导思想、国民党的土地政策、法律规定本身、法律的实施等这些影响法律实现的要素，在南京国民政府时期是什么样的状况？这需要我们抽丝剥茧，寻找中国法制近代化的规律，以助于当前的国家土地法治建设。最后，百废待兴的疲弱的南京国民政府最急需的是凝聚民心和民力，实现民族振兴和国家强盛，但它没能做到这一点。这就需要我们去探个究竟。凝聚民心的关键是协调好各方利益关系，尤其是要处理好土地这个核心利益，南京国民政府是怎样分辨和对待核心利益的？权利义务关系是法律的核心内容，南京国民政府的法律是如何规定土地权利义务关系的？这个探本穷源的事情不仅是历史问题，它对同样处于社会转型期并处于改革攻坚阶段的当下来说，更是重要的现实问题。这样，研究土地问题的意义已不限于土地本身，而具有了抽象性和普遍性。总之，研究 1927—1937 年南京国民政府的土地法制，不管对农村土地问题的解决还是法治建设的促进，抑或是改革攻坚阶段的利益格局破解，都具有重要意义。又因为法律的核心内容是权利义务关系，抓住了这一关键，就抓住了法律的核心。所以，我们将目光专注于 1927—1937 年南京国民政府的农地地权立法问题上。

笔者早就对土地制度感兴趣，对此也有一定研究基础。一方面是因为自己是农民出身，大学毕业之前一直在农村，对那片养育我的土地情有独钟，同时对农民的辛苦费力却收成甚微记忆深刻。到城里工作后，每次到乡下，我都对土地的闲置浪费深感痛心。这些问题促使着我去思考、研究问题所在，以尽学子义务。另一方面，笔者自走上治学之路后，从读硕士的时候就开始研究土地制度，硕士学位论文就对南京国民政府的《土地法》进行了研究。后来，我对这一领域的思考越来越深入，越来越对影响社会发展、变化及造成社会问题的核心因素产生兴趣。这一因素是什么呢？原来是利益！马克思说过："人们奋斗所争取的一切，都同他们的利益相关。"[①] 恩格斯说："每一个社会的经济关系首先是作为利益表现出来。"[②] 中国古语也有云："天下熙熙皆为利来，天下攘攘皆为利往。"[③] 既然"利益"是造成社会问题的核心因素，那什么是核心利益呢？正如前文所述，我将其追源至土地。表面上看，人们较为关心的利益有很多，如工资、住房、医疗、教育等民生要素，如资本、资金、资源等生产要素，尤其是城市中。但实质上，土地仍然是社会利益的核心之一，尤其在农村。即便在城市，人们关心的住房，从地基到砖瓦材料乃至钢筋水泥等原材料，都离不开土地，工商业生产的各种资源也是从土地上获得。而且，即便由于中国各种法律限制，土地的投资价值不像私有制国家那样重要，但它作为自然资源、生产资料参与经济生产的重要性丝毫没有减弱。

在以上这种家国情怀和知识分子使命的驱使下，我们决定对 1927—1937 年南京国民政府农地地权问题展开研究。

二、研究现状

至今，对民国土地问题的研究，基本可以分为四个时期：新中国成立前、中华人民共和国成立至改革开放前、改革开放至 20 世纪末、21 世纪以来。新中国成立前的研究，以 20 世纪 30 年代为多，重要者有章植著《土地经济学》（上海黎明书局 1930 年出版）、潘础基著《中国土地政策》（黎明书局 1930

① 马克思：《第六届莱茵省议会的辩论》，载《马克思恩格斯全集》第 1 卷，人民出版社 1956 年版，第 82 页。

② 恩格斯：《论住宅问题》，载《马克思恩格斯选集》第 2 卷，人民出版社 1972 年版，第 537 页。

③ 司马迁：《史记·货殖列传》。

年出版）、郑学稼著《地租论》（黎明书局 1932 年出版）、陈登原著《中国土地制度》（商务印书馆 1932 出年版）、长野郎著《中国土地制度研究》（新生明书局 1933 年出版）、邹枋著《中国土地经济论》（上海大东书局 1933 年出版）、吴文晖著《中国土地问题及其对策》（商务印书馆 1947 年出版）。这些研究，多是以西方理论为基础而对当时现实问题进行历史的、经济的探讨，也有从法学角度进行研究的，如史尚宽的《土地法原论》等，更多的是对当时的《土地法》进行注解。改革开放前的研究，受意识形态和政治环境影响，涉足者少，且成果也多以批判式宣传为主。改革开放之后，政治气候逐渐宽松，学术氛围越来越浓，对民国土地问题的研究开始增多，也趋于客观。进入 21 世纪之后，随着中国经济社会发展进程的加快，土地问题越来越突出，引致学者们的目光更多地向此集中，到历史中去探寻经验教训成为一种路径。总体来看，对南京国民政府土地问题研究的趋势是：范围不断扩大，领域不断深入，材料不断丰富，方法不断科学，思想不断解放，同时观点也在不断碰撞。为了集中论题，我们在这里主要对改革开放之后有关全面抗战前南京国民政府的土地政策研究、《土地法》研究、地权制度等研究以及土地思想研究作一介绍。

（一）对国民党土地政策的研究

对国民党土地政策的研究，主要是对土地政策内容、政策的评价和政策失败原因几个方面的研究。内容上的研究有按期研究和按项研究，分期研究是从不同时间段对土地政策进行的研究，分项研究则是从土地政策的不同内容进行研究。

在按期研究中，有对国民党大陆时期的土地政策全期研究，也有对不同时期政策的研究。金德群主编《中国国民党土地政策研究（1905—1949）》（海洋出版社 1991 年出版）是对国民党土地政策研究的重量级成果。该书分别叙述了孙中山的“平均地权”纲领、国民革命时期的土地政纲、十年内战时期的土地法规、抗日战争时期的土地政策、抗战胜利后的土地改革方案，最后对国民党的土地政策进行了反思。郭德宏教授的力作《中国近现代农民土地问题研究》（青岛出版社 1993 年出版）中，国民党统治时期的土地政策问题也是重要内容。它在介绍了旧中国农村的基本状况后，论述了孙中山及国民党、共产党及毛泽东、刘少奇等人的土地改革和土地主张，对近代土地改革中的土地公有、平分土地等政策、理论问题及可行性进行了探讨。一些论文也对国民党土地政策的性质、作用、影响及原因等进行了研究。廖光珍认为，国民党的土地政策不曾从根本上解决中国的土地问题，但客观上产生了一定的积极作用。郭德宏认为，国民党在大陆统治的 22 年，并没有认真地进行过土地改革，即使减租减息，也只是在少数地区短时间内进行的，根本原因在于土地改革会触动统治阶级的利益。夏联伟等认为，国民党不但没有解决好土地、农民问题，而且田赋征实、征借等政策又进一步激化了国民党与大户、农民的矛盾，从而使国民党失去它的统治基础，从这一点来看，它在大陆的溃败也就成为历史的必然。除了一些学者对国民党的土地政策进行全期研究外，还有学者对国民党不同时期的土地政策进行研究。叶碧星总结了抗战前 10 年国民党的土地政策，认为此间政策具有改良性、虚伪性、不可操作性，这些特点说明代表地主阶级利益的国民党解决不了中国的土地问题。金普森介绍了国民党抗战前的《土地法》、土地整理、田赋整顿、租佃改良等政策，认为这些政策“没有收到任何实质性的成效”，而其原因，则在于它的良性、不彻底性，该政策漏洞多，又关涉整个政治，缺乏保障其实施的基层政权力量，易决难行。牛林豪对南京国民政府土地政策的理论依据、《土地法》及当时的“二五减租”、土地陈报、田赋整理等政策进行了研究，认为国民党土地改革失败不仅与国民党党内高级领导人的利益相关，而且也与基层很多人特别是把持乡村政权的地主豪绅的激烈抵制有关，同时专职地政人员不敷使用也是重要原因。

在按项研究中，学者们分门别类地对国民党的土地政策进行研究。如陶季邑对国民党与“耕者有其田”的研究、郑起东对国民政府土地陈报的研究、刘椿与于永对 20 世纪 30 年代南京国民政府田赋整理的研究、郭春华对南京国民政府土地征收制度的研究、何莉萍对“二五减租”运动对民国时期土地政策之实施的研究、贾钦涵对国民党渐进式土地改革政策的研究等。此外，还有学者（崔红星、廖光珍、刘宗让、刘一民等）对国民党和共产党的土地政策进行对比研究。还有学者对个别地区的土地政策进行探讨，如王均寅介绍了浙江“二五减租”的来由、动因，叙述了其过程，评价了其作用，认为“二五减租”没能抑制土地兼并和高额地租，是一个土地改良性质的暂时措施；认为“二五减租”没能成功，其原因一是由阶级利益决定，二是“二五减租”的政策本身问题，也与地主阶级百般阻挠有关。何莉萍对浙江“二五减租”也有研究，认为其失败的原因是：党派之争、缺乏基层实施的推动力、政策法规等问题。对区域土地政策的研究还包括李铁强对1927—1937年湖北田赋问题、王合群对浙江“二五减租”、李守礼对甘肃省土地陈报进行的研究等。

对国民党不同时期土地政策的评价，观点较多。学者们基本将大革命时期国民党的土地政策分为两个阶段，对两个阶段的政策评价也基本一致，肯定前期否定后期。如金德群指出，孙中山1924年提出的“耕者有其田”，“作为实行民生主义的起点，实在是非常可贵的……实在是了不起的卓绝贡献”①。他还说，“二五减租”的规定，“是国民党改组以来，作为农民问题和土地问题的最近纲领，是最现实最富有革命性的措施”②。李静荣也认为前期重视农民问题，并提出了相关政策，但后来转而压制、反对农民运动，使国民党失去了农民基础，导致了大革命失败。③ 对抗战前10年间国民党土地政策的评价，有几种态度：一是完全否定说。金德群认为，这时期“一是由原来的国共合作，推进农民运动，反对土豪劣绅的政策，倒退为清党反共镇压农民，支持地主豪绅的政策；二是由原来的注意民生和扶植农业生产的土地政策，倒退为注重财政收入和土地赋税之政策”④。叶碧星也认为，10年间南京国民政府土地政策具有改良性、虚伪性、不可操作性。⑤ 二是相对否定说。姜爱林认为，10年内战时期的土地法规中，“也有反映孙中山平均地权政策思想的内容，但在许多地方却阉割了孙中山平均地权政策的革命精神，背叛了‘耕者有其田’的主张，维护封建主义

① 金德群主编：《中国国民党土地政策研究（1905—1949）》，海洋出版社1991年版，第129页。

② 金德群主编：《中国国民党土地政策研究（1905—1949）》，海洋出版社1991年版，第157—158页。

③ 李静荣：《略论大革命时期国民党的土地政策》，《北京党史》1994年第3期。

④ 金德群主编：《中国国民党土地政策研究（1905—1949）》，海洋出版社1991年版，第183页。

⑤ 参见叶碧星：《十年时期南京国民政府土地政策的特点》，《福建省社会主义学院学报》2001年第4期。

的土地制度和生产关系”[①]。成汉昌也持此观点。[②] 三是相对肯定说。廖光珍认为“国民政府 30 年代所颁布的土地政策，特别是局部地区的土地改革，客观上产生了一定的积极作用，其推行过程中确已产生一定的成效”[③]。于永则认为国民政府从整理地籍入手，力图以地价税规范田赋的征收，这一思路是正确的。[④] 还有人认为国民党田赋整理的目的就是整顿征收土地税中的不合理环节和贪官污吏的滥行，减轻农民负担，免除不合理的附加，提高国家的财政收入。对此国民政府制定了一系列的政策，出台配套了各项措施，取得了很大的成效。[⑤] 总之，对国民党不同时期土地政策的评价众说不一，反映了研究的深入，也体现了百家争鸣，但也表明研究缺少公认的价值取向和全面理性的分析。

对国民党土地政策失败原因的分析，学者普遍认为，其根本在于国民党所代表的阶级利益（本质）所致。[⑥] 除此之外的原因还包括：国家分裂、军费开支巨大、基层政权乏力、地政人员素质差、农村传统势力影响、政策本身存在的问题、与经济问题的脱节等。[⑦]

港台学者对民国时期土地制度的研究，最引人注目者当属王松山的《三民

① 姜爱林：《民国时期国民党土地政策述要》，《历史档案》2001 年第 4 期。

② 成汉昌：《中国土地制度与土地改革——20 世纪前半期》，中国档案出版社 1994 年版，第 254 页。

③ 廖光珍：《1949 年前国民党土地政策述评》，《贵州社会科学》2003 年第 1 期。

④ 于永：《30 年代中期国民政府整理田赋的举措述评》，《内蒙古师大学报》1999 年第 6 期。

⑤ 刘椿：《三十年代南京国民政府的田赋整理》，《中国农史》2000 年第 2 期。

⑥ 参见金德群主编：《中国国民党土地政策研究（1905—1949）》，海洋出版社 1991 年版，第 348、355 页；郭德宏：《南京国民政府时期国民党的土地政策与实践》，《近代史研究》1991 年第 5 期；成汉昌：《中国土地制度与土地改革——20 世纪前半期》，中国档案出版社 1994 年版，第 285 页；左志远：《论民国时期中国农村土地所有权之变迁》，《邢台师范高专学校》2000 年第 2 期；李静荣：《略论大革命时期国民党的土地政策》，《北京党史研究》1994 年第 3 期；徐旭阳：《抗日战争时期湖北后方国统区的土地呈报和减租工作》，《广西社会科学》2005 年第 4 期；廖光珍：《1949 年前国民党土地政策述评》，《贵州社会科学》2003 年第 1 期。

⑦ 参见刘椿：《三十年代南京国民政府的田赋整理》，《中国农史》2000 年第 2 期；金普森、张忠才：《一九二七至一九三七南京国民政府农村土地政策述评》，《浙江学刊》1989 年第 4 期；杨元华：《1927—1937 年国民政府的土改政策》，《上海师范大学学报》1993 年第 2 期；何莉萍：《从“二五减租”运动看民国时期土地政策之实施》，《湖南社会科学》2006 年第 2 期；王均寅：《浙江二五减租与国民党土地政策》，《历史教学》1989 年第 3 期；李铁强：《1927—1937 年湖北田赋问题述论》，《江汉论坛》2004 年第 1 期；郑起东：《国民政府土地陈报研究》，《古今农业》2008 年第 1 期；廖光珍：《民主革命时期国共两党土地政策比较》，《贵州师范大学学报》2004 年第 4 期；崔红星：《简析抗战胜利后国共两党的土地政策》，《史学月刊》1986 年第 4 期。

主义土地制度之研究》(台北正中书局 1985 年出版)。该书叙述了孙中山三民主义土地制度的内容，介绍了南京国民政府时期及国民党迁台后土地改革与土地立法的各项实践，落脚于现阶段台湾地区土地制度的检讨与改进。作者多以赞扬和辩解的态度去评价。

(二)关于民国《土地法》研究

南京国民政府 1930 年制定了《土地法》，1946 年又进行了修正。最近十几年，由于我国法治建设进程的不断深入，对该《土地法》的研究进入学者的视线。学者们不但梳理了《土地法》的立法指导思想、立法进程、法律内容和实施效果，更重要的是对这部法进行了比较深入的评价。在评价上基本存在三种看法：一是根本否定的看法，如杨振亚认为“这部土地法不仅确保了地主阶级的土地私有权，而且承认地主阶级利用土地剥削农民的合法性”[①]。金德群也认为它“深刻地反映了国民党土地政策的历史性大倒退”[②]。二是基本否定说，左用章认为这部土地法或多或少地触动了封建主义土地制度，但这种触动是有限的，是在维护封建主义土地制度的前提下做些轻微的改良。[③]三是客观对待说，如赵晓耕等认为，应该以历史的眼光来看待这部法，认清其内容上的先进性与保守性、思想上的革命性与妥协性。[④]成汉昌也认为“《土地法》的一些基本政策与条文，大体反映了孙中山土地主张的原则。然而，在许多方面又阉割了和背离了平均地权纲领的革命精神”[⑤]。徐畅认为《土地法》有一定进步意义，但国民党政权的性质已是大地主大资产阶级的政权，且中央派系林立，地方势力严重，主观上缺乏诚意和决心，客观上又不具备条件，《土地法》不可能真正实施。近年来，一些硕博士也以南京国民政府的《土地法》为主题撰写学位论文。如陈彦旭 2011 年的《民国十九年土地法研究》，认为从《土地法原则》到民国十九年《土地法》的颁布，以及在此基础

---

① 杨振亚:《试析国民政府十年内战时期的土地法》,《南京大学学报》1984 年第 3 期。

② 金德群主编:《中国国民党土地政策研究(1905—1949)》，海洋出版社 1991 年版，第 209 页。

③ 左用章:《评国民党政府 1930 年颁布的〈土地法〉》,《教学与研究》1989 年第 4 期。

④ 赵晓耕、何莉萍:《试述民国初年的土地政策与立法》,《政治与法律》2006 年第 1 期。

⑤ 成汉昌:《中国土地制度与土地改革——20 世纪前半期》，中国档案出版社 1994 年版，第 254 页。

上所建立起来的地政设施和各项地政活动，都是遵循孙中山的土地理论进行的，作者引用真实案例，结合《土地法》相关条文，对民国《土地法》做了深入浅出的解读。

在《土地法》不能施行的原因分析上，基本有三种说法：一是根本利益说，认为《土地法》触犯了新兴地主阶级的既得利益，国民政府不得不向他们妥协让步。① 其二是双重原因说，如左用章认为根本原因是由于国民党蒋介石集团是代表大地主、大银行家、大买办阶层利益的反人民集团，同时，还由于《土地法》含有孙中山平均地权的主张，实行起来无异是要求南京国民政府拆毁自己赖以生存的基础②，金德群也持这样的观点③。第三是客观环境说，当时的政治、经济、文化等环境还不足以使《土地法》得到贯彻。

（三）关于地权的研究

关于南京国民政府地权，早期的研究主要集中在地权分配状况上，讨论比较热烈。按传统观点，在旧中国，占乡村人口不到 10% 的地主和富农，占有 70%—80% 的土地，而占乡村人口 90% 以上的贫农、雇农、中农及其他人民，只占有 20%—30% 的土地。④ 但这种观点不断受到学者的挑战，他们提出了各自不同的看法，但都认为地主占地面积要低于传统观点中的比例。邓拓、刘克祥认为当时地主占有的土地没有那么多，应该在 60% 左右。章有义认为抗日战争前，无地户约占总户数的 30%—40%，有地户中地主富农占地 60% 左右，中贫农占 40% 左右。⑤ 郭德宏认为地主、富农占人口总数的 9.64%，占地 54.37%。⑥ 乌廷玉认为占全国农户 6%—10% 之地主、富农，据有

---

① 杨振亚：《试析国民政府十年内战时期的土地法》，《南京大学学报》1984 年第 3 期。

② 左用章：《评国民党政府 1930 年颁布的〈土地法〉》，《教学与研究》1989 年第 4 期。

③ 金德群主编：《中国国民党土地政策研究（1905—1949）》，海洋出版社 1991 年版，第 218—219 页。

④ 刘少奇：《关于土地改革问题的报告》，载《刘少奇选集》，人民出版社 1985 年版，第 32 页。此外，毛泽东的《目前形势和我们的任务》（《毛泽东选集》第四卷）、人民出版社 1953 年编《第一次国内革命战争时期的农民运动》第 3—5 页，也持此观点。

⑤ 章有义：《本世纪二三十年代我国地权分配的再估计》，《中国社会经济史研究》1988 年第 2 期。

⑥ 郭德宏：《中国近现代农民土地问题研究》，青岛出版社 1993 年版，第 42 页；金德群：《民国时期农村土地问题》，红旗出版社 1994 年版，第 148 页。

28%—50% 的耕地，占农户 90%—94% 的中农、贫农、雇农，占有 50%—72% 的土地。[①]

进入 21 世纪，我国法学研究迅速发展，对《土地法》的研究成为热点之一，其中不乏从法律史角度进行研究的，对民国时期物权、地权制度的研究成果也不断出现，主要有如下方面：

对土地所有权的研究。左志远在《论民国时期中国农村土地所有权之变迁》中，将解决土地问题的基本经验总结为：一是必须没收地主阶级的土地，分配给农民；二是要明确土地分配后的地权归农民所有。韩冰在《论近代中国民法变迁中的所有权绝对原则》中，以土地所有权为对象予以分析，认为在民国时期，受"私法社会化思潮"影响，立法加强了对所有权绝对原则的限制。陈云朝 2011 年以《论南京国民政府时期的土地所有权》为题，完成了他的硕士学位论文，介绍了南京国民政府土地所有权的立法背景、土地思想和土地立法体系、土地所有权体系、《土地法》运行形态，认为"南京国民政府时期土地所有权的制度设计，是传统社会双重土地所有权制度的历史延续。他认为只有在双重土地所有权的逻辑下，才能理解南京国民政府对私人土地所有权的限制。同时，对私人土地所有权的限制，导致了私人财产权利和个人自由的牺牲，使得权利的启蒙还有很长的路要走。" 2015 年，他又发表了《论南京国民政府时期的土地所有权》一文，对南京国民政府土地双层所有权实质进行了剖析，分析了该时期南京国民政府用西方法学所有权理论改造中国传统家产制、祭田、"一田两主"等做法。郭瑞昌 2011 年硕士学位论文以解释例为素材，研究了民国时期的土地所有权情况，指出："所有权的近代化并非全盘西方化，而是一个融合中西法律的过程。这也启示我们在当代的法制建设中，应尊重固有法律资源在法律发展中的地位。"[②] 除制度层面外，还有学者对民国时期的所有权思想进行了研究，如周建波、颜敏对当时"中国农村派"土地所有权思想的探讨。

对土地他物权的研究。土地他物权包括地上权、永佃权、地役权等，对

① 乌廷玉：《旧中国地主富农占有多少土地》，《史学集刊》1998 年第 1 期。

② 郭昌瑞：《民国时期民事所有权的解释例研究》，山西大学 2011 年硕士学位论文。

民国土地他物权的研究中，最受关注的是永佃权。在永佃权与“一田二主”的关系上，杨国桢认为中国传统的永佃权不同于“一田二主”中的“田面权”，因为“田面权”可以自由转让，“永佃权”转佃则须经田主同意；“田面权”主可以出租土地并获得地租，而永佃权人则只能自耕，不能获得地租。[①] 许多学者与杨国桢的观点相近，梁治平认为“永佃与一田二主系历史上相关然而形态各异的两种制度”[②]。有学者对此并不认同，赵冈认为永佃制包括初始、过渡、最终形态三个发展阶段，“一田二主是永佃制发展的最终阶段”[③]。慈鸿飞也认为真正的永佃权必然具有田面权，没有田面权的“永佃”，只能是长期租佃或永久租佃，而非真正或典型的永佃制。所以，永佃权的基本特征就是田面权，而不是什么“永远耕种”权。邹亚莎则在承认永佃制与“一田二主”不同的基础上，探讨了从清末到民国，国家把传统的“一田二主”改造成西方法律“永佃权”的过程。近年来更有不少学者明确肯定了“一田二主”对土地权的分割作用，如江太新、黄宗智（较早如樊树志）等。彭波也认为，租佃制下，土地在不同主体间发挥的更多的是资本的作用，“是适应近世中国具体社会经济条件的一种重要制度”，中国“长期内维持了经济的持续稳定发展，租佃制度功不可没”[④]。此外，还有学者考证了民国前中期土地租佃关系的变化、清朝至中华人民共和国成立初期政府永佃权政策演变等，如莫宏伟考察了近代农村永佃权的形成、分布、功能、租额等，指出它对发展农业生产有一定的作用。[⑤]

对典权的研究。“典”是中国特有的不动产制度样态。至于典权的性质，有人将其归入他物权，有人将其归入担保物权，也有人将其看作另一种形态的“买卖”。查阅知网，目前有三篇硕士学位论文专门研究民国的典权制度。他们分别是中国政法大学的王高鸽、河南大学的武丹丹、西南政法大学的杨熠。王

① 杨国桢:《论中国永佃权的基本特征》,《中国经济史研究》1988 年第 7 期。

② 赵冈:《永佃制》，中国农业出版社 2005 年版，第 2 页。

③ 梁治平:《清代习惯法：社会与国家》，中国政法大学出版社 1996 年版，第 2 页。

④ 彭波:《国家、制度、要素市场与发展——中国近世租佃制度研究》,《中国经济史研究》2011 年第 12 期。

⑤ 莫宏伟:《近代中国农村的永佃权述析》,《学术论坛》2005 年第 7 期。

高鸽认为："民国时期典权制度所有变化的主题，就是典权制度的现代化，即以西方法律理念、法律方法、法律原则、法律概念为标准，否定和改造传统典制的过程。这一变化呈现出多元化特点，这是中国近代经济政治文化不均衡变化的结果。"[①] 武丹丹认为："在编撰民法典的过程中，典权制度的制定借鉴了合理的民事习惯，改造了不符合社会发展的典权习惯。在法律与民事习惯的博弈中，典权制度得到了不断的完善。"[②] 杨熠则"在民法典制定过程中民间典权习惯与国家立法的博弈等方面全面阐释了典权法律制度"，"提出了在我国重建典权法律制度的必要"。[③] 除以上论文外，还有孔庆明、胡留元、孙季平编著《中国民法史》（吉林人民出版社 1996 年出版）、张晋藩主编《中国民法通史》（福建人民出版社 2003 年出版）、张生著《中国近代民法法典化研究》（中国政法大学出版社 2004 年出版）、梁凤荣著《中国传统民法理念与规范》（郑州大学出版社 2003 年出版）等论著，都涉及了典权问题。

对地权纠纷的研究。近年来，有学者将目光关注在民国地权纠纷上。如把增强的《契约与法院：民国时期土地交易与纠纷解决的二元嬗递》《产权变异：民国时期华北乡村土地纠纷之动因探研》两篇论文，探讨了华北农地地权纠纷的原因，纠纷解决时契约和法院的作用等。张静的硕士学位论文《民国时期河北地权纠纷》，通过对地权交易、侵权、继承三个类别的纠纷案件进行粗线条的梳理，认为民国时期河北地权是一种不完全的产权，表现在实践上是占有权、处分经营权、控制支配权、收益权的模糊，因此地权纠纷不断而且复杂，于是"追求一种创新的产权制度成为必要"。此外，郭腾云研究了民国行政法院对土地纠纷案件的裁判。

（四）其他方面的研究

对南京国民政府时期土地问题的研究，除前述领域外，还有其他一些领域，主要有：

---

① 王高鸽：《民国时期的典权制度——国家法与民间实践》，中国政法大学 2009 年硕士学位论文，摘要。

② 武丹丹：《民国时期典权制度研究》，河南大学 2009 年硕士学位论文，摘要。

③ 杨熠：《〈中华民国民法〉典权法律制度研究》，西南政法大学 2005 年硕士学位论文，摘要。

经济史及社会史领域对土地问题的研究。本领域学者选择一定区域，以国家政策为背景，进行局部细致的研究。大多研究者以华北、江南地区为研究对象，将地权与百姓生活、农村经济及基层政权结合起来，进行论述。此方面，国外学者开其先河，如美国学者黄宗智的《华北的小农经济与社会变迁》（中华书局 1986 年出版）、《长江三角洲的小农家庭与乡村发展》（中华书局 2000 年出版），杜赞奇的《文化、权力与国家：1900—1942 年的华北农村》（江苏人民出版社 2005 年出版）。费正清主编的《剑桥中华民国史》也有部分内容涉及民国土地问题。日本学者则主要关注中国古代土地问题，如仁井田陞所著《中国法制史研究》（东京大学出版会 1960 年出版）。继仁井之后，滋贺秀三、寺田浩明、岸本美绪、夫马进等也对中国土地制度进行了深入的研究，他们特别注重土地契约的收藏与整理，并运用社会学、人类学及其他学科的理论，进行综合性分析探讨。受国外学者的影响，近年来国内一些年轻学者也运用多学科交叉的方法来研究近代土地问题，突出代表为张佩国，他的两部著作影响较大：《近代江南乡村地权的历史人类学研究》（上海人民出版社 2002 年出版）、《地权分配·农家经济·村落社区——1900—1945 年的山东农村》（齐鲁书社 2000 年出版），采用“总体的历史”的方法，多学科多向度地进行研究。此外，还有马学强所著《从传统到近代：江南城镇土地产权制度研究》（上海社会科学院出版社 2002 年出版），其研究对象为土地产权，属经济史范畴，虽有法学味道，但史学的成分相对较多，尤可称叹的是其史料搜集整理之深功。

法史学界的研究。蒲坚先生主编的《中国历代土地资源法制研究》（北京大学出版社 2006 年出版）是第一部关于中国土地法制的通史性著作，书中关于民国土地法制的撰写者为赵晓耕与何莉萍，比较全面地叙述了南京临时政府、北洋政府及南京国民政府的土地问题、土地管理、土地立法及违反土地管理的法律责任，并对三个时期的土地管理和立法的经验教训进行了分析，但总体而言对南京国民政府土地制度的研究还是粗线条的。朱勇主编的《中国民法近代化研究》（中国政法大学出版社 2006 年出版）是中国近代民法研究的一部力作，其中“物权法的近代化”一节主要探讨了物权制度近代化的内涵及条件，物权制度近代化的动因、法典化、判例化之路，以及物权制度近代化的得失评判。对南京国民政府的《土地法》研究，目前最为详细的是杨士泰所著《清末民国地权制度变迁研究》(中国社会科学出版社 2010 年出版)，他以地权变迁为中心，总览了清末至南京国民政府时期的地权制度变迁，重点之一就是对民国《民法》和《土地法》中涉及的地权制度的研究，不过研究仍欠深入和具体。

民法史中的研究。台湾法史学者潘维和所著《中国近代民法史》(台北汉林出版社 1982 年出版）在近代民法研究史上堪称独树一帜，其研究领域范围比较广，地权问题是其中一部分内容。大陆学者叶孝信主编的《中国民法史》(上海人民出版社 1993 年出版)、张晋藩主编的《中国民法通史》及孔庆明主编的《中国民法史》(吉林人民出版社 1996 年出版）等几部民法通史类著作中也有相关民国《土地法》的内容。相较之下，张晋藩先生的《中国民法通史》内容比较充实。还需一提的是，张晋藩先生总主编，朱勇教授任主编的《中国法制通史》(法律出版社 1999 年出版）第九卷清末民国部分，研究了清末至南京国民政府时期的法制发展，其中与民事、土地法制相关者，可资借鉴。在民事法领域，也有学者从土地契约、土地买卖与流转、土地征收的角度研究民国地权问题。①

思想史界的研究值得一提的是钟祥财教授所著的《中国土地思想史稿》(上海社会科学院出版社 1995 年出版)。该书通览了中国古今历代学人及政治家的著作，将历代有所建树的土地思想家的主张分别进行了总结、分析、比较、评价，其中关于民国土地思想家的论述和分析对本书很有启发。

总之，对民国土地问题的研究，是改革开放后学者极为关注的课题之一，研究成果很多，研究的面也比较广。以上提到的不少研究均对本书起到了很好的启示作用，也被借鉴到研究中来。不过，以上这些对南京国民政府《土地法》的研究仍存在明显不足，主要是系统性不够、深入性不足及观点陈旧

---

① 王全营:《民国中期的地权分配与农业经营》,《信阳师范学院学报》2004 年第 1 期；董旭:《论南京国民政府时期的土地征收制度》，华中科技大学 2011 年硕士论文；汪柏树:《坚持以徽读徽——解读民国徽州土地卖契中的当、卖及典卖之典》,《黄山学院学报》2010 年第 6 期；俞乃华:《清至民国时期徽州无契土地房屋所有权认定考略》,《安徽史学》2006 年第 3 期；汪柏树:《徽州民国土地卖契的上手契》,《黄山学院学报》2003 年第 4 期。

等。第一，至今尚无一部专著专门探讨南京国民政府的土地立法的专著，以农地地权为核心进行土地立法研究的成果更是不多见；第二，对南京国民政府土地政策、法律的正面作用和积极意义探讨得不够；第三，对影响土地立法的因素以及政策法律与政治、思想、社会、文化等方面的互动研究尚存欠缺；第四，从更深的层面研究中国土地法制如何适应中国近代转型及中国法制近代化规律的探索，也需更理性开展。第五，在当前中国农村土地问题突出的背景下，对民国时期立法，尤其在土地权利的法律调配上的借鉴吸收也存在严重不足。这些不足，正是本课题研究所欲弥补之处。

三、研究目的、方法、资料与路径

研究对象、研究目的、研究方法、研究路径和研究资料是支撑本研究的基本要素。在此，笔者对这些方面内容作一简要交代。

（一）研究目的和目标

如前所述，目前学界关于 1927—1937 年南京国民政府农地地权问题的研究，已经有了一定的成果，但也存在一些缺陷。本课题旨在弥补前人研究的不足，从理论和实践两方面对 1927—1937 年南京国民政府的农地地权立法进行系统研究，揭示南京国民政府如何用法制的方式分配和利用农村土地资源，分析其特点，考察其影响，探求一般性规律，并为解决当前我国农村地权制度改革及改革攻坚阶段重大利益关系的调整提供借鉴。基于此目的，本课题的研究目标确定为如下几点：

1. 探讨 1927—1937 年南京国民政府农地地权立法的历史背景、现实状况，分析立法的有利条件与需克服的困难以及立法需要解决的问题，研究农地地权立法的必要性与可行性。

2. 总结 1927—1937 年南京国民政府农地地权立法的指导思想、执政党的农村土地政策，理清孙中山、蒋介石、胡汉民等国民党领导人农地地权思想的演变及国民党的农村土地主张与政策，明确南京国民政府农地地权立法的思想源头和政策指针，并分析这些思想和政策在立法中的体现，探究其合理与不足之处。

3. 梳理 1927—1937 年南京国民政府农地地权立法的立法过程，从中探求各利益集团之间的矛盾，考察中国土地法律近代化面临的困境及南京国民政府的应对之策。

4. 作为本课题的重点和中心，研究 1927—1937 年南京国民政府农地地权立法的内容，与古今中外地权制度进行比较，探究其特点，分析法律规定与指导思想、政策的吻合与背离。

5. 从法律实施的角度考察 1927—1937 年南京国民政府农地地权立法的效果，进而探求农地地权制度实施效果不良的原因。

6. 总结 1927—1937 年南京国民政府农地地权立法的特点和深层次规律，探求政治、经济、社会、历史、文化等因素对农地地权立法和其后土地制度改革的影响，提出可资借鉴之经验和教训。

（二）研究方法

研究方法取决于研究对象和研究目的。方法的更新，能够启人思绪；方法的正确使用，能正确展现历史、揭示规律，达到研究目的。本课题采取的研究方法有：

第一，法学与史学相结合的研究方法。法律史本身是法学与历史学相结合的学科，因此对法律史的研究需要将法学与历史学的方法相结合。法学研究重在价值判断、逻辑分析、理论探讨及实证考察，历史学研究重在史料挖掘与规律探寻。将两者有机结合，是本课题的主要研究方法。正像马小红教授所言："具体到法史学的研究步骤是这样的：第一，它要还原历史；还原历史之后，还要考察历史的演进；最后对'真实'要进行理论的分析，也就是要探求规律，探索历史演变的规律。"①

第二，法律社会学的研究方法。法律是社会的产物，它的生成和实现都离不开社会，法律需深深植根于社会之中。所以，张晋藩先生提出，法律是动态的而不是静态的，是生动的而不是枯索乏味的，法制史研究要见思想、

---

① 马小红：《法律史研究方法及其在部门法中的运用》，《山东警察学院学报》2009 年第 4 期。

见人物、见活动。本课题正是秉承这一理念，将南京国民政府时期的地权思想、地权制度、制度产生与运行、各阶层代表人物的情况统合起来进行研究分析。

第三，系统论的方法。系统论认为，世界上任何事物都可以看成是一个系统，系统是普遍存在的。整体性、关联性、等级结构性、动态平衡性、时序性等是所有系统共同的基本特征。系统论的基本思想方法，就是把所研究和处理的对象当作一个系统，分析系统的结构和功能，研究系统、要素、环境三者的相互关系和变动的规律性。1927—1937 年，南京国民政府快速制定了一系列法律，基本形成了完整的六法体系。地权制度是个小系统，它涉及宪法、民法、行政法、刑法等部门法法律规范，而这些部门法各自有自己的系统，各部门法合在一起组成六法体系这个大系统，这样就形成了系统中套着系统的连锁、包含状况。从更大的系统来看，地权法律制度又是思想、政治、法律、经济、文化、历史这个社会系统的一个小小环节。本课题会从系统论的角度，考察彼时农地地权制度体系自身系统的状况，以及它在其他各系统中的地位、作用及所受影响。

第四，比较分析法。没有比较就没有鉴别，就看不到事物的特点和本质，也不会揭示事物发展的规律。李贵连教授提出研究法律史的十五字箴言"通古今之变，明中西之异，究当世之法"[①] 正是对比较方法的生动说明，也就是说，要对历史上的法律做一跨时间的对比、跨区域的对比，以正确认识某一法律制度，并为现实服务。本课题的研究也采取这一取向，将抗战前南京国民政府的农地地权制度与中国历史的地权制度进行对比，与世界其他国家的地权制度进行对比，探寻它自身的"真实"，为当前我国的地权制度提供改革借鉴。

第五，文本分析法。本课题主体内容是研究 1927—1937 年农地地权立法的法律文件，这需要对法律文本进行细致入微的分析。

第六，谨遵马克思主义观点和方法。需要特别指出的是，当前法学界在研究方法上，存在对马克思主义的观点和方法的忽视，主要表现在：首先，

① 李明倩:《李贵连：法史学的"十五字"箴言》,《检察风云》2011 年第 5 期。

立法理论和实践中，西方法学的原则理念和技术标准被奉为圭臬，马克思主义基本观点遭到冷遇；其次，法学学术研究中，法的社会性过于凸显，法的阶级性似成禁区；最后，法的技术操作频遇论争，法的意识形态探讨几陷沉寂。本课题力求克服这些弊病，将马克思主义基本理论和方法贯穿研究始终。

总之，本课题将以马克思主义的辩证唯物主义和历史唯物主义为理论指导，坚持将法学、历史学、社会学、经济学、政治学等学科的理论和研究方法综合使用，整体的而不是孤立的，全面的而不是片面的，运动的而不是静止的，研究抗战前南京国民政府的农地地权立法，评判其得失，总结其规律，借鉴其经验教训，从“时间度、空间度、事实度”（吴经熊语）几个维度进行多侧面、多角度、多层次、多变量的考察。

（三）研究资料

史料按其可靠程度和证明效力可分为第一手资料和第二手资料。第一手资料也叫原始资料，以直接记载历史事件的文献或文物为主，其可信度较强。第二手资料又叫传来资料，是经过转手的资料，可信度弱于第一手资料，但若干个第二手资料相互印证，也可以起到较可信的证明作用。研究资料还可以按研究对象分为不同领域的资料。法律史是史学的分支，必须以历史学资料为根据；法律史又毕竟是法律的历史，所以也离不开法学方面的资料。此外，本书的研究，由于多学科交织，所以也会使用社会学、政治学、经济学等方面的资料。具体而言，本课题研究使用的资料主要有：

1. 原始档案及档案资料汇编。档案资料是反映历史真实的第一手资料，是历史研究中不可或缺的首要资料。为保证本课题研究的真实性、客观性，本书将使用国家第二历史档案馆部分南京国民政府的档案资料、地方法院的案件审判资料。

2. 历史资料汇编。历史资料汇编是将反映当时历史情况的一些报道、统计数据、法律法规等进行的整理和汇编。这些资料也可以视为第一手资料，有很强的参考价值。不过，一些研究性的资料汇编需要进行科学的鉴别，去伪存真。

3. 历史人物文集。历史人物对历史的发展起着非常重要的作用，其思想对政策的制定和走向有着举足轻重的意义。本课题的研究会涉及诸多历史人物的思想，如孙中山的思想要到《孙中山文集》中去挖掘，毛泽东思想要到《毛泽东选集》中去汲取，蒋介石的思想主张要到蒋介石的文集中去提炼，等等。

4. 学术著作和论文。学术研究是学术创新的过程，创新须从两方面入手，一是掌握该门学科的基础理论，二是把握学术前沿脉搏。这就必须对相关的学术论著全面搜集和研读。本书即搜集并阅读研究大量中国和其他国家关于土地问题的论著和文章，以便把握土地制度和土地法律发展演变的样态及规律，加固本研究的理论基础并拓展研究思路，更好地进行学术创新。

以上这些资料，基本能为本课题的研究提供比较充分的素材支撑。

（四）研究路径

本书对 1927—1937 年南京国民政府农地地权立法的研究，总路径是以当时的社会现实为基点和起点，经过由主观活动进行的多角度分析，进入到当前的现实，进行经验借鉴，最后进行归纳总结。在这个总路径中，还有纵、横两个方向的分路径。纵向路径主要反映农地地权立法中的主观活动部分，这也是课题研究的重点和主要用力之处，包括农地地权立法的指导思想、国民党的土地政策、法律渊源、立法过程、法律内容、法律实施等。它们之间有着紧密的逻辑递进关系：指导思想影响着土地政策，土地政策左右着法律渊源和立法过程，指导思想、土地政策决定着法律内容，法律内容只有经过法律的实施才能转变为新的现实，而在法律制定及实施作用下产生的结果又反作用于原来的立法基础。我们以这个关系来层层递进分析农地地权立法的主体内容。横向路径主要是总结归纳，包括两个方面：一个是通过法律渊源、立法过程、法律内容和法律实施的结果，来分析南京国民政府农地地权立法的影响与作用及其不足之处；二是通过前述所有研究内容，全面提炼南京国民政府农地地权立法的内在本质、经验教训，得出针对 1927—1937 年南京国民政府地权立法的结论和具有一般规律性的总结，达到本课题研究的目的。为使本课题研究的路径更清晰，以下图来加以展示：

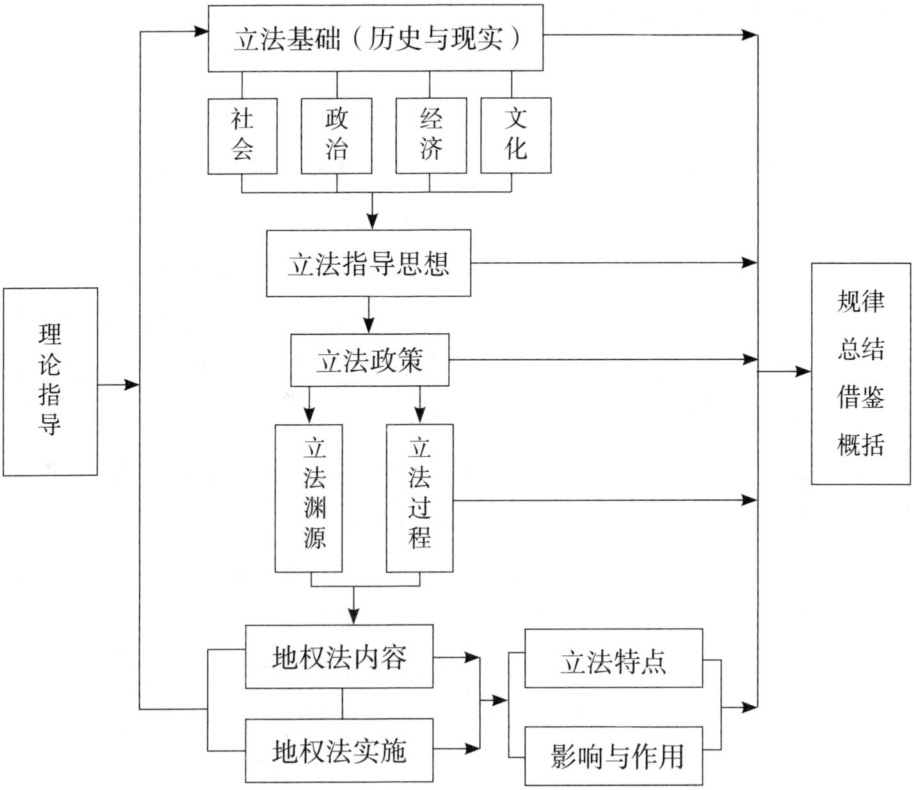

图 1 本书的研究路径

四、相关概念界定

为研究顺利开展，需对文中出现的一些概念进行界定：

南京国民政府前期。本课题研究的时间范围是南京国民政府从 1927—1937 年的 11 年。为行文方便，文中有些地方会使用“南京国民政府前期”这一概念。这里的南京国民政府是指 1927 年 4 月 18 日由以蒋介石为核心的国民党集团在南京建立的国民政府。当时曾有两个国民政府，一个是汪精卫为首的武汉国民政府，再一个就是南京国民政府。南京国民政府从成立到抗日战争中迁都重庆，抗战胜利后回迁南京，再到第三次国内革命战争后期由南京而广州、重庆、台湾，直到 1949 年 4 月 21 日人民解放军解放南京，共历 22 年。本书中所提到的南京国民政府前期，特指自其成立至抗战爆发后于

1937年11月迁都重庆前的南京国民政府。

土地。学界有广义和狭义之概念差别。广义之土地，指地球上一切自然物及自然力；狭义的土地，指地球上之水面与陆地。民国《民法》第773条规定："土地所有权，除法令有限制外，于其行使有利益之范围内，及于土地之上下。"[①] 按民国《土地法》，土地是指"水陆及天然富源"[②]。民国《矿业法》则规定："中华民国领域内之矿，均为国有，非依本法取得矿业权，不得探采。"[③] 依民国《民法》及《土地法》之规定，土地不仅指地面，而且地面之上的天空、水力、矿泉、光热及地面以下尚未由土地分离之出产物等，皆包括在内。[④] 但依照民国《矿业法》，地下的矿物资源，除非该土地属国有，否则不在土地所有权范围之内。这样，本书所称土地，是指除地下矿物之外的地上地下之一切。

农地。农地是土地的一部分。从水陆角度看，农地属于陆地。陆地又有山地、林地、草地、耕地等之分，农地则属于耕地范畴。此处的农地是与南京国民政府时期另一个概念市地相对称的，当时有市地与农地之分，市地中也有部分耕地。本书所指农地，特指位于农村、由地主或农民耕作、生产农作物的土地。

地权。地权是指土地上的权利，属民事权利之类。按民法基本理论，民事权利依不同标准分为若干类别，其中根据权利是否以财产利益为内容，划分为财产权利和人身权利，地权属财产权利；财产权又包括物权、债权、继承权及知识产权中的财产权利，地权属于物权范畴。民法中，物权又分为不动产物权和动产物权，地权属于不动产物权；还可分为所有权和他物权，他物权包括用益物权和担保物权，用益物权中又有地役权、永佃权、地上权。所以，本书所研究的地权，与以往仅将地权界定在所有权不同，是一个包括所有权、地上权、地役权、永佃权、抵押权、典权在内的土地权利体系。

土地法制。法制是法律和制度的总称，它既包括法律文本的制定和法律

---

① 吴经熊编：《中华民国六法理由判解汇编》（一），会文堂新记书局1941年版，第419页。
② 吴经熊编：《中华民国六法理由判解汇编》（二），会文堂新记书局1941年版，第75页。
③ 吴经熊编：《中华民国六法理由判解汇编》（六），会文堂新记书局1941年版，第643页。
④ 史尚宽：《土地法原论》，正中书局1975年版，第1—2页。

文本本身，也包括推动法律文本落实的各项制度，如执法、司法、守法和法律监督。土地法制，就是以土地为客体的法律制度，从动态上看，它包括与土地资源相关法律的制定、执行、审判、遵守、监督等；从内容上看，它包括土地的所有权制度、他物权制度以及国家对土地的管理制度在内的相关法律制度。

五、理论框架

1927—1937 年南京国民政府的地权立法，属法律史的研究范畴，需以法学理论、史学理论为支撑。土地问题，核心是对地球上的土地这种自然资源在人与人之间进行的分配问题，本质上是利益的分配，所以还需利益分配理论来支撑。具体而言，本课题涉及的主要理论有法律与权利关系理论、权利与利益关系理论、辩证唯物主义及历史唯物主义理论、利益分配正义理论。

（一）法律与权利关系理论

法律是规定权利义务关系的各种规范的总和，法律的核心是权利，这是支撑本书观点的基础理论。

1. 权利是法律的核心内容

法律以权利义务关系为主要内容。法理学上，按不同标准可以把法律划分为不同种类，如国际法和国内法、根本法和普通法、一般法和特别法、实体法和程序法、成文法和习惯法等。大陆法系还将法律分为公法和私法，英美法系将法律分为普通法和衡平法。此外，还可将同类规范性法律文件所组成的法律划分为不同的法律部门，或称法律体系。不同的国家，法律体系各不相同，在大陆法系国家，法律体系一般由宪法、刑法、民商法、行政法、诉讼法、经济法、社会法及国家承认的国际法等构成。然而，种类再复杂，体系再庞大，法律始终是确定权利义务关系的规范的总和。如宪法，除规定一国的治国理念、原则等外，其核心内容是规定人民行使国家管理时的权利和义务及作为一国公民所享有的政治、经济、文化、社会等方方面面的权利和应承担的义务，规定国家机构及其组成机关在权力行使中享有的权利和承担的义务。其他各部门法，也是以权利义务关系为中心，规定不同法律主体行使权利、履行义务的内容、方式等问题。即便是“刑法”这个以“刑罚”为制裁手段的法律部门，其目的也是为了保证公民合法权利的正常行使。所以，“权利和义务既构成从法律规范到法律关系再到法律责任的逻辑联系的纽带，又通贯法的一切部门和法律运作的全部过程”①。这里需要指出的是，法律的主要内容是权利义务关系，并不意味着除此之外就没有其他内容，只不过其他的内容从本质和作用来看都是为权利义务这项核心内容服务的。

在权利义务关系中，权利是核心。1864 年 10 月马克思为国际工人协会总委员会起草的《协会临时章程》中讲道：“一个人有责任不仅为自己本人，而且为每一个履行自己义务的人要求人权和公民权。没有无义务的权利，也没有无权利的义务。”② 这段话言简意赅地阐释了法律中的权利和义务的关系。权利和义务是辩证统一的：权利离不开义务，权利以义务的存在为存在条件；义务也离不开权利，义务以权利的存在为依据；没有无权利的义务，也没有无义务的权利。这是讲权利义务的统一性，同时也是讲权利义务在法律中的核心地位。学者们普遍认为，现代法治社会中，在权利义务关系中权利是核心。如民国时期法学家欧阳谿谷就说：“法律本位之普遍观念为权利。故以法律为权利之规定，法律学为权利之学，乃现代学者间之通说。”③ 当代法学家对权利在法律中核心地位的认识也非常深刻：“权利，是法律机体的细胞，是法律大厦的基本构件，是真正的‘法律上之力’，法的领域都为它所穿透和吸引。因此，几乎可以这样说，认识了权利也就认识了法，揭示了权利的真谛也就揭示了法的真谛。”④ 张文显先生也说：“社会成员皆为权利的平等主体；在权利与义务的关系上，权利是目的，是第一性的，是义务存在的依据和意义。”⑤ 著名法理学者舒国滢教授则更明白地讲权利在法律中的核心地位：“权

① 张文显：《法学基本范畴研究》，中国政法大学出版社 1993 年版，第 95—96 页。
② 马克思：《协会临时章程》，载《马克思恩格斯全集》第 21 卷，人民出版社 2003 年版，第 17 页。
③ 欧阳谿谷：《法学通论》，上海会文堂编译社 1933 年版，第 241 页。
④ 文正邦：《有关权利问题的法哲学思考》，《法理学论丛》（第 1 卷），法律出版社 1999 年版，第 428 页。
⑤ 张文显：《法学基本范畴研究》，中国政法大学出版社 1993 年版，第 95—96 页。

利，是贯穿于法的运动过程的法律现象，是最核心的法律要素。”[①] 在对权利地位的认识上，学术界甚至还曾于20世纪初及20世纪90年代前后两度提出“权利本位”说，以突出强调权利在法律中的地位，他们认为，个人权利处于首位，国家是实现权利的中介，人权的价值就是为了抽象的人，义务也是由权利所派生。[②] 虽然此类观点受到一些反对和质疑，因过于强调个人权利，难以达成共识，但反对者的意见只是在“本位”能否成立上，并不反对权利的核心地位。

从法律规范微观层面看，权利义务关系也是法律的中心内容。构成法律的要素有法律原则、法律概念和法律规范三个部分。其中概念和原则是基础，规范是核心，法律就是法律规范的总和。关于法律规范的构成，有“三要素说”和“两要素说”之异。“三要素说”认为法律规范由假定、处理、制裁组成。假定指实施哪种行为可以适用既有法律规范；处理是规定人们应当做什么、不能做什么的以权利和义务为内容表现出来的法律部分；制裁是规定主体违犯法律规定的后果，即应当承担何种法律责任、接受何种国家强制措施的部分。“两要素说”认为，法律规范由行为模式和法律后果组成。行为模式是指法律为人们的行为所提供的标准和方向。行为模式一般有三种情况：可以这样行为，称为授权性规范；必须这样行为，称为命令性规范；不许这样行为，称为禁止性规范。法律后果是指行为人的法律行为在法律上所应承受的结果。不管是“三要素”说中的“处理”部分，还是“两要素”说中的“行为模式”部分，均指向行为人或法律主体的权利义务，是法律规范的主要部分，其他部分则是实现这部分内容的条件和保障部分。所以，正如美国法学家韦斯利·霍菲尔德曾说：“所有法律关系都可归结为‘权利’和‘义务’；而且这些范畴足以用来分析即使是最复杂的法律利益问题。”[③]

所以，在权利与义务的关系中，权利是目的，义务是手段，权利是义务存在的前提和依据。法是权利的外化形式，是客观的权利，权利则是法的内容，是主观的法；法以权利为目的，权利以法为保障。

① 舒国滢：《权利的法哲学思考》，《政法论坛》1995年第3期。

② 颜海波等：《评有关权利本位的几个基本观点》，《当代法学》1997年第1期。

③ 沈宗灵：《现代西方法理学》，北京大学出版社1992年版，第146页。

2. 法律的发展变化史就是权利内容的发展变化史

任何事物都是发展变化的，法律也不例外。原始社会没有国家，也就没有法律，奴隶制国家的诞生是法律出现的开始，接续经历了封建性质的法律、资本主义性质的法律、社会主义性质的法律，到未来共产主义社会，国家消亡，法律亦将不复存在。人类法律权利理论与观念随法律类型的变更主要经历了三个阶段：首先是奴隶制时代权利的萌芽阶段。在欧洲文明的发源地，奴隶制时代的古希腊只有义务而没有权利观念；古罗马有权利观念，而无权利概念，而且事实上权利也只存在于“自由民”中，奴隶并无权利可言。在古罗马，受自由民之间“私人平等”观念的影响，权利指的是私人权利或“特人”权利，即权利是“一个特定人”或“个人”的权利，其核心内容是财产权。这一阶段，权利停留在浅层面的观念中，人们还没有理性地去关注权利的内涵、实质。随着对权利问题的深入思考，西欧中世纪进入了权利理论和观念发展的第二个阶段，即权利理论初步形成阶段。12 世纪开始，基督教会走上世俗化道路，使得基督教的个人主义显现，导致世俗社会个人主义加强，权利说即逐渐发展，权利概念随之萌芽。14 世纪，意大利思想家马西利乌斯被称为“主观权利之父”，由他提出了“权利”概念。[①]17 世纪文艺复兴中，人们开始认真地从个体生命的角度提出法律上的权利要求，荷兰的格劳秀斯提出天赋人权不可剥夺的“自然权利”说，约翰·洛克第一次明确提出自由、平等和私有财产权利神圣不可侵犯的“权利”命题。之后，法国卢梭等人进一步主张“天赋人权”，认为人权包括财产权、生存权、自由权、平等权、自卫权以及反抗压迫权等。随着思想的丰富、理论的深入，1689 年英国颁布的《权利法案》，在法律中正式使用了“权利”概念，后来 1776 年美国《独立宣言》及 1789 年法国《人权宣言》均以“天赋人权”原则为精神灵魂，美国 1791 年的《人权法案》进一步规定从各方面保护个人的自由权利。思想的不断丰富和法律的不断充实，为权利理论探讨的深入和人们观念的普及起到了极大促进作用。第三个阶段是权利理论走向成熟阶段。19 世纪中后期，思想家们开始质疑“天赋人权”等私权绝对观点，进入 20 世纪，“个人权利”观开始向“集体权利”和“社会权利”观转变，在强

---

① 方新军：《权利概念的历史》，《法学研究》2007 年第 4 期。

调个人权利的同时，开始注重社会权利。实践中，一些国家也开始对个人与社会的关系加以局部调整，并在民法中推行所谓的“个人—社会本位”或“社会本位”原则，即在维护私有财产权、契约自由和过错责任三大私法原则的同时，对它们加以适当限制。权利理论的演进，一方面表明权利观点及其内容的变化是与统治阶级的阶级意志相一致的，奴隶社会以保护奴隶主的权利为宗旨，封建社会以保护封建主或地主的权利为宗旨，资本主义社会则以保护资产阶级的权利为宗旨。统治阶级在调整其内部主体间的权利关系时产生了不同的正义观、权利分配原则及权利内容。因此，法律的变化本质上反映的是以统治阶级意志为核心的权利内容的变化。另一方面，权利是在不断地强调对人的尊重的过程中越来越受重视，直至被奉为法律的“本位”，只不过从起初的对个人权利的绝对保护转而重视保护社会权利。其实，不管是个人权利本位还是社会权利本位，最终受益者都是个人。不管法律如何变化，最终反映的都是“人”们如何更好地实现自身的权利。张文显先生“从义务本位到权利本位是法的发展规律”[①]，一语中的地说明法律变化的核心就是权利义务内容的变化。陈爱娥“法律的发展历程就是权利的丰富、充实、调整、制约史”[②]更直接揭示出法律变化的中心内容即是权利的变化。舒国滢教授也指出，由“概括的权利”（法律地位）到“自然权利”，再到“个人的权利”，反映出个人主义法律文化发展的轨迹。[③]所以，法律的发展变化史就是权利内容的发展变化史。

3. 权利是社会成员诉求的焦点

有学者指出：“人类在认识和改造自然的同时，也在不断进行着人类自身的解放，民主、自由以及人权成为时代的主题。权利是法律的起点，更是法律的重心，这使得人性自由和权利被法律赋予现实的色彩。”[④]从法的角度看，人类社会的进化史就是权利追求史，为实现权利诉求的斗争史。马克思主义认为，人的本质是一切社会关系的总和，所以，每个人的权利状态都直接或

---

① 张文显：《从义务本位到权利本位是法的发展规律》，《社会科学战线》1990 年第 3 期。

② ［德］佛朗茨·维亚克尔著，陈爱娥、黄建辉译：《近代私法史》，上海三联书店 2006 年版，陈爱娥《导读》第 4 页。

③ 舒国滢：《权利的法哲学思考》，《政法论坛》1995 年第 3 期。

④ 征汉年等：《法律权利化：权利本位》，《南京工业大学学报》（社会科学版）2005 年第 3 期。

间接关联着他人权利的状态，正因此，人的权利的获得一刻也不能离开社会和社会关系的制约。一个人权利的获得会引起他人权利的丧失，权利资源的有限性会导致人与人间的权利平衡、再平衡的不断调整。这个平衡过程，其实是权利的争取过程，正像耶林指出的那样："世界上的一切法都是经过斗争得来的。"① 人类社会形态的变化根源于生产力的发展，然后影响到生产关系。作为经济基础的生产关系发生变化后，新生的阶级力量推翻原来的统治者上升为统治阶级，并将本阶级的意志上升为国家法律，从而带来自身权利的保障。这是权利发展的普遍规律，封建地主阶级、资产阶级、无产阶级概莫能外，"任何社会的权利分配活动都充满了权利与权利的抗争，具体地说就是未被法律确认、保障的应有权利与法律化了的现有权利的抗争，无权者与有权者的抗争，弱权者与强权者的抗争"②。英国人将国王查理一世送上断头台，美国人进行的 8 年独立战争，法国大革命几经复辟和反复辟斗争，20 世纪初规模宏大的无产阶级革命，都是为了争取权利。在这些斗争之后，都相继出现了保证本阶级权利的法律，如英国的《权利法案》、美国的《宪法》、法国的《人权宣言》等。苏联、中国等社会主义国家也同样制定了宪法及各种保护无产阶级利益的法律。在不断的斗争中，权利理论及内容日益丰富，如权利种类上就分人权、物权、参政权、平等权、诉讼权等，这些大类权利中又划分出诸多次级权利，如物权中的占有权、使用权、处分权、补救权等。这表明，随着社会的发展，人的权利域在不断扩大，特别是随着世界人权事业的进步，个人的权利得到了前所未有的尊重。而这些权利，无一不是经过斗争、争取而获得的，对权利的诉求贯穿于法律发展的全过程，权利是人们诉求的焦点。

总之，权利是法律的核心与精髓，是人们尊重和信仰法律的根基，正因此，我们在研究南京国民政府的土地问题时，确定了权利这个研究主题。

（二）权利利益关系理论

在权利与利益的关系上，我们认为利益是权利的核心。

---

① ［德］鲁道夫·冯·耶林著，胡宝海译：《为权利而斗争》，中国法制出版社 2004 年版，第 1 页。

② 庞正：《论权力分配》，载《法制现代化研究》，南京师范大学出版社 1997 年版，第 198 页。

何为利益？理论界有不同看法。有人认为利益即需要；有学者认为需要的满足和实现才是利益；有学者认为，满足需要所指向的对象才是利益；有学者不同意前述观点，认为利益是能使主体需要得到满足的制度、机制和生产关系。上述观点有一个共同点，即他们将利益与需要相联系。也有学者认为利益是主体基于生产关系中的地位而形成的对产品的占有关系。[①] 我们认为，以上看法都有一定道理，但都未全面准确地界定利益。首先，利益的确是以社会关系的存在为前提的，除了人与人之间外，无利益可言。但不能因此将利益简单、孤立地指向对产品的占有关系，因为利益并不必定局限于有形的产品上，还会有无形之物包括名誉、声誉等精神层面的东西。其次，利益确实以满足人的某种需要为条件，不能满足人们需要的东西不可能为人所关注，也就不可能对人有利、有益，不能成为利益。但也不能因此将利益归结为需要本身，因为这样的话需要还仅停留在主体的主观层面，只有超越主观、付诸行动去追求的需要才能视作利益。再次，需要的对象必定数量有限，因为具有稀缺性，人们才会去追求。最后，需要的对象必须是受法律保护的，非法的对象不能作为利益。基于此，我们将利益界定为以社会关系的存在为基础，能满足人们现实或未来某种需要的有形或无形、数量有限的合法对象。

探讨权利的核心是什么，我们还需搞清楚权利的本质。对此，学界主要有意志论和利益论两种观点。格劳秀斯把权利看作人作为理性动物固有的一种品质；斯宾诺莎把权利看作人的一种免受干扰的条件，是法律上不干扰人类的自然自由；霍布斯则认为权利是一种“自然权利”，并把其看作是一种“自由权”，即“每个人都有按照正确的理性去运用他的自然能力的自由”。之后的启蒙思想家洛克、康德等均从这一角度理解权利。这些思想家们更多地从权利的主观方面，即其所蕴含的人的自由意志来界定权利的本质，可归入权利意志论。边沁从主观意志论中走出来，转向对权利的客观性描述，强调权利与现实的利益紧密相关，而利益是与好处、快乐、幸福等相通的，边沁的权利论逐渐走向功利主义。边沁的学生奥斯丁也认为，权利的特质就在于给予所有者以利益，密尔也持类似观点。这样，权利就与功利主义在利益的基础上结合起来。

---

① 参见长浩:《近年来利益理论研究述评》,《渤海大学学报》2004 年第 5 期。

耶林更直接认为，权利就是受到法律保护的一种利益。以上可归纳为权利利益论。除意志论和利益论外，还有一种权利选择理论，认为权利本质上是一种选择的自由，它以新分析法理学派哈特为代表。哈特认为权利并非现实的利益，而是权利相对人的义务的自由地放弃、取消、强制实施或任其自然，此即选择。笔者认为，对另一人义务的放弃、取消、强制实施或任其自然的选项，作为权利主体来讲，就是对自己利益的放弃、取消、强制实施或任其自然。这种"选择"表现出来的也正是对自身权利，即对利益的处分。

所以，不管是权利意志论，还是利益论抑或选择论，都说明了权利的核心是利益。意志论将权利的本质归结为人的自由权，这里的自由是主体处分自身利益的自由；利益论更直接地将权利的本质归结为利益；选择论以利益选择作为权利的中心。利益是社会生活的基础，是社会生活中唯一的、普遍起作用的社会发展动力和社会矛盾根源，一切错综复杂的社会现象都可从利益得到解释。[①]

资产阶级法律思想家将权利的本质归结为利益，马克思主义持同一观点。众所周知，马克思主义通过全面的历史考察，揭示了人类社会的发展规律：生产力决定生产关系，经济基础决定上层建筑。马克思主义对利益的揭示，正是基于这一规律。马克思认为："人们为之奋斗的一切，都同他们的利益有关。"[②]"利益关系归根到底是开启社会现象之门的一把钥匙。""把人和社会连接起来的唯一纽带是天然必然性，是需要和私人利益。"恩格斯也说："各种生产部门——农业、手工业（在手工业内又有无数行业）、商业、航海业等——之间的分工日益充分地发展起来；居民现在依其职业分成了相当稳定的集团；其中每个集团都有好多新的共同的利益。"[③]"政治权力不过是用来实现经济利益的手段。"[④]毛泽东更明确指出："马克思列宁主义的基本原则，就

① 蔡江：《马克思利益观研究》，四川师范大学 2007 年硕士学位论文，第 12 页。

② 马克思：《第六届莱茵省议会的辩论》，载《马克思恩格斯全集》(1)，人民出版社 1956 年版，第 82 页。

③ 恩格斯：《家庭、私有制和国家的起源》，载《马克思恩格斯选集》(4)，人民出版社 1972 年版，第 109 页。

④ 恩格斯：《路德维希·费尔巴哈和德国古典哲学的终结》，载《马克思恩格斯选集》(4)，人民出版社 1956 年版，第 246 页。

是要使群众认识自己的利益，并且团结起来，为自己的利益而奋斗。”[①] 马克思主义经典作家科学地认识到经济关系是社会关系存在和发展的基础，是社会成员关注的焦点所在，一切社会现象与变化的原动力与核心在于利益。作为建立在经济基础之上，并为之服务的法律，其核心内容——权利的本质当然也必定是利益。而在各种利益中，经济利益是最重要的部分，权利与经济的关系更为紧密，因为：

权利的本源是经济关系。马克思提出，对权利的考察必须着眼于它同社会经济生活的联系，并得出“在过去一切历史阶段上受生产力制约、同时也制约生产力的交往形式，就是市民社会”[②] 的结论。由此出发，马克思对天赋人权论进行了批判。他认为，人权绝不是脱离社会生活而任意做出的法律规定，它必然是由一定的社会经济关系客观决定的。因为，“人们在自己生活的社会生产中发生一定的、必然的、不以他们的意志为转移的关系，即同他们的物质生产力的一定发展阶段相适合的生产关系。这些生产关系的总和构成社会的经济结构，即有法律的和政治的上层建筑竖立其上并有一定的社会意识形式与之相适应的现实基础”[③]。一切权利现象只有从一定的社会经济关系中才能得到说明。

权利是经济关系的法律化。马克思认为，市民社会是国家和法的前提，是权利现象的基础和发源地（这里的“市民”概念，主要是就社会成员的经济生活特点而言的），这样，马克思就揭示了法律与人们实实在在的社会经济生活之间，也即法律与利益的关系。在《德意志意识形态》中，马克思第一次揭示了社会的基本矛盾，即生产力与交往形式（即生产关系）之间的矛盾，并指出法和法律是统治阶级意志的反映，这种意志是由一定的现实物质关系决定的。在《共产党宣言》中，马克思进一步揭示了资产阶级法权关系的本质特征，认为“正像你们的法不过是奉为法律的你们阶级的意志，而这种意

① 毛泽东：《对晋绥日报编辑人员的谈话》，载《毛泽东选集》（4），人民出版社 1991 年版，第 1318 页。

② 马克思：《德意志意识形态》，载《马克思恩格斯全集》（3），人民出版社 1965 年版，第 40 页。

③ 马克思：《〈政治经济学批判〉序言》，载《马克思恩格斯选集》（2），人民出版社 1972 年版，第 82 页。

志的内容是由你们这个阶级的物质生活条件所决定的”[①]。因此，法律权利并不是泛化的全部社会成员的经济利益，只是社会上占统治地位的统治阶级的经济利益，反映的是统治阶级的意志。

综上所述，马克思将法律权利与经济关系紧密联系在一起，揭示了法律权利的利益根源所在，这是历史唯物主义的理论基石。通过利益，我们可以透视整个人类社会，揭示社会历史之谜。这也如中国古语所讲“天下熙熙皆为利来，天下攘攘皆为利往”。不过也应承认，法律保护的权利本质上是经济利益，但从内容看并不局限于经济利益，会表现得复杂多样。

即便如此，利益始终是权利的核心所在。首先，权利以利益为基础，利益是被法律所承认和保障的权利。社会上利益纷繁复杂，加之利益的稀缺性，导致基于利益的纠纷和冲突广泛存在。这就要求法律给予各种利益以明确的界限，保证各种利益主体只能在法定“权利”的范围内活动。也就是说，基于利益和利益纠纷、冲突的存在，权利方得产生。其次，利益是权利的实质内容和目的。人们捍卫自己的权利，实质就是捍卫自己的利益。因为“人们为之奋斗的一切，都同他们的利益有关”。也有学者指出：“赋予权利规则的本质特征的，就是这些规则将保护或增进个人利益或财产作为其具体目标。”[②]所以，撇开利益去谈权利，权利必然是空洞的。最后，权利是实现主体合法利益的有效法律保障，没有利益，权利也就失去了其存在的意义和必要。权利中必然包含利益，但利益能否由法定的应然性变为现实的已然性，需要中间环节，这个中间环节一方面是权利主体有效行使法律权利，另一方面则是国家以其带国家强制力的法律保证权利主体实现自己的权利主张，“法律权利实质上是统治阶级为了巩固维护其统治而进行利益分配的手段”[③]。权利的利益核心理论告诉我们，研究土地权利，重点应放在分析法律是如何分配和协调人们利益关系的。

---

① 马克思：《评普鲁士人的〈普鲁士国王和社会改革〉一文》，《马克思恩格斯全集》(1)，人民出版社 1958 年版，第 485 页。

② N. MacComick, Rights in Legislation, from Hacker and Raz (ed.), *Law, Morality and Society* , Oxford Press, p. 190.

③ 郭道晖：《法的时代呼唤》，法制出版社 1996 年版，第 353 页。

（三）权利分配的正义理论

人类社会的存在和发展过程，归根到底是人类利用自然资源创造物质财富和精神财富以满足人类需求的过程。农地问题的实质是基于农地而形成的人与人之间的社会关系问题。调整这一关系的关键在于根据农地的特性，对农地的权利（利益）进行合理分配，它不仅影响着土地效力的发挥，也影响着社会秩序的稳定，其根本要求是实现社会正义。

1. 权利配置的价值尺度是正义

人类对正义的探讨、争论自古存在。从词源上看，“正义”一词来源于西方，在英文中的表达是“justice”，转译自《荷马史诗》中的“dikē ”。“dikē ”源于词根“deiknumi”①，其基本含义是宇宙的一种单一的基本秩序，这个秩序既支配着自然运转也规定着社会结构。中国也有“正义”一词，荀子“不学问，无正义，以福利为隆，是俗人者也”②，是中国“正义”最早的词语表达。之后，中国古人对“正义”多是从个人美德层面进行，如《论语·颜渊》中“子率以正，孰敢不正”，《孟子·离娄上》中“君义，莫不义；君正，莫不正”。

西方人对正义的认识，可追溯到古代欧洲文明时期。苏格拉底认为法是“正义”的化身，公民遵守法律就是“正义”。柏拉图将人类划分为金质、银质、铜质、铁质四个不同等级，认为正义就是要使不同等级的人恪守各自天职领域，“各守本分，各司其职，就是正义”③。这是行为正义说。亚里士多德从法律至上的立场出发，认为法律是社会正义的具体体现，为了维护秩序，所有人都必须遵守法律，正义就是“‘公正的’就是守法的和平等的，‘不工正的’就是违法的和不平等的”④。西塞罗认为法的正义标准是理性和自然法。奥古斯丁和阿奎那沿承了法律与正义的关系论，将法律与正义紧密结合起来，

---

① 毛勒堂：《什么是正义——多维度的综合考察》，《云南师范大学学报》2006 年第 3 期。

② 《荀子·儒效》。

③ ［美］E. 博登海默著，邓正来译：《法理学：法律哲学与法律方法》，中国政法大学出版社 1999 年版，第 8 页。

④ ［古希腊］亚里士多德著，王旭凤等译：《尼各马可伦理学》，江西教育出版社 2014 年版，第 76 页。

认为“如果法律是非正义的，它就不能存在”，“不公道的法律不能称之为法律”[①]，我们称之为法律正义说。斯多葛学派与古罗马法学家则认为平等是正义理念的必然内核，乌尔比安提出了著名的正义概念——“正义是使每个人获得其应得的东西的永不变的意志”[②]，我们称之为平等正义说。以上几种正义观的共同之处是将正义视作一种主观心理活动，把平等视作正义的内核。到中世纪，托马斯·阿奎那将正义与基督教教义结合起来，开始把正义从主观意志外化为人们的行动。阿奎那认为正义是“一种习惯，依据这种习惯，一个人根据一种永恒不变的意志使每个人获得其应得的东西”[③]。这样，阿奎那就从维度上将正义观在主观意志基础上扩展出了正义的客观性。但阿奎那同时认为人们获得应得的东西的标准在其社会地位，“一个人在社会中的地位愈突出愈重要，那么他从共同财产中亦将得到愈多的东西”[④]，这带有明显的不平等性。将正义的精神理念与客观制度载体相结合的是埃米尔·布伦纳，他认为“无论他还是它，只要给每个人以应得的东西，那么该人或该物就是正义的；一种态度、一种法律、一部法律、一种关系，只要能使每一个获得其应得的东西，那么它就是正义的”[⑤]，给出了人或物正义与否、法律或制度正义与否的标准。但布伦纳没有说清楚什么是“应该得的东西”。近代，对正义的争论愈加热烈。自然法学派将正义与自由、平等和人权相等同，成为美国《独立宣言》、法国《人权与公民权利宣言》的指导思想。《世界人权宣言》开篇即以此理论为指导，指出：“对人类家庭所有成员的固有尊严及其平等的和不移的权利的承认，乃是世界自由、正义与和平的基础。”这一思想继承了古典正义意志论精髓，并进行了发展，将平等、自由和人权作为正义的要素，这是一种进步。

---

① [意] 阿奎那著，马清槐译：《政治著作选》，商务印书馆 1963 年版，第 116、121 页。

② [美] E. 博登海默著，邓正来译：《法理学：法律哲学与法律方法》，中国政法大学出版社 1999 年版，第 264 页。

③ [美] E. 博登海默著，邓正来译：《法理学：法律哲学与法律方法》，中国政法大学出版社 1999 年版，第 31 页。

④ [美] E. 博登海默著，邓正来译：《法理学：法律哲学与法律方法》，中国政法大学出版社 1999 年版，第 31 页。

⑤ [美] E. 博登海默著，邓正来译：《法理学：法律哲学与法律方法》，中国政法大学出版社 1999 年版，第 265 页。

但是，其仍停留在形而上的层面，没有解决到底什么是和如何实现自由、平等。此外，还有以康德为代表的义务论和以边沁为代表的功利论。康德认为正义是至善，德福统一就是完满的善。边沁认为正义就是实现“最大多数人的最大幸福”。密尔将正义与平等、权利联结起来，认为正义是尊重人的法定的、道德的、应得的、约定的、天赋的权利，其实质就是权利。凯尔逊对各种正义观进行了总结，认为：“从古到今，所有关于正义的学说可以归入两大派：形而上学—宗教派与理性主义派。”[①] 他分析说古典时期代表柏拉图正义观的主要理念是“绝对善”，没有回答什么是正义，近代理性主义正义观都经不起推敲，没有什么实际意义。

现代西方最有影响的正义观是诺奇克的持有正义理论及罗尔斯的分配正义理论。

诺奇克的持有正义理论。诺奇克的“持有正义原则”包括三个方面：第一，“获取的正义原则”。是指在持有的最初获得或对无主物的获取上，如果完全是通过“合法”手段实现的，那么就是正义的。第二，“转让正义原则”。是指利益从一个人的持有转让到另一个持有时，如果这种转让是通过合法的自愿交换、馈赠等方式完成的，就是正义或正当的。第三，“矫正正义原则”。诺奇克认为，现实中的持有往往不是正义的，可能是通过非法或不正当手段（如偷窃、欺诈、强夺、腐败性的受贿等）而获取或转让的持有，对这种持有必须进行矫正。但是在如何判定持有的非正义性和如何矫正上，诺奇克陷入了困境。他承认不知道对各种问题的“一种彻底的或理论上精致的回答是什么”，但他细化了正义原则，将正义从观念层面向实际操作推进了一大步。

哈耶克对矫正正义作了理论补充。他认为，矫正应从两个基本方面入手：首先，尽量减少权力对分配体系的不合理作用及影响，同时加强对市场内部机制的完善，提高私权对公权的抵抗力，真正实现国家、社会、个人三者和谐互动。其次，在社会的基本制度与结构安排上，做到机会向全体社会成员的平等开放，呵护各社会成员尤其是贫者与弱者凭借自身努力改善生活状态的积极期望，并做到“一是阻碍某些人发展的任何人为障碍，都应被消除；

① ［奥］凯尔逊著，耿淡如摘译：《什么是正义》，《现代外国哲学社会科学文摘》1961 年第 8 期。

二是个人所拥有的任何特权，都应被取消；三是国家为改进人们之状况而采取的措施，应当同等地适用于所有的人”[1]。哈耶克的正义论，丰富和发展了诺奇克的正义理论。但是，哈耶克的观点是存在相互矛盾和抵触的，他一方面主张减少权力的作用，另一方面又要呵护贫者与弱者的利益，不靠权力而只倚重市场，怎能做到？正像有学者对哈耶克正义观评论的那样，“依据德性、平等或者任何其他个人价值的分配方式，侵蚀根本的法律平等原则，干扰社会反馈的信号系统。在这种情况下，有关重新分配的统一标准难以达到，全能的集权式政府应运而生，自由将丧失殆尽”[2]。哈耶克减少政治权力干预的正义观存在着很大不足。

罗尔斯的分配正义论。美国学者约翰·罗尔斯是当代西方正义理论的集大成者。他的两部著作《正义论》和《作为公平的正义——正义新论》集中反映了其关于正义的理论。在他看来，正义是社会制度的首要价值，不管某些法律和制度如何有效率和有条理，只要它不正义，就必须进行改造或废除。他将自己的正义理论称为“作为公平的正义”，意为要平等地分配自由和机会、收入和财富、自尊的基础等，也就是分配的正义。其分配正义的两个主要原则是：第一，每一个人都有平等的权利去拥有可以与别人的类似自由权并存的最广泛的基本自由权；第二，对社会和经济不平等的安排应能使这种不平等不但可以合理地指望符合每一个人的利益，而且与向所有人开放的地位和职务联系在一起。第一条原则称作自由权优先原则，它以平等为标准，每个人都应平等地享有基本自由权。第二条原则称作正义优先于效率和福利原则。它以承认和肯定实际的不平等为前提，既然做不到绝对平等，就要合理地照顾每个人的利益和为每个人提供同样的获得地位和职务的机会。可见，罗尔斯的公正理论，是将理想和现实相结合、普遍和特殊相沟通、绝对与相对相协调的“大同小异公正论”，是对平均主义和功利主义的超越，有其独特智慧性。但是罗尔斯的正义原则又存在很大缺陷，它“只能在自己预先设定的理想的分配模式中发挥作用，当它在面对不同的个体、群体、组织、地区、

---

① ［英］弗里德里希·冯·哈耶克著，邓正来译：《自由秩序原理》，生活·读书·新知三联书店 1997 年版，第 111 页。

② 李胜瀚：《论哈耶克的“社会正义”观》，《理论界》2008 年第 7 期。

国家以及不同历史时期、同一历史时期的不同阶段时，以抽象的正义标准作为法的价值就显得虚无缥缈而难以把握，正义显得多元而无法统一”[①]，即没有顾及正义的历史性、区域性、阶级性。

持有正义论和分配正义论的共同点在于他们都是依据西方自由市场经济体制的社会背景，围绕经济学的核心——效率与公平而展开的。持有正义以个人层面的分配为出发点，力求建立起产权及其流转的正义标准，实现个人的权利与所得的对称性；分配正义则以社会群体为依据，考察团体性的分配平衡问题。[②]他们都试图解决资本主义社会必然存在的利益冲突，目的是为资本主义的持久延续寻找路径。但在资本主义基本的制度框架前提下寻找正义出路，必然陷入困境，无法找到真正答案。所以持有正义论存在操作性上的困难，分配正义论由于其试图将权利制度的正当性完全建立在社会实际不平等的基础上，同样存在理性不足和操作困境。

马克思的正义观。马克思主义用历史唯物主义的观点，即阶级的、历史的、唯物的、辩证的方法去看待社会。马克思主义认为，正义是指在人与人之间的关系中，每个社会成员都应得到与其行为相适当的平等对待。其基本观点包括：第一，正义具有历史性。马克思主义认为人类社会要经历五种社会形态，不同社会阶段有不同的正义观。恩格斯在《资本论》中也明确指出：无论何人，只要追求正义，表达的都是他那个时代的正义。马克思主义一方面承认资本主义制度下剩余价值的生产、分配符合生产力的根本要求，具有正义性，但另一方面，它又认为资本家对工人劳动成果的无偿占有，事实上造成了对工人不公正的待遇，是非正义的。资本主义的正义如此，其他阶级社会的正义亦如此。第二，正义具有阶级性。阶级社会中，都存在两个对立的阶级，公正只能是带有“阶级性的公正”，不同的阶级对公正有不同的理解，“它或者为统治阶级的统治和利益辩护，或者当被压迫阶级变得足够强大时，代表被压迫者对这个统治的反抗和他们的未来利益”[③]，只有阶级消灭了，

---

① 刘祥林：《论法的正义价值及其实现路径》，《江海学刊》2012 年第 4 期。

② 单飞跃、刘思萱：《整合性分配：社会分配正义的法哲学理路》，《经济法论坛》2004 年卷，第 23 页。

③ 恩格斯：《反杜林论》，载《马克思恩格斯选集》（3），人民出版社 1972 年版，第 134 页。

真正的社会正义才能实现。第三，正义是相对的。马克思主义认为，人们关于公正的标准是随着经济关系的变化而变化的，社会公正的实现是个渐进的发展过程，社会公正是随着社会历史的发展而发展进步的。第四，社会正义根基在于经济正义。马克思主义认为，生产力是经济基础和上层建筑赖以存在和发展的物质基础。生产力决定生产关系，因此必须大力发展生产力，才能为实现社会正义创造条件。马克思主义认为，每一历史时代的人都是处于特定社会关系特别是处于特定经济关系中的人。因而，作为社会性的人，它的基本权利总是要受到特定经济关系的制约，而不能凌驾于一定的经济关系之上。所以，人们“归根到底总是从他们阶级地位所依据的实际关系中——从他们进行生产和交换的经济关系中，获得自己的伦理观念”[①]。故此，社会生产关系的合理化调整或变革是实现社会正义的最关键因素，“真正的自由和真正的平等只有在共产主义制度下才能实现，而这样的制度是正义所要求的”[②]。只有消灭生产资料的私有制，实行公有制，才能在分配领域中摆脱剥削，才能实现正义。第五，社会制度是正义的保障，只有通过无产阶级革命消灭剥削阶级、推翻资本主义制度、建立社会主义制度才能实现社会正义。第六，正义的最高目标是实现人的自由发展。马克思从人的自由本质出发，赋予人全面发展的新含义，即人的全面发展是人的活动及其能力的全面发展，是人的社会关系的全面发展，是人的个性的全面发展，是人的个体性与社会性的充分统一。判断正义与否的一个重要标准，就是它是否有利于人的全面发展。

总之，马克思主义公平正义观的提出是人类正义思想史上的伟大变革。它客观地、全面地、历史地、辩证地看待正义，既超越了西方近现代传统正义，也对当代西方流行的正义理论进行了批判，揭示了社会公正的社会根源和本质所在，使社会正义原则实现了理论与实践的高度统一，使抽象的公平正义理论变为具体的、实践的社会公正观，给人们指出了正义的发展方向。

综上所述，不管是西方思想家还是马克思主义，都将正义作为法律的标准，法律的任务就是维护社会正义。“任何社会都是一种道德秩序，它必须证

---

① 恩格斯：《反杜林论》，载《马克思恩格斯选集》(3)，人民出版社 1972 年版，第 133 页。

② 恩格斯：《大陆上社会改革运动的进展》，载《马克思恩格斯全集》(1)，人民出版社 1956 年版，第 582 页。

明它的分配原则是合理的，它必须证明自由和强制的兼而并用对于推行和实施它的分配原则来说是必要的，是天经地义的”[①]，正义就是这种道德秩序的精髓和评判标尺。

2. 正义与其他法律价值之间的关系

所谓法律的价值，是指法律适应和服从法律主体需要的程度。对于法的价值的内容，学术界存在诸多看法。古希腊思想家把正义视作法律的价值；以奥古斯丁和阿奎那为代表的中世纪神学家们将神的正义视为法律价值；近代资产阶级启蒙思想家将“自由、平等、博爱”视为法的价值；功利主义法学家们则视法律价值为谋求生存，达到富裕，促进平等，维护安全。当代学界在总结以往理论的基础上，对法律价值有了一些共性认识，将法的价值分为法的目的价值、法的评价准则以及法自身的价值或法的形式价值三类[②]。我们则主要从法自身价值的内容上去分析，具体包括正义、秩序、自由、平等和效率等。

法的价值内容存在层级差序，正义是法的核心价值、最高价值和终极价值。从语义上分析，秩序、平等、自由、效率等都有时空和内容的局限性，都能找出与之相矛盾或冲突的价值，只有正义，不论什么时候、什么地点、什么情况下，尽管对它的含义各有各的理解，但都能被人们接受，不存在与其他价值的矛盾。关于正义的要素，也有多人探讨，施塔姆勒认为正义的核心是自由；拉特布鲁赫认为正义的核心是平等；耶林认为正义的核心是安全；罗尔斯则认为正义的核心是自由和平等并存，但自由是首要的；博登海默提出，平等、自由、安全和公共福利是正义的重要组成部分，它们是相互结合、相互依存的，应该同时存在于建立成熟和发达的法律制度的过程中；霍布斯、洛克、卢梭、康德、密尔、罗尔斯、诺奇克、德沃金以及哈贝马斯，几乎都以生命、自由以及平等权利为正义的基本要素；恩格斯也说，“真正的自由和真正的平等……是正义所要求的”[③]。罗尔斯曾对法的各价值之间的关系作过深

---

① [美] 丹尼尔·贝尔著，赵一凡、蒲隆、任晓晋译：《资本主义文化矛盾》，生活·读书·新知三联书店 1989 年版，第 309 页。

② 林道海：《法的正义价值：形式、要素与原则》，《宁夏大学学报》2007 年第 6 期。

③ 恩格斯：《大路上社会改革运动的进展》，载《马克思恩格斯全集》（1），人民出版社 1956 年版，第 582 页。

入分析："正义是社会制度的首要价值，正像真理是思想体系的首要价值一样。一种理论，无论它多么精致和简洁，只要它不真实，就必须加以拒绝或修正；同样，法律和制度，不管它们如何有效率和有条理，只要它们不正义，就必须加以改造或废除。……正义否认为了一些人分享更大利益而剥夺另一些人的自由是正当的，不承认许多人享受的较大利益能绰绰有余地补偿少数人的牺牲。所以，在一个正义的社会里，平等的公民自由是确定不移的，由正义所保障的权利决不受制于政治的交易或社会利益的权衡。"① 以上各种论述反映出法律价值的特点：法律的价值是由多种要素构成的，包括正义、效率、公平、自由、秩序等；如果离开正义，过分夸大秩序价值，就会导致专制，或者成为维护现状、反对变革与创新的托词；自由也不是绝对的，要以不妨害别人的自由为前提，否则就是不正义；效率是经济学追求的目标，一个人、一个社会都需要效率，但如果效率影响了正义要求，也要改造或废除；平等是有条件的，在强调初始状态的地位平等和过程中的机会平等的同时，也要重视结果的公平，为此就要重视社会弱势群体的利益，那些过于强调地位、机会平等而忽视少数弱者的实际不平等的情况也是不正义的。从这些关系中可见，"法的基本价值是而且只能是正义"②，秩序、自由、平等和效率都以正义为旨归。下面我们逐一分析这些法律价值：

自由。历史上对自由的思考、论证经久不息。古希腊奴隶社会中，自由民与非自由民（奴隶）的相处中，自由民想尽办法证明其对奴隶限制自由的合理性，断定社会秩序至高无上，为了社会秩序，必须对个人自由予以限制，并由社会的优秀分子实施统治。柏拉图认为，如果给予个人或社会过多自由，社会将陷入混乱和暴政。古希腊思想家们站在统治者角度，过分夸大了个人自由的危害，对自由大都持否定态度。西欧中世纪，托马斯·阿奎那认为基督教对异教徒的战争是为了防止其阻挠基督教的传播而破坏基督教的信仰自由，以保护基督教徒的信仰自由为理由，去镇压异教徒对基督教的抵制和反对，将一方的自由建立在对另一方镇压的基础上。文艺复兴时期的思想家以个性

① [美]约翰·罗尔斯著，何怀宏等译：《正义论》，中国社会科学出版社1988年版，第1—2页。
② 林道海：《法的正义价值：形式、要素与原则》，《宁夏大学学报》2007年第6期。

解放为旗帜，提出了意志自由、选择自由等一系列主张。资产阶级启蒙思想家对自由的认识开始丰富，主张开始分裂。卢梭、霍布斯等主张个人自由应让位于集体自由，当个人自由与集体自由矛盾时，个人自由可以而且必须转让出来。洛克等则认为自由源于自然法，是绝对的、至高无上的，社会自由不能取代个人自由。个人自由是以契约方式获取的，别人无权剥夺自己的自由。在洛克理论基础上，孟德斯鸠提出了三权分立主张，密尔则提出必须反对“多数人的暴虐”和保护少数人的观点。凯恩斯为代表的新自由主义者认为，自由是人类最突出、最完美的品质，是个人、家庭、社会组织和政府指导行动的最高目标，他并不否定个人自由，但反对自由放任经济，主张政府的积极干预。而新保守主义则倡导个人自由，反对国家干预，主张自由竞争。

可见，自由是法学及政治学者非常关注并热衷探讨的问题，他们分歧的焦点在于如何处理个人与社会、个人自由与他人自由、个人自由与社会秩序的关系，这对资产阶级学者而言是一个永恒的难题。马克思主义则跳出了资产阶级的思维框架，并不将个人和社会对立起来，而是认为个人自由与社会自由是相互统一、相互促进的，个人利益和社会利益也是相互一致的。马克思说:“正像社会本身生产作为人的人一样，人也生产社会。”① “要不是每一个人都得到解放，社会也不能得到解放。”② 马克思审视资本主义社会后认为，在资本主义制度下，由于资本的作用，人们不可能获得真正的自由。而且，不管哪一派学者，都承认当下社会没有绝对的自由，个人自由与他人自由、社会自由之间，总会存在矛盾和冲突。既然如此，马克思主义认为解决个人自由与社会自由冲突的方法就是统筹兼顾好个人、集体和国家的利益，最终实现个人的全面自由发展。

秩序。秩序是人类存在的前提，一个没有秩序的社会，必是混乱一片，人人自危。对秩序重要性的认识，历史上并无二致，问题的关键是建立一个什么样的秩序。这就引出了秩序与法的其他价值之间的关系。按照公认的正义原则，秩序的才是正义的，否则就是非正义的。因此，法的秩序价值是法

① 马克思:《1844 年经济学哲学手稿》，载《马克思恩格斯全集》(42)，人民出版社 1979 年版，第 121 页。

② 恩格斯:《反杜林论》，载《马克思恩格斯全集》第 20 卷，人民出版社 1971 年版，第 318 页。

的正义价值的前提和基础。但什么样的秩序才是正义的呢？我们认为，正如正义的价值具有历史性一样，对秩序的正义性的评价，也要历史地去进行，不同历史条件下有不同的秩序标准和规则。秩序的标准有一个随社会经济、文化和政治的发展而不断发展的过程。奴隶社会的秩序，是以奴隶主对奴隶的人身控制、奴隶对奴隶主的绝对服从为特点的。封建社会则是以农奴或农民对地主的人身依附、地主对农奴或农民的强权压迫和剥削为特点。到资本主义时代，多数民主与法治国家打破了奴隶社会和封建社会带有封闭性的社会秩序，建立了不以人身依附为特点的开放性的社会秩序，代之以契约约束的社会秩序，这是人类社会的一种进步。但是，资本主义社会是以经济的不平等代替了身份的不平等，社会分层与阶级依然存在，开放性的社会并没有带来开放性的平等。资本主义社会的秩序实质是维护资本的特权，建立以民主、平等、自由等口号下的事实上不民主、不平等、不自由的社会秩序。也就是说，现代西方社会的秩序面临着与其标榜的自由、民主、平等截然相反的严重矛盾和冲突，严重妨碍着社会正义的真正实现。

平等。平等也是法学价值中一个永远争论的主题。关于平等的认识，大致经历了自然平等观、基督教的神学平等观、近代的权利平等观及现代的社会平等观几个阶段。自然平等观源于古希腊，表现为伯利克里时代的“公民平等”。当时“公民”的数量很少，“公民平等”实际上是少数人间的平等，更多的是公民与奴隶之间的不平等。斯多葛学派更进一步，他们认为，除了人们间智慧高低的差异外，无论贫富贵贱，任何人都应一律平等。西塞罗则提出要把奴隶当人而不能当物来看待，克服了古希腊平等观念在主体上的局限性。基督教为平等观念的发展做出了重要贡献，罗马帝国时期的基督教宣扬人人都是上帝的子民，主张上帝面前人人平等。新教教义认为个人可以和上帝直接沟通，这样就提高了个人的地位而降低了教会的作用，个人的意志变得越来越突出。文艺复兴时期崇尚人文主义，人的地位空前提高，启蒙思想家们认为人的自由平等是“天赋人权”，从而确立了西方现代平等观的基础。随着资产阶级革命的不断胜利和逐步的深入，平等权逐渐被确立在资产阶级的法律文件中，如《人权宣言》及后来各资本主义国家的宪法等。平等权的实质内容也有了很大的扩展，从政治平等扩展到经济平等进而至于社会各个领域的平等。当代西方思想家们进一步将平等划分为机会平等和结果平等，政治领域的平等参与、经济领域的收入分配的平等、弱势群体的社会地位的平等，进一步丰富和细化了平等理论。不过，总的来看，以上这些思想家都是在承认和肯定当下实际上不平等的大框架下来探讨问题的，没有站在历史的高度去审视平等，只是就事论事，忽视了社会发展规律并缺少对未来社会的长远规划。在肯定既有不平等的社会基本制度前提下去探求平等，必然会遇到相冲突和矛盾的一系列问题，如主张政治、经济等方面的平等，又如何对待资产阶级追求经济垄断和政治统治的自由？主张天赋人权，又如何对待人由于出身不同而存在的实际上的不平等？主张机会平等，又如何对待因各种门槛准入、资源占有不同而造成的机会不可能平等？如何对待因强调平等而会带来的参与人员过多而易生秩序混乱和效率低下？这些矛盾的存在，不能不给上述平等观打上深深的问号。马克思主义科学地解决了这些悖论。首先，马克思主义主张一切人都应平等："一切人，或至少是一个国家的一切公民，或一个社会的一切成员，都应当有平等的政治地位和社会地位。"[①] 其次，马克思主义认为，平等不是抽象的道德说教，而是根源于"社会生产方式的水平和内容"，平等的制度设计及评判要根据不同时代的生产力来进行，没有一成不变的平等标准。再次，平等具有阶级性，不同的阶级具有本阶级的平等观，这根源于该阶级的利益。最后，真正实现平等需要消灭阶级、实现共产主义制度。在阶级社会中，不平等是绝对的，不可能有真正的平等，关键是实现哪个阶级的平等，保护哪个阶级的利益。真正的全社会的平等，根本上只有通过大力发展社会生产力，不断创造平等的物质基础和其他条件，能够使人全面自由发展的时候才能实现。

效率。"效率"本是一个经济学术语，20 世纪以后逐渐在社会生活领域运用。法的效率价值是指法以其规则的作用，调整各种资源在不同主体间的分配，建立一定的社会秩序，使资源发挥最大效益，实现个人和社会最有效率的发展的价值。效率是法律的一个重要的价值取向，没有效率的法律不符合正义的要求。有的学者甚至认为效率是"正义的第二种含义——也许是最

① 恩格斯:《反对林论》，载《马克思恩格斯选集》(3)，人民出版社 1972 年版，第 143 页。

普通的含义——是效率”[①]。我国学者张文显指出：“与秩序、正义和自由一样，效率也是一个社会最重要的美德。一个良好的社会必须是有秩序的社会，公正的社会，自由的社会，也必须是高效率的社会。没有效率的社会无论如何不能被认为是一个完善的社会。”[②] 我们认为，法的效率价值主要体现在促进经济效益的提高上。在效率与其他法律价值的关系上，效率以其他法律价值的存在为前提。没有秩序就不可能产生效率；没有劳动力和资本的自由，在当今社会也不能实现效率；离开了平等，特权横行，效率也不能实现。同时，效率的提高，也能为自由、秩序、平等的实现创造条件并促进它们的实现。马克思主义认为，未来社会应该是一个“在保证社会劳动生产力极高度发展的同时又保证每个生产者个人最全面的发展的这样一种经济形态”[③]。“保证社会劳动生产力极高度发展”讲的是效率，“保证每个生产者个人最全面的发展”讲的是自由、平等、秩序。这句话其实反映了效率和公平之间统一、并重的关系。但毕竟效率与其他价值存在明显的不同，不能互相替代，效率也更不能等同于正义。

总之，正义是最高层面的法律价值，其下位价值虽很重要，但必须服从正义的要求。为了符合正义要求，其下位价值之间也往往会产生冲突，这些冲突，在阶级社会中会常态地存在。如何处理这些冲突，就成为一个永恒的也是复杂的问题。我们认为，在处理这些复杂关系时，要坚持两点：第一，坚持生产力标准。效率价值主要是指向生产力的，自由、平等、秩序也都要以生产力为依归，适应生产力水平，促进生产力发展。如果不能做到这些，法就是不正义的。第二，因时因地制宜，从实际出发的原则。依照当时的情况，什么矛盾突出就主要解决什么矛盾。在不同时期，矛盾主次不同，解决的方式也会有差异。动荡时期，需要以强力维护秩序，个人的自由、效率就要让位，平等价值要坚持但也可能会受到伤害；和平时期，效率是人们主要

---

① [美] 理查德·A. 波斯纳著，蒋兆康译：《法律的经济分析》，中国大百科全书出版社 1997 年版，第 31 页。

② 张文显：《法学基本范畴研究》，中国政法大学出版社 2001 年版，第 217 页。

③ 马克思：《给〈祖国纪事〉杂志社的信》，载《马克思恩格斯选集》第 3 卷，人民出版社 1995 年版，第 342 页。

追求的目标，效率的价值就应提高到突出的位置。当然，效率地位的提升，绝不能过分伤害自由、平等和秩序，过了也会出问题，尤其要考虑损及秩序的潜在危险。所以，因时因地制宜，根据不同情况确定破解法律价值之间的矛盾是一个重要原则。研究 1927—1937 年南京国民政府农地地权立法，主要的考察点就是看其在进行土地资源分配的过程中，是否符合当时的实际情况，恰当处理好了法律的各种价值关系，是否最终促进了生产力的发展。

（四）马克思主义辩证唯物主义理论和历史唯物主义

本书的研究将忠实地站在马克思主义立场上，以马克思主义的哲学理论为基本支撑。马克思主义将唯物主义和辩证法有机地结合在一起，创立了辩证唯物主义。马克思主义又以唯物的、辩证的、历史的眼光去看待人类社会，形成了历史唯物主义。辩证唯物主义和历史唯物主义理论是指导本书研究的基本理论。

1. 唯物主义理论

马克思主义唯物论有两个基本主张，一个是世界的物质统一性，一个是历史唯物主义，这是指导本课题研究的根基理论。在物质和意识的关系上，马克思主义坚定地认为物质决定意识；在社会存在和社会意识的关系上，主张社会存在决定社会意识。纷繁复杂的世界统一于它的物质性。同时，马克思主义并不否定意识的作用，认为意识反作用于物质，但意识必须与客观世界相符合，才能发挥积极的促进作用，否则就会起延缓或阻碍作用。马克思主义唯物论原理，给我们指出的思维方法是要一切从实际出发，实事求是地看待和处理现实社会问题，同时要积极发挥意识的能动作用，在与客观实际相一致的前提下，去认识世界和改造世界。马克思主义的历史唯物主义认为，社会存在决定社会意识，社会意识又反作用于社会存在；推动社会发展的基本矛盾是生产力和生产关系、经济基础与上层建筑之间的矛盾，生产关系一定要适应生产力的发展水平，上层建筑一定要与经济基础相适应；人民群众是历史的创造者，但也不能凭空创造，要受一定历史阶段的经济、政治、思想、文化等条件的限制和制约。英雄人物在社会历史活动中起着重要作用，但其作用一定是通过人民群众才能发挥。历史唯物主义告诉我们，社会上层建筑根源于生产力水平，它必须要以当时的经济基础为根基，与之相适应；社会精英人物的作用发挥、执政党的政策与法律必须符合人民群众的要求才能得到落实，同时精英人物、执政党在人民群众面前并不是无能为力，它以自己先进的理论、政策积极引导、说服、作用于人民群众，从而推动社会发展和进步。唯物主义理论是指导本课题研究的基础理论，脱离了这一理论，研究就会失去根基，迷失方向。

2. 辩证法理论

马克思主义辩证法认为，世界是物质的，物质之间是普遍联系着的，普遍联系着的物质处于永不停息的发展运动之中，而事物的发展和运动是有规律的。马克思主义辩证法揭示了事物运动的三大规律，即对立统一规律、质量互变规律、否定之否定规律。对立统一规律解释了事物运动的内容、动力和方向，事物无时无刻无地不处于矛盾之中，事物内在矛盾是推动事物发展变化的根本动因，外在矛盾起着促进或延缓的作用，事物变化是向着自己对立面方向变化。质量互变规律揭示的是事物运动、变化、发展的量变和质变两种样态，量变是事物发展、变化的常态，质变是事物发展变化的飞跃，事物的质变总是在量变的基础上发生。否定之否定规律揭示的是事物从肯定到否定再到否定之否定的螺旋式的上升的过程，事物发展的方向一定是向前、向上的，但发展过程并不是直线进行，而是螺旋式的，在事物发展中会有曲折甚至倒退。此外，唯物辩证法还有诸多范畴，如本质与现象、内容与形式、原因与结果、必然性与偶然性、可能性与现实性等等，这些范畴都反映了事物自身及事物之间联系的本质，是我们进行研究离不开的科学工具和思维方式。总之，唯物辩证法主张用联系的、发展的、全面的观点去看待事物，而不能孤立地、静止地、片面地去看，这是指导本课题研究的重要方法论。

总之，本书以马克思主义的辩证唯物主义和历史唯物主义、马克思主义法学的权利义务观、马克思主义的正义观为基本理论指导，旨在探讨抗战前南京国民政府农地地权立法这个法律上层建筑是否符合经济基础的要求，立法中又是否遵循了正义的要求而恰当地分配了权利利益，是否最终促进了生产力的发展，并使生产力的发展成果让全民共享，实现了自由、秩序、平等，最后得出有价值的结论和启示。

第一章　立法的背景与目标

任何事物都有其产生、发展、灭亡的过程，过程中也都会受各种因素的影响。对 1927—1937 年南京国民政府的农地地权立法的研究，也要从它从哪里来，受哪些影响和制约，它面临的任务是什么开始。

第一节　立法的历史基础

一、中国传统地权制度概况

马克思主义认为："人们自己创造自己的历史，但是他们并不是随心所欲地创造，并不是在他们自己选定的条件下创造，而是在直接碰到的、既定的、从过去继承下来的条件下创造。"[①] 所以，研究 1927—1937 年南京国民政府的农地地权立法，有必要追述中国古代的土地制度以及中国的传统地权（权利）制度。

中国传统法中没有"权利"概念，它是近代西方法律传入之后的事情，但没有概念并不代表没有事实。虽然中国传统文化以义务为本位，但从理论上讲，任何社会都存在着规范，告诉人们可以做什么，不可以做什么，应该

---

① 马克思：《路易·波拿巴的雾月十八日》，载《马克思恩格斯选集》第 1 卷，人民出版社 1972 年版，第 603 页。

做什么，不应该做什么，必须做什么等。这些规范上升为国家意志后，就是法律。而对“可以做什么”“应该做什么”的回答以及对“可以做什么”的保护，也就是权利义务关系问题。也正因此，我们认为在古代中国，是有一个世界上比较独特的地权制度体系的。

中国历史上先后存在的土地制度有战国之前的“井田制”，以秦国商鞅变法实行“黔首自食田”为标志的私田制，西汉末期王莽推行的“王田制”，三国时期的“屯田制”，隋唐的“均田制”。两宋之后不立田制，土地名义上属于皇帝，实际上形成了地主土地所有制。中国称土地所有者为“业主”，在“业”的基础上，慢慢形成了一套地权体系。宋代开始，出现了永佃制，元明两朝永佃制不断发展。永佃制的出现，使租赁关系变成了物权关系，在同一块土地有了田皮或田面、田根或田骨，出现了所谓的“一田二主”的权利状况，原来的地主称为“骨主”，永佃人则称为“皮主”。在有些情况下，皮主不愿或无力自己耕作土地，将土地转租给他人，于是在同一块土地上，已不只限于“一田二主”，衍生出“一田三主”甚至多主的现象。在传统的中国社会里，土地可以被抵押，从而产生了担保物权，即“抵押权”。另外，中国还有本土特色的典当制度，形成典权。与西方地权制度相比，中国传统地权的特殊性，主要表现在权利概念的差异以及土地权利的多层次性上。

中国传统土地制度对维系社会秩序起着重要的积极作用。传统社会中，土地使用权的买卖是相对自由的，这样可以满足人们致富的愿望，也有可能使地主、农民、佃户之间的身份在一定条件下发生转换，农民甚至佃户可以通过自己的努力进入地主行列。土地的自由买卖极易导致土地的集中，造成贫富分化，不过，中国诸子均分的继承制度在很大程度上抑制了土地过度集中的状况，父辈土地财产需在多子之间平均分配，使得地主土地占有数量在整个历史长河中总是此消彼长，总体处在平衡状态，从而出现“穷不过三代，富不过三代”的情况。这是中国传统土地制度对土地分配状况进行的调节。从土地权利层次来看，中国传统土地的地权被多层分割，地主经常把土地租、佃、典给他人使用，田面权还有对抗田底权的特性，典的制度从一定程度上也可以视作土地所有权的部分出让。土地权利的多层分配，使得社会各阶层能分享土地利益。总之，传统土地制度下，土地的自由买卖、多子继承和所有权的多层分权，能较好地调处社会利益冲突，起到调整社会秩序的作用。中国封建社会能够延续两千多年，这种土地制度起着重要作用。

但是，中国传统的封建土地制度也有其严重的负面作用。首先，它维系着地主阶级的政治强权和社会等级秩序。传统土地制度下，皇帝是最大的地主，又控制着绝对政治权力，他从理论上拥有对土地的绝对支配权，可以不分时间、不分数量地随意对臣下封赏土地或者决定收回。同时，依靠土地，封建帝王可以征收巨额税赋，保证和巩固其政治统治地位。皇帝以外的地主及官僚们也依靠土地进行经济和政治上的垄断，人为制造鲜明的等级秩序，经济上盘剥政治上压迫普通民众，造成社会上明显的阶级对立。其次，它妨碍了民众创造力的发挥，窒碍着国家商品经济的发展。“万乘之国，弑其君者，必千乘之家；千乘之国，弑其君者，必百乘之家”①，在这种思想影响下，历代皇帝都对人民财富的积累时刻保持警醒并未雨绸缪，采取各种措施防止地方地主势力做大，严格地重农抑商，有时甚至直接使用“任用酷吏打击豪强”的暴力手段来达到目的。政治地位的强大魅力导致社会上形成强烈的“学而优则仕”观念，以自给自足为特点的农耕经济状态下，科技难以创新，经济难以强大，这是中国几千年停留在小农经济而致近代落后受辱的深层原因。最后，它是导致封建社会周期性爆发农民起义的经济动因。统治者始终谨慎地防止土地的过分集中，但农业经济中土地的重要性驱使着大地主与小地主之间不断进行着兼并与反兼并的角逐和较量。虽然历史长河中的土地占有处于总体平衡状态，但那是不平衡状态经常性地被打破而形成的。土地集中的量变积累到一定程度发生质变，就由平衡发展到不平衡，再发展到新的平衡，这是中国传统社会土地关系的周期特点。这种周期性特点是困扰历代统治者的难题，也是困扰百姓生活的重大经济社会问题。

二、清末地权制度的变化

1840 年是中国历史的重要分水岭。鸦片战争之后，西方列强不但以坚船

① 《孟子·梁惠王章句》（上）。

利炮轰开了中国经济、政治的大门，破坏了中国的独立自主，西方文化也汹涌而至。在“西学东渐”的蓝色文明入侵下，中国法律制度也开启了近代化历程。中国传统地权制度的变革，是从1901年清末变法修律起步的。

（一）法律形式的变革

中国传统法的一个重要特点是民刑不分，诸法合体。清朝的地权制度主要体现在融诸法于一体的《大清律例》和清廷《户部则例》中。庚子之役后，慈禧太后下令大臣们两个月内进言献策，改变朝纲，掀开变法大幕。1902年，清廷再次下诏，要求“慎选熟悉中西律例者，报送数员来京，听候简派，开馆纂修，请旨审定颁行”①，正式开启变法修律之旅。随后，清廷“著派沈家本、伍廷芳，将一切现行律例，按照交涉情形，参酌各国法律，悉心考订，妥为拟议，务期中外通行，有裨治理”②。于是，清廷变法活动便紧锣密鼓地开始了。民事法律的修订是变法的重要内容，关于土地的法律法规也体现在其中。

1.《大清现行刑律》的变化。清高宗于乾隆五年（1740年），编订成《大清律例》，并下令“刊布中外，永远遵行”。《大清律例》自编订完成后，除例文五年一小修、十年一大修外，律文从来没有修订过，而且从1870年后例文也没修改过。清末修律，主要是弃《大清律例》而改定新律，包括制定刑法、民法、行政法等，据此，当时制定了《大清新刑律》，《大清民律》也在草拟中。但据1908年《议院未开以前逐年筹备事宜清单》，这些法律要到9年后即1917年之后才能陆续实施。所以，沈家本主持制定了过渡性质的《大清现行刑律》，该法主体内容仍以《大清律例》为蓝本，但在一些方面有所变化。该律最大的特点有二：一是从体例上改变了旧律按六部分类的办法，将全律分为名例、职制、公式、户役、田宅、婚姻、仓库、课程等30门，共36卷，另加卷首（包括律目、服制图、服制）和后附（包括禁烟条例和秋审条款）。二是刑罚上针对民事和刑事违法行为，采取了不同的处罚方法，并降低了刑罚强度。该法对旧律中纯属民事、商事的条款予以分出，不再处刑；对旧律

---

① 《清德宗实录》卷四九五。

② 《清德宗实录》卷四九八。

中的肉刑笞刑、杖刑改用罚金代替等。由此，《大清现行刑律》被视为封建法律中最进步的法典。

2.《大清民律草案》的变化。1907年6月21日，民政部以“推行民政，宜先定民律，奏请由修律大臣斟酌中土人情，参照各国法政，厘定民律”，获得朝廷批准。1908年10月民法典起草正式开始，至1910年底草成。1911年9月5日，又经逐条加按语和立法理由，编纂完成，定名为《大清民律草案》，包括总则、债权、物权、亲属、继承五编，共计1569条。其中，总则、债权、物权三编由日本东京控诉院判事松冈义正起草，以日本明治二十九年公布的《民法》为蓝本，同时参考德国和瑞士的《民法典》而成；亲属、继承两编由陈录、高种、朱献文起草。《大清民律草案》是我国历史上第一部以西方法律为模本的近代形式的民事法律，虽然只停留在草案阶段，但它对以后民国时期的民事立法起到了非常重要的借鉴作用。有关土地的规定，主要体现在其“物权编”中。

由上述两个法律文本看，清末地权立法有了形式上的变化。《大清现行刑律》虽是一部过渡性的法律文件，民事和刑事规定仍共存于同一法律中，但它认识到民事权利与其他权利的不同，从法律制裁的角度把民事权利与其他权利区分开来，这是中国民事法律近代化的开端。《大清现行刑律》把包括土地问题在内的民事法律关系单独对待，为将土地权利从诸多权利中分离出来走出了第一步，预示着对土地问题的更深入思考并即将形成地权体系。《大清民律草案》正是这一认识发展的结果。法律形式的变化，为法律内容的变化和丰富创造了条件，地权立法因此逐渐步入了一个新阶段。

（二）地权内容的变化

1.《大清现行刑律》中有关田土规定的变化

《大清律例·田宅门》关于田土事项的规定包括“欺隐田粮”“检踏灾伤田粮”“功臣田土”“盗卖田宅”“典买田宅”“盗耕种官民田”“荒芜田地”等项，每项都包括律文和例文两部分。《大清现行刑律》是在《大清律例》的基础上修改而成的，除刑罚方式有根本性变化外，对“例文”做了较多删减，而其他内容变化不大。具体来看，条文的变化情况如下：

“欺隐田粮”条原有例文5条，修改后剩例文4条。所删除者为“各处奸顽之徒将田地诡寄他人名下者如受寄之家首告准免罪”。

“检踏灾伤田粮”条原有例文 15 条，修改后仅剩 3 条。所删除者主要为赈济灾民的具体办法及蠲免钱粮的规定，所余条例与田地有关的是“坍涨拨补”之规定。

“盗卖田宅”条原有条例 11 条，删改后剩 7 条。所删除者为“私自开窑卖煤凿山卖石立厂烧灰”“军民人等不许擅自入山将应禁林木砍伐贩卖”“私相典卖土司田亩”“强占苗人田产”等条。所余条例为：“各省丈量田亩及抑勒首报垦田之事永行停止”、“民人告争坟山”、“朦胧投献”田地及“私捏文契”典卖田地、子孙盗卖嗣产义田宗祠、雇工庄头盗卖主田、强占屯田不纳籽粒、将公共山场私招异籍之人搭棚开垦等条。

“典买田宅”条原有条例 11 条，删订后剩余 4 条。所删除者主要是对旗地的特殊规定，包括“八旗人员置买产业于各省者令该员据实首报”“八旗官兵人等有将现银承买入官人口房产者即将银两先行交部”“旗丁有将运田私典于人”“民间活契典当田房一概免其纳税”“民间私顶军匿不首报”“旗地旗房概不准民人典买”，另外还有“各省卫所赡运屯田有典卖与民”条。所剩余之条为“告争家财田产”、典卖中“找贴”的规定、民间置买产业之文契要求中要注明或“绝卖”或“回赎”字样、官府征收田房税契的规定等。

“盗耕种官民田”条原有条例 1 条，《大清现行刑律》则将之删除。

由以上内容删减可见，清末地权制度的变化是在中国传统土地制度框架内的调整，并没有对传统地权制度进行手术式改造。但对旗地、土司田亩的政策发生了重大改变，不再禁止这些土地的典、卖。

2.《大清民律草案》中有关土地的主要内容

《大清民律草案》是中国第一部按西方法律理论和形式制定的民事综合性法典草案。它虽然仅停留在草案阶段，但对后世有相当的影响。关涉土地权利的内容，集中体现在其“总则”和“物权编”中。“总则”中有“行为能力”“物”的相关规定，“物权编”共 285 条条文中有 200 余条与“不动产”相关。综观该草案，关于地权的内容主要有：首先，设计了系统的地权体系，将物权划分为所有权和他物权，他物权又分为用益物权和担保物权。用益物权包括了地上权、永佃权、地役权，担保物权包括抵押权、质权和土地债务。其次，界定了所有权的概念、权能范围、种类、对所有权主体资格和行使所有权的限制，并规定了所有权的取得、丧失、保护方法等。这是中国历史上第一次将“所有权”写进法律文本，颠覆了过去“普天之下，莫非王土”的理念，预示着人民权利的隆起。最后，关于他物权，详细地规定了地上权、永佃权、地役权、抵押权、不动产质权、土地债务等的概念，权利取得灭失，存续期间，权利义务等内容，形成了一个他物权制度体系。

综上所述，清末地权制度，在形式上“结束了我国数千年民事法律关系缺乏系统规范的格局，一扫法律史上重刑轻民的陋习……开创了中西民法文化交流的先河”[①]；在内容上，开始了土地权利制度体系的构建，具有了中国地权制度的雏形；废除了旗地特权，大大削减了土地上的人身关系。这种制度虽然在清末没有实施，但它对民国时期的地权立法有着深刻影响。但不可否认，清末地权制度的变革也存在诸多缺陷：首先，从当时实施的《大清现行刑律》看，法律民刑不分的弊端依然并未根本革除，地权体系仍停留在传统模式下，人民的土地权利缺乏明确的法律规定，更无法付诸实施。而《大清民律草案》在权利主体上依然保留了男女不平等的特点，地权设计中对中国传统典权制度没有理会，盲目地采用德国土地债务制度。而且，当时的《宪法》也未有对人民的财产权利具体保护。总的看，清末变法只是揭开了中国地权制度变革之序幕，但并没有认识到土地制度真正存在的问题，也谈不上制度变革的真正方向。

三、民国北京政府的地权制度变革

1911年辛亥革命后，中华民国成立，定都南京，后迁都北京，进入民国北京政府统治时期。民国北京政府制定了大量法律，形成了近代中国历史上第二次立法高潮，中国的地权立法也随之丰富了起来。

（一）西方式地权立法增多但未成系统

民国北京政府的土地法制相对清末而言，出现了一些新变化。首先，法

① 俞江：《大清民律草案考析》，《南京大学法律评论》1998年春季号。

律渊源的多元性。地权法在形式上既有国家立法机关制定的法律，又有传统的民间习惯，还有法学界公认的“条理”。其次，法出多门，既有立法机关制定的法律，又有司法机关大理院所作之判例，还有行政机关制定的行政法规。最后，法律规范体系残缺不全、杂乱、不系统。具体而言，北京政府时期，有过两部宪法，即 1914 年《中华民国约法》、1923 年《中华民国宪法》，但二者都没有针对性的土地问题内容，只是笼统地规定人民享有“财产权”；而与财产权关系甚为紧密的民事法律只是宣称适用《大清现行刑律》中的民事有效部分；当时制定了《民国民律草案》（简称“二草”），但仍停留在草案阶段；没有制定统一的土地法典，虽有《清理不动产典当办法》《不动产登记条例》《土地收用法》《经界法规》《国有荒地承垦条例》及一些官有财产处分法规，但这些“条例”性的法等级和效力都较低。

特别需要提及的是民国北京政府的大理院判例，它在民国北京政府土地权利体系构成中发挥着重要的“法源”作用。民国元年（1912 年）至民国十六年（1927 年），大理院共审断民事案件两万余件，其中关于物权的案件 3989 例；制定发布“统”字解释例 2012 号，著为判决例者“上”字或“抗”字共 3991 则，其中“物权编”内的判例为 386 则，涉及不动产物权的判例 350 则，绝大多数民事判例是对“现行民事有效部分”的解释或援引条理。这些判例、解释例按照《大清民律草案》的体例结构，以条为单位，按照编、章、节的顺序编排，均经正式公布，久而久之，形成了独具民国北京政府特色的系统的民事判例体系。这些判例是民国北京政府时期主要的法律渊源。“从规范效力来看，大理院民事判例要旨几乎与制定法具有同等拘束力”[①]，从数量上看，判例要旨远远超出了民事有效部分之法律条文。然而，大理院判例毕竟不是立法，它是司法机关在立法不健全的情况下处理社会矛盾的一种权宜之计，是立法之补充，发挥的是准立法作用。

总之，民国北京政府时期，地权立法数量不断增多，形式不断丰富，开始走出中国传统法制模式，向近代化迈进了一步。但仍存在着不全面、不系统、不协调的缺陷。

---

① 朱勇主编：《中国民法近代化研究》，中国政法大学出版社 2006 年版，第 181 页。

（二）初步形成了具有中国特点的西式土地权利体系

民国北京政府时期的地权体系体现在前述法律文件和大理院判例中，与清末相比，民国北京政府的地权制度规定中有以下特点：

首先，首次规定了法律意义上的土地私有制。这里要注意“法律意义”的含义，之所以说中国传统社会没有法律意义上的土地私有制，是因为在皇权至上的理念下，百姓是谈不上对土地的完全所有权的，他们只不过是在宽松的环境下行使土地的使用权（业权）；地主土地所有制中，土地也不是地主个人所有，而是家庭所有。民国政府各种立法改变了这种状况：南京临时政府于1912年2月发布的《内务部通饬保护人民财产令》规定“凡在民国势力范围之人民，所有一切私产，均应归人民享有”，南京国民政府《临时约法》也规定“人民有保有财产及营业之自由”，1914年《中华民国约法》中亦有相似规定，1923年的《中华民国宪法》更直接规定“中华民国人民之财产所有权，不受侵犯”，《不动产登记条例》《国有荒地承垦条例》具体规定了土地的私有制度，民国北京政府大理院130项所有权方面的判例中124项是关于不动产的。[①]除明确土地为私有外，法律还详细规定了土地所有权的类型、范围、保护方法。一系列的法律明文规定，改变了中国传统观念，“普天之下，莫非王土”被一系列现代法律所否定。这在中国法制历史上是具有里程碑意义的。

其次，形成了比较完整的地权制度体系。除前所述所有权外，民国北京政府还形成了比较完善的他物权体系。这主要体现在《民国民律草案》（简称“二草”）和大理院判例中。具体权利内容包括：1. 用益物权制度。是指非所有人对他人之物所享有的占有、使用、收益的排他性权利。其中包括：（1）地上权。“二草”和大理院判例对地上权的含义、性质、存续期间、转让、取得和消失都给予了明确规定。对于地上权的存续期间，大理院判例认为可永久存续，“二草”则规定了10—50年的存续期间。（2）永佃权。民国北京政府规定永佃权的成立需要一定条件，但不以订立书据为要件。判例认为永佃权可永续存在，“二草”则规定以20—50年为限。“二草”规

① 杨士泰：《清末民国地权制度变迁研究》，中国社会科学出版社2010年版，第151页。

定了永佃权人和土地所有者的权利义务，永佃权人享有收益权、转佃和弃佃权、对抗新业主权，土地所有人则具有收取佃租权、撤佃权。（3）地役权。对地役权的规定主要在“二草”中，包括地役权的含义、地役权的取得与消灭、地役权人和供役地人的权利义务。2. 典权制度。“二草”对典权的期限规定为 10 年，大理院判例则规定“典产未定年限者得随时取赎”，《清理不动产典当办法》则对该法实行以前的典有不同规定：典卖不明的，以 30 年为限；确定为典契的，以 60 年为期限。“二草”并对典权人的权利、典物因不可抗力而灭失、典物因典权人之行为而灭失的情况如何处理、典物之回赎等问题做了详细规定。这些根据中国传统典之习惯并参之于现代法律制度而做的规定，具有明显的中国特色。3. 担保物权。这包括：（1）抵押权。抵押权的标的必须为不动产的所有权、地上权和其他不动产物权，还规定了抵押权人的权利义务及抵押权的效力等。（2）不动产质权。相较清末，民国北京政府的规定大为削减，大理院判例中有 21 例，“二草”中有 5 条，规定了质权成立的条件和效力、质权人的权利义务。不动产质权在中国传统中是没有的，“一草”将德国的这一制度引进中国，民国北京政府认识到了它与中国社会的不合拍，将之淡漠，但并未取消。4. 土地权利证书制度。1914 年民国北京政府颁布了《验契条例》，规定了验契的目的、作用、对象、方法、费用标准及罚则等。1922 年颁布的《不动产登记条例》规定“不动产物权应行登记，非经登记，不得对抗第三人”。“二草”则采取绝对的不动产登记制度，其第 745 条规定“不动产物权之取得、丧失及变更，非经登记，不生效力”[①]，不动产登记制度在我国确立起来。

总之，民国北京政府明确了土地私有制度，这是对中国几千年土地君主所有制的根本性变革；土地权利证书制度的规定，改变了传统的地契（白契、红契）制度，确立了近代意义上的土地他物权制度，这些都表明中国地权制度发生了巨大变化。但在有些方面，尤其是他物权制度，如永佃权、典权、相邻权等方面，南京国民政府大量地沿用中国传统土地制度和习惯做法，又具有历史延承性。南京国民政府进行的农地地权立法，是在中国传统土地制度和民国北

---

① 杨立新点校：《大清民律草案·民国民律草案》，吉林人民出版社 2002 年版，第 305 页。

京政府地权立法变革的基础上进行的。这些既是南京国民政府立法需要改造的对象，同时也为其农地地权立法提供了丰富的法律资源和参考借鉴。

第二节 立法面临的现实问题

以上为中国近代法律变化的情况，这构成了南京国民政府地权制度变化的制度背景。此外，近代以来，受列强入侵、社会控制减弱、秩序失范、商品经济发展加快、传统文化削弱等的影响，农地问题愈益突出，这成为南京国民政府进行农地地权立法的现实背景。

一、土地私有化与土地资本化

中国近代社会转型时期土地问题的首要变化体现在土地加速私有化和土地资本属性的增强上。

（一）土地私有化

清朝对某些土地的私人占有及流转限制比较严格。首先是对旗地、屯田、族田等，明令不许买卖。对旗地，规定“凡八旗官兵所受之田，毋许越旗卖价及私售于民，违者以隐匿官田论”[①]，将旗地视为官田，不许私售于民；对屯田，规定“旗丁有将屯田私典于人及承典者，均照典买官田律，计亩治罪，该丁革退，交与接运新丁，典价入官”[②]，“民间私顶军田匿不首报，一亩至五亩笞四十，每五亩加一等罪，立杖一百”[③]。不但旗地、屯田等特种土地不许随意买卖，特种人买卖田地也要受到限制，如《大清律例》规定：“提督、总兵、副将等官，不许在见任地方置立产业，即丁忧、休致、解退，亦不许入籍居住，或任内置有产业；已经身故及不能回籍者，该督抚具奏请旨定夺。至参将以下等官任所置有产业，或本身休致、解退，或已经身故子孙留住任所欲

① 《大清会典》（乾隆）卷十，页二。
② 《大清律例》（乾隆）卷九，页十八。
③ 《大清会典事例》（嘉庆）卷六〇三，页二九。

入籍者，该地方官报明督抚，准其入籍”[1]，“凡有司官吏，不得于见任处所置买田宅，违者笞五十解任，田宅入官”[2]，要求现任官员不得在所任地购置地产。不仅具有官方身份的人不能随意买入土地，民人之间售受土地也不能随心所欲：“土目、土民，不许私相典买土司田亩，如有违禁不遵者，立即追价入官，田还原主，并将承买之人，比照倒卖他人田亩律，田一亩笞五十，每五亩加一等，罪止杖八十、徒二年。其违例典卖并倚势抑勒之土司，失察之该管知府，均交部议处。”[3] 而且，“晚辈子弟不能有效地出售他们自己的土地；即使土地交成之后，长辈父兄仍可以根据合法手续从买主收回这项地产”[4]。清朝这些严格的土地买卖限制，或出于保护旗地、旗人的利益，或出于防止官僚腐败，或出于维护封建伦常。尽管这些法律事实上不能真正完全阻止土地的私相买卖，但毕竟这种买卖是不被法律承认的，违犯者将承担很大风险。

由于清末官府控制力的减弱和商品经济的发展，限制土地买卖的政策渐渐发生了改变。咸丰二年（1852年），户部议奏旗地买卖章程中讲：“除奉天一省旗地盗典盗卖仍照旧例严行查禁外，嗣后坐落顺天直隶等处旗地，无论老圈自置，亦无论京旗屯居及何项民人，俱准互相买卖，照例税契升科。”[5] 光绪三十三年（1907年）下令：“至旗人之出外居住营生者，准其在各省随便置买产业，毋庸禁止。[6] 对屯田，光绪二十八年（1902年）上谕指出：“著漕运总督陈夔龙会同有屯卫省份各督抚，将各省屯田地亩逐一彻底查明，悉令该屯户报官税契，听其管业，将屯饷改为丁粮，统归州县官经征。如有盗卖私售者，亦饬据实报明，完纳正供，不究既往。”[7] 民国南京临时政府及北京政

---

① 《大清律例》（乾隆六十年）卷九，页十五。

② 《大清律例》（乾隆六十年）卷九，页十五。

③ 《大清律例》（乾隆六十年）卷九，页十四。

④ 《皇家亚洲学会中国分会会报》，1889年，总第二十三卷，第149页，转引自章有义编：《中国近代农业史资料》第一辑，生活·读书·新知三联书店1957年版，第58页。

⑤ 李文治编：《中国近代农业史资料》第一辑，生活·读书·新知三联书店1957年版，第201页。

⑥ 李文治编：《中国近代农业史资料》第一辑，生活·读书·新知三联书店1957年版，第205页。

⑦ 李文治编：《中国近代农业史资料》第一辑，生活·读书·新知三联书店1957年版，第207—208页。

府更直接规定了土地私有并保护私有权的行使自由。如《临时约法》第6条第三项规定“人民有保有财产及营业之自由”，民国北京政府颁布的1914年《中国民国约法》、1923年《中华民国宪法》及《官产处分条例》《清查官有财产章程》《管理官产规则》《国有荒地承垦条例》等，均对土地私有权及土地私有化做出了明确规定。[①]法律的解禁，使土地私有化迅速展开。据统计，明朝万历年间（16世纪末），私人占有的土地占全国土地的50%，清朝光绪年间为81.2%，1929—1933年则为93.3%。[②]土地买卖中的宗法限制也开始松解：“……但至民国之后，……家族田土被经济影响，买卖加速，宗法制限制已见打破，加之旧地主土地一律转移在新兴地主不受宗法关系之制限，又使三分之二的土地加入纯粹自由的商品化过程。”[③]土地私有化的发展，使土地除极少数仍为公有外，大部分都归私人所有了。

土地私有化加剧了土地兼并。这种兼并一方面借助经济力量进行，另一方面则依靠非经济强占。前者涉及土地资本化问题，后文加以说明。对于土地的非经济强占，贯穿了中国历史始终，在社会动荡时期尤其突出。清末民初政权更迭频繁，社会纷乱，强权盛行，由此引致土地的非经济强占更加严重。其主要表现为军阀对土地的强占，如民国五年，张作霖强迫开放达尔罕亲王旗辽河南北沃土4000余方（每方45垧），张作霖及其岳母王老太太、鲍贵卿、冯麟阁等分割了千余方；民国十一年，张作霖占有了通辽以西沃土2800余方。[④]张謇的哥哥张詧在南通，为了强占当地39000步土地，竟然“冤毙二命，而财产全部归该公司没收”[⑤]。于是大军阀拥有大量土地，东北数省大者数千顷，小军阀有小土地，也是数千亩数百亩。现在广东的南路，云南的迤南，江苏的江北，绥远、四川全省，都是这种情形。[⑥]对土地的非经济强占虽然贯穿中国历史的始终，但在政治稳定期，还有机会通过国家法律或地方

① 杨士泰：《清末民国地权制度变迁研究》，中国社会科学出版社2010年版，第121、184页。
② 卜凯：《中国土地利用》，台湾学生书局，1971年影印版，第234页。
③ 章有义编：《中国近代农业史资料》第二辑，生活·读书·新知三联书店1957年版，第77页。
④ 章有义编：《中国近代农业史资料》第二辑，生活·读书·新知三联书店1957年版，第19页。
⑤ 章有义编：《中国近代农业史资料》第二辑，生活·读书·新知三联书店1957年版，第21页。
⑥ 陈翰笙：《三十年来的中国农村》，载《〈中国农村〉论文选》（下），人民出版社1983年版，第822页。

习惯加以解决，但在社会动荡期，已不易通过常态机制化解。所以，清末民初的土地强占是一种非常态现象，它严重地影响着中国的土地秩序，使法律所应秉持的正义理念荡然无存。

（二）土地资本化

费孝通在《江村经济》中引用过马林诺夫斯基的一句话："土地的占有不仅是一种法律体系，也是一个经济事实。"[①] 我们也认为，一切土地行为最终都是受经济利益驱动而进行的。中国传统社会生产力不发达，以自然经济为主要特点，土地是作为生产资料的性质而存在的。那个时期虽有土地投资，但其目的不是为了买卖土地，而是为了坐收地租，土地投机经营的成分不大。近代以来，在外来侵略势力的强烈冲击下，中国社会的性质和结构发生剧烈变化，自然经济逐渐转变为商品经济，市场越来越取代习俗和行政命令而成为配置经济资源的重要方式。由此，传统的土地产权关系开始转型，呈现出新特征，土地已不仅仅是生产资料，很多人将它视为投资投机的对象，或进行商品式经营，或买卖土地而牟取差价。至民国时期，在土地私有化和商品经济的共同作用下，土地投资、投机活动空前活跃，土地在"自然资源"性质之外，具有了更多的"资本"性。

在利益的驱动下，商人、权贵、高利贷者开始追逐对土地投资。有学者指出："冒用新式农业公司为名，主要是从事农业土地投机的农业垦殖公司也不少。特别是进入北洋军阀统治时期，内忧外患不绝，灾害频传，百业萧条，购置地产从事农用土地的投机被认为是一种稳妥可靠的投资。"[②] 尤其在南方，民族资本主义发展较早，农业资本主义化得风气之先。清末武汉的刘歆以"划船计价"的办法，以每桨仅一串或300铜圆的低价收购约占当时汉口郊区1/4的土地。收购之后，运土填池，筑路建街，老汉口闹市区得以形成，到1912年，每平方丈土地涨到100两银子，1917年更涨到1000两。[③] 仅1930年前，无锡一个地区纺织业资本在苏南等地创办的新式农场就达16家，占地数

① 费孝通：《江村经济》，商务印书馆2001年版，第154页。

② 韩德章、詹玉荣：《关于近代中国农业中资本主义经济的发展问题》，《中国农史》1982年第2期。

③ 罗翠芳：《近代汉口商业资本探微》，《湖南农业大学学报》2008年第4期。

万亩。[①]工业资本家经常参与地产投资，既可以为自己将来扩大生产规模准备地皮，还可以在土地升值后予以出售，分享房地产市场的平均利润。如荣宗敬、张謇等人组织的左海公司，1920 年 8 月承购衣周塘土地 952 亩，后增到 1200 亩；南洋兄弟烟草公司在 1920—1936 年间，每年对房地产的投资占资本总额的 30%—40%，最高年份竟达 44.5%。[②]1903 年，一名广东人在江湾创设畜牧公司，集股万余元，圈地 30 余亩，专养鸡鸭，兼种棉花、菜蔬，实行养殖业与种植业相结合；1916 年，又有福建人在彭浦开办江南养鸡场，集股 3 万元，圈地 27 亩，仿照德国鸡场式样建筑铁丝网鸡场及新式鸡舍百余间，畜鸡万余只，多为洋种，并建有牛棚，计划养牛。[③]在江苏北部，"尚有小公司无数，组织就绪后，多以购买土地为一种投机事业，其目的在以低价购得土地后，待地价上涨时，以高价转售与各大公司"[④]。福建龙溪，在 1931 年以前，南洋侨商利用财富不断携资回里，购买大批土地后，土地分配愈加形成畸形不均之变态。资本新地主，占地数百亩至数千亩。在福建福清，"这些携资归来的'番客'，他们一到故乡，便多将他们的现款，用来购买土地，和营高利贷"[⑤]。在商业发达的下冻（广西龙州境内），邻近 5 里以内的耕地，在 20 年中几乎全被商人收买一空。[⑥]在民国十年（1921 年）以前，广西永淳私人的规模较大的造林，仅陆唐村的陆姓地主，后来城市中的商业资本家也向林地投资了。[⑦]在湖北宜兴，城镇中之富户，又往往出资吸收中小农民之土地，故中小农民之自作农，近日见减少也。[⑧]投资于农垦企业的权贵，像旧军阀张勋、吴佩孚、孙传芳、韩国钧，官僚朱盈、徐世昌、岑春煊，金融家孔祥熙等以及列名未列名的大地主大商人等集资的垦殖公司，实质上是集合资金收购土地，

---

① 马俊亚：《近代江南地区工业资本与农村社会经济关系初探》，《中国农史》1998 年第 1 期。

② 华东军政委员会土改委：《山东省、华东各大中城市郊区农村调查》，1952 年内刊本，第 166—168 页。

③ 刘克祥：《近代城市的发展与资本主义中小农场的兴起》，《中国经济史研究》1998 年第 3 期。

④ 章有义编：《中国近代农业史资料》第二辑，生活·读书·新知三联书店 1957 年版，第 369 页。

⑤ 章有义编：《中国近代农业史资料》第三辑，生活·读书·新知三联书店 1957 年版，第 720 页。

⑥ 章有义编：《中国近代农业史资料》第三辑，生活·读书·新知三联书店 1957 年版，第 721 页。

⑦ 章有义编：《中国近代农业史资料》第三辑，生活·读书·新知三联书店 1957 年版，第 721 页。

⑧ 章有义编：《中国近代农业史资料》第二辑，生活·读书·新知三联书店 1957 年版，第 54 页。

然后再出租生息，成为一种变相的大地主。[①] 沪杭路侧之青浦县，“本县荒地，农民缴价买荒，历来定价每亩3元。此次劣绅串通县长林贞一，组织一公司，以每亩3元领得荒地，而以每亩12元卖与农民”[②]。江苏省盐城县沙沟镇，每值春荒不接之际，农民即向各处请托，抵卖田地，买主多为在外之商人或高利贷者与官僚及地主等，兼并之风，复盛于今日。[③] 崇德农村的业主，大部分是镇中的商人（如石门湾的某米商），他们利用高利贷式的赊账，攫取了农民不少的土地。这些资料说明民国建立之后，确实有不少商人、权贵等看中土地投资的利益，从事土地商品经营。这在中国历史上是一种新现象，是南京国民政府在解决土地问题时必须要考虑到的情况。

除了土地买卖，抵押也成为近代土地资本化的一个重要内容。以河北定县为例，1929—1931年的3年中，在抵押借款内，以土地为抵押品的，1929年占95.5%，1930年占95.6%，1931年占98%。[④] 一般较长期的借款都须用土地作抵押，借贷者本利累积无力偿还者，债主便将其土地据为已有。如绥远的“死契贴单”：以地契为抵押借钱，月利20%或30%，并须出具绝卖死契。死契上贴一小条，注明期限，期限最多1年，到期不能偿还，债主只需扯去死契上的小条，土地便为债主所有。[⑤] 土地抵押在中国传统社会很少见，国人惜地如金，不到迫不得已，不会绝卖掉自己的土地，所以才有了“典”这种可以赎回的“小卖”产生。近代以来，由于融资和筹款的需要，才借鉴西方土地制度出现了“抵押”。与传统典不同的是，一旦抵押人还债困难，土地所有权便不能保有，这是土地资本化的鲜明体现。

与工商业者投资土地对应的是新兴地主又把从土地上获取的资金投资于工商业。中国早期工业资本的来源，相当一部分来自土地积累的资金。近代苏南著名的工业资本家，大部分来自占地千亩以上的大地主，如在无锡地区，杨宗

---

① 韩德章、詹玉荣:《关于近代中国农业中资本主义经济的发展问题》,《中国农史》1982年第2期。
② 章有义编:《中国近代农业史资料》第二编，生活·读书·新知三联书店1957年版，第370页。
③ 章有义编:《中国近代农业史资料》第三编，生活·读书·新知三联书店1957年版，第718页。
④ 章有义编:《中国近代农业史资料》第三编，生活·读书·新知三联书店1957年版，第376—377页。
⑤ 成汉昌:《中国土地制度与土地改革》，中国档案出版社1994年版，第177页。

濂家族投资业勤纱厂前，拥有义田1000亩；薛南溟家族投资永泰丝厂前，拥有田地4万亩；唐保谦家族投资庆丰纱厂前，占地6000亩。[①] 第一次世界大战后，工商业需款急切，那些与工商业有联系的土地占有者纷纷把土地积累投向工商业，“中国民族资本表现了自己特殊的运动规律：由土地、商业高利贷到工业资本，又由工业资本到土地、商业高利贷资本”[②]。如此，私有制下的土地已成为一种投资投机的对象，带上了“商品”的特点，因而土地越来越资本化。

土地商品化的作用是双重的。一方面，土地商品化有利于资本积累，发展现代工商业。工商业的发展、发达是现代国家走向富强的物质基础和先决条件。为此，资本的原始积累是无论如何不能回避的一个环节。在这个过程中，土地以其特殊价值，成为获得工商业发展所需资本的第一来源。马克思曾指出，对广大农民土地的剥夺，是资本原始积累全部过程的基础。“综观西方列强历史，资本主义的发展，都是以土地的资本化为基本条件的。现代化过程在某种程度上说就是土地增值和土地资本化的过程。”[③] 英国的“圈地运动”、美国的“西进运动”，是最典型的例证。积贫积弱的旧中国，如果能以土地为来源积累起雄厚的原始资本，进而走出一条富民强国的工业化道路，对国家来说，也是一个可考虑的选项。

但是，另一方面，土地资本化又给中国带来了严重的恶果。土地资本化与资本积累的双重作用，导致积贫积弱工商业不发达情况下的失地农民无处可归，与土地资本化趋势如影随形、相伴而生的，是大量自耕农失去原有的土地、“无资充佃”而沦为赤贫者。而且，随着商品经济的发展，农民生活日益受市场作用的影响，农业资本主义萌芽发生、发展的过程也正是商品经济冲击原有自然经济结构的过程。所以，土地资本化必然会带来一系列问题：土地交易的无序、特权横行、农民失去生活来源、土地资源的浪费等。“羊吃人”的土地资本化将极大地危及人民的生存，经济问题、社会问题、政治问题纷至沓来，国家政权如不能妥善处理这一核心要务，其岌岌可危便属自然。

---

① 马俊亚：《近代江南地区工业资本与土地积累关系辨析》，《史学月刊》1999年第6期。

② 汪敬虞：《中国近代工业资料》（二），科学出版社1957年版，“序言”第29页。

③ 张晓山：《走中国特色农业现代化道路》，《学术研究》2008年第1期。

二、土地所有权集中

马克思主义认为，生产资料所有制形式，即对生产资料的所有、占有、使用和支配决定着一个社会的生产关系性质。所有权是物权体系中最关键、最重要、起决定作用的权利。所以，研究地权立法，必先从所有权入手。目前学界对民国时期地权分配状况的研究观点多多，有土地所有权过于集中说，也有分散说，莫衷一是。究其原因，其一是带政治色彩的官方论断多多少少还存在影响；其二是历史所留统计资料可靠性存疑，并且各种资料差异较大；其三是近来出现的一股历史虚无主义在作祟，研究者在有意无意间否认当时地权分配不均的社会现实，借以否定土地革命的必要性；最后，学者们使用不同的研究方法，也是他们得出不同结论的重要原因。

中国传统社会实行相对自由的土地制度，土地可以自由买卖，使土地由一方流向另一方必不可免。和平时期，经济实力强者以其经济实力聚拢土地，乱世之中则以武力强者为先。虽然传统社会中“诸子均分”对土地集中具有一定抑制作用，但它不能排除一个人在他生命存续期间扩充自己的土地规模。一个积聚能力强的人，终其一生，很可能使自己的产业扩大几倍甚至几十倍，从而远远超出其前辈的基业总额。

我们将几组全国性统计数字综合对比，来说明当时土地分配的真实情况。

下表是现代学者乌廷玉根据土改档案和农村调查资料对新中国成立前全国各省土地占有情况的统计[①]：

表 1　全国 24 省 991 县 18544 乡土地分配情况

成分 省别	地主		富农		中农、贫农、雇农	
	户数（%）	土地（%）	户数（%）	土地（%）	户数（%）	土地（%）
川康滇黔 532 县	4.75	42.24	2.68	8.7	84.38	47.58

① 乌廷玉：《旧中国地主富农占有多少土地》，《史学集刊》1998 年第 1 期。

续表

成分 省别	地主		富农		中农、贫农、雇农	
	户数（%）	土地（%）	户数（%）	土地（%）	户数（%）	土地（%）
苏南浙皖闽235县	3.05	26.16	2.25	7.21	89.84	66.63
藏甘宁新69县	4.31	23.2	2.62	12.25	94.7	64.21
冀鲁绥55县	3.39	19.16	3.38	8.61	88.37	71.02
辽吉黑3县2区6屯	5.23	45.5	6.3	21.6	78.3	32.9
湘鄂豫粤桂赣97县中之100乡	集中区 4.75	集中区 53.1	集中区 2.25	集中区 7.25	集中区 83.39	集中区 33.65
	一般区 3.92	一般区 29.88	一般区 2.5	一般区 7.34	一般区 86.67	一般区 51.77
	分散区 3.39	分散区 18.83	分散区 2.25	分散区 6.74	分散区 40.65	分散区 67.74

下表是中国国民党中央执行委员会农民部土地委员会1927年对全国土地分配情况的统计[①]：

表2　中国国民党中央执行委员会农民部土地委员会
1927年6月关于土地占有状况的分析

成分	占有亩数	人数百分比（%）	土地百分比（%）
佃农、雇农、游民	—	55	—
贫农	1—10	19.8	6
中农	10—30	10.8	13
富农	30—50	8.1	19
中小地主	50—100	4.05	19
大地主	100以上	2.25	43

① 郭德宏:《中国近现代农民土地问题研究》，青岛出版社1993年版，第2页。

下表则是新中国国家统计局对土改前土地占有情况的统计分析[①]：

表 3 国家统计局对土改前土地占有情况的统计分析

成分	占户数（%）	占人口（%）	占耕地（%）
贫雇农	57.44	52.37	14.28
中农	29.20	33.19	30.94
富农	3.08	4.66	13.66
地主	3.79	4.75	38.26
其他	6.49	5.09	2.86

下表是学者刘克祥对 20 世纪 30 年代中国土地的阶级分配状况的估计[②]：

这四份资料中的具体数据虽不同，但它们反映的地权集中的特点是一致的。其中国民党中央执行委员会农民部土地委员会对地主、富农占地比例的估计最高，即占人口总数的 14.31% 的地主、富农占地 81%。新中国国家统计局对土改前地主、富农占地情况的统计分析得出的数据广受学者认可，并作为相关研究的重要依据：占人口 9.41% 的地主、富农占有全国土地的 51.92%。这个统计是在全国解放之后进行的，一些地方土地改革已经完成的情况下土地集中状况尚且如此，此前 30 年的南京国民政府成立初期也就更严重。刘克祥利用大量调查报告及地方志资料进行计算，认为 20 世纪 30 年代占全国人口 11.8% 的地主、富农垄断了 61.7% 的土地，而占人口 66% 的贫雇农占有 17.2% 的土地。乌廷玉则根据中共土改有关调查统计资料，把全国划分为六个区域，分别进行测算，然后得出结论：占全国农户 6%—10% 之地主富农，据有 28%—50% 的耕地；占农户 90%—94% 的中农、贫农、雇农，占有 50%—72% 的土地。其实，毛泽东在《井冈山的斗争》中提到的几个省份的土地分配状况，跟多数学者们的观点是一致的："大体说来，土地的百分之六十以上在地主手里，百分之四十以下在农民手里。江西方面，遂川的土地

① 国家统计局编：《建国三十年全国农业统计资料（1949—1979）》，第 19 页。

② 刘克祥：《20 世纪 30 年代土地阶级分配状况的整体考察和数量估计——20 世纪 30 年代土地问题研究之三》，《中国经济史研究》2002 年第 1 期。

表 4　20 世纪 30 年代中国土地的阶级分配状况估计

省别	人口		耕地（千市亩）	地主				富农				中农				贫农雇农			
	总人口（千人）	农业人口（千人）		人口		耕地		人口		耕地		人口		耕地		人口		耕地	
				千人	%	千市亩	%	千人	%	千市亩	%	千人	%	千市亩	%	千人	%	千市亩	%
江苏	41216	35034	85296	1751	5	38383	45	2803	8	19618	23	8058	23	17912	21	22422	64	9383	11
浙江	23000	19550	41658	1173	6	19579	47	1369	7	8332	20	3519	18	6665	16	13489	69	7082	17
安徽	27000	24300	73128	1215	5	33639	46	1701	7	13163	18	5346	22	14626	20	16038	66	11700	16
江西	15805	14225	43340	711	5	19069	44	853	6	7368	17	3272	23	9535	22	9389	66	7368	17
湖北	36000	32400	64500	1458	4.5	25800	40	2106	6.5	12900	20	7776	24	14835	23	21060	65	10965	17
湖南	31591	28432	50207	1990	7	25104	50	1706	6	9539	19	5686	20	9037	18	19050	67	6527	13
福建	11756	9993	21095	600	6	10126	48	500	5	3164	15	2398	24	4641	22	6495	65	3164	15
广东	33179	28202	40989	1974	7	22544	55	2256	8	6148	15	6487	23	8198	20	17485	62	4099	10
广西	13385	2047	27494	482	4	12372	45	602	5	4124	15	2650	22	5774	21	8313	69	5224	19
四川	58000	52200	155448	3654	7	87051	56	2610	5	21763	14	12006	23	29535	19	33930	65	17099	11
贵州	14746	13271	23174	796	6	12282	53	531	4	2549	11	2920	22	4635	20	9024	68	3708	16
云南	13821	12439	26216	498	4	12059	46	498	4	3408	13	2985	24	6030	23	8458	68	4719	18
小计	319499	282093	652545	16302	5.8	318008	48.7	17535	6.2	112076	17.8	63103	22.4	131423	20.1	185183	65.6	91038	14
河北	32000	27200	109133	1088	4	36104	33	2176	8	24009	22	6800	25	29466	27	17136	63	19644	18
山西	12228	11005	72879	440	4	25508	335	550	5	12389	17	2421	22	16762	23	7594	69	18220	25

续表

省别	人口		耕地（千市亩）	地主				富农				中农				贫农雇农			
	总人口（千人）	农业人口（千人）		人口		耕地		人口		耕地		人口		耕地		人口		耕地	
				千人	%	千市亩	%	千人	%	千市亩	%	千人	%	千市亩	%	千人	%	千市亩	%
山东	38837	33011	100451	1320	4	30135	30	2971	9	25113	25	7593	23	24108	24	21127	64	21095	21
河南	34290	30861	98499	1543	5	39399	40	1852	6	18715	19	6172	20	20685	21	21294	69	19700	20
陕西	11802	10622	45627	531	5	18707	41	637	6	8213	18	2337	22	9125	20	7117	67	9582	21
宁夏	1450	1305	1847	39	3	647	35	65	5	277	15	261	20	369	20	940	72	554	30
甘肃	9751	8776	26168	351	4	10205	39	263	3	2617	10	1843	21	5757	22	6319	72	7589	29
青海	1196	1076	7808	43	4	2967	38	32	3	703	9	237	22	1718	22	764	71	2420	31
新疆	4360	3924	14913	157	4	5219	35	157	4	1790	12	902	23	3430	23	2708	69	4474	30
小计	145914	127780	477325	5512	4.3	168801	35.4	8703	6.8	93826	19.7	28566	22.4	111420	23.3	84999	66.5	103278	21.6
黑龙江	3751	3376	61139	203	6	23844	39	270	8	14673	24	709	21	12228	20	2194	65	10394	17
吉林	8034	7231	78279	470	6.5	33660	43	542	7.5	18004	23	1374	19	14090	18	4845	67	12525	16
辽宁	15254	13729	73183	824	6	30005	41	961	7	16100	22	2883	21	15369	21	9061	66	11709	16
热河	3820	3438	25650	172	5	11030	43	172	5	4617	18	653	19	4360	17	2441	71	5643	22
察哈尔	2103	1893	15527	95	5	6521	42	95	5	2640	17	378	20	2950	19	1325	70	3416	22
绥远	2124	1912	17087	105	5.5	7347	43	124	6.5	3588	21	402	21	3274	19	1281	67	2905	17
小计	35086	31579	270865	1869	5.9	112407	41.5	2164	6.9	59622	22	6399	20.3	52444	19.3	21147	66.9	46592	17.2
总计	500499	441452	1400735	23683	5.4	599216	42.8	28402	6.4	265524	18.9	98068	22.2	295087	21.1	291299	66	240908	17.2

最集中，约百分之八十是地主的。永新次之，约百分之七十是地主的。万安、宁冈、莲花自耕农较多，但地主的土地仍占比较的多数，约百分之六十，农民只占百分之四十。湖南方面，茶陵、酃县两县均有约百分之七十的土地在地主手中。”[①] 这些已足够说明南京国民政府成立之初中国农村土地占有的严重集中状况了。

农业社会中，土地是最重要的生产和生活资料。土地的重要性决定了谁占有了土地，谁就占有了富源，就能过上好的生活。如此重要的社会财富集中在少数人手里，使土地分配呈现倒金字塔形，极易引起贫富间的严重对立和冲突。今天我们经常用基尼系数来观察社会分配的均衡状态，基尼系数在0.5以上表示社会成员的收入差距悬殊，极易导致社会动荡，小农经济中的分配不均更是如此。因为，小农社会中收入最低者的生存面临极大威胁，基尼系数不仅反映收入差距，更反映人的生存状况。秦晖认为，当时社会的基尼系数已达到了0.53。[②] 在没有（或者很少有）工商业经营的情况下，务农几乎是中国人唯一的生活来源，土地是维持生命、生活的唯一希望，失去了土地，就意味着失去了生存机会。中国社会历来不患寡而患不均，当大家都贫困时，彼此尚能同舟共济，社会还能保持稳定；但当寡与富共存一室时，就不再仅仅是为富者不仁、以富凌贫，反过来劫富济贫、“打土豪，分田地”的时刻就到来了。

总之，民国时期的土地占有集中情况非常严重，这在工商业基本阙如、绝大多数民众近乎赤贫的中国，导致了严重的贫富差距。这是南京国民政府农地地权立法重要的现实背景，解决土地占有过于集中问题是其重要的历史使命。

三、土地利用效率低下

所谓土地利用的不经济，是指不能充分发挥地利，土地的生产率低。这主

① 毛泽东：《井冈山的斗争》，载《毛泽东选集》(一)，人民出版社1966年版，第68页。

② 秦晖：《关于传统租佃制若干问题的商榷》，《学术月刊》2006年第6期。

要表现在土地单位面积产量低、地块散碎、经营模式落后、土地荒芜等方面。

（一）单位面积产量低

自战国之后，中国的农具基本没有大的改进。“战国时代我国已有牛耕、铁犁等铁制工具，此后一直没有突破性进展。到唐代陆龟蒙的《耒耜经》为止，各式农具都已具备，以后的农学著作并没有在《耒耜经》的基础上有很大的进步。……明清时期农业生产技术基本上是在原有基础上的完善，尽管耕作制度进一步多样化、复杂化，但未出现技术上的飞跃。”① 而在西方，1880 年前后，小麦收割机已由小型的马拉手扶的简单机械发展为 36 匹马拖曳的大型收割机。1908 年内燃机诞生，很快加入农用曳引的行列，经过小麦收割机与小麦脱粒机的并联使用，产生了拖拉机曳引的小麦收割脱粒两用机——即“康拜因”，进而出现了适用于多种作物收割脱谷兼用的“自走康拜因”。② 生产技术的落后，导致了农作物产量低下。下表是 1929—1933 年世界八国各种作物平均产量（表中数据为“每公顷之公担数”，每担 =50 千克）。③

表 5　1929—1933 年世界八国各种作物平均产量

作物国别	大麦	玉蜀黍	稻	小麦	马铃薯	皮棉
德国	20	—	—	20	146	5
英国	20	—	—	21	153	—
日本	19	14	34	16	87	—
美国	12	16	23	9	68	4
意大利	11	18	46	14	53	5
中国	10	13	34	11	64	4
苏联	—	9	—	7	80	5
印度	9	9	14	7	—	2

① 王昉：《中国近代化转型中的农村地权关系及其演化机制——基于要素—技术—制度框架的分析》，《深圳大学学报》2008 年第 2 期。

② 韩德章、詹玉荣：《关于近代中国农业中资本主义经济的发展问题》，《中国农史》1982 年第 2 期。

③ 卜凯：《中国土地利用》，台湾学生书局 1971 年版，第 284 页。

从上表可以看出，中国当时农产品单位面积产量整体处于世界主要国家的落后位置。其中，大麦产量居 7 个国家的第 6 位，玉蜀黍产量居 6 个国家的第 4 位，小麦产量居 8 个国家的第 5 位，马铃薯产量居 7 个国家的第 6 位，只有稻和皮棉产量靠前，分别居 5 个国家的并列第 2 位和 6 个国家的并列第 2 位。这些充分说明了我国当时农地生产效率低下的状况。

（二）地块散碎

地块散碎为中国农业的重要特征之一。当时美国学者对中国土地利用状况做过研究，他通过调查，得出了这样的数字：每田场平均有田 5.6 块，每田场有田一至五块者，占所有田场三分之二；每田场有田六至十块者，超过五分之一。小麦水稻两地带每田场块数几乎相等，各地区每田场平均田块数目从一点一至五点九不等。[①] 这说明了当时中国土地的散碎程度。下表为卜凯统计的 20 世纪 30 年代初 22 省、154 县、168 个地区、16786 个田场的地块与地垅数目及距离大小情况 [②]：

表 6　部分省、县、地区田场、地块与地垅数目及其与农舍距离情况

地带及区	地区数目	每田场田块数目	每田场田垅数目	最远田块与农舍之平均距离（公里）	所有田块与农舍之平均距离（公里）	田块之平均大小（公顷）	田垅之平均大小
中国	168	5.0	11.6	1.1	0.6	0.38	0.20
小麦地带	71	5.7	4.8	1.3	0.8	0.47	0.38
水稻地带	97	5.5	14	0.9	0.5	0.32	0.10
春麦区	13	4.8	9.3	1.7	1.0	0.92	0.51
冬麦小米区	20	5.5	8.7	1.5	0.9	0.30	0.21
冬麦高粱区	38	6.2	8.2	1.1	0.6	0.40	0.33

① 卜凯：《中国土地利用》，台湾学生书局 1971 年版，第 216 页。

② 卜凯：《中国土地利用》，台湾学生书局 1971 年版，第 220 页。

续表

地带及区	地区数目	每田场田块数目	每田场田埂数目	最远田块与农舍之平均距离（公里）	所有田块与农舍之平均距离（公里）	田块之平均大小（公顷）	田埂之平均大小
扬子水稻小麦区	38	5.3	10.4	0.6	0.3	0.41	0.15
水稻茶区	27	5.4	14.1	1.1	0.6	0.18	0.07
四川水稻区	8	9.7	23.7	0.5	0.8	0.55	0.08
水稻两获区	12	5.4	13.4	1.3	0.7	0.28	0.10
西南水稻区	12	3.7	18.4	1.0	0.6	0.26	0.05

从上表可以看出，中国传统的地块分割非常零碎，田块平均大小 0.41 公顷，合 6.15 亩。土地散碎对于农业发展障碍殊多。首先，限制了较先进的耕作技术和改良农具的广泛使用。其次，影响农田水利设施的兴修和使用。由于土地散碎，“灌溉极感困难，尤以引用私井或私有水源为最，盖灌溉水道必须通过林田，经行甚远，各田块间狭条土地，任其荒废者，亦复不少”[①]。同时，田块四散导致对土地的管理出现许多困难。“盖以所种作物须防迷途牲畜，小偷及践踏等之损害。中国田场围篱罕见者，亦以土地散碎。”造成这种状况的原因是什么？郭德宏先生认为：“一是中国人口众多、耕地少；二是民族工业不发达，吸收不了农村的剩余劳动力；三是多子析产制使各户的田场越来越小；四是中农、贫农的经济力量薄弱，无力租种大量土地。”[②] 土地散碎的状况也说明我国当时的生产力水平低下、人多地少，只能以散碎的方式生产，农业大生产并不适应当时农业生产力水平和国情。

① 卜凯：《中国土地利用》，台湾学生书局 1971 年版，第 221—224 页。

② 金德群：《民国时期土地经营问题》，《首都师范大学学报》1994 年第 3 期。

（三）经营模式落后

中国传统的农业土地经营方式，一般可划分为租佃制经营和自耕农经营两种。近代以来，农业经营形式有所发展和变化，主要是出现了一些带资本主义性质的经营方式，包括经营地主的经营方式、资本主义农场的经营方式、农业垦殖公司的经营方式等。资本主义经营方式在中国是新生事物，其表现并不理想。

第一，租佃制经营。所谓租佃制经营，是指地主占有土地，但不亲自耕种，而是租与他人耕种，自己坐收地租的经营方式。中国佃农数量在地区分布上不平衡。1932—1934 年，在辽吉黑三省 14 县 62 个典型村中，有纯佃农 16.8%，半佃农 14.4%，雇农 30.3%，自耕农兼雇农 4.5%，自耕农 25.8%。[①]整个近代，租佃关系一直都是西北农村社会经济关系的主体。[②]据南京国民政府实业部中央农业试验所调查，在 1933 年，山西省佃农占农户总数 18%，半佃农占 22%。[③]20 世纪 30 年代，华北平原河北、山东和河南 3 个省 347 个县中，佃农比重占优势的县有 63 个，只占总数的 18.2%。据 1936 年全国 22 省 1120 个县的调查报告，佃农占农户总数的 30%，半佃农占 24%。在地区分布上，华中、华南的佃农、半佃农在 70% 以上，而华北地区比重较低。总体而言，中国传统社会的租佃制经济在数量上占有相当规模。

近代中国的土地租佃制度，有租种制、伙种制和帮工佃种制三种方式。租种制下，地主只出租土地，其他生产资料由佃户自备，地主所得是纯粹的地租，地租额一般为收入的 50%。伙种形式下，地主除出租土地外，还提供牲畜、种子、肥料、农具等生产资料的一部分，土地生产物在地主与佃农之间按事先规定的比例分配，地主所得可能是六成、七成，甚至八成。帮工佃种制下，地主除出租土地以外，还提供耕畜、种子、肥料、饲料等生产资料的大部分，有些还供给佃户本人及其家属口粮和燃料，以至住房和用具，一

---

① 乌廷玉：《解放前东北三省的租佃关系》，《社会科学战线》1989 年第 2 期。

② 向达之：《论近代西北地区的土地租佃制度》，《甘肃社会科学》1991 年第 4 期。

③ 乌廷玉：《近代山西省的租佃关系》，《晋阳学刊》1989 年第 6 期。

般农具由佃户自备，地租分配方式一般是二八分租（地主取收益之八）。[①] 各地地主与佃户的收益分成比例不同。以华北为例，有二八分成（佃户得20%，地主得80%）、三七、四六、五五、倒四六（佃户得60%，地主得40%）、倒三七等。不过，最常见也是最复杂多变的是四六分成和五五分成。[②] 近代华北分成地租的地租率一般在50%左右，或者说，是以50%作基线，根据各种不同的条件进行调整。地租样式中定额地租率要低一些，一般低于50%；货币地租率则普遍低于40%，在30%左右。[③]

土地的租佃制经营在中国历史上有一定积极作用，但消极之处也不少。从积极处看，它是经济自然发展的产物，符合低生产力水平对生产关系的要求。没有土地的人可以租入地主的土地进行耕作以安生度日，在几乎没有其他谋生渠道的农业社会，这能在一定程度上缓冲社会矛盾，保持社会基本稳定。另外，由于租佃制经营中地主掌握着土地所有权，就为土地集中经营，由地租剥削变成剩余价值剥削从而使封建性经营方式转化为资本主义经营方式提供了可能，但结果并未能如愿。租佃制经营存在很大弊端：首先，佃农租入土地规模一般较小。如据陈伯庄统计，20世纪30年代，平汉铁路沿线河北、河南两省30个调查点，自耕农平均每人经营土地3.5亩，半自耕农3.7亩，纯佃农3.3亩。如将经营100亩土地以上的大户剔除，则自耕农人均经营土地2.92亩，半自耕农3.28亩，纯佃农2.93亩。[④] 整个看来，租佃制经营并不是以大土地所有为基础形成的资本家经营，而是在单个地主或地主组合下去驱使毫无资本的农民，即仅在犁地种耕时略借畜力，此外则主要依靠手工劳动的大土地零细分割经营。[⑤] 其次，过高的地租率下，平常年景佃农尚能勉强度日，荒年则生存堪忧。绝大多数佃农生活在贫困状态之中，甚至到近代

① 参见陈廷煊：《近代中国地主土地所有制下的租佃关系》，《中国经济史研究》1991年第4期。

② 史建云：《近代华北平原佃农的土地经营及地租负担——近代华北平原租佃关系探索之二》，《近代经济史研究》1998年第6期。

③ 史建云：《近代华北平原佃农的土地经营及地租负担——近代华北平原租佃关系探索之二》，《近代经济史研究》1998年第6期。

④ 据陈伯庄《平汉沿线农村经济调查》（中华书局1936年版）第42—43页内容及附表3数字计算。

⑤ 章有义编：《中国近代农业史资料》第二辑，生活·读书·新知三联书店1957年版，第375页。

以来，由于社会动荡、灾荒连连，佃农面临着重大生存危机，根本无力扩大生产，生产效率难以提高。

第二，自耕农经营。所谓自耕农，是指自身拥有土地并亲自耕作而不出租的农户。民国时期，我国自耕农数量在50%左右，不过，在地区分布上并不平衡，北方自耕农数要多于南方。据国民政府统计，河北省佃户占全省农户总数13%，半自耕农占25%，自耕农占61%；绥远省半自耕农占26%，自耕农占43%；察哈尔省半自耕农占32%，自耕农占26%；山东省半自耕农占19%，自耕农占72%；河南省半自耕农占21%，自耕农占53%；[①]山西省半自耕农占14%，自耕农占60%；[②]陕西省半自耕农占28%，自耕农占47%。[③]自耕农经营在历史上曾发挥过重要的积极作用。首先，农民耕作自己的土地，其积极性要大于佃农，有利于保持土地肥力，也有利于在一定程度上提高生产率；其次，由于中国近代以来人口众多，自耕农经济承载着过剩人口，保证了大多数人的生存和生活，对社会稳定起着重要的支撑作用。但是，这种自耕农经营也存在着土地细碎分割、利用不经济、自耕农经营能力不足、抵御风险能力差、不利于现代农业的展开等弊端。

第三，地主雇工经营。20世纪前后，在中国出现了一些经营地主雇工经营的土地经营方式。19世纪末20世纪初在山东，地主雇工经营土地面积约占其所有土地面积的8%左右[④]；在奉天，当时辽阳、营口和义州等13县厅州的大地主，雇工经营约占13.1%[⑤]。20世纪20年代，浙江、江苏、安徽、山东和直隶等5省9县雇工经营面积占其所有土地面积的16.5%。[⑥]20世纪30年代中叶，江西、安徽、江苏、浙江、湖南、湖北、河南、河北、山东、山西、陕

---

① 实业部中国经济年鉴编纂委员会：《中国经济年鉴》续编，商务印书馆1935年，第14、18、24页。

② 中华民国实业部：《中国实业志》（山西），上海出版社1933年版，第56—57页。

③ 实业部中国经济年鉴编纂委员会：《中国经济年鉴》续编，商务印书馆1935年版，第5页。

④ 参见景苏、罗伦：《清代山东经营地主底社会性质》，山东人民出版社1959年版，第162—176页。

⑤ 李文治编：《中国近代农业史资料》第一辑，生活·读书·新知三联书店1957年版，第682页。

⑥ 章有义编：《中国近代农业史资料》第二辑，生活·读书·新知三联书店1957年版，第306—307页。

西、察哈尔、绥远、福建、广东、广西 16 个省 163 个县的地主雇工经营占所有土地的 34.41%，占总耕地面积的 7.4%。[①] “根据过去所发表的许多调查报告推算，全国地主所有土地大约只有百分之十留着自己经营，其他部分都是分割开来租给佃农耕种。”[②] 直隶武清县地主出租的少，自耕的多，设置工头管理年雇劳动者的长工。大兴县、安次县、宛平县也都在于同一的状态下。[③] 地主雇工经营的方式，有帮工佃种制，包括把头制、伙种制、种地头制等。[④] 一般认为，地主雇工经营具有一定资本主义性质。经营地主所使用的雇佣劳动数量较多，雇佣劳动在经营地主的整个农业经营中居于主要地位，经营地主的收入不是地租，而是雇农的剩余价值。同时，经营地主因其经营规模较大，其农产品的商品率也比较高。但经营地主又具有浓厚的封建性，因为他们所生产的农产品仍带有相当的自给自足性，且经营地主积累起来的财富，仍主要用于投资购买土地，扩大租佃规模，这就脱离不了封建性特点。

地主雇工经营具有一定积极作用，也存在一系列问题。由于地主具有相对较多的资金，他们有条件进行大面积经营和对农业增加投资，从而可以重视施肥，采用新式生产工具和设备，雇用素质较高的劳动力，也有利于他们进行更加有效的经营管理，在农产品商品化上也具有优势。但其存在的问题主要是：首先，这种经营方式在中国所占比例很小，全国仅有 6% 的地主采用这种经营方式，难以实现普遍性。其次，地主雇工经营面临着困境。当时商品经济并不发达，地主雇工经营的农产品就难以实现商业化，从而影响资本利润的实现。再次，中国土地所有权集中而使用分散的状况使土地很难成片地采用资本主义经营方式。最后，地主雇工经营下，新式改良农具乃至机械的使用，增加了农业劳动力的失业，从而尖锐化了阶级对立。

第四，农垦公司式经营。中国近代农垦公司经营，始自清末。1881 年，轮船招商局总办唐廷枢联络郑观应、徐润等人用股份制的方法成立的“天津沽塘耕植畜牧公司”，当属近代中国第一家农垦公司，其后农场式经营逐渐发

---

① 根据国民党土地委员会编：《全国土地调查报告纲要》，1937 年版，第 34—35 页。

② 薛暮桥：《中国农村经济常识》，大众书店 1946 年版，第 26—27 页。

③ [日]长野郎著，强我译：《中国土地制度的研究》，中国政法大学出版社 2004 年版，第 354 页。

④ 柳河：《近代北方地主经营方式三例》，《中国经济史研究》1989 年第 1 期。

展起来。1912 年第一次农商统计，全国垦殖公司共有 171 家。[①]从北到南，各地均有设立，但主要在沿海省份。1901—1921 年，全国共成立垦殖企业 825 家。[②]1947 年，全国 18 个省共有垦场 195 个，拥有垦地 14518248 亩[③]，占全国耕地总数的 1.78%。农垦公司的经营模式在南京国民政府成立之前只是极少数。

农垦公司的成立，曾一度给中国农业生产带来新的气象。这些公司或是官方投资，或是官督商办，或是官商合办，或是纯商人投资兴办，比以往地主式经营投入资本要大，耕地面积要广，更多采用西方现代农耕工具和垦殖技术，具有资本主义经营的性质，生产率相对较高。

但是，中国近代农垦公司式经营又存在着较大弱点和问题：首先，强占土地，产生很多流离失所的流民。从农场土地来源看，由于很多公司是官办或官商合办，甚至是军阀兴办，所以，屡次发生对农民土地掠夺的事件。比如在江苏，"我们却看见这种农场是在'利用国家权力，把多数农民之土地使用收益权，集中于少数人之手'，独占了垦殖区内一切荒熟的土地；同时，以股票代替现金，取得小农的耕地，不许小农有收回其耕地之要求。这么一来，土地自可很迅速的集中。然而，这种'利用国家权力'以发展私人资本的办法，使人猛然回忆到十八世纪的圈地法案，使人猛然回忆到'羊子吃人'的故事"[④]。在黑龙江流域，"地主大半为达官显宦，如退职之各部总长、国会议员以及督军省长等。彼等悉用公司或堂号名义领垦荒地，其初稍出资本，招佃代种，嗣后成安居他处，坐收田租，或出售田地，另营他业"[⑤]。现代农垦公司的出现是以流民增多、民饥国乱为代价实现的，产生诸多负效应。其次，公司的租佃式经营，难以形成现代化农场经济。按理讲，垦殖农场的经营，应该采照资本主义公司的经营管理模式，统一组织农业生产，但中国的

---

① 李文治编：《中国近代农业史资料》第一辑，生活·读书·新知三联书店 1957 年版，第 698 页。
② 章有义编：《中国近代农业史资料》第二辑，生活·读书·新知三联书店 1957 年版，第 346 页。
③ 章开沅：《比较中的审视：中国早期现代化研究》，浙江人民出版社 1993 年版，第 253—256 页。
④ 许达生：《一年来的中国农村》，《新中华杂志》第 3 卷第 1 期，1935 年。转引自章有义编：《中国近代农业史资料》第三辑，生活·读书·新知三联书店 1957 年版，第 840 页。
⑤ 章有义编：《中国近代农业史资料》第二辑，生活·读书·新知三联书店 1957 年版，第 370 页。

农场大多却采用租佃制经营模式。再次，经营粗放。在广西，民国十六年前全省发放荒地 113 处，其中 72 处是由公司领垦，上述 72 家公司所领荒地约有 7000 方里，但只有区区百余万元资金，自然不能集约经营。[①] 在绥远，中支渠以南几里的王大圪旦的永济渠公众农场为汇源公司所有，广阔土地上约有 40 方里的地方长着粗大的芦草，高达八九尺，枝干像指头一般粗。这里的耕种方法是粗放的，播种后听其自然生长，不加培植，也不除草。[②] 最后，资金短缺。近代以来中国农垦事业的一个重要不足就是资金短缺，农垦公司无力为继。如江苏沿海公司，计有 40 余处，各公司因风虫雨水之灾，连年失败，负债累累，清偿无术，周转不灵，因以停顿者，比比皆是。[③] 绥远临河投资农业经营者，犹如雨后春笋，可几年后除一两家仍在苟延残喘，暂维现状而外，其余皆赔亏成本。总之，现代农垦公司的经营面临着内外各种困境，难以正常运行。

综上所述，租佃制经营、自耕农经营是中国社会几千年延续下来的土地经营方式，带有严重的封建性。地主雇工经营具有一定资本主义性质，但主要还是封建性的。农场式经营则是近代兴起的带有资本主义性质的土地经营方式，但封建性的比重仍然较大。由于历史条件的限制，资本主义生产方式在中国没能发展起来，也没能提振中国农业经济。在中国发展土地资本经营的难度是南京国民政府农地地权立法必须考虑的问题。

（四）土地荒芜

近代以来，还存在土地大量荒芜的问题。据民国北京政府农商部 1914 年报告，“全国‘荒地’估计面积为 24280800 公顷”[④]，约合 3.64 亿亩，占全国可耕地面积的 20% 左右。如此大规模的撂荒土地，其原因是多方面的，有天灾也有人祸，还有技术以及土地制度不合理的因素。据卜凯对南京国民政府的统计，未垦土地的基本原因有缺乏人畜、缺乏资本、坟墓过多、多砂、用

① 章有义编：《中国近代农业史资料》第二辑，生活·读书·新知三联书店 1957 年版，第 353 页。
② 章有义编：《中国近代农业史资料》第二辑，生活·读书·新知三联书店 1957 年版，第 357 页。
③ 章有义编：《中国近代农业史资料》第二辑，生活·读书·新知三联书店 1957 年版，第 348 页。
④ 卜凯：《中国土地利用》，台湾学生书局 1977 年版，第 201 页。

以造林、侵蚀过甚、易受旱灾及其他原因。不管出于什么原因，土地荒芜的状况是现实存在的。这种情况严重影响了土地生产率，影响了社会稳定，需要在制度层面加以解决。

以上我们既展示了南京国民政府成立之前中国农村生产力低下的状况，又证实了土地占有关系不公平的事实。这些问题集中到一起就是极低的生产力水平下的生产资料（土地）严重分配不均，二者的叠加导致人民生存权受到巨大威胁。面临生存威胁，各方人士各用其功，强征暴敛、土地投机、权力滥用、流民亡命、劫富济贫、匪盗横行等各种无序就都产生了。这些均是南京国民政府农地地权立法面对的现实问题，如何改变这种状况也是其必答的考题。

第三节　立法的应然目标与实现条件

整个中国近现代的历史，是中国几千年来少有的社会大变革、大转型的历史。从经济上来看，是由传统的自然经济、农业经济向现代的市场经济、工商业经济转变；从政治上来看，是由专制统治向民主和法治的转变；从文化上来看，是从对西方文化拒斥、冲突到借鉴、接受再到整合的转变；从思想上来看，则是从思想禁锢到多元，多元到一统，一统再到多元的转变；从社会上来看，则是从大乱到大治的转变。在如此剧烈的变革中，作为政府或执政党，其核心任务应该是顺应历史发展潮流，制定符合社会实际的方针政策，并着力推动政策落实，使社会在符合正义的要求下有序运转。具体到南京国民政府的农地地权立法，应该以实现社会正义为目标，针对当时地权状况和地权制度存在的问题，吸收借鉴中国传统和世界先进地权制度优点，制定既能保证安定的社会秩序，又能稳健推动社会发展的地权法律制度。而且南京国民政府也是具备实现这个目标的基本条件的。

一、立法应达到的目标

南京国民政府成立之时，即面临艰巨的土地问题需要解决，正如当时地政学家萧铮所指出的，这些问题主要是“吾国土地管理技术之低劣，生产能力之薄弱，分配关系之畸形”[①]。如此艰巨的任务如何解决呢？我们认为，当时首当其冲的是应秉持《土地法》立法的社会效益，实现土地利益分配的正义。为此，应以生产力的发展（效率）为根本指针，同时处理好秩序、自由、效率、平等等主要价值之间的关系，处理这些关系的实质是处理好效率与公平的关系，其中最为关键的是处理好私权利之间、公权力与私权利之间的平衡，核心是实现土地分配平等。其理由如下：

（一）处理好秩序与自由的关系关键在于平等

秩序和自由的关系，实质上是社会整体与个体之间的关系。人既是个体的人，也是社会的人。作为个体的人，他需要彰显自身的自由；作为社会的人，他需要依归于秩序。在农地地权问题上，法律主体的自由表现为对土地所有权进行支配和对地上权、地役权、永佃权、抵押权、典权等他物权在约定范围内自由行使的权利。自由是人们追求的目标，人类社会发展的终极目标就是实现每个人全面自由的发展。但自由不能伤害秩序，即一方自由行使权利的时候不得妨碍别人行使权利的自由，过了头的自由就是别人的不自由，就会危及秩序，背离了秩序的自由最终会导致自身的不自由。秩序是保障个人自由得以实现的前提条件，也是对个人自由边界的限定，同时秩序必须是保障所有社会成员自由的秩序，偏袒的秩序最终也会导致无秩序。由此看来，既能保障自由又能实现秩序的良方即是平等。南京国民政府成立之初，农地地权面临的自由问题突出表现在政治、经济、军事强权者的绝对自由和普通民众的绝对不自由，这很大程度上是由当时紊乱的社会秩序造成的。这种紊乱的社会秩序，一方面是物资匮乏所致，人们生存权受到威胁；另一方面则是资源或产品分配不平均所致。前者是效率问题，后者则是平等问题。所以破解秩序与自由困境的办法在于平等和效率的实现。南京国民政府成立之时，中国农地地权上存在着严重的不平等情况，一是政治强权，二是经济特权。政治强权的存在，会导致强权者无代价地获取公共土地或他人土地，民国北京政府时期就是因为政治、军事强权的存在，才致使大量土地流入官僚、军

---

① 萧铮：《拟请修改土地法导言》,《地政月刊》第 3 卷第 1 期。

阀手中；经济强权的存在，则使土地流入商人、地主手中，导致贫者愈贫，富者愈富。政治、经济、军事特权造成少数人无节制地聚拢土地而妨碍他人获得土地的自由，或者以特权影响地价而造成地权的不公平交易，其结果是实现了少数人的自由，损及了大多数人的自由，并进而造成地权秩序的混乱。为处理好自由与秩序的关系，南京国民政府的农地地权立法就必须消除土地上的各种特权，实现土地资源或产品的平等分配。

（二）处理好秩序与效率的关系关键也在平等

所谓效率，是投入与产出的比。农地上的效率要求在土地上以最少的投入，带来农产品的最佳产出，使地尽其利。法的效率价值是法的基本价值之一，按马克思主义生产力理论，它甚至是第一价值。不可设想一部滞碍生产力发展、阻碍社会进步的法律能是“良法”，也不可设想不注重效率的法能保持社会秩序的持久存在，但效率的实现又是以秩序存在为前提的。具有秩序价值的法，能避免社会发生尖锐的矛盾与冲突，使社会处于稳定状态，这是社会正常运转、生产有序进行的前提和保障；具有秩序价值的法也能使已发生的冲突得到及时、合理的缓解和消除，从而减少社会资源的损耗，也利于人们以最小的成本换取最大的利益。因此，法律必须既追求效率，又注重社会秩序，秩序与效率兼顾的法才是“良法”。体现在农地地权制度设计上，就是既要保持农民稳定地享受土地利益的有序状态，也要保证地尽其利的高效率。这里问题的关键是建立什么样的土地秩序。毫无疑问，这种秩序一定是能使地权平衡的秩序。土地资源在全社会公平分配，将利益之争减少到最低程度，如此秩序方能有效得到保证。这种秩序也必须是能够提高效率的秩序，地权权利人投入的人力、物力、财力能得到最大产出，这样的秩序才能得到人们的认可，进而才能积极去维护这种秩序。这就要求地权立法必须能最大限度地调动人的生产积极性，发挥土地资源的最大利用价值。如前文所述，中国当时的土地生产率处于世界低水平，除人口多、耕地人均占有数量少的客观原因外，主要是地权分配不平衡和地权保障不得力造成的。土地所有权分配不公，少数人占有多数土地，在当时的生产力条件下必然导致封建的土地租佃方式的产生。租佃方式下对地主所有权保护的重视而对佃户地权的保护不到位，会使地租绝对提高，进而导致佃户无力投资于土地再生产，亦会妨碍土地生产效率的提高。如果租佃制下土地效率不能提高而地租却极高，农民饥寒交迫情况下，社会秩序就难以保证了。可见，只有打破旧有的封建土地权利关系，建立新的土地秩序，方能提高其效率；也只有提高了效率，方能保持良好的社会秩序。这又把问题指向了平等。

（三）处理好自由与效率关系的关键还在平等

自由与效率也是对立统一的关系。效率的最终目的是满足人的需要，实现人的自由；自由的实现，会调动人的积极性，提高效率。二者彼此相依，相互为用，相互促进。不过，自由和效率之间又存在着矛盾。自由不适度，会影响效率的提高，过度的自由和过分的不自由都不利于效率的产生。一个过度自由的经济体系，因其过于松散，不可能产生高的经济效率。同时，一部分人的过分自由又是另一部分人不自由的原因。自由度过低，则会束缚人的创造力发挥，影响人们生产的积极性和物的流转，从而影响效率的实现。所以，只有社会成员间平等地享受自由，才能真正达到自由。不可否认，土地立法的最终目的是不断解放和发展生产力，这就要实现土地利用效率。但土地利用效率的实现又必须满足人们对自由的需要，这种自由包括对土地所有权行使的自由、对土地他物权行使的自由、对土地其他权利行使的自由等。这些自由都必须是建立在平等原则下的自由，否则就会产生不自由，不自由的结果必然导致不效率。因此，效率和自由的关系协调中，关键还是需要坚持平等原则。

（四）处理好效率与平等关系的关键仍在平等

土地资源，由于其具有自然属性、稀缺属性、不可移动性、不可再生性，因而具有了公共属性，就像阳光、空气一样，人人皆可得而用之。既然如此，必须考虑土地资源分配的平等性，不能人得而私之。也就是说，在考虑法的效率价值的同时，必须顾及法的平等价值。效率要求实现资源的最优化配置，以便社会能够迅速、有力地集中一切可资利用的资源，实现社会资源的最大限度增值；而平等原则要求尽可能将现有社会资源在社会全体成员之间均衡配置，以使全体社会成员能够平等地获得使用土地资源的机会，分享土地利益的成果。由于社会的复杂性，社会主体间存在着各种各样的差异，如自然属性上的体能差异、智能差异、心理能力差异，以及社会层面的财富、权力、家庭、教育、职业、社会性因素、偶然性因素的差异等。在追求效率的过程中，在生产中对资源的配置往往会发生不平等；而过于追求平等，又往往会造成资源分配不利于效率的提高。所以，效率和平等的平衡是社会发展中始终存在的一对矛盾。于是有人指出："在市场经济条件下，收入和财富分配的社会正义原则就是效率与公平内在结合的差别原则。差别的正义性就是由两个互相约束、彼此限制的效率原则与公平原则的契合。"[①] 公平与平等的含义虽不同，但也能说明平等与效率的相契合是土地资源分配面临的重要问题。我在前文"理论框架"部分已经做过关于如何解决这对矛盾的阐释，就是要在注重效率的同时，要保证资源配置中前端的机会平等，中间的过程平等和终端结果的平等，要让人人对土地享有平等使用的机会，要让人人在使用土地过程中享受平等的待遇，要让土地使用的成果为社会成员平等共享。这也正是南京国民政府土地权利制度安排中必须遵循的原则。

总之，保证效率的实现以解放和发展生产力，是南京国民政府面临的最根本的任务。但追求效率，必须顾及秩序、自由、平等对它的作用，通过前文对南京国民政府农地地权立法面临的现实问题的分析，我们得知，平等与秩序是影响效率的关键，平等则是重中之重。所以，以平等为先、维护秩序、保证自由，以达到效率，最终实现社会正义是摆在南京国民政府面前的紧迫而艰巨的任务，也是其农地地权立法应追求的目标。这就需要国家公权力恰当地发挥其效力，坚持平等，保护自由，维护秩序，实现效率，以最终成就社会正义。

二、实现目标的可能性

近代以来，不管世界还是中国，都发生了一系列重大变化。这些变化在加速中国传统社会秩序瓦解的同时，也不断积累着新秩序建立的各种有利因

① 贾中海：《论分配正义与权利》，《吉林大学社会科学学报》1999 年第 5 期。

素，为南京国民政府制定和实施体现社会需求的土地法律提供了可能性。

（一）政治和组织条件

鸦片战争之后，中国遭受前所未有的外敌入侵，领土被割占，利益被瓜分，资源遭掠夺，人民受奴役，国力日益衰落，国家主权不再完整；国内又经受着各地此起彼伏的暴动、起义、革命等的冲击。疲弱和迂腐的清政府已不能保证国家的独立，不堪担当组织人民、进行有效国家管理的重任，更别说制定和实施满足人民利益的土地法律。清政府后的中华民国南京临时政府空有躯壳，缺少军事支撑和经济实力，其政治影响力和社会控制力也不足担当解决土地问题的重任。民国北京政府又走马灯似的更王换帅、军阀割据，国家四分五裂，这样的乱局下，政府虽然制定了不少法律法规，但基本停留在纸面上。忙于军事角逐和政治角力的北洋政府，不可能有精力和条件专注于土地问题的解决，只能任其加速恶化。

南京国民政府继承了辛亥革命后南京临时政府的衣钵，但又与南京临时政府有很大不同。孙中山 1924 年以俄国共产党的组织方式改组了国民党，确立了“联俄、联共、扶助农工”三大政策，创建黄埔军校，组建国民革命军，建立广州国民政府。1926 年夏季，广州国民政府正式开始大规模的北伐，消灭了孙传芳、吴佩孚军阀势力，并给张作霖以重大打击和削弱，并于 1927 年 4 月 18 日成立南京国民政府，继而实现宁汉合流。1928 年 6—12 月，新疆杨增新、热河汤玉麟、东北张学良先后宣布易帜，接受南京国民政府领导，长期分裂的中国终于基本实现了统一。虽然这种统一还仅是形式上的，国家权力结构还比较松散，但南京国民政府是有军事支撑的政权，这为国家强制力提供了保障。国家的统一和国家强制力的存在为南京国民政府农地地权立法提供了政治条件。南京国民政府建立后，组织了五院制的国家机构，其中立法院专司立法权，司法院掌审判、司法行政、行政审判等职，各司其职又相互制约的国家机构为南京国民政府农地地权立法提供了组织条件。

（二）中外立法经验条件

中国近代以来的民事、土地立法，前文已有交代，它为南京国民政府的农地地权立法提供了借鉴，不再赘述。

西方民事及土地法律制度，历史悠久，有其发展、演进、成熟、变化的历程。西方的法律传统，要追根溯源到古希腊和古罗马。自始，西方法律就有市民社会的特点，“法是私人事务必不可少的参与者和仲裁者”[①]，《十二铜表法》就较早确定了平民间的权利义务关系。虽然中世纪欧洲法学和法律受到神学的极大禁锢，但文艺复兴后，启蒙思想家极力提倡人文主义，反对神学，于是罗马法全面复兴，以“自然法学派”学者格劳秀斯、霍布斯、洛克、卢梭、普芬道夫为代表的新法学家，提出了“社会契约论”“国家主权”“自由”“平等”“自然权利”等概念和理论，为法律的发展做出了重大贡献。法国拿破仑时代的《民法》就是这些思想的重要成果，它具有资本主义私法创始和奠基作用，最重要的是确立了所有权绝对、契约自治、过失责任等原则。这个《民法》的基本原则，指导了世界民事立法 100 年。时至今日，自由、平等、自治、私有权不可侵犯仍是资本主义社会在民事法领域奉行的基本原则。19 世纪末，受工业化进程加快及周期性经济危机的影响，资本主义世界的法律理念及制度设计发生了重要变化，出现了新的趋势。工业化时代的到来使得社会关系发生了许多变化，权利义务关系的复杂性不断增加；绝对自由的经济制度使个人权利保护过度而社会整体利益极大受损，因此受到质疑。于是民事法律关系的旧有原则遭到严峻挑战，私法社会化的潮流冲击着资本主义国家民事法律的百年传统。理念的更替下，所有权不再绝对，必须在符合法律要求、不损及他人和社会公益前提下才能自由行使；契约自由的原则也受到反垄断、国家干预等的限制；在过失责任原则上又增加了无过失责任作为补充。这些变化集中体现了个人的绝对自由受到怀疑，社会利益受到尊重。法律实践中重要的成果是 1896 年《德国民法典》的制定，它既保护私人所有权，同时又对其进行必要的限制，以保护他人合法权益及社会公共利益。在它的影响下，日本于 1898 年、瑞士于 1912 年也制定了各自的民法典。这些法律成果表明私法社会化已成当时调整民事权利的立法趋势。

除民法中关于权利规定的立法趋势变化外，土地立法也有了新变化。如

---

① 梁治平：《法辩中国法的过去、现在与未来》，中国政法大学出版社 2002 年版，第 51 页。

在英国，19 世纪之前的土地制度还带有很大的封建性，在土地上主要是领主（Landlord，敞田制、骑士领有制、公簿持有制下的贵族和乡绅）与土地保有者（Tenant）间的关系。二者中，领主享有许多特殊权利，土地保有者的权利则备受限制，不能出售、抵押、出租保有的土地。19 世纪，英国先后制定了 6 项法律：1833 年《继承法令》《物权诉讼法》《遗孀产权法》《获得和更新租契时缴纳的地租及收回的法令》、1837 年《遗嘱法》及 1845 年《继承法》，这些法令扩大了土地保有者的权利。之后，英国又不断立法，继续扩大佃户的权利，1882 年，通过法令把全部土地管理权交给佃户，佃户可以不受束缚地行使这些权利。1897 年，又通过了《土地转让法》，建立新的土地产权登记制度，使得土地流转更安全。在德国，1919 年《魏玛宪法》充分体现了国家和社会对土地所有权的限制，该法第 155 条规定联邦政府可以监督土地之分配和利用，目的是“以期德国人均受保障”。根据《魏玛宪法》，为住宅需要或奖励开垦、发展农业，国家可以征收土地，土地价值之增加，除投资或人工原因，其福利应归社会。《魏玛宪法》的规定，对南京国民政府影响较大。在日本，主要是进行了地税改革，日本 1872 年发行壬申地券，1873 年颁布《地税改革法》，1874 年制定《地税条例》，1886 年出台《登记法》，1896 年公布《民法》。这些法律主体内容是清查全国土地，废除幕藩封建领土土地所有制，承认新型地主及富裕自耕农的土地所有权，保护地主利益，维持旧贡租额，废止实物贡租，实行货币税，纳税者由村改为个人，这些法律实施的结果是确立了近代土地所有制，并为资本主义的发展创造了条件。在俄国，1917 年爆发“十月革命”的第二天便发布《土地法令》，没收地主的土地，实现土地国有化，将土地分配给劳动者使用，农民可以自由选择土地使用形式。俄国土地制度变革是完全不同于西方国家的土地制度重构。以上这些国家土地法律制度变革，均不同程度地体现了提高土地生产效率、破除私人土地权利集中、注重保护社会公共利益的理念。

总之，南京国民政府成立之前，西方主要国家的民事及土地制度都经历了比较充分的发展历程，有丰富的立法经验。他们的法律都经历过改革历程，有重要的法律制度变革经验；经历过法律理念的变革历程，有对法律深刻的认识经验。有的国家如日本还直接进行过移植西方法律的历程，有东西法律文化融通的经验。这使得处于世界土地制度变革期的南京国民政府处于有利的土地制度变革潮流之中，有从世界各国吸收好的经验和办法来解决自身问题的客观条件。

（三）法律人才条件

中国古代的法学教育，一直以律学为主，西方文化进入国门后，中国人开始开眼看世界了。林则徐是开眼看世界的第一人，容闳是在1847年留学西方的第一位留学生。容闳归国后，极力推动中国的留学事业，促成了1872—1875年每年30人赴美留学，开启了中国向西方派遣留学生之门。留学生中，第一位专攻法科的是伍廷芳，学成归国后，他活跃在清末民初的法律界、政界，为中国法律近代化做了很多工作。伍廷芳留学欧洲前后，清政府官费派遣留学欧洲的计划开始实施，有一部分人不同程度地接受了西方法学教育。不仅到欧洲，1896年开始，清政府组织到日本学习法律。到了19世纪90年代，“随着国内以及本国的对外关系中一系列重大事件的相继发生，越来越多的人出洋学习政治和法律，并且在20世纪的最初10年间达到了高潮”[①]。对留日人数难以有准确数据，但据有人研究，1901年到1911年留日的法科学生至少应有2831人，1912—1921年毕业于日本私立大学的法政科学生有1201人。又据不完全统计，留学欧美的法科学生与留日法科学生人数相接近[②]。如此大规模地派遣留学生赴东西洋学习法政学科，为中国本土近现代法学发展及法律制定创造了有利条件，南京国民政府的农地地权立法乃至司法从中获得了相当大的人才和智力支持。

除派出留学生外，国内也开始兴办法科教育。1862年设立的北京同文馆是中国近代讲授西方法律最早的教育机构。1895年天津中西学堂成立，学堂章程中列有律例学门，这是中国近代西式法学教育的开端。清末民初，各地法政学堂蜂起，“法政教育在整个高等教育中始终处于一枝独秀的地位”[③]。最高峰时，法政专门学校有64所，即使经过北洋政府的整顿调整，到1926年

① 王健：《中国近代的法律教育》，中国政法大学出版社2001年版，第77页。

② 王健：《中国近代的法律教育》，中国政法大学出版社2001年版，第107—126页。

③ 王健：《中国近代的法律教育》，中国政法大学出版社2001年版，第222页。

全国公立、私立的法政专门学校也有25所。大批学子蜂拥进入法政学堂学习，即便学业成绩参差不一，但无疑为南京国民政府的法制建设提供了有利条件。

（四）民心基础条件

民心源于中国近代以来愈演愈烈的土地分配不公和土地生产率低下状况下的生活所迫，也源于新的历史条件下人民对民族独立和社会进步的向往与渴求。关于南京国民政府成立前中国农地地权的集中状况及土地生产效率的低下，前文已述。1922年，浙江、江苏、安徽、直隶4省9县总农户中，年收入不到150元的“贫人”占到了74.8%，其中直隶“贫人”所占比例在82%以上。农民辛苦耕作一年，收成的一半交了地租，剩下的收入抵掉肥料、种子、农具消耗后所剩无几。据澎湃1926年在广东海丰对佃农的调查，正常年景下会每年“不敷10元之多”[①]。农民贫困最主要的根源是没有土地所有权，地租过高。他们当然急迫盼望改变这种不合理的状况。

近代以来中国民族资本主义经济得到了一定程度的发展。据北洋政府农商部的统计，1920年工业企业注册资本比1914年增加了150%，资本在50万元以上的大企业，由1914年占总数的4%增为1920年的14%。[②]资本主义工商业的发展，需要开拓市场，也需要农业原材料作支撑。而当时农业生产的落后、农民的贫困，也是新兴资本主义生产关系强烈要扫除的障碍。

除本国地主强占、聚集农村土地外，帝国主义国家对中国农田的掠夺也甚嚣尘上，仅列举几项实例即可见一斑：据1929年资料统计，当时日本私人和以团体名义在东北收买的土地就达2259000亩；在东北，“近来美国官民在满洲进行经济活动，积极构筑底盘，已为众所周知之事实”，“不几天，任伯言就在许昌西门外用永安堂的名义替英美烟草公司半霸占半收买的得到了数百亩土地”；外国教堂也纷纷在中国置地，1921年湖北高等审判厅致大理院函称，“查钧院民国七年九一一解释例，有外国教堂依条约应特别认为法人，得

① 孙健：《中国经济史——近代部分》，人民大学出版社1989年版，第359页。
② 孙健：《中国经济史——近代部分》，人民大学出版社1989年版，第377页。

享有土地所有权等语，是外国教堂在中国买卖土地，自认为有效”；又据临河设治局萧局长之调查，“在临河辖境内（约一千方里），已有教堂十四处，则所谓天主国全部所辖之教区，其侵占之国土实难统计”[①]。外国人对中国土地的大肆掠夺，招致中国人民极为不满，也是南京国民政府进行土地制度改革的民心所在。

极为不合理的土地制度，激起了广泛而巨大的改变土地现状的斗争。影响大的有清朝席卷大半个中国的太平天国运动、提出“平均地权”纲领的辛亥革命、中国共产党领导的工农运动等。社会上各派人物纷纷提出各自土地主张，如改良派们“倾向于走‘普鲁士式的道路’，通过资产阶级剥削的方式慢慢取代地主阶级剥削的方式来实现资本主义化”[②]；康有为提出土地公有的主张；梁启超提出私有制下自由竞争的主张；谭嗣同提出“均贫富”的主张；无政府主义者刘师培也提出夺富豪所有、“以贡之民”的主张。各地自发掀起的抗捐抗税斗争、抢米等风潮风起云涌，实际上也因土地而起。总之，不管是精英界还是底层大众，都强烈主张改变土地制度现状，改革农地地权制度。民心可畏，民心亦可用，这为南京国民政府进行农地地权制度立法提供了有利条件。

小　结

中国自唐朝中晚期以后，逐渐形成了以地主所有权为核心，以永佃权和典权为特色，以自由交易为表征的复杂地权体系。这种土地制度有其一定历史阶段的优点，符合中国小农经济的生产结构，为中国政治、文化、社会秩序的长期稳定和发展提供了经济基础。但其弊端也不小，容易造成周期性土地集中、生产力水平不高、土地荒芜等问题，是长期以来中国社会经济难以大幅提升的原因之一。

清末之后，这种土地制度已经不适合商品经济日益发展的需要，也与世

---

① 章有义编：《中国近代农业史资料》第二辑，生活·读书·新知三联书店 1957 年版，第 27—41 页。

② 郭德宏：《鸦片战争后农民的土地斗争与各种土地主张》，《东疆学刊》1990 年第 1、2 期。

界法律制度潮流相左，于是中国开启了土地制度变革之路。清末和民国北京政府官方主导下变法，虽然主要客体不是土地，但变法附带的是从指导思想到形式再到内容，土地权利制度上全方位的变革。从指导思想上看，西方资产阶级思想理论和大陆法系法学理论的搬用是其最大特点，西方权利义务概念和规范在此阶段写入中国法律并开始生根。从形式上看，中国民刑不分的传统法律文本模式开始被打破，与地权有关的一系列法律法规相继出台，不管是地权实体法还是制度运行法都初步有了规范，特别是两个《民律草案》的编纂，对之后南京国民政府的农地地权立法起到了重要借鉴作用。从内容上看，土地私有制开始以现代法律的形式明确确立，西方式的土地权利体系逐渐形成。但这个时期的地权制度并不健全，更不完善。清末修改了《大清刑律》，没有制定专门的土地法规。民国北京政府制定了《土地收用法》《清理不动产典当办法》《不动产登记条例》《国有荒地承垦条例》《经界法规》等地权相关法律，但并不能满足社会对土地规范的需要，更不能解决地权不均问题。从本质上说，清末及民国北京政府的农村地权制度是一种自由放任的制度，存在诸多不合理之处，导致土地占有更加集中，土地利用效率更加低下。

近代以来，受国内国外各种因素的影响，至南京国民政府时期，中国农村产生了严重的土地问题，具体表现为土地所有权过于集中、土地利用不经济、土地制度不适应商品经济发展的需要等。这些问题的存在，给南京国民政府农地地权立法提出了任务和目标：追求效率价值的实现以解放和发展生产力，但追求效率必须考虑到它与平等、秩序、自由等法律价值的相互关系。依当时国情而言，对效率制约最为严重的是不平等，即地权分配不公。所以，地权立法应以平等为先，维护秩序，保证自由，以达到效率，最终实现社会正义。南京国民政府实现这一任务和目标，虽然面临着重大压力，但也存在许多有利条件，如国家的统一、西方土地制度变革的潮流、中国近代西方法学教育的发展、民心的渴望等，这些都为其制定体现社会正义的农地地权法律提供了可能。

第二章　立法的渊源与过程

通过分析南京国民政府前期农地地权立法的历史与现实基础和立法指导思想，我们对其立法环境和历史使命有了基本认识。本章，我们将介绍南京国民政府的立法体制，进而探讨1927—1937年南京国民政府农地地权立法的法律渊源及其过程。

第一节　立法体制与农地地权法律渊源

自清末修律以来，中国法律发生了几千年来的巨大变革，这不仅体现在法律内容上，也体现在法律形式上，民国建立后，更体现在立法体制上。这三者间，立法内容是核心，法律形式是外在表现，立法体制则是发生器。研究立法体制和法律，是由表及内、由浅入深进行研究的需要。

一、立法体制

以蒋介石为首的南京国民政府于1927年4月18日建立。同年7月，南京国民政府与武汉国民政府合二为一。1928年6月15日，南京国民政府宣告完成国家统一。8月，国民党二届五中全会宣布全国进入训政时期，由国民政府执行训政职责，按五院制组成国民政府。10月3日通过了《训政纲领》和《中华民国国民政府组织法》，规定国民政府总揽中华民国之治权，政府由行政院、立法院、司法院、考试院、监察院组成。10 月 8 日，中央执行委员会通过了《立法院组织法》，1931 年 5 月 12 日通过了《训政时期约法》。期间，中央政治会议于 1928 年 2 月 22 日通过了《立法程序法》。这些纲领及法律文件中，体现了南京国民政府全面抗战前的立法体制的特点和立法程序。

（一）孙中山、胡汉民等的理论是南京国民政府立法体制的指导思想

南京国民政府成立后，国民党即宣称继承孙中山遗愿，实施五权分立。1929 年 3 月 21 日，国民党第三次代表大会专门通过的《确定总理主要遗教为中华民国训政时期最高根本法案》确定：1. 中国国民党中央执行委员会应根据总理教义编制过去党之一切法令规章，以成一贯系统；2. 总理所著三民主义、五权宪法、建国大纲及地方自治开始施行法，为训政时期中华民国最高之根本法；举凡国家建设之规模，人权民权之根本原则与分际，政府权力与其组织之纲要及行使政权、治权之方法，皆须以总理遗教为依归；3. 总理创造中国国民党，同时创造三民主义、五权宪法诸教义，以为全党建造国家之准绳。……总理之全部教义，是为本党之根本大法。① 这一法案确定了孙中山的建国思想为国民党的根本指导思想。在立法体制方面，孙中山的主张概括起来就是“建国三时期”和“五权宪法”。“建国三时期”就是将国家政权建设区分为军政、训政和宪政三个时期，其中训政时期最典型的特点是“以党治国”。所谓“五权宪法”，首先将政治权利区分为“政权”和“治权”两种。“政权”是指人民行使管理政府的权利，包括选举权、复决权、罢免权和创制权。“治权”则是指政府实行五权分立，即行政权、立法权、司法权、考试权和监察权分立，立法权由立法院行使。这些是南京国民政府在立法体制方面的基本指导思想。

立法院享有立法权，但立法权却又不是立法院独有。孙中山建立的建国三阶段、五权宪法理论，奠定了国民政府的立国基础，不过胡汉民继承又发展了孙中山“以党治国”及“五权宪法”论。他认为训政时期应“以党治国”，“以党治国”就是以“党义治国”，言下之意党治不是人治，而是对党义的尊

① 中国台湾“司法行政部”编辑：《中华民国民法制定史料汇编》（下），1976 年刊行，第 654 页。

崇。不过，他在提出“党义论”的同时又发明了“保姆论”：“夫以党建国者，本党为民众夺取政权，创立民国一切规模之谓也；夫以党治国者，本党以此规模策训政之效能，使人民自身能确实使用政权之谓也。在建国治国过程中，本党始终以政权之保姆自任”[①]，将国民党视作政权的保姆。这“两论”虽形象地说明了国民党的地位与作用，但“党义论”和“保姆论”却存在严重矛盾：党义为党的主义，或曰理论主张，既不是个人也不是团体；保姆则不但具有具体性还有长者、抚育者甚至尊者的含义在其中，将人民视为初生的孩子，明显有居高临下之嫌。胡汉民虽强调“以党治国”的“民意”——“党有党义，有政纲，政府遵照党的主义政纲去实行，就是尊重民意，否则就是违反民意，就称不起‘国民政府’”[②]，但“保姆说”已经把民意排除在外了，民意只是幌子而已。他的重点在于强调立法工作必须遵循国民党的意志，“在训政时期，立法院是奉从党的命令，推行党的政策而施以治权的机关之一，其一切自然应以党的主义为依归”[③]，即立法院的立法要奉从党的命令，立法院是党治下的机关。此外胡汉民还认为，“立法院与其他各院，应有相互的密切关系，此于国家统一上为必要之原则”[④]。故此，他提出国民政府常务委员、行政院各部部长应均为立法院当然委员，政府常务委员同时为行政院的组成人员，这样，立法院的立法权也就被肢解得差不多了，从而形成了南京国民政府以立法院为主而又法出多门的立法体制。

（二）国民党中央是训政时期最高的权力机关

1948 年前的南京国民政府一直处于训政时期，国民党中央是这时期的最高立法机关。“以党治国”决定了国民党在国家机构中的最高权力机关地位，

---

① 胡汉民：《党治的政府》，载中国国民党中央委员会党史委员会编：《胡汉民先生文集》（3），台北文物供应社 1978 年版，第 412 页。

② 胡汉民：《党外无政政外无党》，载中国国民党中央委员会党史委员会编：《胡汉民先生文集》（3），台北文物供应社 1978 年版，第 220 页。

③ 胡汉民：《二年来立法工作之回顾》，载中国国民党中央委员会党史委员会编：《胡汉民先生文集》（3），台北文物供应社 1978 年版，第 910 页。

④ 胡汉民：《二年来立法工作之回顾》，载中国国民党中央委员会党史委员会编：《胡汉民先生文集》（3），台北文物供应社 1978 年版，第 910 页。

而且这还得到了法律的肯认。1928 年 10 月 3 日，国民党中央常务会议通过并公布了《训政纲领》，该纲领共 6 条，其中第 1 条规定“中华民国于训政期间，由中国国民党全国代表大会代表国民大会领导国民行使政权”[①]，赋予了国民党全国代表大会的最高权力。1928 年 3 月 1 日，国民政府公布的《立法程序法》第 1 条规定“中央政治会议得议决一切法律，由中央执行委员会交国民政府公布之”[②]，中央政治会议被赋予了最高立法机关的性质。中央政治会议是如何组成的呢？1929 年 4 月 8 日国民党第三届中央执行委员会第一次全体会议通过的“中央政治会议案”中规定：“政治会议委员，就中央执、监委员中推定之，其人数不得过中央执监委员全数之半数。”[③] 即中央政治会议是由国民党全国代表大会选出的少部分中央执、监委员成员组成的。关于中央政治会议的性质，1930 年 3 月的第三届中央执行委员会第三次会议通过的《修正中央执行委员会政治会议条例案》[④] 第 1 条规定“政治会议为全国实行训政之最高指导机关”，第 8 条规定“政治会议之决议，直接交国民政府执行”，第 4 条规定政治会议具有制定立法原则的权力，《立法程序法》第 6 条也规定“中央政治会议得命法制局起草法律案，于必要时并得示以立法原则”。[⑤] 这些规定明确了中央政治会议训政最高指导机关的地位，它可以制定立法原则，并且做出的决议具有执行效力，权力高于国民政府。还有其他法律也对国民党中央的立法地位做了规定，1931 年的《训政时期约法》规定：“训政时期由中国国民党全国代表大会代表国民大会行使中央统治权”，“中国国民党全国代表大会闭会时，其职权由中国国民党中央执行委员会行使之”[⑥]。不但国家其他机关须服从国民党中央，而且

---

① 夏新华等整理：《近代中国宪政历程：史料荟萃》，中国政法大学出版社 2004 年版，第 803 页。

② 中国第二历史档案馆编：《国民党政府政治制度档案史料选编》（上），安徽教育出版社 1994 年版，第 254 页。

③ 荣孟源：《中国国民党历次代表大会及中央全会资料》（上），光明日报出版社 1985 年版，第 747 页。

④ 荣孟源：《中国国民党历次代表大会及中央全会资料》（上），光明日报出版社 1985 年版，第 797 页。

⑤ 中国第二历史档案馆编：《国民党政府政治制度档案史料选编》（上），安徽教育出版社 1994 年版，第 255 页。

⑥ 中国第二历史档案馆编：《国民党政府政治制度档案史料选编》（上），安徽教育出版社 1994 年版，第 603 页。

对人民也提出了这样的要求：“中华民国人民须服从拥护中国国民党，誓行三民主义，接受四权使用之训练，努力地方自治之完成，始得享受中华民国国民之权利。”① 这些充分说明，南京国民政府训政时期，国民党中央是国家的最高权力机关，它不仅左右着立法院立法，自身也具有立法职能。

关于国民政府的立法权，《训政纲领》第 4 条规定：“治权之行政、立法、司法、考试、监察五项付托与国民政府总揽而执行之，以立宪政时期民选政府之基础。”② 在训政时期，国民政府行使包括立法权在内的治权。1928 年 2 月通过的《中华民国国民政府组织法》也规定：“国民政府受中国国民党中央执行委员会之指导及监督，掌理全国政务。”③1928 年《立法程序法》第 1 条规定：“中央政治会议得议决一切法律，由中央执行委员会交国民政府公布之”，“前项法律盖称曰‘法’”。第 2 条规定“国民政府为执行法律或基于法律之委任，得制定施行法律之规则”，该规则称为“条例”。④1931 年《训政时期约法》也规定：“国民政府总揽中华民国之治权。”综合这些规定，国民政府享有立法权，立法权由立法院行使，其他各院得依法律发布命令。但国民政府的这些权力是被“委任”的，委任者是中央政治会议。对中央政治会议与国民政府的关系，胡汉民在其《训政大纲提案说明书》中明确指出：“政治会议，实际上总握训政时期一切根本方针之抉择权。”⑤ 蒋介石更明白地道破中政会与国民政府之间的关系：“‘中央执行委员会政治会议’，才是最高的立法和政治指导机关，而国民政府只是在党的指导下一个最高的行政执行机关。”⑥ 所以，国民党中央实质上是最高立法机关，拥有最高立法权，其他机关都须服从服务于国民党中央。

---

① 荣孟源：《中国国民党历次代表大会及中央全会资料》（上），光明日报出版社 1985 年版，第 659 页。

② 夏新华等整理：《近代中国宪政历程：史料荟萃》，中国政法大学出版社 2004 年版，第 803 页。

③ 中国第二历史档案馆编：《国民党政府政治制度档案史料选编》（上册），安徽教育出版社 1994 年版，第 77 页。

④ 中国第二历史档案馆编：《国民党政府政治制度档案史料选编》（上册），安徽教育出版社 1994 年版，第 254 页。

⑤ 胡汉民：《训政大纲提案说明书》，载台湾中国国民党中央委员会党史史料编纂委员会编辑：《革命文献》第 22 辑，台北文物供应社 1978 年版，第 304 页。

⑥ 蒋介石：《国府政治总报告之说明》，《大公报》1931 年 5 月 11 日。

（三）立法院实际上是国民党政权的立法技术机构

在 1928 年 10 月立法院成立之前，南京国民政府的立法机关比较混乱复杂。国民政府于 1927 年 4 月设立中央法制委员会，职权为“秉承中央政治会议及国民政府之命，草拟并审查一切法制”[①]。同年 6 月，该委员会改为法制局，其任务仅在答复国民政府关于法律问题之咨询及编辑现行法律。可见，不管是法制委员会还是法制局，实际上只是法律技术的服务机构，真正行使国家立法权的是国民党中央执行委员会和中央政治会议。

1928 年 10 月 3 日，国民党中央执行委员会通过的《中华民国国民政府组织法》第 25 条规定：“立法院为国民政府最高立法机关。立法院有议决法律案、预算案、大赦案、宣战案、媾和案、条约案及其他重要国际事项之职权。”[②] 此法颁布后，1928 年 12 月，国民政府立法院成立，标志着国民政府相对独立的立法机构的诞生。

需要注意的是，立法院并不是“国家”的最高立法机关，而是“国民政府”的最高立法机关，立法院实际上是国民党操控的工具。这首先表现在立法院应遵循中央政治会议制定的立法原则。中央政治会议于 1928 年 11 月决议：“嗣后关于立法原则，应先经政治会议议决，而法规之条文，则由立法院依据原则起草定订。”[③] 身为立法院院长的胡汉民明确讲道：“我们的立法，必须先由中央政治会议确定原则，然后由本院按照原则起草条文和法案，并不敢有所增删和损益。”[④]1929 年 5 月 4 日，立法院第 22 次会议通过《法规制定标准法》，将应经立法院立法之事项概括为：“（一）关于现行法律之变更或废止者。（二）现行法律有明文规定，应以法律规定者。（三）其他事项涉及

---

① 中华民国国史法律志编纂委员会编：《中华民国史法律志》（初稿），台北“国史馆”1994 年版，第 27 页。

② 中国第二历史档案馆编：《国民党政府政治制度档案史料选编》（上），安徽教育出版社 1994 年版，第 90 页。

③ 中华民国国史法律志编纂委员会编：《中华民国史法律志》（初稿），台北“国史馆”1994 年版，第 28 页。

④ 中国第二历史档案馆编：《国民党政府政治制度档案史料选编》（上），安徽教育出版社 1994 年版，第 260—261 页。

国家各机关之组织，或人民之权利义务关系，经立法院认为有以法律规定之必要者。”[①] 这项规定虽然赋予了立法院“经立法院认为有依法律规定之必要者”的立法权，但这种权力受国民党中央政治会议制约。其次表现在立法院成员的组成上，1947 年前，立法院立法委员均非民主选举产生，而是由国民党中央执行委员会任命，体现了国民党对立法院在组织人事上的控制。因此“‘立法院’既不是近代共和政体中的立法机关，更不具备民主政治中民意机构的性质……立法院实际上只是一个法律编纂机构”[②]。

（四）南京国民政府立法院立法的一般程序

根据南京国民政府公布的《立法程序法》《中华民国国民政府组织法》《立法院组织法》《立法院议事规则》，其立法程序大体上为：第一步，由立法院院长、副院长拟定某法律的立法原则，交国民党中央政治会议审议。第二步，由中央政治会议议定立法原则，发回立法院，立法院对原则不得修改。第三步，立法院将审议定案的立法原则交该法起草委员作为立法依据，起草委员会据此起草相应的法律条文。第四步，起草委员会将起草完成的法律提交立法院审议，经三读审议后定稿。第五步，立法院将定稿之草案提交国民政府国务会议议决公布，并明定施行日期。1932 年的《立法程序纲领》又规定：“立法院会议通过之法律案，在国民政府未公布以前，中央政治会议认为有修正之必要时，得以决议案发交立法院依据修正之。”[③] 这些步骤说明，立法院的立法，从开始到公布，有比较规范的程序，不过都须经过中政会，国民党从头到尾一直操控着立法。

通过分析南京国民政府的立法体制，可见国民党中央享有最高立法权。国民政府各院中，立法院虽然是法定的专门的立法机关，但实际上是国民党

---

① 中华民国史法律志编纂委员会编：《中华民国史法律志》（初稿），台北“国史馆”1994 年版，第 4 页。

② 朱勇：《〈中华民国立法史〉序言》，载谢振民编著，张知本校订：《中华民国立法史》（上），中国政法大学出版社 2000 年版，第 2 页。

③ 中国第二历史档案馆编：《国民党政府政治制度档案史料选编》（上），安徽教育出版社 1994 年版，第 262 页。

政权的立法技术机构。这种立法体制具有其优势，一切立法活动都要经过中政会，理论上便于统一全党意志，迅即贯彻政策；政治方向由国民党中央把握，而立法技术上的问题由立法院完成，能最大限度地发挥立法院的专业立法职能。这个体制在立法中的确发挥了很大的积极作用，使南京国民政府时期出现了史无前例也后世少有的立法速度。但这一体制也存在不可忽视的弊端，这一弊端便存在于国民党的集中统一领导上，若国民党的意志不能统一或不坚定或出现错误的话，法律的制定就会举步维艰，法律施行更会杳无时日了。

二、法律渊源

根据南京国民政府立法体制和其他法律法规，本书总结了抗战前南京国民政府农地地权立法的法律渊源，即这些立法的表现形式。

（一）国民党的会议决议、政纲、命令、立法原则

已如前述，国民党的会议决议及其政纲、命令是国家的首要法律渊源。具体而言，主要包括：

1.《国民政府建国大纲》[①]

孙中山在 1924 年 4 月发表其《国民政府建国大纲》，国民党将其确定为最高之根本法（见前文之述）。其于土地问题的规定有：第 2 条“建设之首要在民生，故对于全国人民之食衣住行四大需要，政府当与人民协力共谋农业之发展，以足民食，共谋织造之发展以裕民衣”，第 8 条规定要为一完全自治县的条件之一是“全县土地测量完竣”，第 10 条规定“每县开创自治之时，必须先规定全县私有土地之价，其法由地主自报之，地方政府则照价征税，并可随时照价收买。自此次报价之后，若土地因政治之改良、社会进步而增价者，则其利益当为全县人民所共享，而原主不得而私之”，第 11 条规定“土地之岁收，地价之增益，公地之生产，山林川泽之息，矿产水利之利，皆为地方政府之所有”。《建国大纲》的这些内容，是国民党解决土地问题的基本法律原则。

---

① 徐百齐编:《中华民国法规大全》(一)，商务印书馆 1937 年版，第 14—15 页。

2.《训政纲领》[①]

1928 年 10 月国民党中央执行委员会常务会议通过了《训政纲领》。该纲领共 6 条，规定国民党全国代表大会行使国民大会职权，大会闭会期间托付国民党中央执行委员会行使“政权”；“治权”之行政、立法、司法、监察、考试托付于国民政府行使。这个纲领虽未直接规定土地的内容，但它奠定的国家运行机制，为农地地权立法提供了“法治”的平台。

3.《训政时期国民政府施政纲领》[②]

该纲领是 1929 年 8 月国民党第三届中央执行委员会第二次全体会议通过的，共有关于内政部者、关于外交部者、关于财政部者、关于交通部者、关于司法部者、关于农矿部者、关于工商部者、关于大学院者、关于审计院者、关于建设委员会者、关于军事委员会者、关于法制局者 12 个部分。其中“关于内政部者”第一项规定“厉行法治主义”，其第六项是关于整理土地的内容，包括三项任务：“1. 养成土地行政及技术人才；2. 实行调查测量登记；3. 厘定土地分配之标准。”“关于财政部者”第四项“整理赋税”中规定：“改革田赋，实行地价税。”“关于农矿部者”中第一项“改进农业”中规定：“1. 推进农事试验场；2. 设立农具及肥料制造厂；3. 设立农产物及肥料检查所；4. 调查土壤；5. 整理耕地；6. 改良种子；7. 改良棉业及蚕桑事业；8. 预防各种灾害。”第五项“发展农民经济”中规定了：“1. 推行农民合作事业；2. 设立农民银行；3. 改良农产运输。”第六项“改进农民生活”中规定：“1. 改进农民设备；2. 增进农民知识；3. 保障雇农佃农；4. 实行调节粮食。”第七项“改善农民组织”规定：“1. 推行新村制度；2. 健全农民团体。”这些规定反映了南京国民政府关于农地地权的综合性大政方针。

4. 国民党中央的决议案

国民党的决议案本属于政策范畴，但正如前文所述，南京国民政府时期，国民党中央是最高之权力机关，它的决议具有法律效力，所以，在这里我们将国民党 1927—1937 年间与土地有关的决议案进行汇总。查阅档案可知，国民党在 1927 年之前没有关于土地问题的专门议案，只在个别决议中有关于

---

① 徐百齐编：《中华民国法规大全》（一），商务印书馆 1937 年版，第 9 页。

② 徐百齐编：《中华民国法规大全》（一），商务印书馆 1937 年版，第 10—14 页。

土地问题的论述。直到 1927 年 3 月第二届中央执行委员会第三次全体会议通过《农民问题决议案》，才规定了实行“二五减租”、惩处土豪劣绅、减轻土地税收等政策。[①] 南京国民政府成立后，1927 年 11 月通过了《农人运动大纲案》。之后到 1931 年 11 月 4 日孔祥熙才提出“设立农民借贷所以拯救农村危机案”[②]，不过该提案并未涉及农村土地问题。1932 年 12 月，国民党第四届中央执行委员会第三次会议上，有两个关于救济农村的提案，分别由冯玉祥等九人、马超俊等五人提出，此两组提案并称“救济农村案”。冯玉祥的提案重在减轻农民负担、开展农业合作及整治农村治安，马超俊提案的第 7 项内容直接指向“解决土地问题”[③]，这是南京国民政府成立后第一个有关土地问题的提案。对土地问题的重视并进行集中讨论是在 1934 年之后。这阶段通过的决议包括：1934 年 1 月 24 日，第四届中央执行委员会第四次全体会议通过的《整理田赋先举行土地陈报以除积弊而裕税源案》《推行本党土地政策纲领案》《实行土地政策消灭乱源巩固革命政权案》《迅速施行土地法并救济农民案》及《减轻田赋附加以救济农村解除民困案》；1935 年 11 月 19 日，国民党第五次全国代表大会通过了《关于积极推行本党土地政策案》；1935 年 12 月 4 日，国民党中执委五届一次会议通过了萧铮提出的《确定国民经济建设实施计划大纲案》，该案除提出了改进农业生产的技术及经济组织方法外，特别提出了“无地农民，应尽量设法给予土地，俾尽‘人力’而增‘地利’”[④]；1936 年 7 月，国民党五届二中全会通过了萧铮提出的《请迅速改革租佃制度以实施耕者有其田案》[⑤] 等。现将国民党历次关于土地问题的议案列简表如下：

---

① 荣孟源主编：《中国国民党历次代表大会及中央全会资料》上册，光明日报出版社 1985 年版，第 327 页。

② 中国第二历史档案馆编：《中华民国史档案资料汇编》第五辑第一编财政经济（七），江苏古籍出版社 1994 年版，第 48 页。

③ 中国第二历史档案馆编：《中华民国史档案资料汇编》第五辑第一编政治（二），江苏古籍出版社 1994 年版，第 393 页。

④ 中国第二历史档案馆编：《中华民国史档案资料汇编》第五辑第一编政治（二），江苏古籍出版社 1994 年版，第 576 页。

⑤ 萧铮：《萧铮回忆录：土地改革五十年》，台北地政研究所 1980 年版，第 138 页。

表 7　国民党历次代表大会及中央全会有关土地问题的议案

时间	会议	议案
1927.3	二届中执委三次会议	《农民问题决议案》
1927.11	中央特别委员会第十次会议	《农人运动大纲案》
1931.11.4	三届中执委二次临时会议	《设立农民借贷所以拯救农村危机案》
1932.12	四届中执委三次会议	《救济农村案》
1934.1.24	四届中央执委四次会议	《迅速施行土地法并救济农民案》
		《整理田赋先举行土地陈报以除积弊而裕税源案》
		《减轻田赋附加以救济农村解除民困案》
		《推行本党土地政策纲领案》
		《实行土地政策消灭乱源巩固革命政权案》
1935.11.19	五次全国代表大会	《关于积极推行本党土地政策案》
1935.12.4	五届中执委一次会议	《确定国民经济建设实施计划大纲案》
1936.7	五届中执委二次全会	《请迅速改革租佃制度以实施耕者有其田案》

资料来源：荣孟源主编《中国国民党历次代表大会及中央全会资料》，光明日报出版社 1985 年版。

由上表统计可见，抗战前南京国民政府时期国民党关于土地问题的决议案主要集中在 1934 年之后。此间的主要议题是推行国民党的土地主张、救济贫民及巩固政权，这与当时连年农业受灾、农村凋敝密切相关。可惜的是，虽有如此多议案提出，但均未真正实施，或昙花一现，或弃之于草篓。

5.《土地法立法原则》《民法总则编立法原则》《民法物权编立法原则》《修议土地法立法原则》

如前面所述，国民政府的立法程序中，先要由国民党中央通过立法原则，再将原则交立法院进行具体立法。这样，国民党中央的立法原则也是起立法指导意义的法律渊源。国民党中央政治会议在土地相关的立法原则方面先后曾于 1928 年 12 月制定了《土地法立法原则》和通过了《民法总则编立法原则》，1929 年 10 月制定了《民法物权编立法原则》，1937 年 5 月制定了《修改土地法立法原则》，这些原则对指导《土地法》及《民法总则编》《物权编》

的起草起了重大作用，都是南京国民政府相关农地地权立法的重要指导性文件，具有法源性。

（二）宪法性文件

抗战前南京国民政府时期的宪法性文件有 1931 年 6 月的《中华民国训政时期约法》、1935 年 5 月 5 日公布的《中华民国宪法草案》。这两个文件有关土地问题的内容比较简单，但具有纲领性意义。此处我们只简单介绍法律条文，对其深入讨论留待后面各章进行。

1.《中华民国训政时期约法》[①]

国民党中常会于 1931 年 3 月决议着手以《训政纲领》为基础制定约法。同年 6 月 1 日，该法由国民政府颁布，共 89 条。它是国民党政府的第一部宪法性文件。其第 6 条规定“中华民国国民无男女、种族、宗教、阶级之区别，在法律上一律平等”，这与地权的主体有关。与土地有关的内容体现在该法第 16 条：“人民之财产，非依法律，不得查封或没收”；第 17 条：“人民财产所有权之行使，在不妨害公共利益之范围内，受法律之保护”；第 18 条：“人民财产因公共利益之必要，得依法律征用或征收之”；第 34 条：“为发展农村经济，改善农民生活，增进佃农福利，国家应积极实施左列事项：一、垦殖全国荒地，开发农田水利。二、设立农业金融机关，奖励农村合作事业。三、实施仓储制度，预防灾荒充裕民食。四、发展农业教育，注重科学实验，励行农业推广，增加农业生产。五、奖励地方兴筑农村道路，便利物产运输。”[②]《约法》是国家根本法，对农地地权立法有着决定性作用。

2.《中华民国宪法草案》（“五五宪草”）

1932 年 12 月，国民党召开四届三中全会，会议决定着手拟定宪法。经历三次修订后，1936 年 5 月 5 日公布的“五五宪草”是宪法草案的最后修订稿。该草案经过立法院三读通过，但由于未经国民大会程序，没能成为正式法律。虽没有法律效力，但我们可以从中了解国民党的土地立法思想的演变及法律

① 徐百齐编：《中华民国法规大全》（一），商务印书馆 1937 年版，第 7—9 页。

② 夏新华等整理：《近代中国宪政历程：史料荟萃》，中国政法大学出版社 2004 年版，第 832 页。

制度发展变化情况。

该“草案”第 8 条规定：“中华民国人民在法律上一律平等。”第 17 条规定:“人民之财产，非依法律，不得征用、征收、查封或没收。”[①] 第 117 条规定：“中华民国领域内之土地，属于国民全体，其经人民依法律取得所有权者，其所有权受法律之保障及限制。国家对于人民取得所有权之土地，得按照土地所有权人申报，或政府估定之地价，依法律征税或征收之。土地所有权人对于其所有土地，负充分使用之义务。”第 118 条规定：“附着于土地之矿及经济上可供公众利用之天然力，属于国家所有，不因人民取得土地所有权而受影响。”第 119 条规定：“土地价值非因施以劳力资本而增加者，应以征收土地增值税方法收归人民公共享受。”第 120 条：“国家对于土地之分配整理以扶植自耕农及自行使用土地人为原则。”[②] 该草案主要规定了土地所有权、地价税、扶植自耕农等内容，对孙中山主张的照价收买等主张失之阙如。

（三）法律、行政法规

南京国民政府时期是民国历史上第二次也是最大一次大规模立法的时期，在其短暂的统治时间里，成文法典和单行法规相继出台。土地方面的法律法规数量较多，有的是立法院制定和公布的，有的是行政机关或军事机关就特定事项制定公布的。其中最为重要的是《中华民国土地法》和《中华民国民法》“物权编”中的内容。

1.《土地法》及《土地法施行法》

1929 年立法院指定吴尚鹰、王用宾、邓召荫、陈肇英、黄昌谷五人组成土地法起草委员会，并特聘戴传贤、王宠惠为顾问，起草土地法。1930 年 6 月，立法院于第 95 次会议开三读会,《土地法》全案被一致通过，该法共五编，397 条，1930 年 6 月 30 日正式公布。

《土地法施行法》由行政院起草，于 1935 年 2 月 25 日向立法院提出报告。国民政府于 1936 年 4 月 5 日将该法公布。该法共 91 条，基本按《土地法》

---

① 夏新华等整理:《近代中国宪政历程：史料荟萃》，中国政法大学出版社 2004 年版，第 984 页。
② 夏新华等整理:《近代中国宪政历程：史料荟萃》，中国政法大学出版社 2004 年版，第 990 页。

的章节顺序编排，是对《土地法》的具体化。1936 年 2 月，国民政府公布《各省市地政施行程序大纲》，明令《土地法》《土地法施行法》于 1936 年 3 月 1 日同时施行。

2.《中华民国民法》“物权编”及《民法物权编施行法》

1929 年 1 月 29 日，立法院成立民法起草委员会，以傅秉常、焦易堂、史尚宽、林彬、郑毓秀（郑毓秀后由王用宾替）等为起草委员，聘王宠惠、戴传贤、法国人宝道为顾问，另以何崇善为秘书，胡长清为纂修。委员会于 1929 年 8 月 21 日开始起草“物权编”，11 月即完成，历时 3 个月。国民政府于 1929 年 11 月 30 日将其公布，定于 1930 年 5 月 5 日起施行。全编共 10 章，计 210 条。第一章总则，第二章所有权，第三章至第六章分别为地上权、永佃权、地役权、抵押权，第七章质权，第八章典权，第九章留置权，第十章占有。

1930 年 1 月，民法起草委员会又拟具《民法物权编施行法草案》共 16 条，提交立法院第 74 次会议通过。国民政府于同年 2 月 20 日公布，并定于 1930 年 5 月 5 日与《民法物权编》同时起施行。

3. 与农地地权有关的法律法规

南京国民政府建立后，颁布了一系列的专门土地法律法规，还有一些其他法律法规与农地地权相关。我们综合《中华民国法规大全》（徐百齐编，商务印书馆 1937 年出版）、《农业法规汇辑》（陆费执著，中华书局印行，1937 年出版）、《中华民国档案史料汇编》（中国第二历史档案馆编，江苏古籍出版社 1986 年出版）第五辑之“财政经济·农业”、《立法院公报》（中国第二历史档案馆编，南京出版社 1989 年出版）等资料，将南京国民政府时期全国性的与农地有关的主要法律、法规进行汇总。从下表可见，南京国民政府有关土地的法规数量众多，涵盖范围很广，从形式上已经形成了土地法律的体系化。

表 8　1937 年前国民政府制定的与农地有关的法律法规

法律法规名称	公布机关	公布时间	生效时间
《国有荒地承垦条例》	国民政府批准援用	1914.3.4	1927.8 国民政府批准援用
《清理不动产典当办法》		1915.10.6	

续表

法律法规名称	公布机关	公布时间	生效时间
《不动产登记条例》		1922.5.	
《佃农保护法》	国民政府	1927.5.10	1927.5.10
《验契暂行条例》	财政部	1927.11	1929.6 修正
《刑法》	国民政府	1928.3.10 1935.1.1	1928.9.1 1935.7.1
《土地征收法》	国民政府	1928.7.28 （1934.6 修正）	1928.7.28
《限制田亩加赋办法令》	财政部	1928.10.12	1928.10.12
《民法》	国民政府	1929.11	1930.5
《土地测量应用尺度章程》	内政部	1929.11.16	1929.11.16
《会勘太湖湖田暂行办法》	内政部	1929.12	1929.12
《第一期清理太湖湖田办法》	内政部	1929.12	1929.12
《土地法》	国民政府	1930.6.3 制定 1946.4.29 修正	1936.3.1
《农会法》	国民政府	1930.12.30	1930.12.30
《中华民国训政时期约法》	国民政府	1931.6.1	1931.6.1
《农村合作社暂行规程》	实业部	1931.4.10	1931.4.10
《保障佃农办法原则》	内政部	1932	1932
《矿业法》	国民政府	1930.5.26	1932.1.23
《废田还湖办法》	行政院	1932.2	1932.2
《剿匪区内各省农村土地处理条例》	豫鄂皖剿匪总司令部	1932.10	自呈准之日起
《剿匪区内屯田条例》	豫鄂皖剿匪总司令部	1932.10	1932.10
《灾区农田出卖救济办法令》	国民政府	1933.2	1933.2
《奖励辅助移垦原则》	内政部会同实业部	1933.2	1933.2
《计口授田暂行办法》	国民党闽西善后委员会	1933	1933

续表

法律法规名称	公布机关	公布时间	生效时间
《农业推广规程》	内政、教育、实业三部	1933.3	1933.3
《清理荒地暂行办法》	行政院	1933.5.27	1933.5.27
《督垦原则》	行政院	1933.5.27	1933.5.27
《各省市公路用地征免赋税章程》	内政、铁道、财政三部	1933.6.12	自呈准 公布之日起
《剿匪区内各省农村土地处理条例实施规则》	豫鄂皖 边区剿匪 总司令部	1933.8	自呈准之日起
《剿匪区内屯田条例实施规则》	豫鄂皖剿匪总司令部	1933.8	1933.10
《私立农场登记暂行规则》	实业部	1933.9.5	1933.9.5
《整理淮河流域土地办法纲要》	行政院与导淮委员会	1933.9.22	1933.9.22
《合作社法》	国民政府	1934.3.1	1935.9.1
《各省陆地测量局协助各省土地测量办法》	内政部咨各省政府	1934.5.4	1934.5.4
《公有土地处理规则》	行政院	1934.6.2	1934.6.24
《办理土地陈报纲要》	行政院	1934.6.30	
《徒刑人犯移垦条例》		1934.7.10	1934.7.10
《各省政府协助土地调查工作办法》	全国经济委员会	1934.10	1934.10
《各省党部协助土地调查工作办法》	中央执行委员会组织委员会	1934.10.4	1934.10.4
《土地测量实施规则》	内政部	1934.10.24	1934.10.24
《中国农民银行条例》	国民政府	1935.4	1935.4
《各省市训练初级地政人员办法大纲》	内政部	1935.10	1935.10
《各省市地政经费筹集办法》	行政院	1935.11.30	1935.11.30
《土地法施行法》	国民政府	1935.4.5	1936.3.1
《各省市地政实施程序大纲》	国民政府	1936.2.12	1936.2.12

续表

法律法规名称	公布机关	公布时间	生效时间
《土地赋税减免规程》	行政院	1936.4.17	1936.4.17
《省地政局组织通则》	行政院	1936.3.14	1936.3.14
《城市改良地区特别征费通则》	行政院	1936.4.11	1936.4.11
《内地各省市荒地实施垦殖督促办法》	行政院	1936.9.10	1936.9.10
《经济建设区内土地政策实施办法》		1936	1936

资料来源:《中华民国法规大全》、《农业法规汇编》、《民国档案史料汇编》第五辑之“财政经济·农业”、《立法院公报》。

（四）法理

法理的法律渊源性被许多国家认可,《日本民法》《瑞士民法》都有法律未有规定者，依习惯法，无习惯法者，依法理的规定。《大清民律草案》第一条规定：“民事本律所未规定者，依习惯法；无习惯法者，依法理。”民国北京政府时期的《民国民律草案》删除了这一条。1929 年通过的《民法》又增加了这条规定，不过表述略有变化：“民事，法律所未规定者，依习惯；无习惯者，依法理。”因此，南京国民政府时期，法无明文规定又无习惯可依的特殊情况下，法理可以作为民事法律的法源加以援用。关于农地地权立法中的法理，主要体现在当时孙中山的三民主义法治理论、西方的民事法律理论、当时中国法学家公认的一些相关法律理论中。需要指出的是，本书主要是以成文法来研究当时的农地地权立法，而对法理的引用并不主要，只是在对立法进行理论分析、对比的时候才会涉及当时的法理。

（五）民事习惯

前述《民法》规定了“民事，法律所未规定者，依习惯；无习惯者，依法理”。此外，民国《民法》中，屡有强调民事习惯优于法律条文的规定，如第 776 条、778 条、781 条、784 条、785 条、786 条、790 条第一项第二款、第 793 条、第 836 条第一项、第 838 条、第 846 条、第 915 条第一项等，基本都有“另有习惯者，从其习惯”的规定。但对如何适用习惯及确认习惯之程序,《民法》则均无规定，反而在司法实践中对适用习惯要求极为严格。民国二十一年（1932 年）上字第 2131 号判例之要旨强调：“（一）习惯法成立以习惯事实为基础，习惯事实之调查，依诉讼法则与审查争执事实同其程序。应据当事人依法提出之证据或法院调查之结果而为认定。（二）当事人应就其所主张之利己事实尽举证之责，若所举证据不足为利己主张之证明，则相对人即无举出反证之必要。至部刊之《民商事习惯调查报告录》所载习惯，系据县承审员个人之报告，只足以供参考，有无法之效力，自应另为审认。”① 可见，研究当时的土地立法，对习惯并不能过于倚重。但对比立法与习惯的关系时，则不能忽略中国传统地权习惯的内容。

（六）判例和司法解释

1932 年 10 月 28 日，南京国民政府公布的《法院组织法》第 25 条规定：“最高法院各庭审理案件，关于法律上之见解，与本庭或它庭判决先例有异议时，应由院长呈由司法院院长召集变更判例会议决定之。”② 可以由院长召集变更判例会，实际上是承认了“判例”的普遍效力。查阅国民政府《司法院公报》，有许多关于土地问题的判例和司法解释，据笔者统计，1949 年前物权方面的判例共有 92 项，其中与地权有关的有 79 项。③

综上所述，南京国民政府的地权立法，从形式上看已颇为完备，既有国民党政纲、决议为指导，又有国家法律为依归；既有宪法统摄，又有部门法支撑；既有规定私权的民事法，也有规范地权行为之行政法；既有实体法律规定，又有程序法之保证；既有成文法之明确具体，又有判例、习惯、法理之灵活使用。南京国民政府短时间内形成了一个世界上独特的制定法为主的地权规范体系。仅就形式而言，迅速形成了一个比较齐全的有关地权问题的法律体系，在中国近代史上也是难能可贵的，反映了中国法制近代化的重要

---

① 载南京国民政府《司法院公报》第 61 号。

② 徐百齐编：《中华民国法规大全》第四册，商务印书馆 1936 年辑印，第 5385 页。

③ 参见曹杰著，周旋勘校：《中国民法物权论》之附录《民法物权编（附判例、解释例）》，中国方正出版社 2004 年版，第 266—300 页。

成果，也显示了国民政府走法治道路的理念。但这个法律体系也存在着法出多门、庞杂混乱、以党代法、易生矛盾的弊端。

第二节 农地地权主要法律的立法过程

对以上诸多法律，我们不可能一一陈述其立法经过，所以在此仅简要梳理南京国民政府主要地权法律法规的制定经过。通过对立法过程的陈述，可以帮助我们了解立法时的情状及影响农地地权立法的主客观因素，探寻该立法的规律。

一、立法院成立前的农地地权立法

南京国民政府立法院成立于 1928 年 10 月，在此之前，国民党政权有一些地权方面的立法活动，这些活动对南京国民政府有一定影响，两相对比，也能帮我们察觉前后差异，理解南京国民政府地权立法的特点。

广州革命政府时期的立法。广州革命政府时期有两次重要的土地立法活动。第一次是 1922 年，当时广州政府设立了土地处，随即颁布了《土地税法》。该法对申报地价和地价税率有所规定。这个法律合于党纲，又冠以“法”的名称，且经大元帅命令公布，可看作国民党政府土地立法的嚆矢。不过由于时局原因，该法未能实施。第二次是 1923 年，孙中山聘请青岛土地税起草者德国人单维廉为顾问起草土地法。单维廉进行了实地调查，草拟出《土地登记征税法》共 30 条，由土地法审查委员会审核，以广东省政府名义公布施行。这项法律的实施范围局限于广东省，又仅限于土地税一项，并不全面，是一部局部地区的个别事项的法律，作用有限，但它是国民党早期政权土地立法并付诸实施的一项试验性重要成果。

《佃农保护法》[①]。1927 年 5 月，南京国民政府成立后马上出台了《佃农保护法》。该法共 10 条，规定“佃农缴纳租项不得超过所租地收获量百分之

① 徐百齐编:《中华民国法规大全》(三)，商务印书馆 1937 年版，第 3294 页。

四十”，“佃农对于地主除缴纳租项外，所有额外苛例一概取消”，“佃农对于所耕土地有永佃权”。根据这些规定，湖南、湖北、江苏都曾制定过相应条例，但真正实行过的只有浙江省。

《土地征收法》。民国北京政府曾于 1915 年制定《土地收用法》，南京国民政府建立后，各省市建设事业渐次展开，对土地的需用日益增多，原《收用法》已不尽适用，国民政府法制局遂于 1928 年 6 月拟定了《土地收用法草案》。中央政治会议第 146 次会议将该草案提出讨论并获得通过，但在该法提交中央执行委员会第 151 次会议讨论时，朱霁青委员提出“该法与本党平均地权本旨未尽符合，宜正名为《土地征收法》，而以《土地征用法》为其一部分”[①]。该提议受到重视，中央执行委员会决议将该法交中政会复议。中央政治会议复议后，将该法改称《土地征收法》，并由法制局详细审查修正后，交中政会第 148 次会议讨论，最后将该法通过。该法共 8 章：（1）总纲；（2）征收之准备；（3）征收之程序；（4）征收审查委员会；（5）损失之补偿；（6）征收之效果；（7）监督强制及罚则；（8）诉愿及诉讼。法制局对本法附具了如下说明：（1）土地收用之目的，即创办公共事业与调剂土地之分配，以发展农业或改良农民生活；（2）土地收用之给价，概应事先给以公平之补偿金；（3）收用审查委员会之组织，收用审查委员会为临时性质之机关，由地方行政官署之长官、地方行政官署指定之工会、商会、商民协会等，法定团体选派代表充任；（4）土地收用之计划、土地收用者之计划大纲，应分别预经国民政府、省政府或特别市政府核准。这个说明解释了土地收用的目的、给价及管理机构和相关程序等，是南京国民政府成立之初在土地征用方面的基本依归。

以上是南京国民政府立法院成立之前国民党政府于不同时期制定的有关土地法律，它们为之后的土地立法提供了经验和借鉴。广州革命政府时期的立法是孙中山土地税思想的一次小型实验；南京国民政府刚成立时的《佃农保护法》出台迅速，其重点在于减租而不在农地地权的调整；《土地征收法》也是一项特别法，仅适用于土地征收，不过由于《土地法》在此期间的阙如，

---

① 谢振民编著，张知本校订：《中华民国立法史》（下），中国政法大学出版社 2000 年版，第 1152 页。

它在南京国民政府前期发挥了十分重要的作用。

二、《土地法》与《民法》的速成

制定各种法律，建设法治国家，是国民党政府的既定方针。南京国民政府成立伊始，便通过了一个庞大宏伟的立法规划，《土地法》和《民法》即是这一规划中的两部重头戏。

（一）《土地法原则》及《土地法》的制定

国民党 1928 年就开始酝酿制定土地法。该年 11 月，胡汉民、林森参照加拿大、英国、德国土地法草案，根据孙中山的平均地权与地尽其利学说，又参酌廖仲恺在广州与单维廉博士等讨论土地税法的结果，拟出土地法 9 项立法原则，提交国民党中央执行委员会政治会议第 169 次会议。正如“立法院公报”所载：“本土地法原则系以总理主张为根据，参以单维廉顾问在广州时讨论之结果，单氏之主张即系胶州所已实行之办法，是以本原则亦与胶州办法之相近也。”[①] 中政会接到立法原则后，指定立法委员胡汉民、戴传贤、阎锡山、王宠惠、孔祥熙、冯玉祥、蒋中正、孙科、宋子文、赵戴文几人共同审查。同年 12 月 31 日该原则审查完毕，提交第 171 次政治会议决议并获得通过。该原则共有九项内容：一、征收土地税，以地值为根据；二、土地税率采渐进办法；三、对于不劳而获的土地增益行累进税；四、土地改良物之轻税；五、政府收用私有土地办法；六、免税土地；七、以增加地税或估高地值方法促进土地之改良；八、土地掌管机关；九、土地权移转须经政府许可。[②]1929 年 1 月 16 日，该立法原则送至立法院。

接到立法原则后，立法院于 1929 年 1 月 29 日指定吴尚鹰、王用宾、邓召荫、陈肇英、黄昌谷等五位委员组成土地法起草委员会，着手起草《土地法》。起草委员召开了数次会议进行研讨，他们起初计划按照《国民党政纲》

① 中国第二历史档案馆编：《立法院公报》（6），南京大学出版社 1989 年版，第 515 页。

② 谢振民编著，张知本校订：《中华民国立法史》（下），中国政法大学出版社 2000 年版，第 1154—1157 页。

分别起草土地单行法，后来发现这些法律之间联系密切，同时起草单行法，不如编纂法典。于是委员会决定采取以法典方式，编纂统一的土地法典，将各单行法分别列为土地法典中的一编，以便于土地法律整齐并有系统。起初的《国民党政纲》中规定制定的土地法律有四种，因为土地行政应从登记入手，于是起草委员会决定在政纲所列的四种法规之外，加入"土地登记"一编，并将应规定于政纲中的所谓"土地法"各条文，另列为一编，改称为总则，这样全部法典共分五编，统称为《土地法》。历一年多时间后，土地法起草委员会起草完成《土地法初稿》，即召集戴传贤、王宠惠两位顾问及民法起草委员会、财政委员会、法制委员会、经济委员会等，举行了数次联席会议，对初稿详加审查，该草案分别获得修正通过，《土地法草案》宣告完成，共 405 条。1930 年 6 月 3 日，立法院召开第 94 次会议，将该草案提交立法院大会进行二读审议，结果删去了 8 条并对其他条文略有文字修正，大致照原草案通过。[①]通过后的《土地法》共计 397 条。1930 年 6 月 14 日，立法院第 95 次会议召开三读会，将其修正通过，同年 6 月 30 日国民政府命令公布。[②]这里需引起注意的是，《土地法》虽然公布了，但并没有立即实施，按国民政府相关规定，一部法律的实施需要该法律的施行法出台并实施才可以。《土地法》不仅集民事、行政等实体法律规范于其中，而且还有土地登记、土地重划等程序性法律规范。它是中国法律近代化中的一项重要成果，也是关于农地地权的核心法律。

从 1928 年 11 月着手草拟立法原则，到 1929 年 1 月原则草拟完成，再到 1930 年 6 月《土地法》立法各程序走完，总计一年半的时间，速度之快，在世界立法史上可谓奇迹。个中原因，除立法院本身立法体制的便捷外，也与行政院和国民政府的催办有关。杨幼炯曾介绍了国民政府的催办情况："十八年十月行政院据内政部呈，转咨立法院将各项土地法规从速制定颁布，俾有遵循。立法院即交土地法起草委员会查照。国民政府据上海特别市政府呈请提前厘定土地法规，俾资依据，亦令立法院遵照办理。"[③]《土地法》迅速出台

---

① 谢振民编著，张知本校订：《中华民国立法史》（下），中国政法大学出版社 2000 年版，第 1158 页。

② 杨幼炯：《近代中国立法史》，上海商务印书馆 1936 年版，第 393 页。

③ 杨幼炯：《近代中国立法史》，上海商务印书馆 1936 年版，第 468 页。

的同时，也酝酿了许多问题，待后文进行分析。

（二）《民法总则编》与《物权编》的制定

民法是关于平等的民事主体之间人身和财产关系的法律规范的总和。土地是具有财产性质的不动产，土地权利法律规范除见于土地法外，很大部分存在于民法之中。

1.《民法总则编》的制定

我们在绪论中已经介绍，南京国民政府之前，已有清末和民国北京政府的“一草”“二草”两个民律草案，即《大清民律草案》和《中华民国民律草案》。它们的共同特点是停留于“草案”阶段，均未实施，这是法律界多年的一件憾事。1928 年 12 月，国民党中央政治会议委员胡汉民、林森、孙科提出，中国民法久未颁行，立法院成立后，应迅速编订完成。不过，按立法程序，应先由中央制定立法原则，才能进一步起草法案。所以，立法院先拟具了《民法总则编立法原则草案》，提请中央政治会议公决。中央政治会议于第 167 次会议议决，指定由王宠惠、蔡元培、戴传贤三委员会同原提案人进行审查。王宠惠等随即召集会议对原则进行审查。经过审查，他们认为原提案所列各原则已经比较妥善，不过还有应补充之处，于是对《原则草案》略加修正，作成审查案，报请中央政治会议第 168 次会议审议并获通过。此立法原则共 19 项：一、民法所未规定者依习惯，无习惯或虽有习惯而法官认为不良者依法理。二、民法各条应分别为两大类：（一）必须遵守之强制条文；（二）可遵守可不遵守之任意条文。凡任意条文所规定之事项，如当事人另有契约，或能证明另有习惯者，得不依条文，而依契约或习惯，但法官认为不良之习惯，不适用之。凡任意条文，于各本条明定之。三、失踪人失踪满 10 年以上者，法院得为死亡之宣告。失踪人为 70 岁以上者，得于失踪满 5 年后为死亡之宣告。失踪人为遭特别灾难者，得于失踪满 3 年后为死亡之宣告。四、二人以上同时遇难而死，无证据足以证明其死亡之先后时，即推定为同时死亡。五、足 20 岁为成年。六、未满 7 岁之未成年人无行为能力，7 岁至 20 岁为有限制之行为能力人。七、对于心神丧失及精神耗弱之人，法院得宣告禁治产。八、姓名权受侵害者，被害人得请求法院禁止之。九、同时不得有二处以上之住所。十、外国法人之认可，依法律之规定。在中国境内外国法人之设立营业及分设支店，应受中国法律及规章之支配。经认可之外国法人，与同种类之中国法人有同等权利能力，及行为能力，但法令另有规定者不在此限。外国法人受中国法院之监督及管辖。十一、法律行为必须依方式者，宜定其方式，但种类不宜过多，所定方式亦不宜烦琐。十二、法律行为，虽依法定条件，应认为有效者，如乘他人之危急，或其他特定情形，显失公平者，法院得撤销之。十三、以侵害他人为主要目的而行使权利者，其权利之行使为不法。十四、因避免不法侵害所为之行为，不得认为不法，但以不超过相当程度者为限。因避免紧急危险，而损害或毁减他人之物者，其行为不认为不法，但以不超越相当程度者为限。十五、为保护自己权利起见，对于他人之自由或财产施以相当制裁之行为，不得认为不法。但以舍此以外，无他方法，并事后即请求司法之援助者为限。十六、享受权利之能力不得放弃。十七、自由不得抛弃。契约上自由之限制，不得违背公共秩序或善良风化。十八、不于法定期间行使权利者，其权利因时效而消灭。法令时效期限，不得以契约延长及减短之，并不得预先抛弃时效之利益。十九、最长时效期限，拟定为15年，定期给付之债权，拟定为5年，关于日常交易之债权，拟定为2年。①《民法总则》是适用于《民法》各部分内容的，这个立法原则对农地地权问题关系重大，尤其是有关农地地权关系主体、有关地权的民事法律行为等方面。

《总则编立法原则》通过后，1929年1月29日，立法院于第10次会议议决指定委员傅秉常、史尚宽、焦易堂、林彬、郑毓秀（郑毓秀后来辞职，由王用宾接替）组织民法起草委员会，并聘司法院院长王宠惠、考试院院长戴传贤及法国人宝道为顾问。起草委员会成立后，于当年2月1日遵照中央政治会议颁发的立法原则，着手起草民法总则。委员会先后开会30余次，历时两个多月，至该年4月脱稿。全草案共分7章，155条。立法院于4月13日第19次会议召开二读会，将《民法总则草案》提出逐条进行讨论，当日没能讨论完毕，又于16日、17日继续将全案条文完全议决。审议大致照原案通过，

① 谢振民编著，张知本校订：《中华民国立法史》（下），中国政法大学出版社2000年版，第754—755页。

只是删去 3 条，各条文间也略有修改。20 日，立法院第 20 次会议召开三读会，将二读会通过的各条略做文字上的修改，把原第六章与第七章换了顺序，条文次序也进行了调整，《民法总则全编》最后得以通过。[①]《民法总则编》从制定原则到法案最后通过，共历 5 个月的时间，速度之快远在前修订法律馆及其他法典起草委员会之上。[②]

《民法总则》规定的主要是权利行使主体、权利行使的方式与界限、权利行使的时效及权利放弃等问题，是关于民法各编的总括性规定，对于“物权编”内容具有法律约束力，是民国土地权利规范的重要内容。

2.《民法物权编》的制定

1929 年 10 月，胡汉民认为《民法物权编》亟待起草，于是着人拟具立法原则 14 条，并各附说明，提交中央政治会议第 199 次会议。中政会对立法原则讨论后交由法律组进行审查。法律组于 10 月 27 日开会讨论，将该项原则及说明略加修正，并于第 9 条下增加一条，为“支付典价占有他人之不动产而为使用及收益者，为典权人”，原第 10 条改为第 11 条，以下递推至第 15 条止。中央政治会议又将修改后的立法原则提交第 202 次会议决议表决并获通过。通过后的立法原则被送到立法院，立法院根据这一原则开始了《民法物权编》的起草。此 15 条原则为：一、物权除于本法或其他法律有规定外，不得创设。二、不动产物权，依法律行为取得设定丧失及变更者，非经登记不生效力。三、所有人于法令所限制之范围内，得自由使用收益处分其所有物，并排除他人之干涉。四、以所有之意思，5 年间和平公然占有他人之动产者，取得其所有权。以所有之意思，20 年间和平继续占有他人未登记之不动产者，得请求登记为所有人。以所有之意思，10 年间和平继续占有他人未登记之不动产，而占有之始为善意并无过失者，得请求登记为所有人。五、土地所有权除法令有限制外，于其行使有利益之范围内，及于地上地下，若他人之干涉，无碍其所有权之行使者，不得排除之。六、以所有之意思，占有无主之动产者，取得其所有权。七、依法律规定或依契约成一公同关系之数

---

① 谢振民编著，张知本校订：《中华民国立法史》（下），中国政法大学出版社 2000 年版，第 955 页。

② 杨幼炯：《近代中国立法史》，上海商务印书馆 1936 年版，第 378 页。

人，基于其公同关系而共有一物者，为公同共有人。公同共有人非经全体同意，不得行使其权利，但其公同关系所有规定之法律或契约另有规定者，不在此限。八、佃权之设定，定有期限者，视为租赁。九、佃权人因不可抗力，致其收益减少或全无者，得请求减少或免除佃租。十、支付典价，占有他人之不动产，而为使用及收益者，为典权人。十一、典权存续期间不得逾 30 年，约定期间逾 30 年者，缩短为 30 年。十二、出典人于典权设定后，仍得将典物之所有权让与他人。十三、出典人于典期届满后，经过 2 年，不以原典价回赎者，典权人即取得典物所有权。典权未定存续期间者，出典人得随时以原典价回赎典物，但自出典后，经过 30 年不回赎者，典权人即取得典物所有权。十四、出典人对于典权人表示让与其典物之所有权者，典权人得按时价找贴，取得典物所有权，但其找贴以一次为限。十五、以动产所有权或其他物权之移转，或设定为目的，而善意受让该动产之占有者，纵其让与人无让与之权利，其占有仍受法律之保护。[①] 这个原则从总体上规划了民法物权的权利体系和核心内容，其中关于不动产的部分均适用于土地。

立法院从 1929 年 8 月 21 日开始根据立法原则起草《民法物权编》，先后开会 40 余次，拟具《民法物权全编》。立法院于 1929 年 11 月 19 日、20 日第 61 次会议提出讨论，经过初读后，即开始二读，大致均照案通过，接开三读会，逐条朗读毕，全案遂无异议通过。[②] 通过后的《民法物权编》经国民政府于 1929 年 11 月 30 日公布，并定自 1930 年 5 月 5 日起施行。全编共 10 章，210 条。第 1 章总则。第 2 章所有权，分为 4 节：（1）通则；（2）不动产所有权；（3）动产所有权；（4）共同。第 3 章至第 6 章为地上权、永佃权、地役权、抵押权。第 7 章质权，分为 2 节：（1）动产质权；（2）权利质权。第 8 章典权。第 9 章留置权。第 10 章占有。从内容可见，民法物权编中的总则部分及不动产所有权、地上权、永佃权、地役权、抵押权、典权等是土地权利的主要规范。

1930 年 1 月，民法起草委员会拟具了《民法物权编施行法草案》，共 16 条，两草案一并被提交立法院第 74 次会议议决通过，于 1930 年 2 月 10 日由

---

① 谢振民编著，张知本校订：《中华民国立法史》（下），中国政法大学出版社 2000 年版，第 770—773 页。

② 谢振民编著，张知本校订：《中华民国立法史》（下），中国政法大学出版社 2000 年版，第 774 页。

国民政府公布，与“物权编”同时于1930年5月5日起施行。《物权编实施法》大致为关于《民法物权编》施行前发生的物权的消灭时效、取得时效的规定。这样从1929年10月至1930年5月，经过大约7个月的时间，《民法物权编》迅速告成，并立即得到实施，效率之高，也令人称绝。

三、《土地法施行法》的难产

南京国民政府立法的一件极为特异的事情就是：与《民法》和《土地法》的快速出台形成鲜明对比，《土地法施行法》的制定步履维艰。

（一）《土地法施行法》的延宕

南京国民政府成立伊始，各地利用土地、整理土地、处理土地事宜的情况日益增多，各地方政府纷纷向行政院提出了迅速实施土地法的请求。《土地法》于1930年6月30日颁布。但按南京国民政府的法制要求，《土地法》需要有《土地法施行法》才能实施。可《土地法施行法》的制定却遇到了障碍，直到1935年4月5日国民政府才公布，延宕了近6年之久。这6年中，行政院与立法院之间就《土地法施行法》的制定而进行的一些活动反映了该法迟滞的情况。

由于地方政府多次向行政院呈请从速颁布《土地法施行法》，行政院为此数次催请立法院制定《施行法》，但均没有结果。1930年8月19日，行政院向立法院提交“咨请制定土地法施行法由”：“现在江浙及广东等省对于整理土地已有着手试办者，上项施行法不提前制定公布，不独各省工作进行难免分歧，即中央统筹规划亦殊感困难，对于整理土地尤属无从着手。”[①] 这一咨请，反映了行政院对制定《施行法》的期盼。8月23日，立法院对行政院的这一咨请进行了讨论，决定“付土地法起草委员会审查”[②]，但审查并无结果。1931年1月，广东省政府向行政院呈请从速颁布《土地法施行法》，并拟先由广州市实行。行政院把这一呈请交内政部复核，内政部经讨论，认为制定

① 中国第二历史档案馆编：《立法院公报》第7卷，南京大学出版社1989年版，第236页。
② 中国第二历史档案馆编：《立法院公报》第7卷，南京大学出版社1989年版，第236页。

《土地法施行法》为实施整理土地不可缓之图，于是将此呈请转交立法院，希望尽快办理。1931 年 7 月，上海市政府呈请行政院，认为土地局办理土地行政，向无完备之法规，请示在《土地法》未定期施行以前，可否暂行援用已颁布的《土地法》。行政院将此请示转呈国民政府，国民政府在常会上讨论后认为《土地法》不可先行适用，决议交由文官处函催立法院，要求从速订立《土地法施行法》。1931 年 8 月，湖北省政府又呈请行政院迅速出台《土地法施行法》，行政院再次催促立法院，立法院均“先后令交土地法起草委员会查照办理”①，结果都是没了消息。

行政院还向立法院提交了拟修订土地征收法等建议，也被否定。《土地法施行法》一直难产，国家行政机关面临诸多用地事项，无法可依，便于 1934 年 4 月向立法院提交修订《土地征收法》的建议。建议说：“案据内政部呈称，查现行土地征收法各条规定，本极周密，公布施行以来，大体尚无滞碍。惟近来各地市政发展，每以实施土地重划，或其他重大公共事业，有举行区段征收之必要。如南京市之建设住宅区，上海市之建设中心区，山东省之建设济南市模范区，皆有专案。且查区段征收，在土地法既有规定，而该法尚缺规定。在土地法尚未施行以前办理此种案件，乃至感觉困难。本部一再筹思，救济之法，惟有加以补充及修正，俾便援用。又查其他条文，亦兼有补充或修正之必要，谨拟就增加及修改各条条文，附以说明，另摺开陈，是否有当，理合呈请鉴核、指令祉遵。计呈送增加及修正现行土地征收法各条条文清摺一扣。等情据此，经由院签注，饬交该部及财政实业两部，并南京市政府，会同审查在案。兹据该部府等报告审查意见及附拟修正土地征收法条文前来，经提出本院第一五六次会议决议‘通过，咨送立法院’，除指令并分行外，相应抄同内政部清摺，并本院签注，及审查会议记录，咨请贵院审议，此咨 立法院。”② 这是行政院对《土地法》颁布时隔 4 年之后，国内对《土地法》批评之声迭起又迟迟不能施行，国家建设上土地征收无法进行情况的一种反应。即便如此急迫的口吻、焦急的态度，也没能促使立法院加快制定《土地法施

① 谢振民编著，张知本校订：《中华民国立法史》（下），中国政法大学出版社 2000 年版，第 1167 页。

② 中国第二历史档案馆编：《立法院公报》（16），南京大学出版社 1989 年版，第 557—558 页。

行法》的进程。

立法院对行政院的提案决议缓议。1934 年 6 月 15 日，立法院对行政院提交的修正《土地征收法》的提案进行了讨论，决议"暂行缓议"。缓议的理由是这样的："院会第三届第 57 次会议议决'修正土地征收法案付土地法委员会审查'等，因奉此本会遵于 6 月 8 日开会共同审查，佥以行政院咨请修正土地征收法各条，其最重要者为区段征收，原法未有规定实施之际，无所依据，因请增加条文并将其他各条略加补充修正。查区段征收现行之土地征收法，虽未规定而业经公布之土地法，已定有条文，其他所请修正各节，该法之内大率亦已规定，且较周详，现自土地法公布以来，将届四载，方期早日筹备逐渐推行，若于此时再将土地征收法修正公布，将致单行法规相沿无替而土地法之实施愈形遥远，有失国家立法之初旨。今拟依据土地法第六条本法各编之施行日期及区域，分别以命令定之之规定，敬请钧长呈请国民政府命令将土地法第五编土地征收一编先行明定日期施行，至编内条文第三百七十七条第二项关于地价之估定及第三百九十条关于公断之规定，在土地法关于地价估计及关于地价公断各条文未经施行以前，尚不便准用与适用，可由内政部另定暂行办法呈请行政院核准施行。又土地法各条文内所称地政机关应管事项，在地政机关尚未成立以前，暂由现在主管土地行政事务之各该管官署处理之，至现行之土地征收法于土地法第五编即系关于土地征收一编施行之日起应行废止，是否有当，理合具文呈复敬请鉴核并候提交大会公决。谨呈 院长孙 副院长邵。"[①] 立法院在答复中回绝得很坚决，理由似乎也很充分，一是在土地法没有实施之际，对区段征收问题的立法无所依据；二是若制定了征收法，将势必与土地法的实施"愈行遥远"；三是现行土地征收法应否废止，不是小事，应由"大会"公决。但即使再充分的理由，其结果是土地法仍旧不能实施，土地法修改也不能进行，土地行政照样无法可依，土地事务依然无法进行。

综上所述，《土地法》虽然颁布了，但苦于没有《土地法施行法》配套，土地整理、土地征收及土地行政都无所依从，于是才有各地方政府纷纷经行

---

① 中国第二历史档案馆编:《立法院公报》(18)，南京大学出版社 1989 年版，第 18 页。

政院向立法院提出从速制定《土地法施行法》的意见。这种需求的长期不能满足，势必引起土地权利分配、保护、调整、纠纷解决等方面问题，从而引发社会秩序的混乱。但即使如此，《施行法》仍迟迟不能见诸于世，土地事务无限期搁浅。

（二）《土地法施行法》延宕的原因

《施行法》为什么会遭遇难产呢？探其原委，主要原因如下：

起草机关的更迭和推脱。其施行法原拟由立法院土地法委员会会同中央地政机关筹备处共同起草，但该筹备处成立只数月即因故撤裁，起草事宜无法进行。由于此时对《土地法施行法》的需求非常紧迫，立法院经过研究，于第 106 次会议议决，由土地法起草委员会起草该法。1932 年 4 月，土地法起草委员会开第 1 次会议，决定由陈肇英向行政院及有关机关接洽具体办法再议。5 月 10 日，土地法起草委员会开第 2 次会议，认为《土地法施行法》关系重要，若不体察各地情形而贸然行事，实际上恐难运用。结果决议，在中央地政机关未成立前，由主管土地机关斟酌各地实情，拟具草案，送立法院审议。立法院又请行政院转饬内政部遵照办理。① 这样，《土地法施行法》的起草工作便在土地法委员会、中央地政机关筹备处、土地法起草委员会、主管地政机关、内政部之间转了 2 年圈子，造成延宕。

内政部的迟滞。草拟《土地法施行法》的任务最后落到了内政部。内政部认为，《土地法施行法》关系国家根本大计，应体察情形，慎重办理。该部计划组织一土地法规委员会，拟以土地司司长及各科科长为当然委员，并由参谋本部及司法行政、实业、财政、外交、军政各部推荐简荐人员任委员，由土地司司长为主席。但由于经费困难，土地法规委员会未能成立。于是内政部又令由主管官员司分别起草。起草所需各种参考资料，靠搜集各省市新旧成案，其已着手整理土地地方如江苏、浙江、上海等处，则派员实地考察。这样一来，又经历了数月时间，至 1933 年 6 月，将《土地法施行法草案》及

---

① 谢振民编著，张知本校订：《中华民国立法史》（下），中国政法大学出版社 2000 年版，第 1167 页。

各种补充法规附属书表同时脱稿。脱稿之后，为了将来法律运用无碍，便利推行，又将该法分别咨请各有关部会及各省市政府征求意见。各有关机关先后答复之后，内政部又进行了详细审核，才汇齐整理完竣，将草案并说明书一并呈送行政院。[①] 这样，内政部花了1年多的时间起草。

行政院审查草案的延宕。行政院接内政部函后，即将各该草案交内政、实业、财政、司法行政四部审查，并请参谋本部转知陆地测量总局派人员参加对《施行法》的讨论。各部、局先后开会5次，将各原案审查完竣，缮具总报告书，于1934年5月提请行政院第158次会议决议。[②] 这一环节历时半年。经审查，行政院又提出了几条意见："关于（一）查土地法规定之罚则太简，但若于施行法中，加以补充，则于立法体例不合，且施行法本身亦应有罚则，否则违反施行法，即无以救济。（二）土地测量之计划及方法，土地法第二十一条规定，应由中央地政机关定之，查土地测量结果，每与内政财政有关，似宜由中央地政机关，会同内财两部，斟酌情形，制定章程，俾便施行，且土地调查测量及第一次登记，系属临时行政性质，而又为一般土地行政之先决条件，土地法各编，既系分编分期施行，似亦可将土地调查测量及第一次登记各程序，另以条例定之，提前公布施行。两点，当经讨论，并经决议：'关于罚则规定，由院向立法院建议，将土地法及施行法，应规定之一切罚则，均予提出，另制一土地法罚例。关于土地测量应否另订条例，请由立法院审议决定。'"[③] 最后行政院决议：一、《土地法施行法草案》《估计专员任用条例草案》《契据专用条例草案》一并送立法院审议。又《施行法草案》所附书表册式，并送立法院参考。《土地测量实施规则》应俟《土地法施行法》公布后，由院公布施行。《公断规则》《土地申报规程》《土地调查规程》及书表册各草案，仍交内政部，俟《土地法施行法》公布后，再行核办。《土地裁判所组织条例草案》应咨询司法院意见。二、关于罚则之规定，由院向立法

---

① 谢振民编著，张知本校订：《中华民国立法史》（下），中国政法大学出版社2000年版，第1169页。

② 谢振民编著，张知本校订：《中华民国立法史》（下），中国政法大学出版社2000年版，第1167页。

③ 中国第二历史档案馆编：《立法院公报》（16），南京大学出版社1989年版，第558页。

院建议，将《土地法》及其《施行法》中应规定之一切罚则，均予提出，另制定一《土地法罚则》。关于土地调查测量及第一次登记各程序，应否另订条例，由立法院审议决定。[①] 根据这些意见，经内政部等审查及行政院会议讨论，最后完成的《土地法施行草案》共分 5 编 24 章 159 条。该草案由行政院第 168 次会议进行讨论，决议与“土地裁判所附设于各级法院暂行办法草案”修正通过咨立法院并案审议。

立法院审议草案的“缜密行事”。立法院第三届开始时（1933 年 1 月），曾由土地法委员会与内政部商洽，请其将草案早日送该院审议，而当时内政部尚未起草完竣。到 1934 年 5 月，行政院将《土地法施行法草案》《估计专员任用条例草案》《契据专员任用条例草案》等几个草案一起送到立法院审议。立法院接到草案后，于 1934 年 5 月 18 日第三届第 59 次会议议决，付土地法委员会会同法制委员会审查。两会于同年 6 月 30 日举行联席会议，会议经过讨论，认为该《施行法》等案关系重大，应经初步审查，以期缜密。于是指定委员姚传法、史尚宽、陈长蘅、赵遒传、黄右昌五人先进行初步审查。初步审查中发现该草案条文次序数目多误，须由原起草机关加以更正，方能继续审查。直到 9 月 26 日，行政院才将更正后的草案交到立法院。

立法院之无暇审议。草案再交到立法院的时候，距立法院第三届委员任满只二月有余，于是由初步审查的各委员赶紧审议，以期迅速完成。但从 1934 年暑假后，各委员忙于审议宪法草案及刑法与刑事诉讼法修正案，所以，虽经先后开会审查有 15 次之多，仍未能于第三届内审查完竣。自四届立法委员就职后（1935 年 1 月），又连续开审查会 7 次，并函请行政院内政部土地委员会派代表列席，陈述意见，才初步审查完竣。1935 年 2 月 25 日，立法院提出审查报告。[②] 关于《土地法施行法》的要旨，报告说：（1）就《土地法》所未明定之事项，应为规定者加以规定；（2）因各地方在《土地法》施行前已经举办之土地行政事项，于《土地法》施行后有改正之必要，须于《施行法》

① 谢振民编著，张知本校订：《中华民国立法史》（下），中国政法大学出版社 2000 年版，第 1169 页。

② 谢振民编著，张知本校订：《中华民国立法史》（下），中国政法大学出版社 2000 年版，第 1171—1172 页。

中有适当规定为之救济者；（3）关于《土地法》条文有为补充规定之必要者。这是说立法院的事务繁忙、对《土地法》的谨慎态度及《草案》的生不逢时导致《施行法》的出台一再拖延。

1935 年 3 月 1 日，第四届立法院第 7 次会议议决将《土地法施行法》第 1 条至第 23 条除第 9 条条文保留外，于二读会修正通过，而第 9 条交刑法起草委员会研究，该会即将该条条文加以修正。[①] 立法院于 1935 年 3 月 8 日召开第四届第 8 次大会，继续讨论其他条文，结果将该法修正条文及其余各条依次通过，并省略三读程序，通过了《土地法施行法》全案，国民政府于 1935 年 4 月 5 日将其通令公布。《施行法》虽然公布了，但直到 1936 年 2 月 22 日，国民政府才在《各省市地政施行程序大纲》中明令《土地法》《土地法施行法》与此法于 1936 年 3 月 1 日同时施行。这样，《土地法施行法》从公布到宣布实施中间又隔了 10 个月时间。1936 年还颁布了《经济建设区内土地政策实施办法》，第二条规定："中央或地方政府于建设计划确定后，应即在计划线所经各市县设立地政机关，举办土地测量、登记及申报地价。"[②] 这两个法的颁布，终于使得《土地法》有了实施的根据，但此时已距《土地法》颁布 6 年之久了。

总起来看，《土地法施行法》的延宕，除了国民党高层的重视程度和思想主张（如蒋介石的土地主张）所致外，与起草机构的变更与推脱、经费不足、时局复杂、土地事务确实复杂而技术条件有限、立法院立法事务冲突等有关。这也说明依靠法律解决问题是需要条件的，而最重要的是稳定的政治环境和技术支撑。

四、对《土地法》的修改

在内政部组织拟定《土地法施行法》的同时，对《土地法》的修改也在进行着。于 1930 年颁布的《土地法》，甫一通过，即遭到国民党内部人员及

① 谢振民编著，张知本校订：《中华民国立法史》（下），中国政法大学出版社 2000 年版，第 1173 页。

② 《经济建设区内土地政策实施办法》，载中国第二历史档案馆编：《中华民国史档案资料汇编》第五辑第一编（七），江苏古籍出版社 1994 年版，第 252 页。

学术界的很大非议，这不仅体现在制度设计层面，也体现在立法技术层面。于是对其修改即被提上日程。对《土地法》的修改呼声最大、也最为活跃的是萧铮及他所领导的地政学会。《土地法》公布后，还在德国求学的萧铮即与德国土地问题专家达马熙克进行研究讨论，达氏提出了不少意见，萧铮将这些意见加上自己的见解，交与立法院院长胡汉民。胡汉民“甚为赞佩，并表示以后当设法照此意见修改”①。

1932 年初，萧铮主持的中国土地问题讨论会成立，这是研讨土地问题的一个影响很大的组织。讨论会不仅经常举办研讨活动，还编行《地政月刊》、丛书，及翻译世界经济及土地问题和名著各若干种，不但如此，该会针对 1930 年《土地法》的疏漏，提出了“推行本党土地政策原则十项”，对政治、立法发起影响。1933 年 1 月 8 日，萧铮在南京发起组织中国地政学会，其宗旨是“研究土地问题，促进土地改革”，从性质看，“按其实际，该会不仅为学术团体，而兼有推动土地改革的意义”②。1932 年 11 月 15 日，地政研究班在中央政治学校成立，主要目的是培养地政干部，不久地政研究班改名为地政学院，它是中国最早设立的研究土地问题的学术教学机构，“社会学科之有地政学系，始于地政研究班，而中国之大学内有研究制度，亦为地政学院始创”③。学院内部，学校和学术相辅而行，成为推行南京国民政府土地政策的中心，蒋介石曾数次到地政学院训话。地政学院做了不少基础性工作，学员所撰拟的调查报告及论文共 350 余册，由美国资料中心以“民国二十年代大陆土地问题资料”名义影印发行，成为研究此时土地问题的珍贵资料。这些资料成为修改《土地法》的重要参考材料，地政学院成为国民政府地政政策的重要智囊。

推动对《土地法》深入研究和修改运动的契机，是 1934 年国民党第四届执行委员会第四次全体会议的召开。会议通过了有关土地问题的三个提案，包括刘峙等五委员的实行土地政策案，陈果夫等五委员的推行本党土地政策纲领案，中央民众运动指导委员会的迅速施行土地法并救济农民案等。三个提案获得通过后，国民政府即决定组织土地委员会先作调查研究，土地委员

① 萧铮:《萧铮回忆录：土地改革五十年》，台北地政研究所 1980 年版，第 115 页。
② 萧铮:《萧铮回忆录：土地改革五十年》，台北地政研究所 1980 年版，第 56 页。
③ 萧铮:《萧铮回忆录：土地改革五十年》，台北地政研究所 1980 年版，第 65 页。

会将之委托中国地政学会研究。研究会认为土地政策能否实行，行之能否有良好成绩，先决条件是是否有良好的法案。所以，对于《土地法》的诸多问题详加讨论，召开了30余次会议，对法条逐条加以研究后提出专案，作成了《修改土地法意见书》，提交全国经济委员会土地专门委员会和立法院两机关。意见书共8项内容：关于地价之规定，关于土地税制，关于地租，关于土地使用，关于《土地法》施行程序，关于土地登记，关于土地测量，关于地政机关。这个《意见》引起了各方人士对旧法修正问题的热烈研讨，“各方即以热烈研讨相响应，纷纷提出修正意见”[①]。1935年9—10月，第一次地政会议期间，陕西省民政厅长胡毓威提出了“请修正土地法”[②]的意见，江苏省地政局及鄂陕两省民厅代表等也有修正旧法的提案。

在地政学会看来，《土地法》公布后未能实施，并非缺乏《土地法施行法》的缘故，而是因为“土地法根本即有不少重要问题，须得考虑”[③]。这些问题，主要在于“一是立法精神上仍不免缺陷，二是所采办法，方诸实际国情，又多扞搁”[④]。萧铮认为，当时土地问题极为严重，主要表现在“吾国土地管理技术之低劣，生产能力之薄弱，分配关系之畸形”[⑤]，制定土地法律制度的目标就是要解决这些问题。他认为，依已颁《土地法》，土地生产、分配的改进，须待土地精密整理、登记估价之后，而土地整理、登记估价又需旷日持久、花费巨大的土地测量的完成。“此种精密整理之方案，不仅非政府或人民之财力所能负担，即方之地价情形，亦非所必需”[⑥]，所以，他建议“首当求土地政策之实施，不必受精密整理之限制”[⑦]。萧铮还认为“土地法所订之地价税率与地租最高额，首先失去公平之旨”，他认为，孙中山所倡导之平等，是指能力之平等，所以，土地权利的分配，应该依个人能力而定，能力大者，可拥有

① 叶以强：《土地法之制定及其修订经过》，《财政评论》1946年11月期。
② 中国第二历史档案馆编：《中华民国史档案资料汇编》第五辑·财政经济·农业，江苏古籍出版社1994年版，第87页。
③ 《中国地政学会拟请修改土地法意见书》，《地政月刊》第3卷第1期。
④ 萧铮：《拟请修改土地法导言》，《地政月刊》第3卷第1期。
⑤ 萧铮：《拟请修改土地法导言》，《地政月刊》第3卷第1期。
⑥ 萧铮：《拟请修改土地法导言》，《地政月刊》第3卷第1期。
⑦ 萧铮：《拟请修改土地法导言》，《地政月刊》第3卷第1期。

较大之地权，同时负高税率的义务。但《土地法》不问能力大小，都受同一标准之面积限制，又纳同一税率之地价税，这显失公平。在租佃方面，他认为《土地法》不考虑我国租佃关系之复杂，一律规定千分之三七五的地租率，很不公平。他认为，"公平之地租，应与地税出于同一之标准"，即地税最高额应为地价千分之八十。萧铮还认为，当时中国最大问题，即"吾国之大患在'贫'"，解决"贫"的出路，在"地尽其利"。这就要求，在市地要排除投机垄断，在农地"至土地法规定关于乡荒地之开辟，对于代垦人限制綦严；如耕作权之规定，收回垦价之规定，就现下情形而论，恐永无资本主顾承受此种条件"①。地政学会及萧铮的这些观点有其合理性，但这是贯彻国民党土地政策前提下提出的一些技术层面的意见，不可能改变南京国民政府农地地权的实质。

对《土地法》的正式修改是在国民党五大之后。1935 年 11 月 12 日，国民党召开了第五次全国代表大会。大会成立了中央政治委员会，下设内政、外交、经济、财政、土地、交通、教育等八个专门委员会。土地专门委员会的委员多是中国地政学会的理监事或编辑委员，由萧铮主持工作，主要研究旧土地法修改问题。他们经过 8 个月时间，归纳作成"土地法修改原则二十四项"及《修正土地法草案》5 编 20 章 275 条。② 这个修改原则，从数量来说，远多于 1930 年《土地法》的 9 项立法原则；从内容看，原来的原则主要集中在土地价、土地税收等方面，修改后的原则草案则从土地分类、土地债务、土地登记、地租、土地税、土地征收等方面进行了比较全面的考虑和设计。这个修改原则草案于 1936 年冬提交中央政治委员会，中政会经审议，将其咨送立法院。

中央政治委员会咨送立法院修正土地法一案，被搁置很久。1935 年，著名地质学家翁文灏在当时影响很大的《独立评论》杂志上发表《中国人口分布与土地利用》，认为中国贫弱的根源是地大物不博，很悲观地下结论——中国"天生的没有富强的希望"。翁文灏的这一论点受到时任立法院经济委员会召集委员陈长蘅的支持。陈长蘅于 1936 年在《中央日报》上发表《我国土地与人口问题之初步比较研究》，具体论证了翁文灏的结论，说明国内连年变

① 萧铮：《拟请修改土地法导言》，《地政月刊》第 3 卷第 1 期。

② 叶以强：《土地法之制定及其修订经过》，《财政评论》1946 年 11 月期。

乱，均由于中国人口太多和可耕地太少，一切努力均是白费。[①] 这二人均富盛名，他们的观点影响很大，对《土地法》的制定有一定阻碍作用。他们的论调遭到了不少人尤其是萧铮的反对，引发了长达几个月的论战。这场论战，拖延了立法院修改《土地法》的进程。

1937 年 5 月 5 日，中央政治会议通过了《修正土地法原则》，除个别地方修改外，大部分采纳了地政学院的意见。原则共 23 项：一、土地应根据其使用性质（如耕地、林地、牧地、渔地等）分类，本法所用土地种类名称应求统一。二、应明定国家为实施土地政策及调整土地分配，得设立土地银行，及发行土地债券之条款。三、应明定中央政府为扶植自耕农，关于左列各款，得另定条例。（1）参酌地方情形，规定一自耕农户应有耕地面积之最低限度，并限制其处分。（2）限制自耕地之负债最高额。（3）自耕地之继承办法。四、土地裁判所之规定应删，第一次土地所有权登记时，市县司法机关附设土地裁判法庭，以二审终结之。五、土地测量与土地登记应合为一编。关于土地测量，应在本法为大体之规定。六、登记程序应从简易，其公告期间应缩短为一个月至三个月，登记费用应酌减，登记图册书状之种类式样及记载方法各条应删，而赋予中央地政机关以命令规定之权，地政机关所发之权利书状，应为权利之唯一凭证。七、在第一次登记时关于土地权利所发生之争议，应明定先由主管地政机关调解之，不服调解时，得向土地裁判法庭呈诉。八、土地登记，遇土地所有权人非家长时，应注明家长姓名。九、无人声请登记之土地，应依法为公有土地之登记。十、房屋救济，应为经常之规定，关于准备房屋毋庸规定。十一、耕地出租人为不在地主时，或承租人继续耕作 5 年以上，而其出租人非农民，或非老弱孤寡藉土地生活时，承租人得依法请求征收其耕地。十二、耕地租用契约，应经主管地政机关之审核并登记。十三、为减轻地租之负担，应明定地租最高额，为登记后地价之 8%，但承租人得依习惯以农产物代缴。十四、荒地须有大规模垦荒之组织，始能开垦者，得另设垦务机关办理之。并得由土地银行加以协助，原法待垦人规定应删。

---

① 参见《五全大会对于积极推行土地政策案决议文》，载萧铮：《萧铮回忆录：土地改革五十年》，台北地政研究所 1980 年版，第 145—146 页。

十五、承垦人于荒地垦熟后，应无偿取得土地所有权，并予相当长期之免税。十六、土地重划系地政机关促进土地利用之主要设施，应无须待所有权人之同意，原法第二一八条应删，并应加增“耕地因灌溉排水，或其他农事上之需要改良”，亦得为土地重划。十七、重划土地之相互补偿，一律以他价为计算标准。十八、以申报地价为法定地价（原法关于估定地价之条款均删），申报前得先由地政机关参照最近 5 年土地收益及市价，查定标准地价公布之，以为申报之依据，土地所有权人得参照标准地价，为 10% 以内之增减，不依法申报或不为申报时即以标准地价为其地价。十九、地价税率依照第五届全国代表大会之决议，采用累进制，不分税地区别。起税点为地价之千分之十至二十，唯荒地及不在地主之土地税，得酌量加。二十、特殊建设区域因地价激增，致土地税收入较原额有增益时，得呈准以增益部分拨偿该项建设经费，此种区域内无移转土地之增值税，得于建设开始后第六年征收之。二十一、土地增值实数额内，应扣除土地所有权人投施劳力资本，为特别改良所得之增值及已缴之特别征费。二十二、国家实施土地政策，或兴办铁道水利及国防军备而征收土地时，得于发给补偿金前，进入土地工作，并得以土地债券为补偿或分期补偿。二十三、征收程序及手续，应力求简捷。[①]1938 年，内政部根据修正土地法原则，拟订了《修正土地法草案》5 编 25 章 251 条以及《修正土地法施行法草案》5 编 73 条。立法院土地法委员会对草案进行了反复研讨，终于在抗战胜利后的 1946 年完成了上述两个草案全文，完结了立法程序，并由国民政府于 1946 年 4 月 29 日公布施行。由于修正《土地法》不在本书研究时间的界域中，因此它不是本书要研究的内容，但我们对其进行叙述，目的是进行前后对比，使本书的研究对象更加清晰鲜明。

小 结

本章讨论了南京国民政府的立法体制，总结了南京国民政府 1927—1937

① 中国第二历史档案馆编:《国民政府立法院会议录》(16)，广西师范大学出版社 2004 年版，第 122—140 页。

年间农地地权立法的法律渊源，追述了这一时期有关农地地权主要法律的制定经过。通过研究我们发现，南京国民政府奉行“以党治国”，国民党中央是最高的国家权力机关，它制定立法原则后，立法院方可依此原则制定法律，立法院不过是国民党政权的法律技术机构。这种立法体制具有其优势，既能高效统一意志，又能迅即贯彻政策，因此在南京国民政府时期出现了史无前例而后世也少有的立法速度。但这一体制也存在不可忽视的弊端，若执政党意志不统一、不坚定或出现错误，法律的制定就会举步维艰，法律施行更会杳无时日。

国民党的政策不仅指导着立法活动和立法内容，国民党中央的决议也是法律内容的重要组成部分，甚至具有最高法律效力。南京国民政府时期，除了立法院制定的法律外，行政院制定的条例及发布的命令也具有法律性质，而且法律中还规定有其他法律渊源。所以，南京国民政府的地权立法，从形式上看已颇为完备，既有国民党政纲、决议为指导，又有国家法律为依归；既有宪法统摄，又有部门法支撑；既有规定私权的民事法，也有规范地权行为之行政法；既有实体法律规定，又有程序法之保证；既有成文法之明确具体，又有判例、习惯、法理之灵活使用。南京国民政府短时间内形成了一个世界上独特的制定法为主的内容比较齐全的地权规范体系。这在中国近代史上是难能可贵的，反映了中国法制近代化的重要成果，显示了国民政府走法治道路的理念。但这个法律体系也存在着法出多门、庞杂混乱、以党代法、易生矛盾的弊端。

南京国民政府农地地权立法中，《民法》《土地法》的出台异常迅速，《土地法施行法》却严重迟滞，而且《土地法》甫一出台即面临修改的命运。《土地法施行法》的难产除了受到指导思想、立法体制影响外，还与起草机构的变更与推脱、经费不足、时局复杂、立法院立法事务冲突、土地立法内容烦琐而技术条件有限等有关，但最关键的制约因素在于立法者的利益倾向和政治决心。所以，法治社会的建立是需要条件的，其最重要者是执政者的价值取向、稳定的政治环境和成熟的技术支撑，否则不可能形成良好的法治秩序。

第三章　立法的内容

本章我们进入对南京国民政府农地地权立法的内容部分的探讨。在绪论部分，我们曾对本课题研究的理论框架有过交代，法律的核心内容是权利义务关系，立法的任务和目标就是实现权利设置的正义。戴剑波先生认为，权利正义的表现形式有三种，即权利分配的正义、权利限制的正义和权利保障的正义。[①]我们对南京国民政府农地地权内容的研究，就着眼于私权利配置、公权力对农地私权利的制约及农地权利的救济三个方面内容进行分析。私权利是一个社会个体成员权利的简称，公权力是公共行政权力的简称。商品经济（市场经济）中，对私权利的保障是以自由和竞争为主要特点的这个社会存在的前提条件。但商品社会的运转又需要良好的秩序，私权利的过度行使会影响秩序的形成，从而伤害个体自由。所以，要妥善处理好私权利和公权力之间的关系，既要保证私权利充分自由地行使，也要使私权利的行使在公权力的可控范围之内。农地权利的救济本质上也是公权力的范畴，但前两者都是实体权利，后者多由程序法律规范调整，我们将其与公权力对私权利的制约分开讨论。本章是本课题的核心部分。

---

① 戴剑波:《权利正义论》，法律出版社 2007 年版，第 53 页。

第一节　农地私权利配置

土地私权利配置的主要目的是使土地利益在社会各成员间合理分配，最大限度地实现法律的各项基本价值。私权利配置的基本要求是重在提高土地利用效率，同时要使各主体间的权利达到平衡，避免权利在平等法律主体间的倾斜与适法冲突，最终实现私权利配置的正义。本节，我们着重考察1927—1937年间南京国民政府农地立法在私权利配置方面的情况。

一、农地所有权

所有权概念源于古罗马，按近现代法学理论，所有权是指民事主体对自己的财产所享有的占有、使用、收益和处分的权利。所有权具有绝对性、排他性和永续性。绝对性决定了所有权的效力及于权利人之外的任何人，他们均负有不妨害权利人实现其权利的义务；排他性决定了在任何财产上只能有一个所有权，所有权人可依法排除他人的非法干涉、妨碍、侵害；永续性决定了法律不限制各项财产所有权的存续期限。正是由于所有权的这些特征，决定了它在各种法律体系尤其是民事法中的突出重要地位，它是“民法权利体系的逻辑起点。可以说，缺少所有权概念，大陆法系物权法制度便无法建立起来”①。同时，“若没有明确的产权，而要证明出可以存在更有效率的经济活动，这根本是不可能的”②。所以，研究农地地权的法律制度，也必从所有权开始。

中国传统法律自成体系，没有所有权概念，因此中国传统土地制度不能完全套入西方权利体系中去。硬要套的话，按西方法学理论，中国传统社会的土地所有权制度比较复杂。春秋战国之前，中国实行“井田制”，在“普天之下，莫非王土”的观念下，“井田制”实际上是国王所有制，对此，学者几无疑义，但对秦国商鞅变法之后中国土地的所有制性质分歧就较多了，主要

---

① 梅夏英著，王利明审定：《物权法·所有权》，中国法制出版社2005年版，第1页。

② 彭诚信著：《主体性与私权制度研究》，中国人民大学出版社2005年版，第202页。

有土地地主私有、土地皇帝（族）所有、土地国有、土地双层所有等观点。马克思、列宁等将中国的土地所有制归入“亚洲式的土地所有权形式”，这种形式中，“主权就是全国范围内集中的土地所有权。但在这里，因此也就没有土地私有权，虽然对于土地，既有私人也有共同的占权和使用权”[①]。中国主流观点认为封建时期土地为地主阶级私有制。然而，20 世纪 50 年代，围绕着中国封建社会的土地所有制问题展开了一场重要争论。持土地皇族所有论观点的以侯外庐先生为代表，他认为不管是从政治控制还是从地租样态以及从土地经营方式等方面看，皇族都是至高的土地权利者，地主对土地享有的是“占有权”，农民享有的是“使用权”。李埏认为封建国家是土地的所有者，专制帝王是这些土地的最高支配者。胡如雷先生则认为中国古代土地关系比较复杂：“我认为中国封建土地所有制包括国家土地所有制及地主土地所有制，而占支配地位的却是地主土地所有制。”[②] 传统中国社会本来就没有所有权概念，遑论理论体系，用西方理论去固定中国的历史事实，很难不发生分歧。不过，笔者还是持传统的地主土地所有制观点，皇帝是全国土地名义上的所有者，各地地主是实际的土地所有者，皇帝是最大的地主。不过这种地主土地所有制并不能简单地认为它是纯粹的私有制，因为地主是代表其家庭占有土地。中国传统的地主土地制度具有非常复杂的结构，也即多层、错层的权利构成，基本样态是所有权—占有权—使用权的权利体系。这个体系中，皇帝和地主是土地所有者，皇帝不占有土地而行使所有权的收益和最终处分权能，地主占有土地而行使实际的所有权人权利，佃户行使土地使用权。这样分析也难免会受到质疑，用西方法律概念理解中国传统问题，总会有不同看法。此外，中国自身特有的“典”的制度，又在土地权利体系中增加了出典人权利和承典人的权利，使土地权利层次更加复杂。大致明白了中国传统土地所有制情况，对于我们理解南京国民政府的农地所有权立法有重要作用。

清末的变法修律一改中国传统法律制度，由此，权利概念和观念在中国

---

① 马克思、恩格斯：《资本论》，《马克思恩格斯文集》（7），人民出版社 2009 年版，第 894 页。

② 胡如雷：《试论中国封建社会的土地所有制形式》，载《中国历代土地问题讨论集》，生活·读书·新知三联书店 1957 年版，第 55 页。

出现、萌芽、兴起。关于土地权利，《大清民律草案》第二章专设一章即为“所有权”。民国北京政府时期的《中华民国民律草案》、各项民事立法和大理院判例在中国法律史上首次明确按西方法律理论确立了土地私有制度。到南京国民政府时期，全面引进大陆法系理论和法律，并以孙中山三民主义理论为指导，短时间内即制定出了比较完整的包括宪法、刑法、民商法、行政法、刑事诉讼法、民事诉讼法在内的“六法体系”，此外还有许多行政法规及判例。农地所有权制度就存在于这些法律、法规与判例之中。

（一）农地的双重所有权

目前大多数学者认为南京国民政府实现土地私有制，不过，俞江先生于2011年提出了“双层土地所有权”的看法①。他将南京国民政府时期的土地所有权分为三个层次：第一层次是土地公有或国民全体所有，第二层次是土地政府所有权，第三层次是土地个人所有权。我们对俞江先生的敏锐观察力和洞悉事物本质的水平深表赞佩，也略有不同意见。笔者在此基础上对南京国民政府时期的土地所有制样态做进一步深入的剖析。我们先来汇总抗战爆发前南京国民政府关于土地所有权的法律规定：

1929年《民法·物权》第765条规定：“所有人于法令限制之范围内，得自由使用、收益、处分其所有权，并排除他人之干涉。”第773条规定：“土地所有权，除法令有限制外，于其行使有利益之范围内，及于土地之上下。如他人之干涉无碍于其所有权之行使者，不得排除之。”②

1930年《土地法》第7条规定：“中华民国领域内之土地，属于中华民国国民全体，其经人民依法取得所有权者，为私有土地。”第12条规定：“凡未经人民依法取得所有权之土地，为公有土地。私有土地之所有权消灭者，为公有土地。”第13条规定：“地方政府对于管辖区内公有土地，除法令别有规定外，有使用及收益之权。前项土地，非经国民政府核准，不得处分或设定

① 俞江：《中国民法典诞生百年祭——以财产制为中心考察民法移植的两条主线》，《政法论坛》2011年第4期。

② 徐百齐编：《中华民国法规大全》（一），商务印书馆1937年版，第70—71页。本书后文中所引用的中华民国《民法》的条文，均出自本书第37—89页，后文不再标注。

负担，或为超过十年之租赁。”[①]

1931 年《训政时期约法》第 16 条规定：“人民之财产非依法律不得查封或没收。”第 17 条规定：“人民财产所有权之行使，在不妨害公共利益之范围内，受法律之保护。”第 18 条规定：“人民财产因公共利益之必要得依法律征用或征收之。”[②]

1936 年《中华民国宪法草案》(“五五宪草”）第 17 条规定：“人民之财产非依法律不得征用征收查封或没收。”117 条规定：“中华民国领域内之土地，属于国民全体，其经人民依法律取得所有权者，其所有权受法律之保障及限制”，“国家对于人民取得所有权之土地，得照所有权人申报或政府估定之地价依法律征税或征收之”，“土地所有权人对于其所有土地负充分使用之义务。”[③]

由以上法律规定，我们可以总结出南京国民政府农地所有权的如下特点：

1. 规定了土地私有制度。人民享有土地私有权，已由宪法草案和土地基本法律所确认，当属无疑。1930 年《土地法》[④]与《宪法草案》中都明确规定了人民可依法取得土地的所有权，人民取得所有权的土地为私有土地。1946 年修改后的《土地法》及 1946 年底通过并付诸实施的《中华民国宪法》也坚持了这一规定。该修改后的《土地法》第 10 条规定：“中华民国领域内之土地，属于中华民国人民全体，其经人民依法取得所有权者，为私有土地。”[⑤]《宪法》第 143 条规定：“中华民国领域内之土地，属于国民全体。人民依法取得之土地所有权，应受法律之保障与限制。”[⑥]这些法律性的规定，是学者们认定南京国民政府时期的土地为个人私有的基本依据。南京国民政府对农地私人所有的法律确认，有中国传统法律中土地私人（家庭）占有（有学者称“所有”）

---

① 徐百齐编：《中华民国法规大全》(一)，商务印书馆 1937 年版，第 704 页。本书后文中所引用中华民国 1930 年《土地法》均出自该书第 704—721 页，后文不再标注。

② 徐百齐编：《中华民国法规大全》(一)，商务印书馆 1937 年版，第 7 页。

③ 徐百齐编：《中华民国法规大全》(补编)，商务印书馆 1937 年版，第 1、4 页。

④ 因南京国民政府时期 1930 年、1946 年分别制定和修改了《土地法》，故后文若无注明年份的土地法即为 1930 年颁布的《土地法》。

⑤ 吴经熊编：《中华民国六法理由判解汇编》(三)，会文堂新记书局 1938 年版，第 2 页。

⑥ 夏新华等编：《近代中国宪政历程：史料荟萃》，中国政法大学出版社 2004 年版，第 1116 页。

之历史延承的基础，也是将西方资本主义社会法律中私有财产权法律理论与制度移植到中国的体现。这一规定决定了南京国民政府财产制度的资本主义基本方向。

2. 在土地私有权上又预设了土地国民全体所有的前提。不论是1930年《土地法》还是“五五宪草”，抑或是1946年的《宪法》，都有关于中华民国领域内的土地属于中华民国“国民全体”的规定。1946年修改后的《土地法》之表述略有不同，将“国民全体”改为“人民全体”，“国民”与“人民”两个概念含义的不同，并不影响对土地所有权性质的判断。这项规定，意味着在土地私有的规定上加了一个“国民全体”所有或“人民全体”所有的罩子，即预设了一个前提：私有土地权利的存在是建立在土地全体国民（人民）所有之下的，土地私有权者享有的私有权是由全体人民享有的土地所有权派生的，私有权不能超越国民全体所有权的限制。有学者认为“国民全体”所有是国有制，也有认为是公有制。我们认为“国民全体”所有不是国有，也不是公有。国有的所有权主体是国家，不是国民或人民。“国家”首先是一个政治概念，从语义学上它又是一个单体概念，这个单体是由一个地区的人民、自然要素、机构等组成的共同体，其主要组成部分是该国的人民，而主要表现形式是国家机构；“全民”即“全体国民”，是一个群体概念，不是单个人，是一个国家内所有的人；“公”需要有两个以上个体的共同体或者公共共同体，这个共同体的范围具有伸缩性，不像“国家”那样明确和具体，“共同体”概念也不像“国民全体”那样具有群体性含义，更多指的是多数人间的“一体性”。所以，南京国民政府规定的土地归“国民全体”或“人民全体”所有，意在表达土地的国民全体所有性质。这与孙中山三民主义中实行土地国有的意思是相吻合的：“国民全体所有”强调的是“主权在民”，是“民权”的体现，这从经济根源上体现了国家权力来源于人民的问题；“国民全体所有”同时体现了“民生”要求，民生的经济支撑基础与核心在于土地，法律规定人民是土地的所有权主体，也就赋予了民生的基础；当然“国民全体所有”也是“民族”理论的体现，“土地属于中华民国国民全体”也就排除了外国人在中国的土地所有权，民族主权得以保证。所以，相比之下，不管是“国有”抑或是“公有”，都不能达到“国民全体所有”的效果。因此，土地属于国民全体，规定的就是土地的“国民全体所有”。

3.“国民全体所有”解决了国民党一系列土地理论和现实难题。首先，如前所述，进一步解释了孙中山主张的土地国有概念。在土地所有权上，孙中山是主张土地国有的，但他同时主张土地不必全都归为国有，还可以保留私有部分。这个似乎矛盾的问题被“国民全体所有”很好地解决了。在“国民全体所有”理论下，首先的权利主体是国民全体，然后才有私有土地中的私人主体和公有土地的各地方及国家之主体，在“国民全体所有”这个基础或平台之上，容纳了国家、私人等所有权利主体。国有土地、私人土地也就成为平行并列之不同性质的土地，但它们都是国民全体所有的土地。其次，为实现“平均地权”提供了理论支撑。孙中山“平均地权”的办法主要有四点，即自报地价、照价征税、照价收买、涨价归公。若按西方所有权理论，所有权具有支配性，所有权者可不受干扰和妨害地行使所有权，国家对土地所有者可以征税，但按西方所有权理论，照价收买、涨价归公均是对所有权之支配权的侵犯，理论上是说不过去的。设立了土地“国民全体所有”之后，这些问题均迎刃而解了。“国家”是全民意志的执行者，人民的土地私有权是建立在“国民全体所有”之上的，必须服从全民的意志。这样，征税、征收、涨价归公就都符合逻辑了。1935 年国民党提出的“土地统制”政策，也是源于这个理论。再次，“国民全体所有”体现了南京国民政府“社会本位”的立法取向。所谓社会本位，就是法律不能只保护私人利益，更不能私权至上，而应以社会公共利益为出发点，处理好国家、社会、个人之间的关系。土地是社会最重要的物质基础和利益所在，“国民全体所有”的土地性质定位，为实现社会公共利益奠定了根本条件，国家可以运用各种措施利用国民全体所有的土地资源实现社会公共利益。最后，“国民全体所有”理论为保护地主既有利益提供了便利。需要指出的是，南京国民政府的“国民全体所有”与我们现在公有制的国民全体所有不同，它只是理论上的一种假设，其目的在于对土地调剂提供理论前提及更好地进行土地利用。南京国民政府在肯认“国民全体所有”的同时，又确认土地私有，正是实现如上目的的表现，即为了使权利主体更具体，权利和义务内容更明确，土地利用更具有效率。这符合正义的要求，也符合现代法律保护财产权的理念。但是南京国民政府规定土地私有权的结果，却使得在私有权利得到肯定而义务没有强制性履行的情况下，地主得到了巨大的利益获取空间。即南京国民政府虽然规定了土地的国民全体所有和私人所有两方面，但实际上是强化了私有权的一方面而放松了国民全体所有权的另一方面，造成权利之间的不平衡。但总的看，土地属“国民全体”并非像有些学者所说是一个虚置的说法，它具有深刻的理论意义和现实意义。

4. 政府不是土地的所有权主体。有学者认为南京国民政府的土地所有权中，政府是一层主体，享有土地的所有权，这是一种误解。首先，按孙中山的建国理论，国家的权力分为政权和治权两个方面，政权属于人民，治权属于政府，在训政时期，政权由国民党代人民行使。从这个理论来看，政府只是治权的行使者，它是人民的“守夜人”，不会成为土地所有权的主体，主体只能是“人民”。其次，从《土地法》的规定来看，政府不享有土地所有权。1930 年《土地法》第 13 条规定：“地方政府对于管辖区内公有土地，除法令别有规定外，有使用及收益之权。前项土地，非经国民政府核准，不得处分或设定负担，或为超过十年之租赁。”这里，政府对土地只有“使用及收益”的权利，没有处分的权利，相比所有权具有的占有、使用、收益、处分四种权能来看，相差甚远，比如政府对土地的租赁权都设定了不超过 10 年的限制。这些都显示了政府对土地的权利不可能是所有权。最后，南京国民政府的法律规定直接排除了政府的土地所有权。《土地法》第 12 条规定：“凡未经人民依法取得所有权之土地，为公有土地。私有土地之所有权消灭者，为公有土地。”什么是公有土地呢？1934 年行政院公布的《公有土地处理规则》第 2 条作了明确界定：“公有土地指国有、省有、市有、县有土地。”① 从概念上看，国有、省有、市有、县有，是指该行政区域的人民所有，并不是政府所有。可见，不管从理论上还是法律规定上看，政府只享有土地的使用权和收益权，没有占有、处分权，它也就不是土地所有权的主体。

5. 土地私有改变了中国传统的家庭所有制度。家庭是中国传统社会中最小的单位，一个个小家庭组成了最大的家——国家。受夫为妻纲、父为子纲

① 徐百齐编：《中华民国法规大全》(一)，商务印书馆 1937 年版，第 740 页。

理论的影响，丈夫兼父亲的男子在中国传统社会中便成为一家之长。家长是一家财产的管控者，如果不计皇权，家庭所有制也就成为中国传统社会中土地制度的典型特征。南京国民政府土地立法，有力图打破这一传统之势，这体现在其规定的土地私有权上。南京国民政府的《土地法》规定“经人民依法取得所有权者，为私有土地”，这里的私有土地是个人私有还是家庭私有呢？研究《民法》后就清楚了。南京国民政府《民法·总则》中将民事权利主体分为两种，一是自然人，一是法人，家庭没在民事主体范围内。而且，不管《宪法》还是《民法》，都确定了人民权利平等原则，过去的家长制已被否定。这样的情况下，家庭也就不再是私有土地所有权的主体，而只有个人才是了。为何会如此呢？这明显是受到了西方法律个人主义的影响，西方私法制度中，从古到今除日耳曼法律体系外，均是个人本位的，尤其是法国民法诞生之后，更将个人权利摆到了神圣不可侵犯的地位。

6. 形成了南京国民政府特有的土地所有制结构。由南京国民政府《宪法》（草案）、《民法》、《土地法》的规定，结合以上分析，我们可以概括南京国民政府时期土地所有权的结构。首先，南京国民政府的土地所有权具有双重结构，它由处于底层的国民全体所有和建立在此基础之上又融于它的两个并列关系之个人私有和公有构成。两层所有权并不是截然分开、泾渭分明的，而是你中有我、我中又有你的关系，具有交叉与重合。所以，不宜用“双层”所有制来界定，而用“双重”更恰当些。其次，“国民全体所有”“公有”都是抽象的，实现起来要靠国家机构或机关。这种所有权结构设计，不能不说是中国的一项创举，不管在西方还是中国历史上，这种理论都绝无仅有。不过，“国民全体所有”之下包含着“私有”+ 公有的土地所有权结构，又能从中国古代皇帝（皇族）所有之下包含地主占有 + 其他公产之间的土地关系中寻到一些影子，它还是有中国历史基础的。

总之，在所有权的性质上，南京国民政府双重所有权结构的做法，这在理论上有非常重要的作用，具有创造性。从宏观上保留了国家对土地的控制权，在实践中则形成了国民全体所有基础上的土地私有与公有两种所有制形式。“国民全体所有”为国家对土地私有进行各种限制提供了重要理论前提和制度保障；土地私有又为土地的开发利用明确了权利和义务主体，有利于保护私权、提高效率，但也容易导致土地占有不公情况的存在与发展。

（二）农地所有权权能、主客体及内容

1. 对所有权权能的法律规定

对土地所有权权能的规定，体现在南京国民政府《民法》中，该法第 765 条规定："所有人，于法令限制范围内，得自由使用、收益、处分其所有物，并排除他人之干涉。"这项规定虽然不是对所有权直接做的定义，但它明确了所有权的含义：首先，所有权是不允许他人干涉和妨害的一种权利，具有排他性；其次，所有权是对物的自由使用、收益和处分的权利，列举了所有权的三项权能；最后，所有权的行使并不是完全不受限制，要在法令的范围内行使，限制的尺度是"法令"。

要更清楚地理解《民法》中的规定，有必要将其与中外相关规定进行比较。

与此前两部民律草案对比，《民法》对所有权含义的界定有其自身特点。清末"一草"第 983 条规定："所有人于法令之限制内，自由使用、收益、处分其所有物。"第 984 条规定："所有人于其所有物，得排除他人之干涉。他人因避生命、身体、自由、财产现有之危险，不得已而有干涉行为，并因危险所应发生之损害较重大，于因干涉所应发生之损害者，不适用前项之规定。""二草"第 761 条则规定："所有人于不违反法令或第三人权利之限度内，得任意处置其物，并排除他人之干涉。"比较两个草案的文字表述，《民法》对所有权的规定与"一草"中关于所有权的含义有关键性的不同之处。首先，"一草"将一个内容分散到两个条文中来规定，显得不紧凑，文字也冗赘，《民法》将这些内容紧凑在一个条文之中，言简意赅。"二草"文字也很简练，但在所有权的权能上，只有"处置"一项，失之过简。其次，关于对所有权的限制，《民法》将所有权的行使限定在法令范围内，"一草"另外加入了"紧急避险"的限制，"二草"对所有权的限制有两个方面，一是法令，二是第三人权利。最后，关于所有权的权能，《民法》和"一草"都规定了"使用、收益、处分"三项权能，"二草"只有"处置"一项。

对比当时西方民法中关于所有权的规定，对《民法》关于所有权权能的

规定可能会看得更清楚一些。1804 年《法国民法典》规定："所有权是对于物有绝对无限制地使用、收益及处分的权利。"1896 年公布的《日本民法典》第 206 条规定："所有人于法令限制的范围内，有自由使用、收益及处分所有物的权利。"[①]1900 年生效的《德国民法典》第 903 条规定："物的所有人，以不违反法律或第三人的权利为限，可以随意处分物，并排除他人的任何干涉。"[②]1907 年通过的《瑞士民法典》第 641 条规定："（1）物的所有人，在法律规范的限制范围内，对该物得自由处分。（2）其有权请求物的扣留人返还该物并有权排除一切不当影响。"[③] 对比之下，《民法》对所有权含义的规定，是以《日本民法典》为蓝本，兼采《德国民法典》和《日本民法典》之长而来，搬用了《日本民法典》第 206 条的全文，又加上《德国民法典》第 903 条的后半句，即"并排除他人的任何干涉"，但去掉了其中"任何"二字。所以，关于所有权的权能，民国《民法》具有如下特点：（1）抛弃了《法国民法典》对所有权不加任何限制的规定，而是同其他几个国家一样，对其进行一定程度的限制，这反映了 19 世纪前后各国民法社会化的趋势。（2）与《德国民法典》不同之处在于：一是对所有权的限制而并不以第三人权利行使为界，二是所有权的权能做了扩大化规定，三是所有权行使并不排除他人的任何干涉。这其实隐含了照顾第三人权利的意思。（3）弥补了《日本民法典》对所有权排他性规定不足的缺点。（4）相对于《瑞士民法典》的不同，一是在对所有权的限制方面，《瑞士民法典》是限制在"法律"范围内，民国《民法》则限制在"法令"范围内；二是在所有权的权能方面，《瑞士民法典》只规定了处分权，民国《民法》则规定了三项权能；三是在所有权效力方面，《瑞士民法典》除排他性方面的规定外，还有所有权的返还问题的规定。民国《民法》对所有权概念的界定，吸收了众家之长，不管从语言表达的精准、精练上还是法律理念上，都有其进步意义，尤其对中国这样一个权利意识传统缺乏的国家来说，意义更加重大。不足之处则在于"所有人于法令之限制内"中的"令"字使用上，"令"不同于法律，主要指行政命令，这就给行政命令侵犯

① 王书江译：《日本民法典》，中国人民公安大学出版社 1999 年版，第 38 页。
② 杜景林、卢谌等译：《德国民法典》，中国政法大学出版社 1999 年版，第 222 页。
③ 殷生根、王燕译：《瑞士民法典》，中国政法大学出版社 1999 年版，第 175 页。

所有权利益留下了法律空间。

民国《民法》的规定还有一点需引起注意：对所有权权能只列举了使用、收益、处分三项。以现代物权法的理论，所有权无疑具有“占有、使用、收益、处分”的四项权能。为什么缺少“占有”一项呢？我们认为，首先，南京国民政府规定了土地属“国民全体”，“国民全体”是宽泛概念，并不具体，无法实际占有土地。其次，这是当时世界上所有权理论的通说，是民国《民法》移植西方民法的结果。如前引，以列举方式规定所有权权能的《法国民法典》和《日本民法典》中也均只有三项内容。最后，《民法》对“占有”有专门规定。有人认为占有本属所有权之一部，因法律对于占有另有规定，故应除却。[①] 确实，在《民法》所有权通则的 8 个条文中，有 5 条是对占有的规定。不过也有学者认为，“另有规定”系指事实上之管领力而言，此处系指法律上有得管领之权能而言，不能不辨。[②] 我们认为，所有权之四项权能说已成当今通说，但南京国民政府的规定有其自身理论和现实的原因，可以理解。

以上是对“所有权”概念的阐释，农地所有权是所有权的一种，只不过农地所有权的主客体与其他物的所有权有所区别而已，后文将进行阐释。

2. 对农地所有权主体的界定

无论何种权利，必有其附隶之主体，农地地权亦然。前文已对南京国民政府农地所有权的主体有所述及，包括全体国民、自然人、法人。“国民全体”是一个虚的概念，虽有深刻理论意义，但没有具体法律操作方面的意义，只有自然人和法人才是具体的农地所有权主体。在此，对南京国民政府农地权利主体的特点进行分析。

首先，主体间权利平等原则的确立。在中国传统社会中，主体的不平等和特权的存在是民事法律关系的重要特点，这体现在多方面，包括性别上的男尊女卑、年龄上的长尊幼卑、种族上的区别待遇、由政治出身而带来的经济地位差异等。中华民国的成立打破了这一传统，1912 年《中华民国临时约

---

① 参见王去非：《民法物权论》，上海法学编译社 1932 年版，第 38 页。

② 参见［日］横田秀雄：《物权法》，东京清水书店 1912 年版，第 275 页；刘鸿渐：《中华民国物权法论》，北平朝阳学院出版部 1933 年版，第 343 页；曹杰：《中国民法物权论》，中国方正出版社 2004 年版，第 32 页注释 1。

法》以宪法的形式首次确立了人民平等原则，“中华民国人民，一律平等，无种族、阶级、宗教之区别”[①]，但《约法》没有男女平等的规定，1914 年《袁记约法》、1923 年《中华民国宪法》也是如此。到南京国民政府时期，1931 年的《中华民国训政时期约法》第 6 条明确规定“中华民国国民无男女、种族、宗教、阶级之区别，在法律上一律平等”，第一次在种族、宗教、阶级之前加上了“男女”二字。《中华民国宪法草案》第 8 条规定“中华民国人民在法律上一律平等”，1946 年底通过并实施的《中华民国宪法》在男女、宗教、种族、阶级之后又加了“党派”二字，一律平等。南京国民政府宪法性文件对主体间平等原则的确立，深刻地影响到了经济领域。所以，在农地所有权主体上，从南京国民政府开始，走上了男女、种族、政治的地权平等之路，从理念上彻底颠覆了中国传统，这在中国法制史及社会关系史上都具有非常重要的意义。

其次，排除了外国人的土地所有权主体地位。中国自 1840 年鸦片战争以来，受尽列强欺凌，外国人在中国购房、置地情况很多，严重侵犯了中国主权和人民的财产权。1930 年《土地法》第 7 条规定“中华民国领域内之土地属于中华民国国民全体，其经人民依法取得所有权者，为私有土地”[②]，比较明确地限定了国家土地的归属，“中华民国国民全体”界定了享有中华民国土地所有权人的国籍，即必须是中华民国国民。该法第 190 条更直接明了：“荒地之承垦，以自为耕作之中华民国人民为限。”也就是说，外国人或没有中华民国国籍的人是不能享有中华民国农地所有权的。

再次，农地地权的具体主体分为自然人和法人两种。《民法》“总则篇”的第二章“人”，是有关民事主体制度的规定，其第一节为“自然人”，第二节是“法人”，这是关于民事主体的专门规定，也即说明地权的主体是自然人和法人。自然人是因人的自然出生而具有的农地地权权利主体资格，它以活体的自然人为要件。确定自然人为农地地权主体，改变了过去中国家庭所有的传统，弘扬了个人权利，在中国历史上具有重要意义。法人是自然人的集

① 夏新华等编：《近代中国宪政历程：史料荟萃》，中国政法大学出版社 2004 年版，第 156 页。
② 陆费执：《农业法规汇集》，中华书局 1937 年版，第 121 页。

合，因法律《民法》直接规定而成为民事权利的主体，其权利始于法人诞生，终于法人解散。民国《民法》将私法人又分社团法人和财团法人，财团法人是指法律上对于为特定目的的财产集合赋予民事权利能力而形成的法人；社团法人，指以人的组合为成立基础的法人。确立法人制度，就使得法人能享有农地地权主体地位，这在中国也是开创性事件。

最后，一些中国传统地权样态失去存在空间。需要特别指出的是，由于法律只规定了自然人和法人的民事主体地位，就使得中国传统社会的一些土地占有主体失去了法律上的存在空间，如族田和祭田。这不仅会给这些土地何去何从带来现实问题，也会深刻地影响中国社会的社会结构和生产方式，加快宗族关系的崩解。

由上分析可见，农地所有权主体的法律规定，给中国社会带来的变化必将是重大的，对西方法律移植的结果，一定是要付出剧烈阵痛代价的，社会新秩序的建立也必将是个漫长的过程。

3. 农地所有权客体范围的法律界限

农地所有权客体，就是农地所有权指向的对象，也即农业用地。《民法》第 773 条规定："土地所有权，除法令有限制外，于其行使有利益之范围内，及于土地之上下。"这意味着土地所有权上达天空，下达地心。这是自《罗马法》以来各国民法在土地所有权方面的通说。中国历史上也有类似习惯，如山西隰县就存在"买卖房地契内，除载明东西南北四至外，更载上至青天，下至厚土字样，谓之六至"的习惯。[①]也就是说，对土地的所有权，权利所及的不仅是地表，还包括地表上面的空间。这样土地所有者就可以在土地上建筑房屋、建设堤防、栽植竹木等。土地所有权及于地下，也是权利得以行使之必须，可以防止他人在地下任意穿凿而使土地不能利用。不过，矿业不发达时可以如此规定，一旦矿藏的重要性被认识而且有条件开采利用的时候，问题就不这么简单了。所以，1930 年《土地法》第 7 条规定："中华民国领域内之土地，属于中华民国国民全体，其经人民依法取得所有权者，为私有

① 师沛生编：《中国民事习惯大全》"物权·关于质权之习惯"，上海书店出版社 2002 年影印版，第 43 页。

土地，但附着于土地之矿不因取得土地之所有权而受影响。”民国《矿业法》第 1 条也规定：“中华民国领域内之矿均为国有，非依本法取得矿业权不得探采。”[①] 也就是说，虽然按民国《民法》的规定土地所有权及于上至天空下至地心，但《矿业法》排除了有矿藏存在时此条适用的有效性。因此，根据民国《民法》和《矿业法》的规定，农地地权的范围是农地的地上地下，有矿藏的情况下除外。

（三）农地所有权的取得与保护

探讨过南京国民政府农地所有权的性质、类型、主客体及内容之后，我们来研究当时法律是如何保护农地所有权的，这对于我们了解一个政权的社会利益观以及立法技术水平有很大作用。

1. 关于农地所有权取得方式的规定

民国《民法》在物之所有权的取得方式上规定了原始取得和继受取得两种。

农地地权的原始取得。民国《民法》规定了所有权的原始取得方式，包括先占取得、因时效取得、因附合之取得及因经过排斥时间之取得。第 802 条规定了动产的先占取得，而关于不动产则无此规定，土地是否可因先占而取得，《民法》没有明文禁止。但《土地法》规定，土地不为私有者，即为公有。因此，农地没有私人或法人享有所有权的，均为公有土地，也就是说，《土地法》是不承认对农地的先占取得的。在因附合取得上，《土地法》第 10 条规定：“岸地如因水流变迁而自然增加时，其接连地之所有权人，有依法取得其所有权或使用收益之优先权。”水流变迁而附合于既有土地的部分，法律承认既有土地所有者对附合土地的所有权。在因时效而取得上，南京国民政府《民法》中的时效取得分长期时效取得和短期时效取得。长期时效取得也称一般取得时效，《民法》第 769 条规定：“以所有之意思，二十年和平继续占有他人未登记之不动产者，得请求登记为所有人。”短期时效取得又称特别取得时效，《民法》第 770 条规定：“以所有之意思，十年间和平继续占有他人未

---

① 徐百齐编：《中华民国法规大全》（三），商务印书馆 1937 年版，第 3353 页。

登记之不动产，而其占有之始为善意并无过失者，得请求登记为所有人。”除了民法典的规定外，司法院解释例 1930 年院字第 376 号、1931 年院字第 640 号、1934 年院字第 1110 号、1935 年院字第 1239 号、1935 年院字第 1359 号、1941 年院字第 2177 号、1944 年院字第 2670 号等，对不动产的一般取得时效和特别取得时效的具体适用还作出了明确解释。在荒地方面，承垦人取得耕作后，应即声请为耕作权之登记，继续耕作满 10 年者，可无偿取得该土地的所有权，也为时效取得。综上所述，南京国民政府在农地所有权的原始取得上，有因附和之取得和因时效而取得两种。

农地地权的继受取得。继受取得是因继承、转让、赠予、互易、遗赠等方式而取得所有权。民国《民法》中有相当内容对这些取得所有权的情况进行了规定。《国有荒地承垦条例》第 22 条所称的缴纳地价之土地，亦可称为继受取得，该条规定：承垦者“缴纳地价后，该管官署应按其缴价之亩数，给以所有权证书”[①]。这是讲的向政府缴纳土地地价，之后获得土地所有权的情况，即从政府手里继受取得土地所有权。

除了以上《民法》中对取得方式外，我们不能忽略《民法》之外的因登记而取得的方式。《土地法》设专编规定土地登记问题，而且采用了世界上最严格的登记效力做法，即地权包括所有权不经登记不生效力。我们后文对此将做详细讨论。从另一个角度看，凡是经过登记的农地，法律便承认其所有权，登记取得农地所有权是对既有的土地占有关系的确认，是对地主既得利益的保护。

《民法》中不管原始取得还是继受取得的规定，都是对既有土地私有权的肯定或土地所有权移转给予认可，这些明显是维护既有利益者利益的，反映了不公平的法律价值取向。

2. 关于农地所有权保护的规定

南京国民政府采用多种途径保护农地所有权。

《宪法》保护。从法理来看，各种法律保护方法都源自《宪法》规定。南京国民政府直到 1946 年才制定了《宪法》，在此之前，除 1931 年 5 月的《中

---

① 徐百齐编：《中华民国法规大全》（一），商务印书馆 1937 年版，第 750 页。

华民国训政时期约法》(简称《约法》)，其他的均为《宪法草案》。《约法》第16 条规定："人民之财产，非依法律不得查封或没收。" 第 17 条规定："人民财产所有权之行使，在不妨害公共利益之范围内，受法律之保障。" 第 19 条规定："人民依法律得享有财产继承权。" ① 这几项规定中，一项是针对公权力对人民财产权的妨害，公权力不得对土地进行非法查封或没收；一项指向所有权人之外的任何人，既包括公权力也包括私权利，保护所有权不受非法干涉和侵害；还有一项是保护财产的继承权，实质也是对所有权的保护。《约法》的规定反映了南京国民政府对农地所有权的态度：一是保护土地既有所有权，而且可以继承；二是依法可以查封或没收；三是不得妨害公共利益。

《民法》保护。南京国民政府关于农地所有权的保护，见于《民法》及《土地法》等。《民法》第 765 条规定："所有人，于法令限制之范围内，得自由使用、收益、处分其所有物，并排除他人之干涉。" 第 766 条规定："物之成分及其天然孳息，于分离后，除法律另有规定外，仍属于其物之所有人。" 第 767 条规定："所有人对于无权占有或侵夺其所有物者，得请求返还之。对于妨害其所有权者，得请求除去之。有妨害其所有权之虞者，得请求防止之。" 这些规定赋予所有人对所有物的四项权利：一是物之返还请求权，二是除去妨害请求权，三是防止妨害请求权，四是孳息收取权。物之返还请求权目的是恢复物的占有，除去妨害请求权目的是避免丧失占有以外的原因而造成的所有权受妨害，防止妨害请求权目的是防止对所有权妨害的发生，孳息收取是所有权权能的扩展，目的是保证所有权的充分实现。

《行政法》与《刑法》保护。除了《民法》保护之外，还有《行政法》保护和《刑法》保护。前者如《土地法》中规定：私有土地，因天然变迁，成为湖泽，或可通运之水道时，其所有权视为消灭。这些土地恢复原状时，经原所有权人证明为其原有者，仍恢复其所有权。后者如 1928 年和 1935 年《刑法》专门设有侵占罪，规定："意图为自己或第三人不法之所有而侵占自己持有他人之物者，处五年以下有期徒刑、拘役或科或并科一千元以下罚

① 《中华民国训政时期约法》，载荣孟源：《中国国民党历次代表大会及中央全会资料》(下)，光明日报出版社 1985 年版，第 948 页。

金。”[①]《刑法》保护方法，是各项法律保护中最为严厉的一种，对侵占他人土地具有最强震慑作用。但该《刑法》规定也有不足之处，即犯罪构成要件中要求必须是当时已经持有别人财产而意图据为己有或他有的，才构成该罪，这样将他人从土地上驱除而据其地为己有或他有的就不构成该罪了。此外，南京政府时期的《刑法》中没有别的条文予以保护农地所有权。所以，单从刑法角度看，对农地所有权的保护还是不足的。

除了以上法律保护外，当时的单行条例和司法解释例中也有对土地私有权保护的内容。如《剿匪区内各省农村土地处理条例》明确规定：“农村兴复委员会处理被匪分散之田地及其他不动产所引起之纠纷，一律以发还原主、确定其所有权为原则。”[②]司法院1930年院字第360号解释例则剔除了所有权保护的传统刑罚方式。

以上的法律规定中，既有公法保护，也有私法保护，确立了南京国民政府农地所有权保护的基本原则、方法和路径，显示了对私权利的重视，如能真正落实，对保证农地所有权在法律范围内自由行使能起到切实的保障作用。当然，这种保护是以对地主的既有所有权为对象的，将既存的所有权不均状况用法律确定下来，体现了立法者对既得利益集团的过度倾斜。

3. 农地所有权的消灭

所有权的存续是永续的，但并不意味着所有权不会消灭。南京国民政府的法律对土地所有权的消灭规定了以下几种情况：

（1）目的物之消灭。此即所有权客体消灭，如《土地法》第9.11条规定，水道湖泽之私有岸地，因坍没或浸蚀而变成水道或湖泽之一部分，或因天然变迁而成新水道所经过之土地，即视为消灭，其他如地震、火山爆发亦发生土地灭失之现象。

（2）混同。《民法》第762条规定：“同一物权及其他物权，归属于一人者，其他物权因混同而消灭。但其他物权之存续，于所有人或第三人有法律上之利益者，不在此限。”当两块农地混同为一块的时候，其中一块的所有权即为

---

① 徐百齐编：《中华民国法规大全》（一），商务印书馆1937年版，第154页。

② 《剿匪区内各省农村土地处理条例》，载中国第二历史档案馆编：《国民党政府政治制度档案史料选编》（上），安徽教育出版社1994年版，第420页。

消灭。

（3）抛弃。抛弃是所有人以意思表示的形式放弃所有权。《民法》第 764 条规定，物权一经抛弃，即归于消灭。当土地所有者抛弃其所有权时，该所有权即丧失。

（4）时效。所有权不因时效而消灭，然因取得时效之结果，原所有权亦因之消灭。如《民法》第 330 条规定，提存物之权利自提存后 10 年间不行使而消灭，其提存物属于国库。《土地法》第 57 条规定，逾登记期限无人声请登记之土地，或经声请而逾限未补缴证明文件者，其土地视为无主土地，由该管市县地政机关公告之，公告期满无人提出异议，即为国有土地之登记。这即是时效消灭。对不在地主，《土地法》规定 2 年内不自行耕作土地，便可归由佃户所有或收归公有，亦有时效消灭之意味。

（5）征收。《土地法》第 289 条规定“土地所有权因征收而移转者视为绝卖”，此即为征收所引起的土地所有权的消灭。

（6）无人继承之土地所有权。所有权人死亡，无人继承的土地，按土地依《民法》第 1185 条规定，属于国库。

所有权的取得和消灭，是所有权的起始和终结的两端。所有权起点开始后，没有法定理由，就不会走到终端。而法定理由一旦出现，所有权就会消灭。对农地所有权消灭的规定，属于法律技术层面的问题，关键之处在于消灭原因与时间点的把握。但所有权的消灭，又是与“耕者有其田”有很大关联的法律问题。在以上消灭事由中，仅有“征收”一项与“耕者有其田”能搭上关系，但《土地法》中规定土地征收的目的是为了“公共利益”需要，与实现“耕者有其田”无关；消灭事由中也没有规定革命方式所发生的土地所有权消灭。由此可见，《土地法》根本不主张以土地易主的方式实现“耕者有其田”。

（四）农地所有权之私法限制

近代欧洲资产阶级革命以来，曾经一度盛行私权绝对化，所有权不受任何限制，如法国 1804 年的《民法》。19 世纪末期，近代法学发生了巨大变化，突出表现便是社会法理学之兴起。此学旨在增进国利民福，强调所有权所负有的社会义务，主张个人权利的行使不能损害他人或社会利益，其结果是将所有权从绝对的权利转变为相对的权利。实践中，这一主张最初在 1855 年 5 月 2 日法国科尔玛法院针对“专为遮蔽邻舍阳光而修筑之烟囱”一案做出的判决中得到肯定，该判决认为：“所有权……与其他权利同，其行使应以满足适用之利益为范围，如以恶意或敌意所为之行为，对权利人无利益可言，而徒加害于他人时，因有违道德与衡平原则，实不能为法院裁判所允许。”[①] 立法上，“现代法时期的开端可以追溯到德国俾斯麦所进行的广泛的社会立法的年代，但确认的标志可以认为是魏玛宪法对所有权进行的限制”[②]。在民事立法方面，1900 年的《瑞士民法典》首次在肯定公民私有财产不可侵犯原则的同时，摒弃了《法国民法典》所使用的“神圣不可侵犯”和“绝对”等字眼。[③] 其第 226 条规定：“行使权利，不得以加害他人为唯一目的。”第 2 条则规定：“滥用权力，不得受法律保护。”[④] 一时间，对私有权的限制成为民事立法的趋向，这也深刻地影响了中国移植西方法律过程中的价值取向。

对所有权的限制，包括公法限制和私法限制两种情况。不管哪种对所有权限制的情况，都尤为明显地在土地上体现出来，我们在此仅展示《民法》中的土地相邻权，即私法对土地所有权的限制情况。

土地是不可移动物，在利用过程中都是将其划分为不同大小的区块，各有归属。于是每块土地必然有其“四邻”，每块土地都必定会产生“邻里”之间的关系。南京国民政府的《民法》专门规定了土地相邻关系，主要有十个方面内容：第一，关于经营工业或其他事业使用土地之土地相邻关系。第二，关于水之权利义务关系。该法第 775—785 条，以 11 条的篇幅规定了自然排水的承水义务，因蓄水、排水或引水导致工作物破溃、阻塞之修缮疏通或预防义务，高地所有人的输水权、过水权、他人过水工作物使用权、水流地所

① 陈钪雄：《民法总则新论》，三民书局 1982 年版，第 912 页。

② 李仁玉、陈敦：《论所有权观念的历史演进及其启示》，载杨振山主编：《罗马法·中国法与民法法典化》，中国政法大学出版社 2001 年版，第 136 页。

③ 李仁玉、陈敦：《论所有权观念的历史演进及其启示》，载杨振山主编：《罗马法·中国法与民法法典化》，中国政法大学出版社 2001 年版，第 139 页。

④ 殷生根译：《瑞士民法典》，法律出版社 1987 年版，第 1 页。

有人用水权、用水权人之物上请求权、使用林地余水权、变更水流权、堰之设置与利用权等。第三，关于安设线管的权利义务关系。第四，关于通行权的权利义务关系。第五，关于侵入他人土地之权利义务关系。第六，关于使用邻地之权利义务关系。第七，关于气响侵入之权利义务关系。第八，关于工事或建筑物等物防险之权利义务关系。第九，关于越界建筑之权利义务关系。第十，关于竹木果实之权利义务关系。这些规定在土地相邻关系中对所有权人的限制表现在以下方面：第一，容忍的义务。《民法》第 765 条规定："所有人，于法令限制之范围内得自由使用、收益、处分其所有权并排除他人之干涉。"但第 773 条规定："土地所有权除法令有限制外，于其行使有利益之范围内及于土地之上下，如他人之干涉无碍其所有权之行使者，不得排除。"第 793 条还规定："土地所有人于他人之土地有煤气、蒸汽、臭气、烟气、热气、灰屑、喧嚣、振动及其他与此相类者侵入时，得禁止之，但其侵入轻微，或认土地形状地方习惯认为相当者，不在此限。"第 790 条规定："土地所有人得禁止他人侵入其地内，但有左列情形之一者，不在此限：一、他人有通行权者；二、依地方习惯，任他人入其未设围障之田地牧场山林刈取杂草，采取枯枝、枯干，或采集野生物或放牧牲畜者。"这表明，为使其能尽社会职责，所有权人行使所有权时对于他人之干涉也有容忍的义务。第二，配合的义务。第 791 条规定："土地所有人遇他人之物品或动物偶至其地内者，应许该物品或动物之占有人或所有人入其地内巡查取回。"第 792 条规定："土地所有人因邻地所有人在其疆界或近旁营造或修缮建筑物有使用其土地之必要，应许邻地所有人使用其土地，但因而受损害者得请求偿金。"这两条规定，是要求土地所有人应配合其相邻方行使所有权，允许在某些情况下相邻人使用其土地。第三，不作为的义务。第 794 条规定："土地所有人开掘土地或为建筑时，不得因此使邻地之地基动摇或发生危险，或使邻地之工作物受其损害。"也就是说，土地所有权人在行使自己的权利时，不得作出妨害别人土地所有权的行为。

上述规定表明，为使他人地尽其利，或为公共利益，所有权人需要容忍他人干涉或分割自己土地，并需承担在自己所有的土地上不为一定行为或必须为一定行为的义务。有时还应进行积极的配合，以方便邻人行使所有权。

这是与 19 世纪下半叶开始的所有权绝对性发生改变的趋势相一致的，所有权的观念已日益由个人化向社会化转变，从保护个人利益与个人的需要的所有权，逐渐转化为维护社会利益和社会需要的所有权，所有权具有了很强的相对性特点。南京国民政府发挥了后发优势，充分将这一变化趋势引入本国。需要说明的是，在中国传统社会中，也存在着土地相邻双方互负为对方行使土地权利提供便利的义务，但这些义务是以各地习惯的方式表现出来的，南京国民政府《民法》是将这些零散的习惯加以整合，并吸收西方法律成果，进行了系统化。

二、农地用益物权

在世界法律史上，罗马法注重所有权，认为其神圣不可侵犯，物权的核心在“所有”而不是“利用”；日耳曼法则更注重物的利用，不以“所有”而以“利用”为核心，更注重保护用益物权。随着社会的不断发展和进步，商品经济日益发达，物的利用价值越来越受到重视，用益物权制度也就越来越被提到更加重要的地位。如果说所有权的价值与功能更多地在公平的话，他物权的价值和功能更多的在效率。南京国民政府时期农地上的用益物权主要有地上权、永佃权、地役权。

（一）地上权

何谓地上权？民国《民法》“物权编”第 832 条规定：“称地上权者，谓以在他人土地上有建筑物，或其他工作物，或竹木为目的而使用其土地之权。”这一规定阐明了地上权的含义与特征：首先，地上权是一种物权，受物权法调整；其次，地上权的主要内容是使用他人土地，是一种他物权；最后，地上权以在他人土地上有自己的建筑物、工作物或竹木为原因而使用他人土地为产生条件。现实中，地上权容易与土地租赁混淆，但二者有明显的区别。在成立要件上，因物权的性质，地上权的成立需符合法定形式要件如登记、书面形式等；在存续时间上，地上权一般没有固定时间，一般是与地上建筑物、工作物、竹木等共存，也有约定存续期限的，约定期限的地上权不因地上物的消灭而消灭，而租赁权则有约定的租期；地租方面，地上权不以地租为成立要件，可以支付地租也可以无地租，而土地租赁则有地租；在转让与否上，地上权人一般可以将其权利转让给他人，租赁权利人如转让权利则需所有权人同意；在所有权人义务方面，地上权人无权请求土地所有人进行土地修缮，而在租赁权下，承租人可以请求出租人履行修缮义务。此外，地上权是物权，物权采用法定主义，只有法律有规定的才视为物权，租赁不需法律直接规定，而是由当事人双方自行约定。最后，从效力上来看，地上权的效力要强于租赁权，甚至有时会将地上权人视同于所有权人，享受所有权人的权利，如民国《民法》第 833 条就规定，相邻关系的规定适用于地上权人之间或地上权人与土地所有人之间。

民国《民法》对地上权的规定，既是对中国传统地权习惯的总结和规范，也是对西方地上权法律制度的移植和改进。

1. 中国传统地权制度中的地上权

中国古代传统地权制度中，没有地上权的法律规定，有关规范主要存在于各地民事习惯中。在这些习惯中，地上权多以土地租赁名称出现。民国北京政府对各地进行了民事习惯调查，调查报告中将各地诸多以租赁名义存在的地权关系归入地上权中。如福建顺昌闽清二县习惯："顺昌民间，借他人土地，栽种竹木，借主对于该地，即认有地上权，其间有限定年限与土地所有人，几成分收者，亦有限定年限、支付地租于土地所有人者。第一种，例如甲在土地上，栽种竹木等，订立书据，约定三年五年，或十年八年，将来对于该竹木等之收益，各半分收者有之，栽种者六成，土地所有人四成者有之，或因土地荒芜，无偿栽种，约期一满，土地所有人即行收回者，亦有之。至其分配收益之方法，为原物或为价金，一任当事人之合意。第二种，例如甲在乙土地上栽种竹木等物，订立书据，约定年限，每年支付地租若干是也，闽清县借地造林者，递年出息，山主只分二成，租户则分八成。"① 又如："巴东潜江两县习惯，租他人土地，建屋或植物，租约内必定有期限，竹山、谷

① 师沛生编：《中国民事习惯大全》"物权编·不动产之权限"，上海书店出版社 2002 年影印版，第 36 页。

城、京山三县习惯，有定期者，有无期限者，上开各县，此种地上权，均得出租出卖，不随土地所有权之移转为移转。”[①] 还如汉阳、麻城、兴山县习惯：“地上权人在他人土地上为工作物或植物，而使用其土地，其设定之书据，通称为租借契约。汉阳、麻城、兴山三县习惯，均须订明一定期限，在设定存续期间以内，出租出卖，均不随土地所有权之移转为移转。”[②] 这些名义上的土地租赁习惯，不论从存续期间、权利的不以土地所有权移转为转移，还是权利产生原因等方面看，都体现了地上权的特点。因此，南京国民政府《民法》中的地上权之规定，具有中国传统土地制度的历史基础。

2. 民国《民法》中地上权的内容

按权利义务关系理论，一方的权利就是对方应尽的义务。我们以此来分析《民法》中地上权双方主体的权利义务关系。

地上权人的权利。地上权人是使用他人土地的人，根据民国《民法》“物权编”的规定，地上权人的权利包括：（1）土地使用收益权（第832条）。（2）地上权人有与所有权相似的物上请求权（第833条）。（3）地上权处分权，没有定期限的地上权，地上权人可以随时抛弃其权利（第834条），地上权也可以让与他人（第838条）。（4）取回工作物及竹木的权利（第839条）。（5）建筑物补偿权（第840条），民法规定“地上权人之工作物为建筑物者，如地上权因存续期间届满而消灭，土地所有人应按该建筑物之时价为补偿”。以上地上权人的权利同时也是土地所有人应尽的义务。

土地所有者的权利包括：（1）地上权撤销权（第836条）。若双方有地租之约定，地上权人积欠地租达二年之总额者，除另有习惯外，土地所有人得撤销其地上权。（2）收取租金的权利（第837条），“地上权人纵因不可抗力，妨碍其土地之使用，不得请求免除或减少租金”。（3）要求地上权人恢复土地原状的权利（第839条）。当地上权消灭时，地上权人须将土地恢复原状。土地所有权人的权利也是地上权人应尽的义务。

---

① 师沛生编：《中国民事习惯大全》“物权编·不动产之权限”，上海书店出版社2002年影印版，第40页。

② 师沛生编：《中国民事习惯大全》“物权编·不动产之权限”，上海书店出版社2002年影印版，第41页。

由于除非双方达成合意，地上权不以给付地租为要件，所以地上权人的权利很是充分。因为若在对方的土地上有建筑物、工作物或竹木，地上权人就可以使用土地所有人的土地并获得收益。若有地租作为对价还好，若没有地租，土地所有权人除保留着恢复土地原状的权利及土地处分权外，其他的占有、使用、收益的权利几乎都被地上权人享有了。可见，地上权的设计更多的是出于地尽其利、发挥土地的使用效率之目的。同时这一制度设计也反映了《民法》在土地所有权人与地上权人之间进行私权利平衡时的倾向性。

3. 地上权法律规定的中西对比

与清末和民国北京政府时期两部民律草案相较，南京国民政府的地上权法律规定有如下特点：

（1）条文数目减少。民国《民法》比前两个民律草案大大消减。《大清民律草案》（简称“一草”）中地上权的条文为 17 条，《民国民律草案》（简称“二草”）为 16 条，而民国《民法》中的条文数目仅余 10 条。条目的减少，一方面是将无必要的规定删除，另一方面是语言表达更为精练。

（2）概念表述更严密。《民法》中规定“称地上权者，谓以在他人土地上有建筑物，或其他工作物，或竹木为目的而使用其土地之权”，“一草”的界定是“地上权人得因在他人土地上有工作物或植物，而使用其土地”，“二草”则规定“地上权人因在他人土地上使用土地，有建筑物或竹木”。三个法律文件中的概念表述大致相同，但相比之下，《民法》的表达更细致、严密。对于享有地上权的原因，“一草”规定在他人土地上有工作物，民国《民法》则增加了“建筑物”，想必是因建筑物不同于工作物，工作物可能是建筑物，也可能不是，这是扩大性规定；同时，民国《民法》又将“一草”中的“植物”改为“竹木”，为缩小性规定，排除了竹木以外的植物。而“二草”中虽界定的是“建筑物”“竹木”，但缺少“工作物”之项，而且还有一个笼统的“使用土地”的原因，失之于宽泛。谢振民曾指出此系“采最新立法例，于建筑物或其他工作物以外，兼及竹木，于第 832 条命定之”①。

（3）内容进行了调整。其一，取消了对地上权期限的限制。“一草”规

① 谢振民编著，张知本校订：《中华民国立法史》（下），中国政法大学出版社 2000 年版，第 776 页。

定地上权期限为20年以上50年以下，“二草”规定期限可约定，无约定时由审判机关在10年以上50年以下范围内酌量裁定。而《民法》第834条规定：“地上权未定有期限者，地上权人得随时抛弃其权利。但另有习惯者，不在此限。”其二，取消了地上权消灭时“依习惯”的规定。“一草”第1079条、“二草”第863条关于地上权人在权利消灭时得恢复土地原状并收回工作物或植物的条文中有“若有特别习惯者，从其习惯”的规定，《民法》第839条则将此习惯取消，做了硬性规定。其三，将怠于交纳地租，土地所有权人得取消地上权的时限改为2年，而两草案的规定都是3年。

再看西方法国、德国、瑞士及日本的地上权法律。《法国民法典》《瑞士民法典》中均没有地上权的概念，《瑞士民法典》在用益权的规定中有近似地上权的内容，《德国民法典》曾一度有6条相关地上权的内容，而1919年发布的《地上权条例》又将地上权废止。这几个民法典编纂比较成熟的国家里，仅日本1898年实施的《民法》[①]中有专门的地上权规定。为何西方国家没有地上权制度，且日本地上权规定得很简单，而中国对地上权情有独钟呢？立法理由中有如下解释：“盖社会进步，经济发达，土地价格逐渐腾贵，建筑物或其他工作物及竹木致所有人有时不得并有土地之所有权，宜设地上权以应经济上之需要。”[②]也就是出于经济效率原因的考虑。中国和日本《民法》中地上权的规定也有不同。《日本民法典》对地上权的定义是“地上权人，因于他人土地上有工作物或竹木，有使用该土地的权利”，民国《民法》在地上权产生原因中比之多了“建筑物”一项。在存续期间上，日本《民法》为地上权设定了期限，它规定没有约定地上权时间的，地上权人在无另外习惯的情况下可随时抛弃地上权，但地上权人若不抛弃其权利，地上权存续的期间以20—50年为限，这与南京国民政府不设地上权期限不同。民国《民法》与日本《民法》都规定地上权人的权利消灭时，有收去工作物或竹木的权利，但土地所有权人愿以时价购买的，地上权人不能拒绝，这是对土地所有人权利的照顾，目的是实现地上权人和土地所有人之间的权利平衡。与南京国民政府规定不

---

① 王书江译：《日本民法典》，中国人民公安大学出版社1999年版，第46—47页。

② 吴经熊编：《中华民国六法理由判解汇编》（一），会文堂新记书局1940年版，第446页。

同的是，日本《民法》规定他人地下或空中有工作物的，也可作为地上权形成的原因。

通过对南京国民政府地上权内容的展示，及与中国传统地上权习惯和清末、民国北京政府时期两个民律草案及日本民法典内容的对比，我们可以看到南京国民政府民法典中规定的地上权制度，主体是从日本民法典进行移植并结合中国传统习惯加以改造而成。改造过程中，坚持了以法律规定的科学性为核心，符合地尽其利的主旨要求。它又比日本《民法》相关规定具有进步性。日本《民法》对地上权人与土地所有权人的权利义务规定得不多，而民国《民法》在这方面考虑得比较周全，而且更注重平衡二者之间的关系；民国《民法》对地上权不设期限更有利于地上权人权利的行使，有利于发挥地上权的存在价值；民国《民法》比日本的规定更注重保护地上权人的利益；民国《民法》吸收了中国传统习惯，但更注重对习惯的改造和法律的统一性。所以，总体来看，民国《民法》地上权制度虽然是按日本《民法》框架的设计，但更加注重本国国情，更加注重效率价值和对旧习惯的改造。

（二）永佃权

目前学者普遍认为，中国永佃制起源于宋代，明清时成为常态。不过也有学者认为，作为永佃制内容的“占佃权”在唐代就已经存在。[①] 在西欧，永佃权概念最早出现在希腊。罗马在侵略和扩张中获得了大量土地，国家将这些土地租给平民耕种并取得一定租金，这可以说是永佃权的开端。公元 2 世纪时罗马正式出现永佃权的法律概念，至查士丁尼时期将其作为他物权之一种，并为后世所沿用。

1. 中国传统佃权的特点

永佃制在中国存在了一千多年，它是学者们研究的一个热点问题。永佃制下，佃户在不欠租的条件下，有永远耕种和自由退佃的权利，但不得自行转佃私顶和另典；地主须履行永不增租、永不撤佃的保证。具体讲，传统永佃制中永佃权人的权利义务是：永远耕作、自由退佃的权利；不得欠租、不

---

① 刘秋根：《永佃权源于何时》，《晋阳学刊》1991 年第 1 期。

得抛荒和埋没界至、不得私顶、典卖的义务。[①] 由于中国传统社会中存在着可以将佃权转让的习惯，“在一分为二的土地上的两个所有权中，含有可以自由处分各自标的物的权能”[②]，这就造成了一田二主甚至一田多主情况的普遍存在。也由于佃户可以将田面权自由买卖或遗赠，田皮有其市价，占有田皮者可以随时将之出售以换取货币，所以，永佃户“不再是无产的农户，而是田产的主人”[③]，这既使得中国传统社会的地权关系变得非常复杂，又在一定程度上强化了佃农的权利，使土地利益在社会上进行多层次分配，起到稳定社会秩序的作用。但从性质上看，传统中国的永佃权关系是封建性的，它以地租为纽带，分配的是土地自然利益，不能扩大再生产，不能提高土地效益，长期影响着土地生产率的提高。

明清之后，永佃制度进一步发展，形成了一种比较成熟和顽固的生产关系。自清末变法开始，人们重新思考这种土地关系，南京国民政府更对其进行了大力改造。

2. 民国《民法》中永佃权权利义务关系内容

中国传统社会的永佃制关系比较复杂，南京国民政府《民法》中的规定就简单得很了。它先简明界定了永佃权的概念：“永佃权者谓支付佃租，永久在他人土地上为耕作或牧畜之权。”然后简单规定了永佃权的法律关系：

永佃权人的权利。根据南京国民政府《民法》的规定，永佃权人享有以下权利，此也即土地所有权人的义务：（1）土地使用收益权（第842条）。（2）物上请求权。（3）处分权，永佃权人可以将其权利让与第三人（第843条）。（4）收回地上物的权利，永佃权人有附属于土地的农作物及工作物的权利，并可以在永佃权消灭时收回地上物（第848条）。（5）请求减免地租的权利，永佃权人因不可抗力，致其收益减少或全无者，得请求减少或免除田租（第844条）。

永佃权人的义务。民国《民法》规定永佃权人承担如下义务，此亦即土

---

① 参见杨国桢：《论中国永佃权的基本特征》，《中国社会经济史研究》1988年第2期。

② ［日］仁井田陞著，姚荣涛译：《明清时代的一田两主习惯及其成立》，载刘俊文编：《日本学者研究中国史论著选译》，中华书局1992年版，第411页。

③ 赵冈：《永佃制的经济功能》，《中国经济史研究》2006年第3期。

地所有人之权利：（1）支付佃租的义务，积欠地租达二年之总额者，土地所有权人得撤佃（第 846 条）。（2）不得出租土地的义务，否则土地所有人有权撤佃（第 845 条）。（3）恢复土地原状的义务（第 848 条），永佃权消灭时，永佃权人有义务将土地恢复原状。

民国《民法》对永佃权制度规定得非常简明，也就使得长期存在的永佃关系变得非常简单，体现了其对中国传统永佃权既尊重又冷漠的态度，尤其是规定永佃权人不得将土地出租，旨在遏制过去一田二主甚至多主的现象。

3.《民法》永佃权之特点

与之前两部民律草案相比较，南京国民政府《民法》关于永佃权的规定，条文数目共 9 条，远远少于“一草”的 17 条，与“二草”10 条基本持平。在内容上，相较之下有如下变化：

（1）取消了永佃权的期限。其第 842 条规定：“永佃权之设定，定有期限者，视为租赁。”而在“一草”和“二草”中规定的永佃权存续期间为 20 年以上 50 年以下。取消期限的规定，使“永佃”名副其实，“永佃权之设定行为，既属永久，自应不定期限，方符永佃权之要件，如定有期限，则视为租赁”①，正是说明了其原因。

（2）永佃权可以让与他人，转佃权成为法定权利。在“一草”和“二草”中均规定“设定行为禁止让与或有特别习惯者，不在此限”，《民法》则允许永佃权转让。

（3）永佃权人不得将土地出租。“一草”规定永佃权人“得将其土地赁贷于他人”。“二草”对此则未予规定。《民法》规定永佃权人不可以出租佃入土地，能杜绝土地上复杂的权利关系发生，也是限制永佃权存在空间的举措。

（4）佃租得减免。民国《民法》第 844 条规定：“永佃权因不可抗力，致其收益减少或全无者，得请求减少或免除佃租。”而“一草”第 1096 条、“二草”第 870 条对此都给予了禁止性规定：“不得免除佃租或减少租额。”

以上这些变化，反映了民国《民法》对永佃权的限制，这与国民党的土地政策有关。国民党所主张的扶植和扩大自耕农、减轻地租、保护佃农等，

① 吴经熊编：《中华民国六法理由判解汇编》（一），会文堂新记书局 1940 年版，第 451 页。

都会涉及永佃权。也正是国民党的这些政策，导致了《民法》中永佃权的“式微”。

4. 南京国民政府对永佃制的改造

中国传统的永佃制在历史上曾具有非常重要的积极意义，起着对土地权利拆分、均衡分配的作用，因此中国传统社会大量存在着永佃现象。但它毕竟是封建时代以地租榨取和人身依附为特点的经营方式。进入近代以后，商品经济迅速发展，地租的形式由实物地租向货币地租转变，土地的资本性越来越明显，这就要求自由平等的人身关系和清晰的产权制度的存在。这种形势下，我国传统永佃制度中“一田两主”、土地交易的优先权等在适应现代商品经济上就存在着很大弊端；佃农们因土地权利分配不公、租负过大而造成的贫困生活，也使社会秩序面临极大压力。于是，南京国民政府下决心改造不符合资本主义发展方向的永佃制。

（1）压缩永佃权的存在空间。

首先，法律明文规定缩小永佃权的范围。《民法》将永佃权设定为“物权”，规定永佃权不得设有期限，设有期限者以租赁论。中国传统社会中，甚至到清末、民国北京政府时期还承认有期限的永佃权存在，《民法》取消了设期限的永佃权的存在，与世界其他国家趋向一致。《德国民法》有“用益权租”(Usufructuary Lease) 制度，其有明确期限规定，不认为是永佃权；《日本民法》也明确将“永小作权”存续期间为 25 年以上 50 年以下的，都视为租赁，而不以物权看待。南京国民政府的永佃权制度，一方面是向世界看齐，另一方面也是欲求增加自耕农数量，避免中国历史上混乱的租佃现象的再延续。

其次，通过司法解释将田面权转为永佃权，减少中间权利环节。司法院第 1703 号解释例就讲：“田面权，既系由佃户承垦生田而来，其承佃纳租及得将权利让与他人各情形，与民法第 842 条规定永佃权之性质相当，自可以申请以永佃权登记。”[①] 这样，一块土地上就仅剩土地所有人和永佃权人间的关系了，“二地主”不复存在，这样法律关系简单了很多。还如司法院第 3743

① 蔡墩铭主编：《民事程序法 立法理由、判解决议、令函释示、实务问题汇编》，台北五南图书出版公司 1997 年版，第 757 页。

号解释例说："田面权，如系支付佃租，永久在他人土地上为耕作或牧畜之权，自应视为永佃权而为该项权利之登记。田面权人得不经田底权人同意而将田面权出租之习惯，虽与民法第八百四十五条之规定不合，亦仅不得依以排除同条之适用，其田面权仍不因此而失其永佃权之性质。倘来问所谓辗转租让，实系永佃权之辗转让与，则为民法第八百四十三条之所许，尤无问题。"[①] 这些法律解释，明显跟立法者的意图一致，削减土地上的封建因素，减少地租食利环节，既能减轻佃农负担，也有利于资本主义生产方式的发展。

最后，不允许佃农再将土地转租。可以转佃但不允许转租，这也是减少权利层次，压缩佃农数量，消除土地封建剥削的一个有效法律措施。

（2）保护佃农。

南京国民政府在压缩永佃权空间的同时，又通过一些法律措施来保护佃农的利益：

首先，佃户的优先权保障。为保护佃农，除了前文已介绍的《佃农保护法》外，内政部1932年制定了《保障佃农办法原则》，规定地主不得任意撤佃，地主收回土地自耕之地再行出租时原佃农有优先承租权，地主典当或出卖土地时佃农有优先承典或承买权。[②]1933年1月11日《租佃暂行条例草案》第10条规定"业主收回自耕之土地再出租时，原佃农有优先承佃权"，第11条规定"业主典当或出卖土地时，佃农依同样条件，有优先承典或承买权"。[③]《土地法》中关于承租人优先权的规定，也是适用于永佃制度的。其第107条规定"出租人出卖或出租耕地时，承租人有依同样条件优先承买或承典之权"，第173条规定"出租人出卖耕地时承租人依同样条件有优先承买之权"，第184条规定"收回自耕之耕地在出租时原承租人有优先承租之权，自收回自耕之日起未满一年而再出租时，原承租人得以原租用条件承租"，这些有关佃农优先权的规定，显示了统治者对佃农权利保护的意图。

---

① 蔡墩铭主编：《民事程序法 立法理由、判解决议、令函释示、实务问题汇编》，台北五南图书出版公司1997年版，第759页。

② 徐百齐编：《中华民国法规大全》（三），商务印书馆1937年版，第3294页。

③ 《租佃暂行条例草案》，载中国第二历史档案馆编：《中华民国史档案资料汇编》第五辑第一编"财政经济"（七），江苏古籍出版社1994年版，第215页。

其次，减免地租。在对待佃农的政策和法律方面，南京国民政府除了《民法》有关于永佃权规定外，1927年5月10日颁布的《佃农保护法》规定，佃农缴纳租项不得超过所租地收获量40%；佃农对地主除缴纳租项外，所有额外苛例一概取消；租项在收获时缴纳，禁止押金及先缴租；遇灾情、战事，佃农有要求减租之权；废除包佃或包租制；佃农对地主之要求，经乡村自治机关审查后，如无异议，亦认为正当之要求，地主应予承认。[①]《土地法》中关于减租的内容有第177条："地租不得超过耕地正产物收获总额千分之三百七十五，超过千分之三百七十五者应减为千分之三百七十五，不及千分之三百七十五者依其约定。出租人不得预收地租并不得收取押租。"以及第178条："耕地之地价税由承租人代付者应于地租内扣除之。"1932年，内政部颁发了《保障佃农办法原则》，指出，缴租应以征收当年当地之生产物为原则；缴租最高限度应不得超过当年正产物收获总额375‰；禁止包佃包租，禁止预征地租、押租；地主收回自耕之地再行出租时，原佃农有优先承租权，地主典当或出卖土地，佃农有优先承典或承买权；佃农如能完全履行其义务，除地主收回自耕或土地所有权移转于自耕农时，出租人不得任意撤佃；佃农如对土地有特别改良之设施，解佃时得要求地主予以赔偿。[②]民国《民法》第844条规定："永佃权人因不可抗力，致其收益减少或全无者，得请求减少或免除佃租。"南京国民政府多次强调并制定法律来减低佃农的地租，这一方面表明佃农的地租额的确超过了合理水平，另一方面也表明南京国民政府关注到了社会公平问题。这些规定虽然不是直接调整土地关系，但对佃农的保护，对地租的减少，也是间接地扩大了佃农在土地上的权利，有一定积极意义。

总之，南京国民政府关于永佃权的法律条文虽然少，但显示了对中国传统地权的改造用力之大，反映了其试图通过对永佃制的改造来减少土地纠纷、在保护佃农的同时减少佃农增加自耕农、调整地主与农民之间利益冲突以缓解社会矛盾、发展资本主义经济的努力。这些规定，体现了其在地主与佃农之间倾向于保护佃农的利益，在公平与效率之间则倾向于公平兼顾了效率价

① 陆费执：《农业法规汇辑》，中华书局1937年印行，第38—39页。

② 陆费执：《农业法规汇辑》，中华书局1937年印行，第38页。

值的价值取向。但需要指出的是，这种取向只是局部上的取向，从大局上来看，它确认地主和佃农的关系就是在保护地主土地所有权，维护的是既有的土地权利不平等，忽视了土地资源分配的整体公平价值。

（三）地役权

地役权，是为自己土地的使用方便而使用他人土地的权利。它与地上权的区别主要在于地役权人在他人土地上没有建筑物、工作物及竹木，而是为了方便自己土地使用，不得不利用他人的土地。地役权也是《民法》规定的一项法定物权。

1. 地役权之源与中国地役权传统

地役权起源于罗马法。在古罗马，土地最初属于氏族、部落，由宗族公有。到公元前 6 世纪中叶，公有制瓦解，土地变为私有。土地私有背景下，单块土地所有者若没有其他土地所有者的配合，便不能有效地使用自己的土地，如在通道、水源等问题即是如此。罗马人便沿用土地公有时对某些土地共同利用的习惯，来解决这一问题。这样，在土地私有制下又产生了为自己土地的便益而利用他人土地的权利，罗马人将其视为一种对土地役使的权利，称为“地役权”。

中国古代多用伦理、礼及地方习惯来约束土地权利和行为，《汉书·循吏·召信臣》中记载：“信臣为民作均水约束，刻石立于田畔，以防纷争。”这里“均水约束”就涉及地役权。宋代习惯中也有些习惯关涉地役权，如：在出卖的田地上若有祖坟需进出原地，原业主便保留进出该地的自由，田间共用的道路可共同使用，上游水渠的共用等，都属地役权范畴。

我国关于地役权的立法，起始于清末制定的《大清民律草案》，继之有《民国民律草案》。但这两部法律都没有正式颁行，因此关于地役权的内容，仍主要存在于各地的民事习惯中。如山东嘉祥县有“田地坐落中心，四边无出入之车路者，若非商得地邻同意，不准牛车出入，名曰抬牛地”[①]的习惯，

① 师沛生编：《中国民事习惯大全》“物权·地役权之习惯”，上海书店出版社 2002 年影印版，第 38 页。

江西赣县有“赣县农民灌荫田亩，如取水必须经过他人禾田时，则有两种方法，即提禾，提开禾苗，挖沟过水，或提禾筑盆过水，是以行使此二种方法，无须得供役地所有者之承诺，但须择于供役地损害最少之处所为之”[①]的习惯，直隶清苑县有“地主变卖园地，两邻如不欲留买，新留主仍照旧用水灌溉，以园地未有无水道者，使用水道，邻无阻止之权”[②]的习惯。除地方习惯之外，民国北京政府大理院的司法判例、解释例，也有相当一部分关于地役权的内容。这些习惯和判例、解释例的存在，一方面说明中国传统社会大量存在着地役权的事实，另一方也表明面各地地役权状况存在不同。虽然它们有规范作用，但毕竟不统一、不科学、不系统，需要通过严谨的立法活动将之升华。

2. 民国《民法》中地役权内容

民国《民法》关于地役权的规定共有 9 个条文，主要内容如下：

首先，地役权成立的条件。地役权的成立必须满足三个基本条件：一是地役权的成立必须以“继续并表见”为前提，偶尔的、临时的、隐藏的、隐蔽的行为不能成立地役权；二是地役权必须存在于需役地权利人之上，不得与需役地分离；三是地役权必须经登记方能取得。

其次，地役权人的权利。地役权人享受以下权利：使用供役地权：地役权人于其权利范围内使用供役地的权利，这是地役权制度的目的，也是应有之权利（第 851 条）。附随权：地役权人于其权利行使之必要范围内，得为种种附随行为，即地役权人因行使权利的需要，可以为必要的行为（第 854 条）。物上请求权：当地役权受到侵害时，地役权人可请求排除妨害、防止妨害、恢复权利等的权利（第 858 条）。

再次，地役权人需承担如下义务：最少损害义务：应择于供役地损害最少之处所及方法行使地役权，超过必要的损害则需承担赔偿责任（第 854 条）。维持设置的义务：地役权人，因行使权利而为设置者，有维持其设置之义务，这里的设置可理解为设施，为了使用供役地人的土地，需要建设设施，

---

① 师沛生编：《中国民事习惯大全》“物权·地役权之习惯”，上海书店出版社 2002 年影印版，第 37 页。

② 师沛生编：《中国民事习惯大全》“物权·地役权之习惯”，上海书店出版社 2002 年影印版，第 37 页。

不建设的话会损及供役地人利益，这种情况下，地役权人有义务维持该设施（第 855 条）。

最后，供役地所有人享有如下权利：所有权：供役地所有人在不妨害地役权行使范围内，可以在其所有地内行使属于土地所有者的一切权能。工作物使用权：供役地所有人于不碍地役权之行使限度内，得使用地役权人在供役地上设置之工作物（第 855 条）。对价请求权：地役权为有偿者，供役地所有人有对价请求权（第 858 条）。

3. 民国《民法》对之前民律草案地役权内容的变化

与前两部草案相比，南京国民政府地役权的规定发生如下变化：

（1）条文精简。民国《民法》关于地役权的规定共有 9 条，而“一草”中有 23 条，“二草”共 19 条，条文数量大减。其删除的内容主要是共有人之地役权的规定、地役权 20 年不行使即消灭、地役权让与之规定、同一地上多个地役权行使的次序等；保留了地役权的从属性、地役权人的必要行为权、地役权人在供役地上之设置维持权、地役权不可分、地役权之物上请求权、地役权的消灭等项内容。我们认为，共有人的地役权无须规定；地役权的成立是为自己土地利用的方便而使用他人土地，如果设置行使年限，将极为不方便既有需役地的开发利用，因此地役权的年限不应存在。

（2）调整了地役权取得方式的规定。在地役权的取得上，《民法》只规定了“时效取得”一种原因，而“一草”还有“依法律行为而设定之”的原因，“二草”也规定了依目的而获得：“地役权人，得依设定行为所定之目的，以他人土地供自己土地便宜之用。”[①] 排除“依法律行为”及依目的而取得地役权，是为了防止地役权成立的随意性过大，避免因之造成的权利纠纷。

（3）调整了地役权消灭方式的规定。《民法》规定地役权的消灭须经法院宣告，删除了以前草案中“地役权因需役地或供役地灭失而消灭”、“二十年不行使者”而消灭、共有人之一人的地役权消灭及于他人等原因上的规定。这种变化的用意，在于减去没必要的、不合理的规定，使立法技术更具科学性。

---

① 杨立新点校：《大清民律草案民国民律草案》，吉林人民出版社 2002 年版，第 320 页。

4. 与大陆法系主要国家地役权的差异

检视大陆法系主要国家的民法，瑞士没有地役权规定，法国将地役权与役权合在一起，多属于民法相邻权的关系，只有德国和日本有集中的地役权法律规定。可以认定，民国《民法》中地役权内容乃至概念、语言表达，主要来源于日本《民法》。

相较日本《民法》，民国《民法》地役权制度与之有如下差异：第一，条文简约。这不但体现在地役权条文数量上，也体现在文字表述上。日本地役权制度共 15 条，南京国民政府的地役权仅 9 条规定。日本《民法》不少条文内又规定了若干项，而南京国民政府地役权条文大多以单项的形式表现。第二，制度有所取舍。日本《民法》的一些规定，民国《民法》没有予以吸收，如日本《民法》关于地役权的设定不得违反关于《民法》中相邻权的法律要求、关于地役权的附从于需役地所有权的性质、需役地方共有人的地役权问题、用水地役权的内容、地役权消灭时效的规定等，民国《民法》均未采纳。

相较德国《民法》，民国《民法》地役权规定的特点是：第一，语言简明。德国《民法》语言晦涩难懂，民国《民法》的语言则简单明了。第二，民国《民法》偏重于保护地役权人，德国地役权在赋予需役地方一定权利的同时，偏重于保障供役地所有人的权利。如德国民法典第 1019、1020 条规定地役权的内容不得超过地役权人因利用他人土地而获得的利益，地役权人须尽量保证供役地所有人的利益，当地役权的行使对供役地所有权人来讲有特别困难的，所有人可请求将地役权行使转移到另一适合场所。民国《民法》则规定地役权人负有以最少损害行使其地役权的义务，不计损害绝对数而只要损害程度相对最小即可以。第三，在立法技术上有些环节民国《民法》有些不足。如德国《民法》预想到需役地、供役地分割的情况如何处理，同一需役地上有数个地役权竞合的情况如何处理，在供役地上有妨碍地役权行使的设施的情况下的处理方法等，民国《民法》则没有这些方面的规定。

从性质上看，地役权是他物权，即对他人土地所享有的权利，是所有权行使必不可少的地权制度。从作用上看，地役权能方便所有权的行使，在土地利用效率的提高上作用显著。因此，对非常注重效率价值的南京国民政府来说，对地役权的肯认是其必然选择。但选择了地役权制度，就必然面临地役权与所有权的关系平衡问题，在这方面，南京国民政府采取了偏重于保护地役权的价值取向。只是南京国民政府在重视地役权的同时又对地役权加以了一定限制：地役权的确立必须经一定成立要件，即要经当事方达成协议，且必须登记。

总之，南京国民政府的地役权制度是在引进西方权利理论和制度的基础上对中国传统土地习惯进行改造的产物，反映了南京国民政府地权制度设计的重效率的价值取向，也反映了其立法技术的进步。

三、农地抵押权

抵押权是民事物权法中担保物权的一种，它是指对于债务人或第三人不移转占有而提供担保的不动产，得先于其他债权人而就其卖得金受清偿的权利。除抵押权外，民国《民法》中的担保物权还有质权和留置权，但只有抵押权适用于不动产，因此，讨论土地的担保物权，就是讨论土地抵押权。

抵押权制度源于罗马法，相继经历了信托质—占有质—抵押权的发展阶段。近代抵押权制度起始于法国，法国政府于 1795 年 6 月 27 日颁布了《抵押权法典》，1804 年又颁布了世界民法中里程碑式的《法国民法典》，对抵押权加以详细规定。此后，各国不断效仿法国的同时又对其加以改革和完善，形成了当今比较完善的抵押权制度。

在中国传统社会，抵押被称为“质”，是广为认可的债务担保方式之一。清末修律开始，抵押权这一制度逐渐被引进、调整、适应，经过民国北京政府时期，到南京国民政府时期正式定格。

（一）中国传统抵押习惯的特点

中国传统社会中，抵押广泛存在，不过各地习惯不一，具有中国抵押制度的自身特点。第一，抵押物种类多。如：“潜江县债务抵押计分四种：1. 以田地契抵押，其内地仍归欠债人营业，不过照付利息；2. 以所抵押田地之禾苗与债权人分收；3. 以所抵田地认缴干稞；4. 每年认缴稞钱。以上四种，若过期不能还钱，则前抵押田地字据，易为典契，归放债人耕种，或听转典他人。"[①] 第二，抵押方式多样。一般不转移土地占有，但有转移管业契据的，也有不转移管业契据的。如"福建顺昌县习惯是：例如甲以价值千元之土地，不移转占有"[②]，"江西赣县抵押权取赎期限，大率自一年至三年为度，且有不及一年者，有交付管业契据者，亦有并不交付管业契据，仅于借约内，注明某处产业作抵者"[③]。第三，抵押权的效力不一。如："湖北竹山巴东两县习惯，欠债过多，尽产摊账时，有抵押权之债务，与普通之债务均系同一摊派，京山县则无一定限制。惟视债权人手段何如。谷城广济二县，有抵押权之债务，不能与普通债务一律摊派，潜江县已抵押之田地，须将已抵押之债务还清，不能与普通债务一并摊派。"[④] 抵押权效力所及一般包括物之孳息，如福建顺昌县习惯就有"然甲或违背履行利息之约，乙可先收获此抵押物所生之孳息"[⑤]。

中国传统社会中普遍存在着的抵押习惯是引进西方抵押权制度，使之在我国生根成长的基础。但各地情况非常不统一，这在自然封闭的农业社会并无不适，但随着社会的发展，社会开放程度的加大，商品经济的兴起，各自为政的状态必然会成为经济发展的障碍，也易生纠纷，这也就需要对其进行科学的符合社会发展方向的改造。

（二）抵押权制度的法律内容

民国《民法》条文从第 860 条至第 883 条共 24 条，对抵押权制度进行了精心设计，归纳起来，有如下方面的内容：

1. 抵押权的含义

民国《民法》第 860 条界定了抵押权的概念："称抵押权者，谓对于债务

---

① 师沛生编：《中国民事习惯大全》"物权·抵押权之习惯"，上海书店出版社 2002 年影印版，第 33 页。

② 师沛生编：《中国民事习惯大全》"物权·抵押权之习惯"，上海书店出版社 2002 年影印版，第 29 页。

③ 师沛生编：《中国民事习惯大全》"物权·抵押权之习惯"，上海书店出版社 2002 年影印版，第 31 页。

④ 师沛生编：《中国民事习惯大全》"物权·抵押权之习惯"，上海书店出版社 2002 年影印版，第 35 页。

⑤ 师沛生编：《中国民事习惯大全》"物权·抵押权之习惯"，上海书店出版社 2002 年影印版，第 29 页。

人或第三人不移转占有而供担保之不动产，得就其卖得价金受清偿之权。”这个简短的定义揭示了南京国民政府抵押权制度的特点：①抵押权的标的为不动产，动产不作为抵押权的标的；②标的物的占有不移转，继续由所有人占有；③担保物的提供者可以为债务人，也可以为第三人；④抵押权是担保物权的一种，作用是保证债权的实现；⑤债权的实现只能以担保物卖得价金受偿，不能以其他方式如约定担保物归债权人所有受偿。

反观西方国家的抵押权制度，瑞士《民法》在“不动产担保”一章中专设一节规定“不动产抵押”，但并没有抵押权的定义。法国《民法》规定：“抵押权为保证清偿债务而在不动产上设定的物权。”[①] 德国《民法》规定：“土地可以向因设定负担而受利益的人由此土地支付一定金额清偿其享有的债权的方式设定负担。”[②] 日本《民法》规定：“抵押权人，就债务人或第三人不移转占有而供债务担保的不动产，有先于其他债权人受自己债权清偿的权利。”[③] 就此规定，我们已能感触到南京国民政府法学家们对西方抵押权制度理解之透彻了。西方国家对抵押权的界定或是失之于无，或是如法国那样仅言明目的、标的物和抵押权的性质而无定义，或是仅如德国那样描述式的说明。考究词源，民国《民法》“抵押权”一词源于日本，但与日本语中的不同之处是它明确了抵押权实现时不得以标的物受偿而必须以标的物卖得价金受偿的要求。一个概念就基本把抵押权的内容概括全了，可见民国《民法》对抵押权理解之深和立法技术之娴熟。

2. 抵押权的取得与消灭

按民国《民法》之规定，抵押权的取得大致分为基于法律行为取得与基于法律之直接规定两种方式。基于法律行为之抵押权的取得又可分为设定行为取得和让与行为取得。设定行为取得抵押权，最普遍存在于契约行为取得抵押权，这种取得方式要求订立书面契约，并进行登记。让与行为取得是指在债权转让时，抵押权也随之转移，民国《民法》第 867、868 条规定的即是此种取得方式。让与行为取得抵押权也须订立书据且经登记。在因法律直接

---

① 李浩培等译：《法国民法典》，商务印书馆 1979 年版，第 294 页。

② 杜景林、卢谌译：《德国民法典》，中国政法大学出版社 1999 年版，第 266 页。

③ 王书江译：《日本民法典》，中国人民公安大学出版社 1999 年版，第 63 页。

规定取得抵押权上，《民法》第 513 条规定：“承揽之工作为建筑物或其他土地上之工作物，或为此等工作物之重大修缮者，承揽人得就承揽关系报酬额，对于其工作所附之定作人之不动产，请求定作人为抵押权之登记；或对于将来完成之定作人之不动产，请求预为抵押权之登记。”通过书面签订协议，并须登记才能取得抵押权，这是世界各国之通制，只不过是在登记的程序和效力上有所不同。民国《民法》中的抵押权设定采用了世界普遍的登记取得方式，而且以不登记即不生效力来强力规范抵押权，体现了对不动产（土地）抵押权的极为重视，这对稳定社会经济秩序能起到积极作用。

根据民国《民法》之规定，抵押权的消灭有以下几种情况：（1）因标的物灭失而消灭。“抵押权，因抵押物灭失而消灭。”（第 881 条）但该法又规定，若物的灭失受有赔偿金，则应按各抵押权人之次序分配，这成为抵押权的物上代位。近代各国采用这种制度的较少，仅意大利和日本，但二者又有不同，民国《民法》则使用意大利的制度。[①]（2）混同。供抵押之不动产所有权、地上权、永佃权或典权与抵押权同归一人时，抵押权因混同而消灭。（3）抛弃。抵押权作为财产权，可因抛弃而消灭。（4）除斥期间届满而消灭。《民法》第 880 条规定：“以抵押权担保之债权，其请求权因时效而消灭，如抵押权人，于消灭时效完成后，五年间不实行其抵押权者，其抵押权消灭。”这项规定是综合了西方民法的担保物权制度而来，在瑞士有债务证券及定期金证券制度，规定权利人在 10 年间未请求利息支付的，可请求公示催告，由法院宣布无效；德国也有因除权判决使抵押权消灭的规定。民国《民法》中没有上述内容，所以设计了抵押权除斥期间制度。这些规定反映了民国《民法》立法技术上对西方法律的吸收和甄别采纳。

3. 抵押权的效力

抵押权的效力，是指抵押权成立后，所及于的标的物的范围和担保债权的范围。民国《民法》第 861 条规定了抵押权及于的债权范围：原债权、债权利息、迟延利息以及实行抵押权之费用。第 862—864 条规定了抵押权及于的标的物范围，抵押权及于抵押物的从物、从权利，以及抵押物扣押后分离

---

① 史尚宽：《物权法论》，中国政法大学出版社 2000 年版，第 313 页。

出来的天然孳息、抵押物扣押后收取的法定孳息。除了“物”外，抵押权的标的还包括权利，民国《民法》第 882 条规定，土地的地上权、永佃权及典权都可以作为抵押权的标的物。这些规定基本也都是采纳了西方抵押权制度之通制。

4. 抵押权的次序

民国《民法》第 865、866、874、875、881 条规定了抵押权实现的次序：（1）在同一不动产上为数个债务设有抵押权的，抵押权的次序依登记的先后而定。日、法、瑞等国家《民法》都如此规定。（2）在不动产设定抵押后，又设定地上权及其他权利的，抵押权不因此受到影响。（3）抵押物卖得之价金按各抵押权人之次序分配，如果次序相同，则平均分配。抵押权因抵押物灭失所得之赔偿金应亦按各抵押权人之次序分配。（4）为同一债权在数个不动产上设置数个抵押权，又未定各不动产负担金额的，抵押权人可以就各不动产卖得价金受债权全部或部分清偿。（5）被抵押的不动产如经分割或让与一部分，或作为抵押物的数个不动产中的一个让与他人的，抵押权不因此而受影响。这些也是采纳了西方国家抵押权的规定，其目的是协调抵押权人之间的利益关系，免生矛盾纠纷，保证各抵押权人的利益而作的技术性规定。

5. 抵押权人与抵押人之间的权利义务关系

抵押权当事人双方的权利义务关系决定了抵押权人与抵押人之间的利益。按民国《民法》的规定，不动产所有人的权利有：（1）不动产所有人可于抵押物上设定别种权利，抵押权不因此而受影响（第 866 条）。（2）抵押权设定后，不动产所有人可在同一物上再设定抵押权（第 865 条）。（3）不动产抵押权设定之后，所有人可以将不动产让与他人，但抵押权不因此受影响，即抵押权具有追及力（第 867 条）。抵押权人的权利有：（1）抵押权人可就抵押物拍卖得价金受债务之清偿（第 873 条）。（2）抵押权设定后，当抵押物价值减少时，抵押权人可：①防止抵押物价值减少。抵押权人可请求停止抵押人导致抵押物价值减少的行为，也可在急迫情况下自己采取必要的保全措施（第 871 条）。②抵押物价值减少之补救。抵押物价值因抵押人的原因减少时，抵押权人得请求抵押人恢复抵押物之原状，或提出与减少价额相当之担保（第 872 条）。③非因抵押人的原因造成抵押物价值减少的，抵押权人仅可于抵押人受损害赔偿之限度内，请求提出担保（第 872 条）。总起来看，所有权人享有转让抵押物和在抵押物上设定别种权利、再抵押的权利；抵押权人则享有就抵押物卖得价金优先受偿权、抵押物价值减少时的各种权利。由以上各点可见，民国《民法》较好地平衡了双方的权利义务关系。

6. 关于抵押权中的第三人

民国《民法》抵押权制度中涉及几个方面的第三人问题。首先是为债权人提供担保的第三人。在此情况下，抵押权人与第三人的关系相当于抵押权人与债务人的关系，适用抵押权与抵押人间的权利义务规定。其次，抵押物转让后，抵押关系会涉及第三人，此时抵押权会产生追及效力，第三人需配合实现抵押权。最后，当抵押物为土地或地上建筑物，而所有权人将其中之一抵押，或将全部抵押后卖出一部时，会涉及第三人，此时第三人享有地上权。第四，当第三人侵害抵押物时，抵押权人及抵押物所有人均可请求第三人损害赔偿，抵押权人于第三人受有损害赔偿时，其债权于此范围内消灭。这些规定是为了在保证抵押权实现的同时兼顾第三人利益，反映的主要是以效率为核心的法律技术问题。

7. 抵押权之实现

依照《民法》的规定，实现抵押权有三种方法：拍卖、取得抵押物所有权、拍卖以外的方法。

（1）拍卖。债务人在清偿期届满而不清偿债务时，抵押权人可行使拍卖的权利。不过拍卖须向法院提出申请，由法院实行（第 873 条）。

（2）取得抵押物所有权。抵押权的实现，以拍卖抵押物为原则，但拍卖程序比较繁难，所以《民法》允许抵押人与抵押物所有人订立契约取得抵押物之所有权，以代清偿（第 878 条），称为代物清偿。第三人为抵押人者，代物清偿后，对债务人有求偿权（第 749 条）。

（3）拍卖以外的方法。抵押权人在债权清偿期届满后，可以与抵押人订立契约，用其他便利方法处分抵押物，如变卖，称为代价清偿（第 878 条）。

这三种抵押权的实现方式，与当时世界上抵押权实现方式有不同。当时一般有折价、拍卖、变卖方式，代物清偿的办法当时基本不采用了。民国《民法》中也没规定折价的方式实现抵押权，这是受时代条件限制、法律理论发展不足所致。

（三）与前两个民律草案中抵押权规定的比较

民国《民法》中关于抵押权共有 24 条规定，“一草”中有 47 条规定，“二草”中有 43 条规定，《民法》中抵押权的条文减少近一半。

民国《民法》中增加了抵押权之除斥期间的规定：“以抵押权担保之债权，其请求权已因时效而灭失，如抵押权人，于消灭时效完成后，五年间不实行其抵押权者，其抵押权消灭。”（第 880 条）这是为平衡抵押权人与抵押人之间的权利关系而设，抵押权制度的设定虽主要目的在保护抵押权的实现，但抵押权人不能无限期地保留其权利而怠于行使。

民国《民法》删去之规定，包括第三人为抵押物支付必要费用之优先于抵押权人受偿的规定；抵押债权不因时效而消灭的规定；抵押物价格因不能归责于设定抵押权人之事由、不能归责于抵押人之事由而减少时的处理；第三人提出提存价金以消除抵押权；最后登记抵押权逾十年债权人之所在不明者，其抵押权得依公示催告程序始归消灭的规定等。如此做法，减少了第三人在抵押权中的作用，使抵押权权利义务关系更加明晰，也减轻了程序复杂性，使抵押权易于实现。

（四）与西方抵押权的比较

德国的抵押制度非常复杂。德国的抵押权制度与土地债务、定期金土地债务制度共同组成了不动产担保物权制度，抵押权只是担保物权中的一种，其抵押权又分为流通抵押权和保全抵押。瑞士“属于德意志法系的不动产担保权的范畴，同德国民法典规定的不动产担保权如土地债务等，具有类似性”[①]，其土地担保权采用的是土地抵押证券、抵押债务证券、地租证券。德、瑞两国的抵押权制度过于复杂，不可在中国复制，因此南京国民政府便将目光移至日本，制定了与日本类似的抵押权制度。但中日抵押权制度又有很大差异。日本除规定了抵押权利效力范围以保证抵押权人利益外，为保证交易

---

① 陈华彬：《外国物权法》，法律出版社 2004 年版，第 312 页。

的安全，特别重视保护第三人的利益，为此日本建立了三项制度：一是代位清偿制度，第三人可代替债务人清偿债务，代位清偿之后，第三人可以购得抵押物。二是代价清偿制度，“就抵押不动产买受所有权或者地上权的第三人，应抵押权人的请求，对其清偿了代价后，抵押权为该第三人而消灭”（日本《民法》第377条）。应抵押权人的要求，第三人提供了相当于抵押物价值的款额之后，可以解除抵押权，使第三人获得交易上的安全。三是涤除抵押权制度，日本《民法》用了10个条目来规定这项制度，可见这是日本抵押权制度的主体。其内容大体是，获取抵押物所有权、地上权、永佃权的第三人，可以根据自己的评估，向抵押权人提供一定的金额（涤除金额）。如该金额得到抵押权人的承诺，则通过支付或提存来消灭抵押权，即“就抵押不动产取得所有权、地上权或永佃权的第三人，可以向抵押权人支付或提存其提供的、得到抵押权人承诺的金额，而涤除抵押权”[①]。涤除抵押权使第三人可以更加主动地去保障交易安全。日本《民法》还规定了抵押权人可以用抵押权为自己其他债权提供担保。通过对比，可见南京国民政府抵押权的设置，重点在于保护抵押权人的财产安全，没有对第三人有过多关注，日本《民法》则在保证抵押权人利益的同时，重点设计了保护第三人交易安全的制度。民国《民法》偏重效率，日本《民法》则更多地考虑了公平和交易安全。

抵押权制度是与个人财产所有权及其他物权分不开的，是以私有制为基础的商品经济社会不可或缺的制度。该制度的基本目的和价值是保证投、融资和交易的安全、便捷。从以上对比及分析可见，南京国民政府《民法》中的抵押权制度，主要以西方民事法律特别是日本《民法》为依托，部分吸收、改造中国传统习惯而来，从而最终使抵押权法律规范得到全国性的统一。这对中国走出传统封闭的自然经济，发展资本主义，促进效率实现，是有重要积极意义的。但其抵押权制度设计，由于受本国经济发展阶段和历史文化及立法技术的影响，也存在一些不足，如制度设计比较粗糙，在价值理念上对第三人交易安全考虑较少，不利于社会整体利益。

---

① 王书江译：《日本民法典》，中国人民公安大学出版社1999年版，第65页。

四、典权

典，是中国古已有之的产权制度，经长年发展，形成了独具中国特色的一种不动产利用和运行方式。随着西方法律的引入，典在近代则面临着何去何从的选择。

（一）典权在中国的历史

在夏商青铜器上，多次出现“典”字。不过汉朝以前，“典”均不具有田土交易或抵押方式的意思。西周时，“典”的含义为“租赁”；春秋战国时，“典”是典章制度之义；秦时，“典”则更多被用于官职名称，含有控制掌握的意思。典作为法律制度，产生在汉初至唐。“汉初有《户律》之设，民事规定入律，土地亦得自由移转或设定，典权制度亦因典卖、典当、典质等观念而发达至唐代。”① 唐敕令规定：“庄宅、碾硙、店铺、车坊、园林等，都可‘一任贴典货卖’。”② 汉唐为典权制度的产生奠定了基础，不过还是停留在观念及非正式法律之中。宋代有关土地典当的规定仍然没有写入法律，但这时期的“典”在令中已有所体现，典当“已进入了典制成文化之初期矣”③。元代典卖田地房产被称为“活业”④，“典”虽仍没写入律文，但“令”和习惯法中有关典的规定更普遍地出现了。

明代完成了“典”制入律的过程，“典”正式被确立为法律制度。明《户律·田宅门》中已有了“典买田宅”罪名，并规定典买田宅必须税契、过割，不得重复典卖等。⑤ 明代典权制度入律“是中国民法史上一个明显的进步”⑥。

清代典的制度进一步完善。清代土地典的现象更加盛行，各地均有典

① 潘维和：《中国民事法史》，台湾汉林出版社 1982 年版，第 400 页。
② 孔庆明、胡留元、孙季平编著：《中国民法史》，吉林人民出版社 1996 年版，第 249 页。
③ 孔庆明、胡留元、孙季平编著：《中国民法史》，吉林人民出版社 1996 年版，第 475 页。
④ 孔庆明、胡留元、孙季平编著：《中国民法史》，吉林人民出版社 1996 年版，第 475 页。
⑤ 怀效锋点校：《大明律》，法律出版社 1999 年版，第 55—56 页。
⑥ 孔庆明、胡留元、孙季平编著：《中国民法史》，吉林人民出版社 1996 年版，第 531 页。

的习惯存在，形成了形态各异的典的地方性特点。国家法律注意到了各地复杂的习惯内容，对典进行了一定的统一规范，如明确规定了典权的最长期限。

到了清末、民国北京政府时期，《大清民律草案》将典与西方的“质”混为一体，忽略了典的存在，《民国民律草案》“于不动产质权外，另设典权之规定，以辅缺失”[①]。典权制度虽历两次酝酿，终未成正式法律制度。

（二）典权制度的法律内容

众所周知，南京国民政府是以引进西方法律为主来建立中国近现代法律制度的。前文所述各种权利制度在西方都有蓝本，唯独典权制度无从参考。所以，南京国民政府进行典权制度立法只有借助西方法理，对中国传统有关典的法律和地方习惯进行整合而进行。我们在这里结合中国传统典的习惯，来考察南京国民政府的典权制度设计。

1. 典权的取得、消灭与期限

典权的取得。《民法》规定典权可因法律行为取得，也可基于法律行为以外的事实取得。因法律行为而取得的行为主要是契约行为，也有遗嘱行为，此种取得方式均需订立书据，并且非经登记不生法律效力。因法律行为之外之事实取得，可分为继承取得和时效取得。

典权的消灭。典权可因下列事由消灭：（1）回赎，典权因出典人将典物赎回而消灭。（2）典物灭失。若全部灭失，则典权与回赎权全部消灭；若部分灭失，有回赎权人仍得就余存部分回赎；若因不可抗力灭失，典权当然消灭（第920—921条）。（3）逾期不赎或抛弃回赎（第923—924条）。（4）找贴。典权存续中，出典人表示让与其典物所有权于典权人的，典权人得按时价找贴，取得典物所有权，典权即归于消灭（第926条）。

典权的期限。典权的期限是指出典人从出典其物到赎回其出典物间的期限。在此问题上，《民法》有如下之规定：（1）出典人与典权人双方可约定期限（第912条）。（2）典权约定期限不得超过30年，超过30年的缩短为

① 杨与龄：《民法物权》，台北五南图书出版公司1981年版，第232页。

30 年（第 912 条）。（3）定有期限的典权，期限届满后，经过 2 年，不以原典价回赎者，典权人即取得典物所有权（第 923 条第二款）。（4）未定期限的典权，出典人可随时以原典价回赎典物，但经过 30 年不回赎的，典权人即取得典物所有权（第 924 条）。（5）典权约定期限不满 15 年的，不能附有到期不赎就做绝卖的条款。

以上这些规定，其精神实质虽然在中国传统习惯中多有体现，但诸如法律行为、遗嘱、时效等均为西方近现代法律概念，在中国传统法中不曾存在。统一的法律规定使各地不同方式的典权成立、消灭及期限的要求一致起来，同时，也对传统典的制度进行了改造。在典权的期限上，中国传统社会多地习惯是一般为 1—5 年的不得回赎期，以限制回赎权的行使，而在回赎期限上除个别地方外，则不加限制。如甘肃省古浪县有“一典千年活”[①] 的习惯，福建省政和县有“永不典绝”[②] 的习惯，山西省辽县也有“典地不依限取赎”[③] 习惯，山东堂邑、滋阳县有“典当不动产回赎无期限”[④]，等等。对典权期限的限制，一方面反映的是南京国民政府尊重中国传统的典权事实，另一方面又体现了其对典权制度进行了重要的调整和规范的态度。如果按照旧制对典物不设回赎期限，就会使所有权长期处于不稳定甚至不确定的状态，使典权、抵押权、永佃权等方面也处于模糊状态，导致权属不明，易滋纠纷，这不符合商品经济的要求。所以南京国民政府对回赎期采取了严格限制的措施，规定了典权的最长期限，到期不回赎即视为绝卖。这反映了南京国民政府力图精简土地权利层次、保证效率实现的立法意图。当然，立法中也有照顾出典人的期限规定，如规定典期不足 15 年的不能约定到期不赎即作绝卖，就能起到保证出典人的土地所有权不轻易被剥夺的作用。一般情况

① 前南京国民政府司法行政部编：《民事习惯调查报告录》，中国政法大学出版社 2005 年版，第 321 页。

② 前南京国民政府司法行政部编：《民事习惯调查报告录》，中国政法大学出版社 2005 年版，第 236 页。

③ 前南京国民政府司法行政部编：《民事习惯调查报告录》，中国政法大学出版社 2005 年版，第 321 页。

④ 前南京国民政府司法行政部编：《民事习惯调查报告录》，中国政法大学出版社 2005 年版，第 109 页。

下，出典人会被视为弱者，对弱者的保护一定程度体现了“公平”的立法价值取向。

2. 典权人的权利义务

（1）典权人对典物的占有及用益权

典权是典权人占有典物并为使用收益的权利。据此性质，作为典权人当然具有占有出典人之典物并为使用收益之权，只不过典权人不得对典物加以永久性损害或变更。这是中国传统习惯中典的制度设计的目的所在，南京国民政府《民法》规定了典权人的这些权利，是基于对历史事实的肯定。

（2）典权人之转典权及出租权

《民法》第 915 条规定：“典权存续中，典权人得将典物转典或出租于他人。但契约另有订定，或另有习惯者，依其订定或习惯。典权定有期限者，其转典或租赁之期限，不得逾原典权之期限，未定期限者，其转典或租赁，不得定有期限。”这明确了典权人的转典权和出租权，规定了行使这些权利应遵循的原则。本项权利是中国传统典之习惯中典权人一般都享有的，如各地普遍存在的“租不拦当，当不拦卖”的习惯即是。民国《民法》对其加以肯定是有原因的：“夫典权人对于典物，既有占有与用益之权，则将物转典或出租于他人，当亦为用益之方法，自无不可，且典权人于典权取得后，如遇有急需，而出典人无力回赎，或典期未满，典权人不能求其回赎，倘无转典办法以为救济，则典权人不能擅自活用其典物，经济无法疏通，势必陷入绝境，殊失物能尽用之旨。”[①] 对典权人转典权和典物出租权的肯定，既体现了西方权利人有对权利的处分权的学理，也体现了物尽其用的经济要求。

（3）典权人之典物先买权

《民法》第 919 条规定：“出典人将典物之所有权让与他人时，如典权人声明提出同一之价额留买者，出典人非有正当理由，不得拒绝。”本条规定明确肯定了典权人购买典物的优先权。中国传统典的习惯中除个别地方外，均普遍存在先尽原典户的习惯，如奉天怀德县、甘肃华亭县有“典当主优先留

① 黄右昌：《民法诠解》，商务印书馆 1977 年版，第 105 页。

兑权”[1]，吉林省有“典主对于所典房屋有先买权”[2]，黑龙江省绥化县有“凡四邻及本族对于此项买卖行为，如无抑勒价值情事，准其尽先购买”[3]习惯，等等。民国《民法》的规定与这些习惯是一致的，照顾了典物所有人与典权人的特殊关系，且在经济上对典权人有利并对出典人并无损害。

（4）典权人之重建修缮权

《民法》第921条规定：“典权存续中，典物因不可抗力致全部或一部灭失者，典权人除经出典人同意外，仅得于灭失时灭失部分之价值限度内，为重建或修缮。”这是对重建和修缮权的明确规定。本项权利中应注意三方面内容：一是重建或修缮应在典物灭失的范围内进行，二是超过灭失部分的重建或修缮须征得所有权人同意，三是灭失是因不可抗力。在传统习惯中，各地做法不一。南京国民政府此项立法将修缮问题统一了起来，平衡了出典人和典权人的权利义务，以“自愿”为原则尊重了双方的意愿。

（5）典权人之费用偿还请求权

《民法》第927条规定：“典权人因支付有益费用使典物价值增加，或依第九百二十一条之规定重建或修缮者，于典物回赎时，得于现存利益之限度内，请求偿还。”典权人就典物支出的费用，基本分为三种：必要费用、通常有益费用、特别有益费用。这三项费用典权人可向出典人请求偿还。这与传统习惯及民国《民法》中典物原典价取赎的规定相一致。

（6）典权人因相邻关系所生之权利义务

典权人取得典权后，占有着不动产，他所处的地位与土地所有人类似，因此所有人与相邻人之间的关系，也准用于典权。传统习惯中一般也是这样的，民国《民法》将其以法律的形式进行了明确。

---

① 前南京国民政府司法行政部编：《民事习惯调查报告录》，中国政法大学出版社2005年版，第21页。

② 前南京国民政府司法行政部编：《民事习惯调查报告录》，中国政法大学出版社2005年版，第31页。

③ 前南京国民政府司法行政部编：《民事习惯调查报告录》，中国政法大学出版社2005年版，第59页。

（7）典权人保管典物之义务

《民法》第 922 条规定："典权存续中，因典权人之过失，致典物全部或一部灭失者，典权人于典价额限度内负其责任。但因故意或重大过失致灭失者，除将典价抵偿损害外，如有不足，仍应赔偿。"这项规定明确了典权人保管典物的过失损害赔偿义务。《民事习惯调查报告录》中并无此类习惯记载，根据现代法理的过失赔偿责任原则，理当如此。

（8）典权人返还典物之义务

典权人于典权消灭之时，应将典物以原状样态返还出典人。这是典权制度题中应有之义。

3. 出典人的权利

（1）典物之回赎权

出典人于典权期限届满后二年内可赎回典物，没有订立期限的，可随时赎回典物，这即是出典人的赎回权（第 923 条），是传统法律中出典人的基本权利。

（2）出典人出卖典物的权利

中国传统典的制度中，一般不允许出典人将典物出卖与非典权人，如在福建省长乐县有"在期限内，只可断卖与典当，原主不得卖与他人"[①] 的习惯，而且由于各地均存在承典人购买出典土地的优先权，所以即使允许出卖，也先尽承典人留买。不过，也有地方是允许所有权人出卖典物的，如奉天一些县就有"租不拦典，当不拦卖"的习惯。民国《民法》第 918 条则将这些习惯统一到肯定所有人有权处分其所有权的方向上，规定："出典人于典权设定后，得将典物之所有权转与他人，典权人对于前项受让人，仍有同一之权利。"这一规定符合所有权绝对原则，对承典人并无不利，对所有权人的权利也是一种肯定和保护。

（三）民国《民法》与"二草"典权制度的对比

"一草"没有规定典权制度，民国《民法》关于典权的规定共 17 条，"二

---

① 前南京国民政府司法行政部编：《民事习惯调查报告录》，中国政法大学出版社 2005 年版，第 254 页。

草”共 16 条，数量相近。从内容上看，民国《民法》的典权制度设计与“二草”基本一致，只是稍有不同：

关于典权的期限。民国《民法》规定典权期限最高为 30 年，“二草”规定典权存续期间最高为 10 年。30 年的典权存续期间，更符合中国传统典权设置的意义。在中国历史上，典权基本是不设期限的，这基于中国人一般情况下不会轻易绝卖自己土地的财富观。虽然南京国民政府改变了这种传统，但毕竟 30 年的期限比民国北京政府规定的 10 年长了不少。

关于典物灭失的赔偿。“二草”将典物因典权人之行为而灭失者，分为典权人之故意、重大过失、普通过失、轻微过失几种情况，承担不同责任比例。民国《民法》则简单地规定“因典权人之过失，致典物全部或一部灭失者，典权人于典价额限度内，负其责任。但因故意或重大过失致灭失者，除将典价抵偿损害外，如有不足，仍应赔偿”，赋予法官很大的裁量权。

关于典权的回赎期。典权回赎期是指典权到期后的回赎期限。“二草”将此期限规定为 6 个月，民国《民法》规定出典人于典期届满后，经过 2 年，不以原典价回赎者，典权人即取得典物所有权，这个规定给了出典人更多的照顾。我们可以认为，民国《民法》对典权 30 年期限的压缩，对出典人不利，立法者就从典权回赎期这方面对出典人的权利给予一定程度的弥补，这也算是平衡了一下典权双方的利益关系。

关于未定期限的典权。民国《民法》和“二草”都规定出典人可随时回赎典物，但是，民国《民法》又增加一项规定，“出典后经过三十年不回赎者，典权人即取得典物所有权”，也就是设定了没有约定典权期限的法定期限。这也是对出典人不利的一项规定，但这样规定对防止典权时间过长而可能引起纠纷有一定作用，也体现了立法者尽快结束典的存续状态的立法用意。

从以上对民国《民法》典权制度的探讨，我们可以看到在没有西方法律典权制度可借鉴的情况下，立法者是如何按照西方法学理论总结和对待中国“典”的传统的。总体上，南京国民政府采取了对“典”既尊重又限制的进行规范统一的态度。其基本价值取向是在维护既存土地所有权制度及现有社会经济秩序的前提下，缩小封建性质的典权存在空间，以资本主义的经济发展方式着重于提升土地利用效率。近代以来立法者对典权的态度曾一度给予否定，“一草”就采取了排斥的做法，这反映了人们对典权之功能及作用在抵押权、永佃权等制度被确认后还有多大，的确存在疑问。民国《民法》对典权采取包容但主要是限制的态度，改变了原来的做法，但仍存在犹疑心态。典的行为，说买卖不是买卖，说是抵押又不是抵押，说是永佃又不是永佃，典权制度委实处于一种尴尬的状态。按西方法学理论，它的担保性可以分给抵押权，它的用益性可以分给永佃权，因此典权就没有独立存在的必要，于是就难怪民律“一草”中就直接把它剔除了。然而，中国传统地权制度中，典普遍存在于各地，直接将其剔除又难以适应社会现实的需要。所以，南京国民政府采取了折中的办法，既肯认了典权制度，又对其进行了比较严格的限制，也就是压缩了其原有的存在空间。

五、其他权利

除了以上各项农地权之外，南京国民政府关于农地立法中还有其他一些权利设置，分散在不同法律中。

（一）占有权

占有，是“基于物之事实上支配关系所生之权利”[①]。占有本为一种事实，但法律赋予其一定效力，就成为一种权利，在民事主体间就产生了权利义务关系。中国传统法没有关于占有的规定，民国《民法》对占有制度的设计完全来源于西方，“近于德瑞民法，实兼有日耳曼法及罗马法占有之内容”[②]。按西方民事法律理论，外人在不掌握实情的状况下，很难确定物的占有者对该物是不是真的享有某种权利。这样，法律就对占有人于占有物上行使之权利，推定其是否有此权利。此推定包括权利之推定和事实之推定。权利之推定是指为确保交易的安全，对占有之事实赋予效力，推定权利合法。事实之推定，是指占有的既定事实，不用占有者举证证明。占有制度设定的用意在于保护

---

① 曹杰：《中国民法物权论》，中国方正出版社 2004 年版，第 224 页。

② 史尚宽：《物权法论》，中国政法大学出版社 2000 年版，第 525 页。

占有者对物的事实上的支配，以保证社会上绝大部分正当权利享有者切实行使权利，同时也有利于保护交易相对方的交易便利和安全。当然，这种制度设计免不了会出现伪权利者与其交易方的纠纷，于是，为了便于解决纠纷，则将占有分为善意占有和恶意占有、直接占有与间接占有、自主占有与他种占有、无权占有与有权占有等种类，尤其是善意占有与恶意占有，发挥着分清纠纷者间责任的作用。所以，民国《民法》对占有的规定，主要是从善意占有和恶意占有之别而进行的。占有制度也是南京国民政府时期有关农地地权制度一个比较重要的方面。

1. 民国《民法》对占有取得与消灭的规定

（1）占有的取得

占有的取得分原始取得与继受取得两种。原始取得是指不基于他人之占有而从自己开始新发生的占有，它指向的对象是动产，不动产基本不存在原始占有情况。继受取得是基于他人已有之占有而取得的占有。继受取得的占有，又分为因让与的取得和因继承的取得。占有上的让与，是以移转占有为目的的法律行为，它需具备两个要件：一为当事人之意思表示；二为物之交付，不动产的以登记为准，在动产则以实物交付为准。近代民法都肯定占有的继承取得，民国《民法》虽对此没有明文规定，但大多数学者都持肯定观点。[①]

（2）占有之消灭

占有的消灭事由，有标的物之灭失、没收。此外，占有以对物有事实上之管领力为必要条件，若欠缺此要件，占有即为丧失。对此，民国《民法》第964条规定得很明确："占有因占有人丧失其对于物之事实上管领力而消灭。"

2. 民国《民法》对占有效力的规定

按民国《民法》之规定，占有既为事实，便产生如下效力：

（1）取得占有物上之权利。对于不动产而言，占有可即时取得占有物上的权利，而对不动产（包括农地）来说，取得各项权利须登记。《民法》第

① 曹杰：《中国民法物权论》，中国方正出版社2004年版，第239页。

943 条规定“占有人于占有物上行使之权利推定其适法有此权利”，也即占有人自己表明对占有物享有什么权利，那就推定此为真实。

（2）善意占有人之使用收益权。善意占有与恶意占有相对，善意占有是指“不知其无权占有而为占有之谓”，恶意占有“乃明知为无权占有而为占有”[①]。《民法》第 952 条规定善意占有人有对占有物的使用收益权，“善意占有人依推定其为适法所有之权利，得为占有物之使用及收益”，使用收益权主要是指土地的所有权、地上权、永佃权、租赁权人有收取孳息的权利。

（3）善意占有人之赔偿责任。善意占有人对占有物的灭失或毁损有赔偿的责任，但以所受利益范围为限。《民法》第 953 条规定，善意占有人在占有中的物如有灭失毁损，不论是不可抗力还是故意或过失行为，仅于灭失或毁损所受利益范围内，对权利回复请求人负赔偿责任。

（4）善意占有人请求偿还费用之权利。《民法》第 954、955 条规定，善意占有人，因保存、改良占有物所支出之必要费用，可向恢复请求人请求偿还。但因保存而于已就占有物取得孳息的，不得请求偿还；因改良的，只能于占有物现存之增加价值限度内请求偿还。

（5）恶意占有人及他主占有人之赔偿责任。《民法》第 956 条规定，恶意占有人或以无所有意思之占有，因可归责于自己的事由，致占有物灭失或毁损者，对于恢复请求人，负损害赔偿责任。

（6）恶意占有人之偿还费用请求权。《民法》第 957 条规定，恶意占有人因保存占有物所支出之必要费用，对于恢复请求人可以依照无因管理的规定请求偿还。

（7）恶意占有人之返还孳息义务。《民法》第 958 条规定，恶意占有人有返还孳息的义务，其孳息如已消费，或因其过失而毁损，或怠于收取者，负偿还孳息价金的义务。

（8）占有人自力救济权。《民法》第 960 条规定，占有人对于侵夺或妨害其占有的行为，得以自己的力量进行防御。占有物被侵夺者，如果是不动产，占有人可以在侵夺后，即时排除加害人而取回之。

---

① 曹杰：《中国民法物权论》，中国方正出版社 2004 年版，第 230 页。

（9）占有人之物上请求权。《民法》第962、963条规定了占有人的物上请求权。占有人的占有被侵夺时，占有人可以请求返还其占有物。占有被妨害的，可以请求除去其妨害。占有有被妨害之危险的，可以请求防止其妨害。但是，这项请求权，自侵夺、妨害、危险发生后，一年间不行使而消灭。

3. 对民国《民法》占有制度的评议

占有的性质。占有在西方法律中是一种事实状态，大多国家认为其并非物权，只有日本将其定为“权利”。民国《民法》虽没将其冠以“权”的命名，仅以“占有”表达，但从体系上将其列入“物权编”而编排于典权之后，是物权的最后一部分内容。按“物权编”编名的逻辑，应视作一种权利。而且，从法律规定的内容来看，占有人虽分善意与恶意两类，但二者均享有若干权利，比如收益权、费用偿还请求权、物上请求权、自力救济权等，所以从这些权利内容来看，占有也接近于物权。

占有的作用。我们认为，虽然占有接近于物权，但它毕竟又以其他物权的存在为基础和前提，如果没有所有权、用益物权、质权等这些“原权利”，占有便无从产生。也即占有必须以所有者、用益物权或质权等权利的享受者自居而为占有。从这点来看，占有制度的存在，本质上是为这些原权利服务的，它丰富了物权的内容。从社会经济交易角度来看，占有制度的设立对保证经济交易的安全起到了积极意义，不可能设想每一占有都要求交易者去验明其真实可靠性，适法推定的制度安排能大大节省交易成本，提高交易效率。

虽然占有制度在物权体系中具有附随性，但若放到整个私权体系中，它的作用绝不可以小觑。它对所有权及他物权的保障及交易效率的提高，对私有制的巩固都能起到非常重要的作用。因此，在农地地权制度中，占有对土地私有制的保护无疑会起到链上加锁的作用，既得利益集团的既得利益更加牢靠了。

（二）优先权

优先权产生于罗马法，罗马最初设立的优先权有“妻之嫁资返还优先权”和“受监护人优先权”。近代，1804年的《法国民法典》第三卷第十八编设置了优先权和抵押权制度，明确规定优先权和抵押权是优先受偿的合法原因。

《德国民法典》中没有优先权制度的统一规定，但它采用特别立法的形式，积极保护优先权。西方这些优先权，是以债权的存在为依托，其目的主要是为担保债权的实现。

1. 传统中国社会的优先权

中国传统民事习惯中也广泛存在着优先权，其中多数是关于不动产买卖方面的优先购买权，属物权范畴。《中国民事习惯大全》记载了很多各地土地优先权的习惯，如江苏有“盐城房屋买卖，先尽亲族，亲族不受，然后转卖他人”① 的习惯；湖北汉阳、郧县、兴山、竹谿、麻城、五峰六县，出卖田地，所有亲戚、典主、邻里，均有先买权之习惯②；湖北广济、潜江两县出卖田地须先尽亲房，次及邻里③；湖南有“益阳、宁乡、宝庆、泸西、常德各县，民间买卖产业，必先由卖主尽问亲房，如亲房无人承买，始可另卖他姓”④ 的习惯；直隶高阳县有“买地须先尽去业主亲族及地邻留买，但其亲族及地邻声明不愿买时，应由业主任意出卖”⑤ 的习惯；安徽来安县有“来俗买卖不动产，先尽同族或上业主买回，如俱无力买受，他人方可承买”⑥ 的习惯；绥区有“出卖房屋，须先尽邻右，邻右不买，始可向他人别卖”⑦ 的习惯；河南中牟县有“凡出卖土地，须尽四邻先买，若四邻不愿承买，始听卖主自便”⑧ 的习惯；陕西华阴县、华县、神木等县有卖业“先尽亲族”的习惯；陕西汉中道属二十四县及扶风县有卖业“先尽亲族，次尽地邻，再尽当主”的习惯；安徽泗县有“当卖田产，须先尽本族，如族中无人承受，始能谋及异姓”⑨ 的习惯；吉林榆树县有“买卖房地，承典之户，固有优先留买权，然依地方习惯，于典户之外，又多认族邻。亦有优先留买权利，是以民间卖地，必先烦中人，

---

① 师沛生编：《中国民事习惯大全》“物权”，上海书店出版社 2002 年影印版，第 31 页。
② 师沛生编：《中国民事习惯大全》“物权”，上海书店出版社 2002 年影印版，第 35 页。
③ 师沛生编：《中国民事习惯大全》“物权”，上海书店出版社 2002 年影印版，第 35 页。
④ 师沛生编：《中国民事习惯大全》“物权·不动产买卖”，上海书店出版社 2002 年影印版，第 1 页。
⑤ 师沛生编：《中国民事习惯大全》“物权·不动产买卖”，上海书店出版社 2002 年影印版，第 2 页。
⑥ 师沛生编：《中国民事习惯大全》“物权·不动产买卖”，上海书店出版社 2002 年影印版，第 4 页。
⑦ 师沛生编：《中国民事习惯大全》“物权·不动产买卖”，上海书店出版社 2002 年影印版，第 5 页。
⑧ 师沛生编：《中国民事习惯大全》“物权·不动产买卖”，上海书店出版社 2002 年影印版，第 8 页。
⑨ 师沛生编：《中国民事习惯大全》“物权·不动产买卖”，上海书店出版社 2002 年影印版，第 21 页。

向族邻问其能否留买，如族邻不愿留买，方卖能诸他户”[①] 的习惯；高阳县有“买地须先尽去业主亲族及地邻留买，但其亲族及地邻声明不愿留买时，应由去业主任意出卖”[②] 的习惯等。总结这些土地出卖的优先习惯，其类别主要有亲族优先权、亲戚典主邻里优先权、亲房邻里优先权、业主亲族地邻优先权、同族或上业主优先权、邻右优先权、本族优先权、族邻优先权等。这些优先权，虽各地存在不同优先顺序，但总的看，基本是以亲族、四邻、有经济关系之人为序。先尽亲族与中国传统的血缘宗族社会特点有关，先尽邻里则与中国传统社会重人情关系及利于土地利用有关，业主或前业主优先则考虑既往经济关系。这些优先权大多基于身份关系，并非基于平等经济交换关系，反映了中国传统社会重伦理人情的特点。

2. 南京国民政府相关法律中优先权的设置

《土地法》中的优先权。《土地法》第 173 条规定“出租人出卖耕地时承租人依同样条件有优先承买之权”，此为承租人的优先承买权。第 350 条规定“政府为区段征收之土地于从新分段整理后将土地出卖或租赁时，原土地所有权人或土地他项权利人有优先承受之权”，此为原所有人的承买优先权。第 107 条规定“出租人出卖或出租耕地时，承租人有依同样条件优先承买或承典之权”，此为承租人的承买、承典优先权。第 184 条规定“收回自耕之耕地在出租时原承租人有优先承租之权，自收回自耕之日起未满一年而再出租时，原承租人得以原租用条件承租”，此为承租人的优先承买权。第 10 条规定“第八条第一项所列之水道湖泽，其岸地如因水流变迁而自然增加时，其连接地之所有权人，有依法取得其所有权或使用和收益之优先权”，此为紧邻所有人的优先权。

《土地法施行法》中的优先权。《土地法施行法》第 36 条规定“出租人出典土地时，原承租人依同样条件有承典之优先权”，此为承租人的承典优先权。第 44 条规定“以所有建筑物为目的承租他人之土地，如于租赁契约期间届满时尚有建筑物存在者，承租人对该土地有优先承租之权”，此亦为原承租

---

① 师沛生编：《中国民事习惯大全》，上海书店出版社 2002 年影印版，物权·不动产买卖，第 26 页。

② 前南京国民政府司法行政部编：《民事习惯调查报告录》，中国政法大学出版社 2005 年版，第 17—18 页。

人的优先承租权。

《民法》中的优先权。《民法》第919条规定"出典人将典物之所有权让与他人时，如典权人声明提出同一之价额留买者，出典人非有正当理由，不得拒绝"，此为承典人的承买优先权。

从以上各法律中的优先权规定可见，南京国民政府对土地上的优先购买权进行了改造，删除了中国传统社会中的亲族、四邻等的优先权，保留的主要是和土地有经济关系之人的优先购买权，如土地的承租人、典权人等的优先购买权。这种改造适应了现代社会经济关系的需要，对传统中国社会的身份关系是一种冲击，正印证了西方法学家梅因总结出的规律："我们可以这样说，所有进步社会的运动，到此处为止，都是一个'从身份到契约'的运动。"[①]

（三）耕作权

民国《民法》物权编中没有耕作权这一种类，《土地法》里的耕作权，按《民法》中规定的物权法定的原则，耕作权当不是物权。不过，《土地法》中特别规定了耕作权相关内容，有的地方还直接规定将其"视为物权"。《土地法》中的耕作权存在于两个事项上：

第一，农地租用中的耕作权。《土地法》对农地租用中的耕作权规定体现在几个条文中：一是第180条规定了不定期限租用耕地的租用契约可以终止的七种情况，其中第二项规定"承租人抛弃其耕作权利时"可以终止。二是第181条规定："承租人抛弃其耕作权利，应于三个月前，向出租人以意思表示为之。"三是第182条规定："非因不可抗力继续一年不为耕作者，视为抛弃耕作权利。"这里的耕作权，从《土地法》的体例关系看，设置于该法第三编"土地使用"的第三章"农地"中的第一节"农地租用"中，表明它是使用权的一种表现形式。以上法律规定一是说明了农地租用中耕作权的产生，土地使用中一方租用了另一方的土地便产生了对该土地的耕作权；二是此项耕作权也受制约，若抛弃耕作权须在三个月前通知出租人，耕作权人非因不

---

① 梅因著，沈景一译：《古代法》，商务印书馆1959年版，第97页。

可抗力，持续一年不对土地进行耕作的，视为抛弃耕作权。

第二，公有荒地的垦殖中的耕作权。公有荒地垦殖中的耕作权规定于《土地法》关于垦殖的若干条款中。《土地法》第 196 条规定：“承垦人自垦竣之日起，无偿取得其土地之耕作权。”第 197 条规定：“前条耕作权，视为物权，除本法有规定外，准用民法关于永佃权各条之规定。”第 198 条规定：“已取得耕作权之土地，应缴纳地租，其租额以不超过该土地正产物收获总额百分之十五为限。前项地租，自取得耕作权之日起，免纳五年。”第 200 条规定：“代垦人不得享有其代垦土地之耕作权。”从这些法律规定来看，耕作权性质上与农地租用中的耕作权不同，被明确规定“视为物权”，准用有关“永佃权”的规定。不过，耕作权与永佃权也有很大不同，体现在其取得、地租与转让各方面。耕作权以垦竣为取得之原因，无须另有设定行为。耕作权地租数额依《土地法》规定，不得超过正产物收获总额 15%，并自取得耕作权之日起免纳 5 年，以示优待；而永佃权的地租是双方约定的，只是租额不能超过《土地法》规定的正产物收获总额的 375‰。在权能上，耕作权人不得将土地出租，不得将耕地转让与他人，永佃权可以转让但不能转租。

《土地法》将耕作权特别提出来加以强调，都出于对其特殊保护的目的。从土地租用的角度看，是对土地使用者的权利保护，而从国有荒地开垦的角度，则更是将其上升到物权性质而给以特殊保护。这反映出南京国民政府保护土地所有者的相对方的立法意图，具有保护弱者的初衷。不过，需要注意的是，在国有荒地承垦中，承垦人在荒地垦竣后，获得的是类似永佃权的土地耕作权，而不是土地所有权，这反映了南京国民政府不轻易转土地公有为私有的态度。

综上私权利配置内容，南京国民政府农地地权立法已经形成了独具特色的地权制度体系，这一体系的结构如下图所示。在所有权制度中，最为根本的是规定了农地的双重所有权性质，即理论上的国民全体所有和实际上的土地私有与公有并存于其上的土地制度，实质上是确认既有土地所有者的所有权。用益物权制度、抵押权制度、典权制度都是在这个所有权制度的前提下设计的。所有权制度确认并巩固了既存的土地分配不公，用益物权、抵押权甚至典权制度设计得即使再合理，也会更加强这种不公的结果。所以，处处看重效率，对平等、公平价值采取漠视态度是南京国民政府农地地权立法的总的特点。不过，南京国民政府农地地权立法中压缩永佃权、典权存在空间以明晰简化权利层次、明晰权利义务关系的做法，对所有权进行一定程度限制、扩大他物权权能的做法，设立地上权、典权以尊重中国传统，规定男女平等、废除族田等破除土地封建性等的做法都是需要借鉴的。

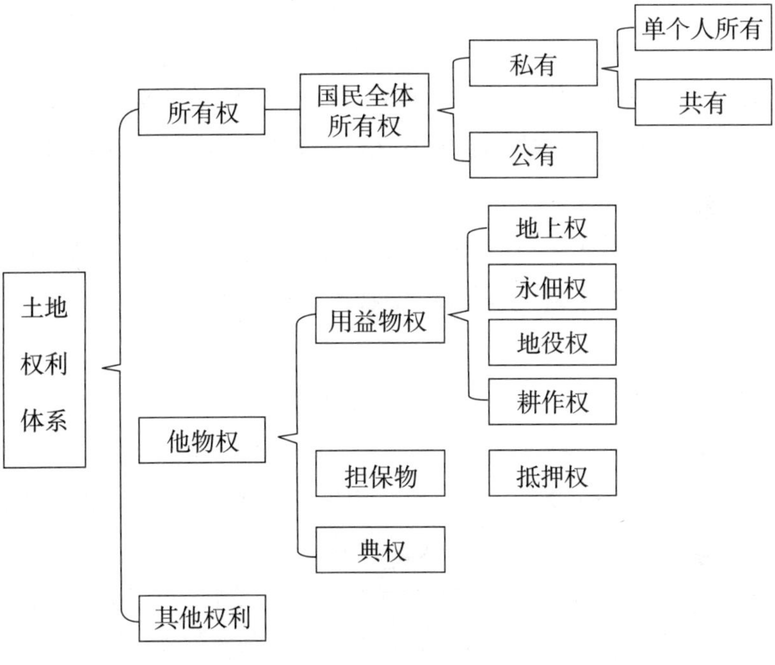

图 2　南京国民政府的农地地权体系

第二节　公权力对私权利的约控

南京国民政府时期正值西方民法社会化思潮兴起。目的法学派创始人耶林提出了“社会性的所有权”思想，认为所有的法律都是为社会利益的目的而创制的。社会法学集大成者罗斯科·庞德进一步将利益分为个人利益、公共利益、社会利益三大类，认为法律所保护的各种利益在不同时代先后次序有所不同，进入 20 世纪后，法律不仅应注意保护个人利益，更应强调保护社会利益。受这些思想影响，近代民法中的所有权绝对、契约自由和过失责任三大原则受到越来越多的挑战，民法由个人本位向社会本位转型。实践中，《德国民法典》的颁布为标志私法社会化进程的开启。南京国民政府的农地地权立法也随之体现了比较明显的公权力主导性，对私权利进行了全方面的约控，本节我们即主要说明这方面的情况。

一、登记主义的采用

土地登记制度是近代以来产生的关于土地权利状态的公示制度，是公权力对私权利的一种约控手段，要求私权利的变动、移转等必须经过登记才确认有效。它对权利的确认和保护、交易安全的影响甚大。

近代以来，各国关于不动产物权之取得、设定、丧失及变更，有采用地券交付主义的（南美国家），有采用登记公示主义的（法国），有采用登记要件主义的（德国），《日本不动产登记法》除物的编成主义外大都采用法国式的登记制度。我国传统社会中对土地权利的确认，采用的是验契方法，凡土地业主，必须到官府办理红契，缴纳契税方可。不过实际上红契与白契并存，而且红契少白契多，于是白契也具有了相当之权利证明效力。民国北京政府时期曾制定《不动产登记条例》，大致仿照《日本不动产登记法》。广东革命政府则于 1926 年 7 月 3 日公布有单维廉所起草的《土地登记征收税条例》30 余条，不过只在广州市施行，其目的在于规范土地税征收，失于过简。以上国内外立法实践为南京国民政府制定不动产登记制度提供了有益的经验。南京国民政府的土地登记制度，主要体现在其《民法》与《土地法》以及其他一些法律文件中。

1930 年《土地法》共有五编，其中一编即为“土地登记”，共 109 个条文，占《土地法》全部 397 条的四分之一强，体现了土地登记在该法中的分量。《土地法》中详细规定了土地应登记的事项，同时也列明了土地登记的种类和详细程序。

（一）登记事项和登记种类

中国自民国北京政府时期开始采用不动产登记制度，关于何种权利必须登记，有一个变化过程。1922 年《不动产登记条例》中规定必须登记的权利种类有土地所有权、永佃权、典质权、铺底权或上盖权、长期批租、抵押权。而按民国北京政府大理院的认定，应登记的权利包括所有权、典权、先买权、佃权、地上权、铺底权、地役权、担保物权（抵押权、质权）。广东革命政府时期颁布的《广东土地登记条例》则规定应登记的权利为所有权、永佃权、抵押权、公用土地之管理权。[①]1930 年《土地法》第 33 条规定："左列土地权利之取得、设定、移转、变更、消灭应依本法登记：一、所有权；二、地上权；三、永佃权；四、地役权；五、典权；六、抵押权。"本条规定指出了土地登记的两方面内容：一是需要登记的权利，包括所有权、地上权、永佃权、地役权、典权、抵押权，这与《民法》中规定的不动产物权的种类一致；二是需要登记的内容，包括不动产物权的取得、设定、转移、变更、消灭等。此外，按《土地法》的规定，需要进行土地登记的，不只是私有土地，公有土地照样需要进行登记。这说明，何种权利必须登记，是与当时民事法律对物权种类的认定有关的，而对物权的认定又与当时法学家对西方法学、法律的理解及对本国民事方面的国情的认识相关。

关于土地登记的种类，1930 年《土地法》作了如下划分：（1）主登记与附登记。主登记，是指因新登记原因，新记入于登记簿的登记；附登记，是指附记于既存的登记，变更原登记的一部分，用新登记来维持既存登记的登记，也是主登记事项的延长。（2）土地总登记与经常登记。总登记又称第一次登记，是对尚未经过登记所有权的土地进行第一次所有权及他项权利的登记；经常登记是第一次登记以后的登记。（3）变更登记。变更登记是以变更既存登记的一部分为目的的登记。（4）更正登记。是指因登记错误或遗漏时所进行的改正登记。（5）涂销登记。是指因权利消灭或其他原因，以涂销既存登记事项为目的的登记。（6）因登记权利之不同，可分为所有权登记、地上权登记、永佃权登记、地役权登记、典权登记、抵押权登记、基地租用权登记。（7）预告登记与异议登记。以上这些登记种类均是技术性规范，我们不欲对其进行分析。

① 史尚宽：《土地法原论》，台北正中书局 1975 年版，第 63 页。

（二）登记的程序

1930 年《土地法》中关于土地登记程序的内容规定得很多，法律体例上就包括通则、第一次登记程序、所有权登记程序、所有权以外权利登记程序、涂销登记等。如此体例，其优点是比较详细，缺点则是用法律的方式规定这些登记程序，显得烦琐，也不适宜，这些土地登记程序的内容更适于以法律实施细则的方式来规范。比如在第一次登记程序中，涉及的登记主体就有登记人、契据专员、地政机关。《土地法》要求所有权登记人提出下列文件：一、声请书；二、证明登记原因文件；三、土地所有权状或土地他项权利证明书；四、依法应提出之书据图式。不但要求声请人提交上述文件材料，对声请书中应包含的内容也一一指明。契据专员在进行登记时需要记载的内容有：一、土地标示；二、所有权来历；三、所有权以外之权利关系；四、保证书之调查；五、备考事项。地政机关接受契据专员审查报告书后，应于三日内公告之，同时以书面形式通知权利关系人。公告期满后无异议之土地，地政机关应即为所有权之登记，并为所有权以外权利之登记。登记程序规定因严密而甚显烦琐。

（三）登记的效力

登记的效力，是指土地登记所引起的法律后果。在不动产的登记效力问题上，民国北京政府 1922 年 5 月公布的《不动产登记条例》规定，不动产的所有权、地上权、永佃权、地役权、典权、抵押权、质权、租借权等的设定、保存、移转、变更、限制、处分、消灭都要进行登记，“非经登记不得对抗第三人”[①]，采用的是相对主义，即没有登记的不动产法律承认其权利，权利人可以按照法律行使自己主张的该不动产的权利，但是一旦有人对其权利提出异议时，法律并不必然保护这种权利。

南京国民政府的不动产之登记效力与民国北京政府相比发生了原则性变化。1930 年《土地法》规定：“依本法所为之登记有绝对之效力。”何谓绝对效力呢，《民法物权编立法原则》第二项明确指出：“不动产物权，依法律行

---

① 徐百齐编：《中华民国法规大全》（四），商务印书馆 1937 年版，第 5426 页。

为取得、设定、丧失及变更者，非经登记，不生效力。”在对该原则的说明中又指出：“物权既有极强之效力，得对抗一般世人，为吾党土地政策起见，其权利状态应使明确。故对于不动产物权取得、设定、丧失及变更，采用登记要件主义，明定非经登记，不生效力。所谓不生效力，不仅不能对抗第三人，即当事人间亦不发生物权效力也。”[①]之所以严格规定土地登记的效力，与国民党的土地政策密切相关，因为欲实现“平均地权”，就必须对地权状况有清晰的掌握。规定不经登记的地权不生效力，能迫使土地所有者和其他权利者积极进行土地登记，有助于国家掌握土地权利的状况，进而制定和推行政策。民国《民法》第 758 条又规定：“不动产物权，依法律行为而取得、设定、丧失及变更者，非经登记，不生效力。”第 759 条规定：“因继承、强制执行、公用征收或法院之判决，于登记前已取得不动产物权者，非经登记，不得处分其物权。”这就使《土地法》与《民法》在土地登记效力问题统一了起来。不过，《土地法》中规定的“绝对效力”还有可探讨之处，问题主要在于其言不明，容易引起误解。比如既然是绝对，那登记后的权利是否可以对抗善意第三人？因为《民法》对善意第三人是给予保护的，登记错误的情况下，是否效力仍为“绝对”？登记可撤销或无效的情况下，该登记是否亦为“绝对”？这些疑问势必会导致现实问题解决的不畅，不过幸亏《民法》为其弥补了不足。除《土地法》和《民法》之外，1934 年 1 月国民党四届四中全会通过的《整理田赋先举行土地陈报以除积弊而裕税源案》也规定了土地登记的效力：“不陈报之土地，即认为丧失产权。移转抵押继承，均以土地陈报凭证为有效。”[②]这里的“土地陈报”，也有土地登记功能在内，只不过它与《土地法》中规定的土地登记不属同一个行为体系而已。

土地登记的绝对效力会使登记产生如下效果：

1. 经登记，权利人取得相应权利。不经登记，权利人不能取得相应权利，与此相对应，一经登记，权利人便会取得相应权利。在《土地法》“土地权利

① 谢振民编著，张知本校订：《中华民国立法史》（下），中国政法大学出版社 2000 年版，第 770—771 页。

② 荣孟源主编：《中国国民党历次代表大会及中央全会资料》（下），光明日报出版社 1985 年版，第 231 页。

证书”一节，有“土地所有权登记完毕时，应给申请人以土地所有权状”（第89条）的规定，赋予权利状书所有权权利之证明的作用，用以证明权利的存在。又有“土地所有权以外权利登记完毕时，应给申请人以土地他项权利证明书”（第90条），同样起到权利证明的作用。这样，权利登记后，所有权者和他物权者取得的是不同名称的权利证书，所有权者取得的是“土地所有权状”，他物权者取得的是“他项权利证明书”，权利不同，所取得证书的名称亦不同，但其证明效力是相同的。此外，在荒地开垦中，垦荒者开垦荒地可获得承垦权，垦荒完毕可获得耕作权。对此，法律规定，承垦人经地政机关核准承领，应即发给承垦书，承垦人领得承垦证书后，就准予承垦荒地，即取得承垦之权利，耕作权亦“准用民法关于永佃权各条之规定”。

2. 登记产生的权利次序。登记会涉及两个方面的次序，其一是所有权与其他权利之间的次序。《土地法》第44条规定：“未经本法登记所有权之土地不得为所有权以外权利之登记。”此条规定说明了所有权登记与其他权利登记之间的轻重关系，不经所有权的登记，在同一块土地上不能进行其他权利登记，所有权先于其他权利。其二是所有权以外的权利次序，《土地法》第37条规定：“同一土地为所有权以外权利登记时，其权利次序除法律别有规定外应依登记之先后。”此条规定说明所有权之外权利的次序以登记顺序为准。

3. 登记错误的赔偿责任。登记中因登记错误遗漏或虚伪受损害者，由地政机关负损害赔偿责任。《土地法》第39条规定：“因登记错误遗漏或虚伪致受损害者由地政机关负损害赔偿责任，但地政机关如能证明其原因应归责于受损害人时，不在此限。”登记出现错误时，除非登记机关能证明可归责于受损害人，责任由登记机关承担，把举证责任派给了登记机关。《土地法》还规定，受害人可径向地政机关请求赔偿。这很明显是在保护地权登记者的利益，有益于鼓励权利人登记的积极性，同时也符合过错归责原则。不过，《土地法施行法》第14条又对登记人的责任进行了限制，规定因登记错误导致的赔偿请求权自登记之日起二年内不行使而消灭。

土地登记之主要目的在于确定土地权利及权利移转的便利，并保证土地交易安全。土地登记的重要性，一是其不动产的性质使然，二是其作为“富源”的重要性使然，三是它对其他土地相关制度的重要程度使然。曾参与土地立法的吴尚鹰曾就此强调指出："倘土地权利于法律上不能确定，则所有人及其他权利人，对于土地之关系，无所依据，是登记犹不登记也。既无确定之登记，安有移转便利之可言。于是有如国内现象，关于土地权利之轇轕，竟成莫大之纠纷，于个人与社会经济，咸受损失。"[①] 土地登记如此重要，我们对国民政府采用世界上最严格的登记要件主义就可以理解了。就技术层面而言，国民政府的土地登记制度开创了中国历史的先河，对当今立法也有重要借鉴意义，这是值得肯定的。不过，当时的土地登记是以确认既有土地关系为原则，这无疑是在保护既有地主的土地所有权。再有，过于烦琐的土地登记程序，必定耗费大量人力、物力、财力和时间，这对效率的实现是不利的。于是，土地登记制度就从利益保护的取向、登记技术、经费、人才等各方面给南京国民政府提出了严峻挑战，结果也使其在解决当时存在的严重土地不公问题上陷入了泥潭。

二、对私有农地所有权的约控

所有权具有绝对性、排他性、永续行，是土地权利中最重要的权利，南京国民政府顺应世界立法潮流，对这种私权利进行了比较严格的制约和限制。

（一）对私有农地所有权主客体范围的限制

南京国民政府对土地所有权的主体、权利内容的规定格外谨慎，进行了比较严格的限制：

对可为私有之土地范围的限制。《土地法》第 8 条规定："左列土地不得为私有：一、可通运之水道；二、天然形成之湖泽而为公共需用者；三、公共交通道路；四、矿泉地；五、瀑布地；六、公共需用之天然水源地；七、名胜古迹；八、其他法令禁止私有之土地。市镇区域之水道湖泽，其沿岸相当限度内之公有土地不得变为私有。"这一条，区分了若干类型的土地，并排除了这些土地成为私有土地的可能性，这主要是为了保护公共利益。按《土

① 吴尚鹰：《土地问题与土地法》，载何勤华、李秀清主编：《民国法学论文精粹》，法律出版社 2002 年版，第 78 页。

地法》的规定，土地所有制类型只有私有和公有两种，不能为私有的土地即为公有土地，也即以上这些类型的土地只能公有。汇总这 8 项只能为公有的土地，有 5 项与水有关，1 项是交通道路用地，还有 1 项是名胜古迹所在地。规定交通道路和名胜古迹用地不能私有或是为了保证交通畅通，或是为了保护名胜古迹。与水有关的土地不可私有是当时世界立法之趋势，因为水既关系公共饮用安全又关系航运，具有特殊重要的公益作用。并且 1946 年《土地法》中，又增加了 2 项与水有关的土地不能为私有，包括海岸一定限度内之土地、天然形成之湖泽而为公共需用者及其沿岸一定限度内之土地。

对外国人获得土地所有权的限制。《土地法》第 17 条规定："下列土地，不得移转、设定负担或租赁于外国人：一、农地；二、林地；三、牧地；四、渔地；五、盐地；六、矿地；七、要塞军备区域及领域边境之土地。"对外国人在中国土地所有权、使用权的限制，是维护国家主权的需要和体现。世界上，是否给予外国人土地所有权，并不完全是国内法问题，这与外交政策有关，也是一个政治问题。外国人能否在本国享有土地所有权，主要是依照国家间的条约而定的。条约的签署依照对等的原则，一国允许另一国的国民在本国享有土地私有权，另一国按对等的原则，就应允许对方国家国民在其国享有土地所有权。但允不允许外国人在本国享有土地私有权，毕竟是一个重大问题，涉及领土主权。当时一些不平等条约尚未废除，外国在我国享有领事裁判权及其他权利，在这种国际政治背景下，会本能地产生对外国人在我国享有土地私有权的抵制。所以 1930 年《土地法》以及后来的 1946 年《土地法》，都没有贸然许可。但需要指出的是，《土地法》以列举的方式禁止了某些土地不能为外国人所有，这意味着除了列举出来的土地不能为外国人所有外，没有列举出来的就可以为外国人所有，如城市建筑用地。这表明南京国民政府对农地与城市中的商业用地所采取的态度是不同的。

对土地空间范围的限制。依照民国《民法》第 773 条的规定，"土地所有权，除法令有限制外，于其行使有利益范围内及于土地之上下"，1930 年《土地法》第 2 条规定"本法所称土地，谓水陆及天然富源"，这两项规定将土地的范围扩及到了地上地下无限大，只要所有人力所能及、利益所在的地方，就在所有权范围之内。不过，这个"无限大"也不是绝对的无限，而是不能超过"法律有限制”的界限。正是这一限制性规定，为其他法律限制土地所有权范围打开了空间。《土地法》第 7 条就规定：“中华民国领域内之土地属于中华民国国民全体，其经人民依法取得所有权者，为私有土地，但附着于土地之矿不因取得土地所有权而受影响。”[①]这样，土地中的矿藏不得据为私有。不但《土地法》有限制性规定，《矿业法》第 1 条也明确规定“中华民国领域内之矿均为国有，非依本法取得矿业权不得探采”[②]，这是将私有土地中的矿藏排除出私有土地所有权之外，并不是将该土地的所有权排除，除了对矿藏外，所有权人对自己的土地仍拥有使用、收益、处分的权利。所以，以几部法律综合来认定，农地的空间范围是除去矿藏之外的于其行使之有利益范围的土地之地上地下。

（二）对私有农地数量的限制

限制地主拥有土地的数量，是南京国民政府土地立法的一大特点。从唐末、宋朝开始，中国基本采取不立田制的政策，土地呈现出周期性的集中、分散、再集中、再分散的特点，每次土地集中常导致农民革命而带来巨大社会变动。近代以来，有识之士看到了土地集中给社会带来的危害，力图通过不同的方法克服之。南京国民政府成立后，“限田”成为“平均地权”立法的一项重要内容。《土地法》第 14 条规定：“地方政府对于私有土地得斟酌左列情形分别限制个人或团体所有土地面积之最高额，但应经中央地政机关之核定。一、地方需要；二、土地种类；三、土地性质。”这是在土地基本法中对土地所有权最高限额的规定，不过这一规定没有明确限田额标准。《剿匪区内各省农村土地处理条例》则明确规定了限田额度：“私人所有土地，依第二章、第三章之规定确定其所有权后，应由乡或镇农村兴复委员会参酌左列情形限制每一业主所有田地面积之最高额自一百亩至二百亩止：（一）当地之土壤肥瘠；（二）当地之人口稀密；（三）业主之家庭状况。”[③]《剿匪区内屯田条例》也规定：“计口授田，每士兵一人至少不得低过四亩，至多不得超过八亩”，“凡

① 陆费执：《农业法规汇集》，中华书局 1937 年版，第 121 页。

② 徐百齐编：《中华民国法规大全》（三），商务印书馆 1937 年版，第 3353 页。

③ 《剿匪区内各省农村土地处理条例》，载中国第二历史档案馆编：《国民党政府政治制度档案史料选编》（上），安徽教育出版社 1994 年版，第 427 页。

士兵有配偶及老弱者，其配偶授田与士兵等，其老弱授田当士兵二分之一。但以同居屯田者为限。每户授田不得超过三十亩。”[①] 这几部法律对限制土地所有权数量规定了不同标准，可视为对《土地法》的补充。

对私人所有土地超过最高限额的，当时法律规定了两种处理办法。其一是强制出卖或征收，《土地法》第 15 条规定：“私有土地受前条规定限制时由主管地政机关规定办法限令于一定期间内将额外土地分划出卖。不依前项规定分划出卖者，该管地方政府得依本法征收之。”这是一条非常严格的限制措施，超限额的土地如不出卖就会被征收，强制地主让出土地所有权，个中有了“平均地权”及“耕者有其田”的意味。但深思之，被划出的土地如若卖出的话，承买者有没有能力购买？如征收的话，国家有没有资金给付？强制卖出的话又如何强制？这都是问题。于是这一条规定的可行性便被打上了重重的问号。其实这种限田的做法早已被中国汉代、隋唐历史证明了是行不通的。更需引起注意的是，《土地法》还规定，对超出限额的土地不但可依法征收，就连征收补偿费也不像其他土地那样在征收完毕后 15 日内付清，而是按《土地法施行法》第 6 条规定办理，即“地方政府依土地法第 15 条征收逾最高额之私有土地时，其地价得分期给付之，但清付期限最长不得逾三年”，这条规定延长了土地征收费的给付时间，意味着对超额所有土地的进一步之严厉措施。其二是征收累进税。《剿匪区内各省农村土地处理条例》规定：“最高额范围以内之田地，依照普通税则征收地税；其超过最高额以上之地税，除依普通税则征收外，对超过最高部分之田租，应依累进法征收其所得税。”[②] 该条例还规定征税以田租额为基准，起征额度为田租额的 3%，进而又分十个档次，“超过最高额五百亩以上之税率，每多加五十亩，即以三累进递其田租额，至百分之八十为止”[③]。以上两种办法中，以强制出卖或征收方法的力度为

---

① 《豫鄂皖三省剿匪总司令部公布〈剿匪区内屯田条例〉》，载中国第二历史档案馆编：《国民党政府政治制度档案史料选编》（上），安徽教育出版社 1994 年版，第 430 页。

② 《剿匪区内各省农村土地处理条例》，载中国第二历史档案馆编：《国民党政府政治制度档案史料选编》（上），安徽教育出版社 1994 年版，第 426 页。

③ 《剿匪区内各省农村土地处理条例》，载中国第二历史档案馆编：《国民党政府政治制度档案史料选编》（上），安徽教育出版社 1994 年版，第 427 页。

最强，当然征收“累进税”的办法也不可谓不强，最高税率都已达到了 80%，几与征收无异了。这表明了政府对超额占有土地的姿态和政策，但必须看到的是，越是强硬的态度越会遭到强烈的反对，实行起来也就越困难，这在没有坚定的决心和强有力的政权保障下是做不到的。

南京国民政府不但限制土地所有权的最高额，还限制地块最低面积。1930 年《土地法》第 147 条规定：“地政机关于其管辖区内之土地，得依其性质及使用之种类为最小面积单位之规定。前项规定最小面积单位之地段，不得再为分割。”《剿匪区内各省农村土地处理条例》也规定：“区内业主之田地未满一亩者，得以农村兴复委员会之斡旋，买进区内之田地以增益之或卖却其田地之全部。”① 可以想到，限制土地所有的最高额是为防止土地集中、垄断，限制地块最低面积则是防止土地利用的不经济。不管是最高限额还是最低面积限制，都反映了公权力对土地私权利的约控。

（三）对私有土地所有权权能的限制

南京国民政府实行的是土地双重所有制，其特点是在规定土地为全体国民所有的前提下，肯定私人对土地的所有权。这一制度类似于英国的土地保有制，土地名义上都归英国国王所有，但实际上是土地保有者们在行使其保有权。只不过与英国不同的是，南京国民政府时期的土地所有者不是国王，而是全体国民，私人所有的土地不是被称为“保有”，而是明确被命名为私有而已。南京国民政府的土地双重所有权，为其在坚持土地全体国民所有权下对地主的土地私有权利进行限制提供了立法理由和根据。

1. 限制地主撤佃权

民国《民法》对地主的撤佃权进行了严格限制，要求地主将土地佃与佃户耕种后不能随意撤佃，除非具有下列情形之一：（一）承租人死亡而无继承人时；（二）承租人抛弃其耕作权利时；（三）出租人收回自耕时；（四）耕地依法变更其使用时；（五）违反《民法》第 432 条“承租人应以善良管理人之

① 《剿匪区内各省农村土地处理条例》，载中国第二历史档案馆编：《中华民国史档案资料汇编》第五辑第一编“财政经济”（七），江苏古籍出版社 1994 年版，第 182 页。

注意，保管租赁物。租赁物有生产力者，应保持其生产力。承租人违反前项义务致租赁物毁损灭失者，负损害赔偿责任。但依约定之方法，或依物之性质而定之方法为使用收益，致有变更损毁者，不在此限"，及第 462 条第二项"耕作地之租赁，附有农具等之清单时，清单所载之附属物，如因可归责于承租人之事由而灭失者，由出租人负补充之责任"之规定时；（六）违反第 174 条之规定"承租人纵经出租人之承诺，仍不得将耕地全部或一部转租与他人"时；（七）地租积欠至二年之总额时。总体来看，民国《民法》关于地主撤佃理由的规定可分为三方面：一是地主方面的原因，二是承佃者方面的原因，三是国家方面的原因。地主自身原因可以撤佃的只有收回自耕一种，其他情况均不能因自己的主观意愿撤佃。国家方面的原因也只有一种，即当国家变更土地性质时，比如由农业用地改为建设用地，地主可以主张撤佃。而更多的原因在承佃者那里，共 5 种情况：死亡、抛弃、转佃、没有尽到善良保护农地之义务、积欠地租。这些原因，前 4 种情况可以理解为或出于承佃者的自愿或出于其过错或是自然死亡，我们认为这些情况下佃农丧失承佃权无可厚非。唯独最后一种理由，积欠地租二年地主便可撤佃，大可质疑。若不问地租高低、自然灾害或其他客观原因均可因积欠佃租而撤佃，实在不公。在那个积贫积弱、生产力不发达、自然灾害频生的年代里，这无疑是对处于弱势的佃农的苛刻要求。所以总的看，限制地主撤佃是对地主土地权利的一种限制，从一定程度上也保护了佃农，但保护得很不彻底，给地主侵害佃农利益留有很多空间。

2. 限制地租

国共两党合作期间便进行过"二五减租"，后又有"三七五减租"。减租政策虽不是根本解决土地问题的最好路径，但在一定程度上也能减轻贫苦农民的负担。减租政策持续于南京国民政府整个存续期间。1927 年 5 月，国民政府公布《佃农保护法》，规定"佃农缴纳租项等不得超过所租地收获总量百分之四十"，规定了 40% 的减租额。[①]《土地法》第 177 条规定："地租，不得超过耕地正产物收获总额千分之三百七十五，约定地租超过千分之三百七十五者，应

① 徐百齐编：《中华民国法规大全》（三），商务印书馆 1937 年版，第 3294 页。

减为千分之三百七十五，不及千分之三百七十五者，依其约定。出租人不得预收地租，并不得收取押租。”这里将地租额限定为正产物的375‰。《土地法》与《佃农保护法》相比，在减租方面有两方面变化：一是征租的参照基数。前者是收获总量，后者是正产物收获总额，正产物收获总额一定是比收获总量要小的。另一变化是比例的变化。前者是40%，后者是375‰，减少了5‰。所以，《土地法》中的租额要小于《佃农保护法》中的租额，这反映了对佃农保护力度的加强。1932年，内政部颁发《保障佃农办法原则》，重申了“缴租最高限度应不得超过当年正产物收获总额千分之三百七十五”[①]。1933年1月，内政部又发布《实业内政两部关于修正租佃暂行条例草案致行政院呈稿》，其第3条不但规定了“缴租限度，不得超过当地正产物收获总额千分之三百七十五”，第4条还规定“副产物品概归佃农所有”[②]，进一步让利于佃农。1933年，内政、铁道、财政三部公布了《各省市公路用地征免赋税章程》，其中规定：“公路或商办汽车路其土地如系租用民地，应征赋税仍由业主负担完纳。”[③] 应征赋税虽不属佃租，但该法将负担派于业主即所有权人，也表明了对佃农利益的照顾。

先不论其成效如何，仅从法律规定来看，限制地租的规定已说明南京国民政府在地主与佃农的地权利益平衡上，注意到了佃农在地权方面的弱势地位，希冀用公权力来压低地主收入，保护佃农利益，这不为不可。但这种限租其实起不到什么作用，因为法律规定减租的额度是375‰，这与当时佃农基本上担负50%的地租额虽降低了不少，但他们的负担还是太高，难以承受。而且，减租的办法并不是孙中山的土地思想主张，他主张的是施行土地税等四大办法以实现平均地权，这种办法相对“土地革命”而言已经很“软弱”了，减租比之则更无力，也就是南京国民政府的减租规定软上加软，充分显示了该政府保护地主利益的价值取向。

3. 限制土地所有权移转

按西方民事法律原则，土地所有权人有当然的处分自己土地所有权的权

---

① 徐百齐编：《中华民国法规大全》（三），商务印书馆1937年版，第3294页。

② 《实业内政两部关于修正租佃暂行条例草案致行政院呈稿》，载中国第二历史档案馆编：《中华民国史档案资料汇编》第五辑第一编（七），江苏古籍出版社1994年版，第214页。

③ 徐百齐编：《中华民国法规大全》（一），商务印书馆1937年版，第748页。

利，可以自由地转让、抛弃、赠予等。然而，南京国民政府却在土地所有权问题上采取了比较严格的限制措施，禁止任意处分。1929 年 1 月国民党中央政治会议制定的《土地法原则》第 9 项规定："土地权利移转须经政府许可"，"土地为生产之根本要素且系有一定限量之物，实为国民生计之基础，与其他财富之可以用人力增减者不同，故政府于土地权之移转认为与国计民生有妨碍时可以制止及取消之。"[①] 这是以国民党中央政治会议确定的立法基本原则的形式做出的决定，效力可谓最高。在这一原则的指导下，1930 年《土地法》第 16 条规定："国民政府对于私有土地所有权之移转、设定负担或租赁认为有妨害国家政策者，得制止之。"对比《原则》与《土地法》，二者略有不同之处：《原则》中对地权移转使用的是"制止及取消"，而《土地法》中用的是"制止"，少了"取消"。《原则》认为是当土地所有权移转"于国计民生有妨碍"的情况下，对其既可"制止"，又可"取消"；《土地法》则认为当土地所有权移转"妨害国家政策"实施的情况下，对其仅以"制止"的方式。言下之意，已经移转的土地所有权，就不用取消了。比之《原则》的规定，虽然《土地法》对所有权移转的限制有所减弱，但总的看，南京国民政府对土地移转都是采取限制政策的。在这方面体现得比较明显的一个事例是 1933 年《灾区农田出卖救济办法令》，该法令规定："民国二十年水灾区域内，农民因此次灾患在一年之内出售田地，其价格比灾前同等田地买卖价格为廉者，其买主应予以租赁耕种之优先权，但以自佃为限，不得转佃他人，其租价最高每年不得超过买卖价格百分之二十，以五年为期，在此五年之内准照原价买回。在 5 年之内买主如将田地出卖时，原出卖人之租赁权及买回权仍不得变更。"[②] 这是为救济弱者而设置的土地移转限制，符合《土地法》的规定，也表明了南京国民政府限制土地所有者、处分其所有权的方针。

4. 限制不在地主

《土地法》第 329 条规定，有下列情形之一者即为不在地主："一、土地所有权人及其家属离开其土地所在地之市县继续满三年；二、共有土地其共

---

① 陆费执编：《农业法规汇辑》，中华书局 1937 年印行，第 120 页。

② 《灾区农田出卖救济办法令》，载陆费执编：《农业法规汇辑》，中华书局 1937 年印行，第 164 页。

有人全体离开其土地所在地之市县继续满一年者；三、营业组合所有土地其组合于其土地所在地市县停止营业继续满一年者。”依这一列举方式的法律界定，不在地主就是作为地主而不亲自耕作土地并且离开土地所处市县一定期间的人，此为法律所禁止。不在地主名下有土地，但自己不耕种而由他人耕作，坐享其地租收益。这种情况，在资本主义社会当是正常现象，所有权与经营权的适当分离，既可以充分发挥资本在农业生产中的积极作用，又能发挥经营者组织管理、技术开发、劳动力效能等各方面的优势。但在封建社会，会导致少数人占有土地而靠重利盘剥坐食其利，多数人出卖苦力而收入甚微的情况，从而一方面社会分配不公，另一方土地利用效率低下。这是中国社会的众向所指的一大诟病。所以，南京国民政府《土地法》对不在地主进行了比较严格的限制，其办法主要有二：一是征收不在地主税，二是直接征收其土地。在征收不在地主税方面，一是征收地价税。对不在地主之土地，除改良物外，得由主管地政机关按其应纳地价税递年增高之。二是征收增值税。土地增值税缴纳时之土地所有权人为不在地主者，按其应缴税额加倍征收，但不得超过其增值之实数额。在土地征收方面，《土地法》第 175 条规定：同一承租人继续耕作 10 年以上之耕地，其出租人为不在地主时，承租人得依法请求征收其耕地。限制不在地主的规定，符合当时中国农业社会的国情，也符合孙中山的土地思想理论，对社会公平及效率的实现有一定的积极作用。

综上所述，南京国民政府农地地权立法中，对农地所有权的限制是非常严格的，限制了土地所有权的主体，外国人不能成为农地所有权人；限制了土地所有权的客体，规定了不能成为私有的土地，也规定了土地所有权的空间范围，矿藏不能为土地所有权人享有；限制了土地所有权的数量上限，超出者，轻则强制卖出，重则征收该土地；限制了土地所有权的权能，地主不能随意撤佃，地租不能超过千分之三百七十五；限制土地所有权随意转移；限制不在地主等。这些规定使土地所有权的使用、收益、处分均受到了公权力的比较严格的约控，所有权的行使空间被大大压缩，其绝对性实际已经不复存在，充分体现了农地地权立法的社会本位理念。若不看实际实施状况，仅就文本分析，这些规定还是符合平等、效率、秩序、自由的基本原则的，如果真能落实的话，中国社会将会朝着正义方向发展。但这都是文本上的，实际上能否行得通，能否真正落实，另当别论。

三、对农地使用的公权力干预

南京国民政府对农地私权利的公权力制约，还体现在对农地的强制使用方面。

（一）对农地使用的公权力约控

南京国民政府的农地使用包括耕地租用和荒地使用，《土地法》和其他一些法规对其做了很多规定，体现了公权力的作用。

1. 耕地租用者的特惠权利

耕地是所有土地类别中直接关系人类衣食状况的资源，古今中外对其都非常重视。耕地上除了物权关系外，还有租赁即债权关系。债权关系虽然不是本书讨论的问题，但它与物权也发生着紧密联系。如果说所有权直接反映的是土地分配公平问题，由债权关系调整的土地使用则更主要关系土地利用效率问题。南京国民政府时期公权力对土地租赁关系的约控主要体现在如何保护土地直接利用人的利益上。而《佃农保护法》《民法》《土地法》等都对租赁关系进行着调整，在此我们集中分析《土地法》是如何保护土地租用人的利益，以促进土地利用的。

（1）承租人的优先承买权。《土地法》第 173 条规定："出租人出卖耕地时，承租人依同样条件，有优先承买之权。"法律赋予承租人对承租土地的优先承买权，限制了土地所有人出售土地时的任意处分权，尤其是排除了中国传统地权制度中对近亲和四邻的优先承买权，特别照顾承租者的利益，这不仅具有权利平衡作用，而且能激励承租者对土地的开发与投入的积极性，有利于土地效益的提高。

（2）承租人的申请征收权。《土地法》第 175 条规定："本法施行后同一承租人继续耕作十年以上之耕地，其出租人为不在地主时，承租人得依法请求征收其耕地。"本条是针对不在地主而设。征收不在地主的土地，对其进行权利限制，并将征收后的土地归由承租者所有，这对促进承租者开发利用土地，尤其是对“平均地权”“耕者有其田”有益。不过，这又与商品经济条件下土地自由流转存在矛盾，从某种程度上限制了土地的资本主义经营，不利于效率的实现。但当时土地的资本主义经营方式还处于初始阶段，土地所有者占有大量土地，他们还只能依靠出租土地以食利，这种情况下将不在地主的土地征收，由承租人承买，有一定道理。只不过在承租人购买力欠缺情况下，这一规定又形同虚设。

（3）限定地租最高额，禁止押租。对此，前文已有多次述及，《土地法》第 177 条规定：“地租，不得超过正产物收获总额千分之三百七十五，约定地租超过千分之三百七十五者，应减为千分之三百七十五，不及千分之三百七十五者，依其约定，出租人不得预收地租，并不得收取押租。”这有利于减轻承租人负担，在满足其生活需求的同时也有利于承租人加大土地投入，提高农地生产效率。

（4）限制不定期租赁的解除。《土地法》限制不定期租用耕地契约的解除，规定只有出现下列情形时才能终止契约：承租人死亡而无继承人时，承租人抛弃其耕作权利时，出租人收回自耕时，耕地依法变更其使用时，违犯《民法》第 432 条及第 462 条第二项之规定时，违犯第 174 条之规定时，地租积欠达二年之总额时。限制不定期租赁的随意解除，能够使承租人安心于对承租土地的耕作，利于保持和提高地力。

（5）优先承租权。《土地法》第 184 条规定，土地所有权人“收回自耕之耕地再出租时，原承租人有优先承租之权。自收回自耕之日起未满一年而再出租时，原承租人得以原租用条件承租”。这是承租人在承租土地上的另一项优先权。承租土地被地主收回自耕后，如果地主未满一年再次将土地出租，则有变相撤佃的嫌疑，为保护承租者的利益，法律对此行为予以禁止，并赋予承租人优先承租的权利。

（6）特别改良费的偿还请求权。《土地法》第 176 条规定：“于保持耕地原有性质及效能外，以增加劳力、资本之结果致增加耕地生产力或耕作便利者，为耕地特别改良。前项特别改良，承租人得自由为之。但特别改良费之数额，应即通知出租人。”该法第 186 条还规定，承租人返还耕地时，可向出租人要求偿还其所支出的耕地特别改良费，不过这项费用以未失效能部分之价值为限。此项规定，有利于鼓励承租者对承租土地增加投入，保持和提高地力，持久地提高土地效率。

总之,《民法》和《土地法》等在农地的使用上，给予了诸多公权力的介入，这使我们感受到立法者的目的明显是平衡土地权利的分配，扶弱抑强，力求实现公平，同时提高土地生产率。不过，目的虽然良好，在维持既有封建土地关系的前提下，这种强力介入能否真正达到目的，实在令人存疑。

2. 鼓励和强制荒地开发

荒地使用向来是中国历史上的一个重要问题，各朝各代无不想尽办法开发荒地。民国期间，荒地数量极为庞大，垦荒已成为政府之要务，因此南京国民政府《土地法》专设一节规范荒地使用。其主要方法有四：一是划定垦荒区，二是实行承垦人制度，三是实行代垦人制度，四是责令所有权人开垦。不但《土地法》中有以上荒地开发内容，在 1927—1937 年十余年的时间里，国民政府曾有过不少法律鼓励荒地开垦，如 1927 年，国民政府批准援用了 1914 年的《国有荒地承垦条例》，1933 年，行政院出台《清理荒地暂行办法》《督垦规则》，同年，内政部会同实业部制定《奖励扶助移垦原则》，1934 年，出台《徒刑人犯移垦条例》，1936 年，行政院颁布《内地各省市荒地实施垦殖督促办法》等，这些文件都直接针对荒地开发问题。除以上专门垦荒的法律之外，一些屯田的法律也与荒地开发有关，如 1932 年的《剿匪区内屯田条例》。如此多的与荒地开发相关的法律法规，主要内容如下：

（1）划定垦荒区，确定垦荒责任人。1930 年《土地法》对垦荒事业做了专门规定：将适合耕作的公有土地，除了由政府保留或用于他种使用的外，编为垦荒地域，垦荒区内之地段，由地方政府定期招垦。1933 年行政院公布的《清理荒地暂行办法》规定“限期令荒地所有人填具荒地声报书并绘具略图向该管县局声请登记”[①]，摸清荒地底数，然后再图开垦。荒地由地方政府负责招垦，招垦对象以自为耕作之中华民国人民为限，这些承垦荒地的自为耕作人就是承垦人。可以将这些承垦人分为两种：农户和农业合作社，农户为家属在 10 口以下之农民；农业合作社，为 3 个以上农户共同经营农业之组合。

---

① 徐百齐编:《中华民国法规大全》(一)，商务印书馆 1937 年版，第 749 页。

（2）激励荒地开发。南京国民政府激励垦荒办法中，有于垦荒完竣之后授予垦荒人土地所有权和耕作权两种方式。《剿匪区内屯田条例》规定以屯田的方式开垦荒地，凡各县荒废地面积超过全县总耕地面积6/10者，得划为屯田县，不及6/10者，得就荒废地之部分划为屯田区，强制屯田垦荒。在垦荒激励措施上，规定“凡屯田县或区之荒废地应收归公有，依计口授田法分配于现役兵士耕种之。但依当地情形，得酌留耕地总面积十分之四或十分之三归参加该县自卫组织之人民所有”①，这是以奖励土地所有权的方式开垦荒地。在这方面，《国有荒地承垦条例》第22条也规定：“承垦者依第19条之规定缴纳地价后该管官署应按其缴价之亩数给以所有权证书。”除了奖励土地所有权外，还有奖励耕作权的激励办法，1930年《土地法》规定，承垦人自垦竣之日起，无偿取得其土地耕作权。对此耕作权前文已有述及，它为物权，准用《民法》关于永佃权的各项规定。而且，对获得耕作权的土地还有两项优惠：一是地租额不超过该土地正产物收获总额的15%，比375‰的租额要低许多；二是自取得耕作权之日起，免纳地租5年。

（3）以税收的方式惩罚撂荒。1933年《督垦原则》规定各省可垦私有荒地，“逾期未垦者得酌予处罚”②，但并没有具体规定如何处罚。1930年《土地法》规定了税收的惩罚方式，包括两个税种：其一为空地税，其二为荒地税。《土地法》规定，私有空地经限期强制使用，逾期未使用者应于依法使用前加征空地税，其税额不得少于其应缴地价税之3倍，不得超过应缴地价税之10倍，即最低为地价45‰，最高为150‰。《土地法》还规定，私有荒地经限期强制使用而逾期未使用者，应于依法使用前加征荒地税，其税额不得少于应缴之地价税，不得超过应缴地价之3倍，即最低为地价之15‰，最高为地价之45‰。以税收的方式惩罚撂荒者，是对私权利怠于行使采取的一种强制措施，体现了公权力对私权利的约控作用。

（4）强制征收，以惩撂荒。对撂荒之地，《土地法》责令所有权人垦荒，规定凡编为农地之私有荒地的，应由主管地政机关限令其所有人于一定期间

① 《豫鄂皖三省剿匪总司令部公布〈剿匪区内屯田条例〉》，载中国第二历史档案馆编：《国民党政府政治制度档案史料选编》（上），安徽教育出版社1994年版，第429页。

② 徐百齐编：《中华民国法规大全》（一），商务印书馆1937年版，第749页。

内开垦或耕作，逾期不为开垦或耕作者，由需用地人依法呈请征收。这项措施非常严厉，此规定果真付诸实施，相信撂荒之事就不会发生。

以上法律规定，主要是激励、惩罚措施方面的。为平衡利益，法律对承垦人也做了一些限制性规定。如在承垦面积上，规定以农户为承垦人的，承垦地之单位面积额，以其收获足供 10 口之农户生活或其可能自耕之限度为准；承垦人为合作社时，其面积总额，以每一社员承垦一个单位计算；农业合作社于社员承垦额总面积外，可以提出承领准备地的请求，但面积不得超过总面积 1/2。

中国近代以来，荒地数量巨大，南京国民政府在法律文本上腾出很大空间写入垦荒内容，在技术层面上是值得肯定的。

（二）土地重划中的公权力约控

所谓土地重划，是指为了达到土地使用之经济、便利与适当而将一特定地区内各宗土地之地界重新整理划定，并改善有关之公共设施，再将土地重行分配给土地所有权人的过程。这是关于土地有效利用的一种制度，1930 年《土地法》对此做了详细的规定。

1. 土地重划的条件

《土地法》第 18 条规定："因一定区域内之土地，其分段面积不合经济使用者，得由主管地政机关就该区域内土地之全部重行划分并将重划地段分配于原土地所有权人。"这条规定了进行土地重划的原因有一个，即为了使土地分段面积更合经济使用。该法第 211 条也说："地政机关与该管区域内之土地，有下列情形之一时，得依第 18 条之规定，为土地重划：一、区内之土地，其各地段有面积狭小奇零，不合耕作之经济使用者……"除此之外，还可因灌溉排水等改良耕作条件的原因重划土地，如《土地法施行法》第 58 条规定：耕地重划"因灌溉排水或其他农事上之改良亦得为之"[①]。从这些法律规定看，土地重划的条件，一是土地奇零，不合经济使用，二是因灌溉排水等农事上的改良，都围绕着土地合理开发利用和提高土地生产效率。国家将土地原所

① 徐百齐编：《中华民国法规大全》(一)，商务印书馆 1937 年版，第 724 页。

有权打乱进行土地重划，这也是公权力约控私权利的表现。

2. 土地重划的效力

土地重划的效力是指土地重划后所带来的法律后果。按《土地法》规定，土地重划后会导致土地的重新分配，就是土地重划的直接效力。重新分配土地时需依照原有地段之价值或面积进行土地分配，土地分配的地段位次也尽可能依照原有的位次分配。在土地分配中，如出现差额情况，其差额以现金清偿。如原有地段面积过小致不能以规定之最小面积单位分配时，应补偿其地价。《土地法》第 19 条对补偿地价规定了一般性的具体方法："前条重划地段相差之面积，应由增加面积地段之所有人，补偿于减少面积地段之所有权人。"如果原有地段为耕地，面积虽小而使用人又依靠此土地生活的，应该以适合的地段给予其土地，如其人无力补偿该地地价，由政府进行补助。

3. 土地重划中其他若干问题的处理

土地重划中还有些具体问题，在《土地法施行法》中做了规定。关于土地重划后重新分配的土地所有权问题，该法第 51 条规定"土地重划后重行分配于土地所有权人之地段，除另有规定外，自分配决定之日起，视为其原有之土地"，重划后的所有权视为原有土地，不为继受取得。关于土地重划后对土地承租人的影响，该法第 52 条规定："承租地因土地重划不能达租赁之目的者，承租人得终止契约。因土地重划致妨害承租地之原使用者，承租人得请求租金之相当减损。承租地因土地重划致增加其利用之价值者，出租人得请求租金之相当增额。"这项规定，是说重划后承租人可终止契约关系；若不终止，则可依土地利用价值的增减而增减租金。关于所有权之外的其他物权如何处理，该法第 53 条规定："因土地重划致地上权、永佃权或地役权不能达其设定之目的者，地上权人、永佃权人或地役权人得抛弃其权利，对于土地所有权人请求相当之补偿。"第 54 条规定："重划土地之上所存之地役权，于重划后仍存于原有土地之上，但因重划而地役权人已无行使其权利之利益者，其地役权消灭。"这些规定对土地重划之后的地权制度安排比较周到，技术层面也相对合理。

农地使用和土地重划中公权力对私权利的约控，都是出于更好地利用土地以便于提高土地效率的目的而进行的制度设计，同时也蕴含着实现社会公平的内容。这些制度的设计理念比较合理，制度设计的具体细节上有许多值得借鉴的地方，为我们当前土地利用不经济、土地效率不能完全发挥的问题的解决提供了一些思路。

（三）土地强制使用

南京国民政府以公权力对私权利的约控，还体现在因公共利益需要国家对土地强制使用方面。

国民政府建立伊始，面临大规模国家建设的任务，土地需用巨大，必然会涉及使用农地甚至改变农地性质的情况，这就必须处理好地权事项。而在处理这些问题时，就势必会以公权力干涉土地私有权，强制土地利用，不少法律对此做了规定：

1.《电信条例》中的强制使用。该法第18条规定，国营机关电信之线路，不论经过何地得择便建设，但因妨害人之权利，经被损害人之请求，由国民政府行政院交通部或其委托机关查明确实后，得给予相当之赔偿。[①] 电信设施无疑需要土地支撑，而且它事关公共利益、国家安全，并需要跨区建设，这不仅需要使用私有土地，而且还会涉及比较复杂的跨区作业，遇此情况，土地所有人或其他权利人需无条件地提供方便，需要国家以公权力强制私有土地人提供土地。不过，为了平衡利益，《电信条例》也规定了这种情况下需对土地权利人以相当之补偿。

2.《矿业法》中的强制使用。该法第68条规定，觅矿人、矿业呈请人或矿业权者，于必要时，得于他人地面为测量或查勘等事，第71条、第77—88条规定，矿业权者为防御矿业上紧急之危险，得入他人之地面，或使用之。[②] 民国《矿业法》规定，矿产归国家所有，这样，当矿产在私有土地上时，矿产勘探及开发中就必定需要得到土地所有权人的支持，否则国家对矿产的所有权就无法行使。当国家利益与个人利益发生冲突时，法律的天平倾向了国家一边。只是《矿产法》对土地所有权没有采取剥夺的方法，而是强制所有

---

① 徐百齐编：《中华民国法规大全》（四），商务印书馆1937年版，第4382页。

② 徐百齐编：《中华民国法规大全》（三），商务印书馆1937年版，第3357页。

权人允许进入该地并使用之。

3.《电气事业条例》中的强制使用。该条例第 8—12 条，规定电气事业人于必要时得在他人房屋上之空间或无建筑物之土地上设施线路，对于妨碍线路之树木或其他植物，得砍伐之。[①] 电气事业与电信事业的性质相似，都与公共利益及国家利益相关。《条例》规定当因电气事业发展需要时，土地权利人须提供便利，允许使用其土地及其上空。不过《条例》也考虑到了土地权利人的利益，要求将这种使用限制在无建筑物的土地上，注意到了权利平衡。

4.《森林法》中的强制使用。该法第 27—39 条规定森林所有人因自森林运搬产物或关于运搬之设备有必要时得使用他人之土地；第 38 条规定可以变更或除去他人设置于水流之工作物；第 39 条规定因利用水流运搬竹木时，得进入沿岸之土地；第 40 条规定关于森林或森林事业，因实地调查有必要时，得进入他人土地设置目标或除去障碍物。[②] 这些规定与《民法》中规定的相邻权有些类似，但二者又不尽相同：相邻权是以两地块相邻而产生的相互给予对方使用便利的义务，而《森林法》中使用对方的土地，不一定是在相邻土地之间，只要因开发森林需要，就可以使用需要使用的土地。

5.《渔业法》中的强制使用。该法第 24 条规定，渔业人在建设渔场之标识、建设或保存渔业上必要之目标、关于渔业之信号及其他必要之设备时，得使用他人土地。第 25 条规定，为上述目的或因关于渔业之测量实地调查，有必要时，得入他人之土地内除去有障碍之竹木或其他障碍物。[③]《渔业法》与《森林法》有异曲同工之处，不再加以分析。

6.《邮政法》中的强制使用。该法第 20 条规定，邮政机关得于道路、宅地、商场、工厂、官署、学校、公共团体及其他公众出入处所设置授受邮件专用器具。[④] 邮政设施是国家重要的公共设施，邮件专用器具占地虽少，但毕竟需要占据一定位置甚至土地，若土地权利人不提供便利，惠及千家万户的

---

① 徐百齐编：《中华民国法规大全》(四)，商务印书馆 1937 年版，第 4649 页。

② 中国第二历史档案馆编：《立法院公报》(13)，南京大学出版社 1989 年版，第 251 页。

③ 徐百齐编：《中华民国法规大全》(三)，商务印书馆 1937 年版，第 3385 页。

④ 徐百齐编：《中华民国法规大全》(四)，商务印书馆 1937 年版，第 4339 页。

邮政事业就难以开展。因此,《邮政法》便以公权力的方式强制土地权利人提供土地使用的便利。

以上是 1927—1937 年间南京国民政府相关法律中以公权力强制土地私权利让渡权利的体现。1937 年后，又接续出台了几部类似作用的法律法规，包括:《测量标条例》，规定国家进行大地测量时对土地的强制使用或征收;《防空法》，规定因防空之必要可征用或征收人民之土地及建筑物;《军事征用法》，规定土地及其他不动产得为征收之标的。[①] 这些情况表明，土地的强制利用主要是出于公共利益和国家利益，而以公权力强制个人利益作出让步，个人土地权利则受到制约。

四、税收与征收强制

本节以上三目所述之公权力对私权利的约控，主要体现在对土地所有权与他物权的行使上。这种约控的目的在通过限制所有权或他物权的行使，使不同主体间的利益分配达到平衡。前面所述虽然带有公权力的强制性，但并没有触动权利的根本利益。但土地税收和土地征收就不同了，它们有可能直接伤及所有权元气甚至导致所有权的消灭。

（一）农地土地税征收

《土地法原则》开篇即说:“国家整理土地之目的，在使地尽其用，并使人民有平均享受使用土地之权利。”为此，“必要防止私人垄断土地，以谋不当利得之企图”，而“为求达此目的之唯一最有效之手段，厥为按照地值征税及征收土地增益税之办法”[②]。在国民党看来，实现平均地权，最有效的办法就是按孙中山先生的主张征收土地税。为此，南京国民政府在《土地法》中照孙中山的设想设计了两个至关重要的税种，即地值税（地价税）和土地增益税（增值税），另外还有改良物税。

---

① 史尚宽:《土地法原论》，台北正中书局 1975 年版，第 454—456 页。

② 《土地法原则》，载彭津主编:《民国时期土地法规选编》，广东地图出版社 1994 年版，第 1 页。

1. 地价税

地价税是按照土地价值征税的一种土地税，其目的在于一方面使政府获得财政来源，另一方面增加土地所有者负担，迫使其让出土地，实现“平均地权”。如此看来，征收地价税是国民党政权实现其土地主张的一项至关重要的大事。

（1）地价税基准。《土地法原则》第一条规定“征收土地税以地值为根据”，地值是征收地价税的原则性规定和依据，那随之而来的问题是地价如何判定。对此，1930年《土地法》第238条规定：“本法所称地价分申报地价与估定地价二种。”申报地价就是由地主自己向地政机关申报土地价值，“自报地价”是孙中山土地思想四个基本点之一，也是实现其土地主张的首要一环。只有自报地价，才能使地主在照价征税与照价收买之间首尾难顾，报低了地价会导致低价卖地，报高了地价就会缴纳高额税收，从而消除其虚报地价的可能。估计地价则是国民政府自创的地价判定办法，“应于同一地价区之土地参照其最近市价或其申报地价或参照其最近市价及申报地价为总平均计算”，或“因财政需要或经济政策之必要，得就同一地价区内之土地最近市价或申报地价择其中地段价值之较高者为选择平均计算”。国民政府何以创造出一个“估定地价”呢？我们认为，土地收买无非在两种情况下才可能实施：一是城镇化中农村土地改为城市建设用地，二是征收地主土地归农民所有。而当时中国的城镇化为时尚早，尤其是那些偏远的农村，因城市建设用地而导致的土地征收远看不到迹象。因此，若以自报的地价为基准征收地价税，地主肯定是要低报以少纳土地税的。所以，国民政府决定采用自报地价和估定地价两种征税基准。

（2）相对固定税率。《土地法》在地价税上采取了固定税率，即与累进税率不同，不管地主占有多少土地，相同性质的土地其税率是一样的，只在不同性质的土地上才采取不同的税率。该法第295—297条将农村土地分为乡改良地、乡未改良地、乡荒地，分别规定了不同的地价税税率。“乡改良地之地价税，以其估定地价数额千分之十的税率”，“乡未改良地之地价税，以其估定地价数额千分之十二至千分之十五税率”，“乡荒地之地价税，以其估定地价数额千分之十五至千分之一百为税率”。不同税率的规定，主要是以土地开发与否为标准，怠于开发土地的地价税高，积极进行开发的税率低，但总的看是固定税率，即不论占地多少，除非开发不积极，地价税率都一样。这种固定税率的办法，从征收地价税目的角度看并不合适，因为在孙中山看来，实现“平均地权”要靠地价税和土地征收的方式进行，应该是占地越多税率越高才能发挥作用。《土地法》采用的固定税率，则相当于对每位地主都剥去了一层利润，对占地少的人反而是一种不公平。不过，1936年颁发的《经济建设区内土地政策实施办法》有些许变化，该办法规定：“土地所有权之在同一市县内内之土地总价值在五千元以内者，其税率为千分之十”，“土地所有权人之土地总价值在五千元以上者，每增二千五百元其每级超过部分递增税率千分之一，增值税率为地价之千分之八十为止。”① 这种实行累进税率的办法就相对公平多了。

（3）地价税率的可变性。在规定固定税率的同时，国民政府规定了变动税率。首先，对自耕地主给以地价税优惠，以鼓励土地自耕。《土地法》第297条规定“市地、乡地、所有权人之自住地及自耕地，于自住或自耕期内，其地价税，按应纳税额八成征收之”②，对自耕土地的地主优惠20%的地价税。这会促使地主有可能将不自耕的土地转让他人。其次，因地方财政或经济需要而优惠税率。《土地法》第303条规定：“就地价税之法定税率范围内为增减税率时得由地方政府以法定程序斟酌左列情形为之：一、因地方财政之需要；二、因社会经济之需要。”法律规定的税率虽相对固定，但也不是不能变，既可能降低，也可能增加。这样的规定虽然具有一定灵活性，能促进土地开发利用，但税率的增减随意性较大，这又给税率带来了不可知性。

（4）税收惩戒代替高地价税率。国民党对地价税的税率曾经有不同意见，广东政府时期，单维廉主张以地方上通行贷借利率之平均数目为税率之标准，故百分之十较为合适；依孙中山主张，地价税与增值税作用不同，地价税应从轻，增值部分应全部归公，所以他认为地价税值百抽一比较合适；廖

① 《经济建设区内土地政策实施办法》，载中国第二历史档案馆编：《中华民国史档案资料汇编》第五辑第一编“财政经济”（七），江苏古籍出版社1994年版，第253页。

② 《土地法》，载中国第二历史档案馆编：《中华民国史档案资料汇编》第五辑第一编“财政经济”（七），江苏古籍出版社1994年版，第165页。

仲恺也认为百分之十的税率过高，不可行。到制定《土地法原则》时，决策层认为为了便于土地税制的施行，防止其对经济发生重大影响，地价税应该采渐进方法，逐渐提高。在《土地法》制定过程中，又对地价税采取了灵活变通的方式，在规定千分之十至千分之一百的较低税率的同时，对不按时缴纳地价税的，规定了较高的惩罚额度。《土地法》第317条规定“地价税不依期完纳者，视为欠税，就其所欠数额，自应缴纳之日起按照年息百分之五征收之”，罚以欠税利息，实际上是变相提高税率。第318条规定“积欠地价税等于三年应缴税额总数时，主管地政机关得将欠税土地及其定着物拍卖，以所得价款抵偿欠税，余款交还原欠税人”，对积欠地价税时间较长、额度较大的，直接将其土地拍卖，取其价款抵偿税款，惩罚力度更为加大。由此，1930年《土地法》在地价税上，一方面规定相对固定税率，另一方面又以可变的方式鼓励土地开发及惩戒欠税行为。

2. 土地增值税

所谓土地增值税，又称土地增价税，是对于不依受益者的劳力及费用所产生的土地增价部分进行的征税。近现代以来，不少国家征收土地增值税：德国1911年公布了《土地增值税法》，对非可归功于所有人之增价额，在土地所有权移转的时候，课以增值税，价格增加愈大，则税率愈高；英国1910年4月29日公布《财政法》，设置土地增值税；奥地利1910年决议采用土地增值税为市镇村税，办法与德国相似；捷克效仿奥地利《土地增值税法》，1922年8月12日将之普及于全国之市镇村。实行土地增值税的还有瑞士、西班牙、摩洛哥等国家。[①] 效仿以上国家，南京国民政府在《土地法原则》和《土地法》中对征收土地增值税做了规定。

（1）土地增值税征收的基本要求。《土地法原则》第3条讲明：“对于不劳而获的土地增益行累进税。”简单的这一句话有三层含义：其一是要对土地增益征税，其二是这种增益应该是不劳而获所致，其三是增值税应实行累进制。对此，《原则》给出的解释是：“按照地值税原理，地价之增涨由于人之涨增加与社会及经济的进步，非由于地主之力量得来，其增益应归诸社会，

① 史尚宽：《土地法原论》，台北正中书局1975年版，第410—422页。

以众人之财富还诸众人之财富，本极合乎社会的公道原则。”说明了征收土地增值税，主要是出于社会公平的考虑。认为土地的增值主要是由于人口增加和社会及经济的进步引起的，这种说法有一定道理，但失之绝对，土地增值除以上原因，也有投入增加的原因，忽略这点，会影响地主对土地的投入。关于增值税的征收时间，《土地法》第 286 条规定：“土地增值税照土地增值之实数额计算，于土地所有权移转或于十五年届满土地所有权无移转时征收之。乡地所有权人之自住地及自耕地于十五年届满无移转时不征收土地增值税。”这规定说清楚了土地增值税是于土地所有权移转的时候进行。但对于市地而言，即使所有权不移转，也要在所有权满 15 年的时候征收，农地即使所有权满 15 年若不移转也不征收增值税。

（2）增值税率。土地增值税之税率，按《土地法》第 309 条，依下列之规定：“一、土地增值之实数额，为其原地价数额百分之五十或在百分之五十以内者，征收其增值数额百分之二十。二、土地增值之实数额，超过其原地价数额百分之五十者，就其未超过百分之五十部分，依前款规定征收百分之二十，就其已超过百分之五十部分，征收其百分之四十。三、土地增值之实数额，超过其原地价数额百分之一百者，除照前款规定分别征收外，就其已超过百分之一百部分，征收其百分之六十。四、土地增值之实数额，超过其原地价数额百分之二百者，除照前款规定分别征收外，就其已超过百分之二百部分，征收其百分之八十。五、土地增值之实数额，超过其原地价数额百分之三百者，除照前款规定分别征收外，就其已超过百分之三百部分，完全征收。”这一规定包含两点内容：其一，土地增值税为普遍征收，即凡是有土地增值的就征收，不论增值多少；其二，土地增值税为累进税率，增值越高税率也就越高，最低税率为 20%，最高为增值部分超过原地价百分之三百的部分全部征收。客观地讲，对土地征收累进的土地增值税，是有利于社会公平的，正像《土地法原则》中所言之理由那样，土地增值主要的不是靠土地投入，而是因交通、社会及经济发展带来的，将这些不劳而获的增益收归国家由全民共享，符合公正的原则。但这也不是不存在问题，只要不移转所有权就不对农地征税增值税，地主就会尽力避免移转土地，无地少地的农民也就很难获得土地，不利于“平均地权”的实现。

（3）土地增值税税收归地方。依《国民政府建国大纲》第十一项，土地之岁收，地价之增益，公产之生产，山林川泽之息，矿泉水力之利，皆为地方政府所有，用以经营地方人民之事业及育幼、养老、济贫、救灾、医病与夫种种公共之需。当时世界其他国家土地税的归属各不相同，有不同的做法。英国自始即以土地增价税为国税，德国亦于 1910 年改为国税，不过 1913 年复成为地方税。南京国民政府采取土地增值税税收归地方的做法，出自孙中山的主张，又与地方自治相关联。不过，后来国民政府又将此税收归了中央。

（4）对欠税者进行制裁。税收是主权国家的权利，纳税则是公民的法定义务，对脱税漏税的行为进行惩罚，是法律的应然要求。1930 年《土地法》第 321 条规定“土地增值税不依法令完纳者视为欠税，依第 317 条之规定办理”，即“地价税不依期完纳者，视为欠税，就其所欠数额，自应缴纳之日起，按照年息百分之五征收之”。第 322 条又规定“前条欠税土地延至一年届满仍未完纳者，得由主管地政机关将其土地及定着物拍卖以所得价款抵偿欠税，余款交还原欠税人”，不但有以上原则性规定，对不同的欠税情况还规定了不同的具体惩罚措施，对拖欠土地增值税的，采取罚息、拍卖、土地收益之提取等办法。

按孙中山的观点，土地增价非因施以劳力资本而来者，应全归公，即税率为 100%。但我们势必会想到，购买土地的人都期盼地价能增高，以图收益，若毫无所利，自然不愿增价出卖，土地增价税之税收将等于零。这样，卖主与买主就会绕开政府私行授受，以图牟利，政府作用就将难以发挥。所以，征收土地增值税，要比土地增值全部归公更符合市场规律，更能调动人们利用土地的积极性。但我们也需注意到，如果对于自然增价部分征收增值税，那么对于自然之减价就应给予赔偿，但《土地法》对此却进行回避，这又是有失公平之处。

3. 土地改良物税

所谓改良物，是指因施以资本劳力增加土地之价值而尚未失其效用之工事及设施。改良物分为建筑改良物和农作改良物两种。世界上征收地价税的各国，对于改良物大都不征税。《土地法原则》也表示，依照地值征税原则，于征收地值税外，所有地面改良物税一概免征，但转而又说：“唯从财政上实际情形观之，若一律废除，恐生窒碍。”这就透露了征收土地改良税的用意是纯为增加财政收入。《原则》进而又佐以加拿大和当初孙中山在大元帅任时颁布《土地税法》时规定改良物应值百抽五的先例，来证明征收土地改良税的正当性。结果，《土地法》有了这一规定：建筑改良物照估定价格征税，最高税率不得超过百分之五。不过对乡地改良物和市地中的农作改良物可不征此税，“乡地之改良物不得征税”，“市地之农作改良物得由地方政府免于征税”，将农地改良物排除出征税范围，还是合理的。在改良物税收取方法上，《土地法》也做了规定：建筑改良物税向其所有人征收，设有典权的由典权人缴纳；建筑改良物税在征收地价税时征收，也可以按照地方习惯，按月或季，定期征收。关于欠税，《土地法》第 326 条也有明确规定：“改良物欠税，准用本章关于积欠地价税各条之规定。”

我们认为，虽然改良物是因施以资本或劳力而产生的建筑或设施，但不能断言这些建筑与设施就完全与不劳而获没有关系，很多情况下它们的增值是交通、社会及经济的发展所带来的。因此，对改良物的征税，也与防止不劳而获有关系，对其征税也有一定正当性。

（二）农地土地征收

土地征收，是指国家为了公共利益需要，以国家强力的方式按法定程序和权限强迫土地所有者放弃土地所有权，并给予适当补偿的土地制度。南京国民政府《土地征收法》[①]对征收有界定：“征收者，谓收买或租用。”我国土地征收制度起始于晚清。当时，铁路等基础设施建设需要大量使用土地，这些用地主要通过租赁、入股、发行土地债券等方式获得。到民国时期，土地需用量不断增加，遂于 1915 年 10 月制定了《土地收用法》，对土地征收做出了规定。南京国民政府成立之后，颁布了一系列有关土地征收的法律法规。1928 年 7 月颁布的《土地征收法》是专门针对土地征收的法律。1931 年制定的《中华民国训政时期约法》中涉及财产部分的内容，是关于土地征收的宪

① 《土地征收法》，载中国第二历史档案馆编：《中华民国史档案资料汇编》第五辑第一编“财政经济”（七），江苏古籍出版社 1994 年版，第 122—129 页。

法性规定。1930 年制定的《土地法》，将有关土地征收的内容纳入一编，共 7 章 62 条，这是有关土地征收的基本法。涉及土地征收的特别法还有 1934 年国民政府军事委员会制定的《国立集团农场设置办法草案》、1935 年国民政府制定的《铁道、水利建设须尽先施行土地政策方法》、1935 年国民政府公布的《土地法施行法》以及《民营铁道条例》《公营铁道条例》《国道条例》等法规。总结 1927—1937 年南京国民政府的土地征收制度，主要有以下内容：

1. 土地征收目的

民国北京政府时期制定有《土地收用法》，其中对土地征收的目的规定“国家因谋公共利益而设之事业”[①] 可征收土地。到南京国民政府时期，其制定的几部法律对土地征收的目的也都有明确的规定。

1928 年国民政府制定的《土地征收法》第 1 条明确了土地征收的目的：对于兴办公共事业及调剂土地之分配以发展农业、改良农民生活状况的情况下，可以征收土地。这就指出了征收土地的两个目的：一是兴办公共事业，二是调剂土地之分配。对于什么是公共事业，第 2 条做了明确界定：“一、关于创兴或扩充公共建筑物之事业；二、关于开发交通之事业；三、关于开辟商港及商埠之事业；四、关于公共卫生设备之事业；五、关于改良市村之事业；六、关于发展水利之事业；七、关于教育、学术及慈善之事业；八、关于创兴或扩充国营工商业之事业；九、关于布置国防及其他军备之事业；十、其他以公共为目的而设施之事业。”我们需要注意的是，条文中的调剂土地分配，并不是为了“平均地权”，也不是为了“耕者有其田”，而是为了发展农业、改良农民生活，不是为土地生产关系的调整，而单纯是从提高土地生产力出发的。

1929 年 1 月的《土地法原则》第 5 条讲：“政府得用价收买私有土地为国防公益或公营事业之用，但不得收买土地为营利目的。收用私有土地时所有土地上改良物，政府须予以相当赔偿。”[②] 这一原则，表明土地征收的目的是为国防公益和公营事业，比《土地征收法》之规定有删有增，删去了调剂土

① 《土地收用法》，载《中华民国法令大全补编·内务》，商务印书馆 1917 年出版，第 516 页。
② 《土地法原则》，载陆费执编：《农业法规汇辑》，中华书局 1937 年印行，第 119 页。

地分配之项，增加了国防公益之内容。以“公营事业”替代了《土地征收法》中“公共事业”的表述，也表明理念的变化，即便限定公营事业其不能营利，也使其公益之性质大变，因为公营事业不一定就是公共事业。

1930 年《土地法》第 335 条规定，国家因公共事业之需要，得依本法之规定，征收私有土地。这条规定与前《土地征收法》《土地法原则》的规定相比，把征收土地的目的限定在“公共事业”上，有了重大变化。该法第 336 条对公共事业做了界定：一、实施国家经济政策；二、调剂耕地；三、国防军备；四、交通事业；五、公共卫生；六、改良市乡；七、公用事业；八、公安事业；九、国营事业；十、政府机关、地方自治机关及其他公共建筑；十一、教育、学术及慈善事业；十二、其他以公共利益为目的之事业。这些征收目的中，暗含着可以因调整土地关系而征收土地的内容，主要体现在第一项“实施国家经济政策”和第二项“调剂耕地”上，但并没有明说。但从 1930 年《土地法》全文来看，土地征收还有三个方面的原因：土地超过限制数额不卖出的可以征收（第 15 条），承租人承租不在地主土地超过 10 年的该土地可以征收（第 175 条），私有荒地一定期间不开垦或耕作的可以征收（第 208 条）。当然，还有其他情况，如土地强制利用的需用地人也可以申请征收土地，这均应属于“公共利益”范围之内的事情了，不再赘述。

从以上几部法律的发展来看，关于土地征收的目的规定有一个发展变化的过程。第一，土地征收理由的变化。征收理由的表述有这样一个变化轨迹：公共利益——兴办公共事业及调剂土地之分配，以发展农业，改良农民生活状况——国防公益或公营事业——公共事业。民国北京政府对“公共利益”的界定中，有要求所征土地需用于用公共事业之意，但未禁止营利之事业申请征收土地。1928 年《土地征收法》规定除了需从事公共事业外，调剂土地分配的情况下也可以进行土地征收。《土地法原则》中规定了国防公益和公营事业两种可以征收土地的情况，二概念有重合之处，但也有不同，国防公益当然是公共利益，但公营事业不一定均是为公共利益的，也即按《土地法原则》，不一定是为了公共利益的国营事业也可申请征收土地。而《土地法》则简洁地将土地征收的理由概括为公共事业，表达就非常简练了，而且还在法律中对“公共事业”作了具体明确的列举式界定。第二，对公共事业的解释和范围的变化。南京国民政府的几部关于土地征收的法律中都有土地征收的理由须为“公共事业”一词，《土地法》对其进行了详细的列举式解释，这一解释不同于以往。特别是“实施国家经济政策”“调剂耕地”这两项概括性规定，体现了更强的灵活性和国家干预性，同时也为《土地法》的一些具体征收土地的规定提供了原则和前提。如该法第 175 条规定：“本法施行后同一承租人继续耕作十年以上之耕地，其出租人为不在地主时，承租人得依法请求征收其耕地。”第 208 条规定：“编为农地之私有荒地应由主管地政机关限令其所有权人于一定期间内开垦或耕作，逾期间而不为开垦或耕作者得由需用土地人依法呈请征收之。”这两条规定具体体现了南京国民政府对不在地主的限制及对土地荒置的否定的政策。还如《土地法》中关于土地重划而规定的土地征收内容，正是“调剂耕地”的具体展现。第三，土地征收之提出主体的变化。依据 1928 年《土地征收法》和 1930 年《土地法》，省市县及其他地方政府因兴办公共事业或调剂土地之分配，均可提出征收土地，地方自治团体或人民兴办公共事业时可提出征收土地。但若按《土地法原则》，只有因国防和公营事业才能征收土地，那征收土地的提出主体也就只能是国家或地方政府了。第四，增加了因调整土地关系的征收。《土地法》第 15 条、175 条对地主超额占田、不在地主情况下的土地征收，体现了《土地法》追求地权公平的立法意图。

土地征收是国家公权力发挥效力的最有力手段，以上这些规定，反映了公权力对私权利的极强约控力度，若能实现，也许在“平均地权”“耕者有其田”上会大有作为。

2. 土地征收范围

1928 年《土地征收法》对土地征收范围规定得比较粗略，其第 4 条指出，“凡宅地、田园、矿田、砂地、荒地、街市、道路、河川、沟渠、地沼、葬地等皆属之”，也即只要兴办事业人需要，以上土地皆可征收。

1930 年《土地法》对土地征收范围做了明确的限制性规定。第一，被征收土地为私有土地。被征收的土地应为私有性质的土地，该法第 335 条开宗明义即讲：“国家因公共事业之需要，得依本法之规定，征收私有土地。”第二，被征收的土地范围分不同情况而定。除核准征收的土地须征收外，《土地法》

还明确了三种不同情况下的征收范围：一是附带征收，即“谓因兴办之事业所需土地范围外之连接土地为一并征收者”（第 342 条）；二是区段征收，即“谓于一定区内之土地须重新分段整理，为全区土地之征收者”（第 343 条）；三是土地上定着物的征收，第 344 条规定“征收土地时，其定着物应一并征收，但该定着物所有权人要求取回并自行迁移者，不在此限”。也就是说，在征收土地时，除了对核准征收的土地进行征收外，还可以征收因兴办事业所需土地范围外的连接地及于一定区内之土地须重新分段整理为全区土地。但附带征收和区段征收一般只适用于需用土地人为政府机关的情况。同时，《土地法》对土地征收范围也有限制，这主要是针对名胜古迹，该法第 340 条规定：“征收土地，遇有名胜古迹，应于可能范围内避免之。”出于对名胜古迹的保护，《土地法》要求尽量避免征收之，当然不是绝对排除。

从对土地征收的范围看，南京国民政府为了对公共利益的保障扩大了公权力对私权利的约制。征收土地本已经是对公权力的巨大认可了，法律又在此基础上扩及与被征收土地衔接的地块及地上定着物，更是增强了公权力的力度。

3. 土地征收的发起与核准

1928 年《土地征收法》与 1930 年《土地法》之“土地征收编”，将土地征收过程分解为“征收准备”与“征收程序”两部分。1946 年修改后的《土地法》将其合二为一，统称“征收程序”。其中发起与核准是土地征收的关键之处。

（1）土地征收的发起

需用土地人是土地征收的发起人，在 1928 年《土地征收法》中称为“兴办事业人”。通常情况下，需用土地人在需用土地时与土地所有权人进行协商，达成协议即不涉及土地征收。但当双方不能直接达成协定或协定不成立时，需用土地人可以申请征收土地。这里的需用土地人，既可以是政府，也可以是公营单位，同样也可以是私人。不过，需用土地人于申请征收土地时，应证明其兴办之事业已得法令之许可。

需要指出的是，土地征收的发起主体并不限于需用土地人，土地所有权人也可以发起，如《森林法》第 28 条规定，土地之使用继续在三年以上，或变更土地之性质者，土地所有权人得请求征收其土地。

（2）土地征收的核准

依据 1928 年《土地征收法》，兴办事业人拟具土地征收计划书后，履行核准程序，国民政府直辖中央各机关、省政府、特别市政府征收土地由内政部核准；县或市征收土地时由省政府核准；地方自治团体或人民征收土地时由县或市转呈省政府核准，如属特别市则由该市政府转报内政部核准，即该法规定有权核准土地征收的是内政部和省政府。

1930 年《土地法》规定的土地征收核准机关有两级，一是行政院，二是省政府。由哪个机关核准以需用地人及兴办事业所属来判断：需用地人为国民政府直辖机关及不属于省政府管辖之市政府者，由行政院来核准，为地方各级政府或其所属机关及地方自治机关者，由省政府核准；兴办事业属于国民政府机关直接管辖或监督者由行政院核准，属于地方政府管辖或监督者由省政府核准；土地面积跨连两省区或不属于省政府管辖的由行政院核准。与 1928 年《土地征收法》相比，《土地法》的核准机关级别提高了，将不属省政府所属机关的土地征收核准权由内政部提升到了行政院，这显示了对土地征收这一涉及对土地所有权剥夺之重要利益事项的高度重视和谨慎态度。

4. 土地征收补偿

土地的征收会涉及征收补偿，补偿费用包括两部分：一是地价补偿，二是迁移费补偿。

（1）地价补偿

《土地法》中称地价补偿，指土地因被征收所应得之补偿金。在补偿地价事项中，涉及的问题主要有：第一，补偿金由需用地人负担。需用地人不是将补偿金直接交付土地所有权人，而是将其交存地政机关，再由地政机关于清偿该土地应有负担后将余款交被征收土地所有人。第二，地价补偿金由地价额、土地定着物价额、其他补偿三部分构成。关于地价额标准，《土地法》规定，土地所有权已经登记而未转卖的，照申报地价额补偿；已经转卖的，按已登记之最后卖价补偿；未申报地价的，由主管地政机关估定。定着物价额应照额补偿，对于植物类孳息，《土地法》规定："属于植物类之土地定着物，于被征收时，与其孳息成熟时期相距在一年以内者，其应补偿价值，以视同已成熟之孳息估计之。”关于其他补偿的标准,《土地法》第 375 条所规定:“因除去土地障碍特致被征收土地以外之土地受损害时,应为相当之补偿。”第三,地价补偿的交付方法,一般是按上文所述由需用地人将价金交存地政机关,再由地政机关交被征收人,但也有例外,如在《经济建设区内土地政策实施办法》中,对因工务需要或整理耕地调剂分配所进行的土地征收则是靠政府以国币或地价券的方法进行。这里的地价券是以政府土地增价税为担保所发行的债券。以债券方式补偿可以减轻政府的财政压力,就国家来说不失为一种好方法,但对地主来说则会因其具有不确定性而得不到地主支持。因此这种办法的采用,必须以强大的国家政权强制力为后盾。

(2)迁移费补偿

所谓迁移费,是指在土地征收中,遇有定着物需要迁移时,需用地人应支付的费用。定着物的迁移,主要包括工作物的迁移和坟墓的迁移。《土地法》第 381 条规定:“因征收土地,致其定着物迁移时,应由需用土地人给予相当迁移费。”这里对“相当”并没有确切的解释,一般而言是按时价等价补偿。为照顾迁移人,《土地法》还规定,只征收一部分土地而导致相邻未被征收土地上定着物整体迁移的,需用地人应给予迁移人整体的迁移费补偿。

土地征收补偿,一定程度上是对公权力强制私权利而致使私权利受损的经济弥补,从上面地价补偿和迁移物补偿的情况来看,南京国民政府基本能够对价补偿原土地所有权人的经济损失。

5. 土地征收中原土地所有人的权利

土地征收是依靠国家权力而强制原土地所有人放弃其所有权,因此,一方是公权力,另一方是私权利,二者较量难免会发生不公平情况。为保持双方利益的平衡,《土地法》赋予了原土地所有人的一些权利,主要包括:

(1)补偿请求权。此项权利主要是指前文所述被征收土地所有权人的地价补偿和迁移费补偿请求权,以及其他相关的补偿请求权,主要包括:①邻地所有权人的补偿请求权。1930 年《土地法》第 345 条规定:“征收之土地因其使用影响于接连土地致不能为从来之利用或减低其从来利用之效能时,该接连土地所有权人得要求需用土地人为相当补偿。”②勘察补偿请求权。《土地法》第 375 条规定:勘察被征收土地需要除去障碍物时,“因除去土地障碍物致被征收土地以外之土地受损害时应为相当之补偿。”第376条规定：“被征收土地，其所有权已经登记而未转卖者，照申报地价额补偿之，其已经转卖者，照已登记之最后卖价补偿之。”③余地补偿请求权。所谓余地，是指土地之一部分被征收后剩余的那部分土地。《森林法》第31条规定：“因土地一部之使用或征收，致减损余地之价格，或关于余地有其他损失时，应给付偿金。”[1] 补偿请求权是被征收土地所有权人的一项基本权利，它的存在一定程度上起到了反制公权力的作用。

（2）买回土地请求权。这是指被征收土地所有人在一定条件下将土地再买回的权利。《土地法》第351条规定：“征收之土地不依核准计划使用或于征收完毕一年后不实行使用者，其原土地所有权人，得要求照原征收价额买回其土地。”为公益上之必要，不管土地所有权人是否自愿，需用土地人都可以取得其土地，这是偏向土地需用者一方权利的体现。但如被征收的土地全部或一部不合征收目的之用，事实上就已失去了征收的必要，原所有人可以以相当之对价，恢复其所有权，应为理之当然。不过买回权也并非不受限制，《土地法施行法》第80条规定，原土地所有权人于接到主管地政机关通知后6个月不申请买回土地时，主管地政机关得呈准原核准征收机关照原征收价额收归公有。当法定情况发生后，若原土地所有人不主张买回土地，那需用地人也不能再主张征收权利，而是要收归公有了。

（3）一并征收请求权。1930年《土地法》第347条规定：“征收土地之残余部分面积过小或形式不整致不能为相当之使用时，所有权人得要求一并征收之。”这是出于土地有效利用之考虑。

（4）优先承受权。1930年《土地法》第350条规定：“政府为区段征收之土地于重新分段整理后，将土地出卖或租赁时，原土地所有权人或土地他项权利人有优先承受之权。”这是保护原权利人的利益，从这点看，国民政府还是保护既有土地所有者的既得利益的。从私有制保护的角度看，有其合理性，但这样规定与平均地权却背道而驰。

（5）最少损失请求权。《土地法施行法》第76条规定：“土地征收于不妨

---

① 中国第二历史档案馆编：《立法院公报》（13），南京大学出版社1989年版，第249页。

害征收目的之范围内应就受损害最少之土地为之。”第49条规定：“土地征收，于不妨碍征收目的之范围内，应就损失最少之地方为之，并应尽量避免耕地。”这也是出于土地利用效率的考虑。

南京国民政府赋予土地被征收者一定的权利，显示了国家公权力在倾向于土地需用者以发展公共事业的同时，相应照顾被征收土地所有权利益的价值取向。这在一定程度上保护了原所有权人的利益，同时也能起到减少土地征收阻力的作用。

6. 土地征收的效力

土地征收的效力，是指因土地征收所带来的法律后果。土地征收的后果就是土地所有权消灭，他项权利亦消灭。1930年《土地法》第289条规定：“土地所有权因征收而移转者，视为绝卖。”征收完成后，需用土地人取得土地所有权，从而被征收土地的所有权人丧失其权利。从取得方式来看，需用土地人对土地所有权的取得为原始取得，“为基于公法的原因之私权取得”[①]。他项权利单独被征收时，事业人（需用地人）取得土地的他项权利；但他项权利与所有权一并被征收时，或所有权已经属于事业人的情况下，其结果是他项权利被吸收于所有权之中，他项权利也因征收而消灭。

以上我们探讨了农地地权问题上南京国民政府公权力对私权利的约控。公权力对私权利的约控或限制，能防止私权利享有者在积极层面的滥用权利和在消极层面的怠于行使权利，也能防止权利的合法性冲突。南京国民政府在土地问题上之登记主义的采用显示了公权力的强制性，它使国家公权力便于掌握私权利状况而在此基础上采取更进一步的公权力约控措施。最集中也最突出体现国家公权力约控私权利的是对农地所有权的约控，特别是在对土地的强制税收和征收上。从理论上来说，任何一个社会都需要公权力对私权利的约控，没有公权力的话，私权利就会放荡不羁，社会就会陷入混乱。不过，公权力对私权利约控到什么程度才既能使社会秩序稳定，还能使私权利充分行使从而提高生产效率，的确是一个难题。我们认为这取决于两个因素：一是社会正义的价值取向，二是当时社会的实际情况。根据现实社会中正义

① 史尚宽：《土地法原论》，台北正中书局1975年版，第586页。

各要素包括自有、平等、效率、秩序等间相互关系的实际情况，确定走向社会正义的政策，应是正确的路径。南京国民政府时期的地权状况，明显存在着不正义，主要在于少数人拥有大量土地，而多数人没有或缺少有土地，平等严重受损。所以，当时欲实现社会正义，关键问题是要使社会成员平等地享有土地权利。这就要求国家公权力去抑制既存地主的私权利，同时提升和保护农民的私权利，使地权达到平等状态。欲达到此目标，公权力有两条路可选择：第一条路是没收地主土地，建立或公有或私有的土地所有制，然后将土地在社会成员间平等地分配，这是最彻底的办法；第二条路是坚持土地私有制的情况下，通过限制地主的权利而使土地或土地之利益在社会成员间进行调配。后一条路也有两个办法：一是通过行政的土地征收，将土地分与农民；二是通过经济方式，将土地上的利益在社会成员中平等分配。而经济方式又有两种：一种是减租，把地租减到相当低的水平，就相当于农民获取了土地所有权；另一种对地主征重税，再由国家将税收收入扶助农民，从而实现社会总体利益的平等。总之，实现平均地权的方法就是这么几种：没收、减租、征收、征税，这些办法的共同特点是以国家公权力对既有地主的私权利进行强力压制。南京国民政府采用的是减租、征收、征税三管齐下进行的。我们认为，不管采取什么方式，只要能有效解决当时土地不公问题，实现社会正义，就是值得肯定的方式。就南京国民政府这几方面土地立法内容来看，力度还是相当大的，尤其是在土地征收方面。规定超额占田的、不在地主的土地均可被征收，剥夺地主的土地所有权，这的确有实现“平均地权”“耕者有其田”的意图在内，有公平的理念在内。再加上对土地使用方面的公权力约控主要是追求效率，对所有权的约控目的是追求平等，所以，整体上看，南京国民政府的农地地权立法顾及了法律的平等、效率、秩序、自由的各种价值。但也有差强人意之处：减租上，规定的是“二五减租”或“三七五减租”，按这标准，农民所承受的负担仍在25%—37.5%，农民负担仍过重，达不到平均地权的作用；土地税收上，1930年《土地法》中规定的地价税是对农民不利的相对固定税率，土地增值税又规定农地所有权不移转不征收，不甚公平；而且，即使限田的规定体现了平等价值，但限田是在肯认既有地主所有权的前提下进行的限田，保护既有地主利益的大局已定的情况下再进行限田，其意义便大打折扣，即便有强制征收的规定，也很难做到，其实这是早被中国汉代及隋唐历史所证明了的。

第三节　农地权利救济

法律以权利义务关系为核心内容，这些权利义务也会有相互之间的协调与配合。法律权利义务关系按法源可分为实体权利义务和程序权利义务，实体法中公民享有的人身权、财产权、人格权、契约性权利等实体权利，要靠一些辅助性的权利包括请求权、形成权、抗辩权、答辩权等去实现。毕竟，社会不总是和谐与协作，当权利主体不能行使自身实体权利时，就需要救济性权利发挥作用了，包括诉讼权利、自力救济权。权利救济的必要性根源于两个因素：保证权利的正常实现和防止与排除外在的不法侵害。[①] 南京国民政府时期，处理地权纠纷的方式方法在近代变法的基础上逐渐进入法制化轨道，这不仅体现在民事诉讼法与刑事诉讼法中，一些实体法中也有相关纠纷解决的程序规定。具体而言，南京国民政府的农地地权救济措施主要有如下方式：

一、调解

调解是《土地法》规定的解决业佃纠纷的一种法律途径。1930 年《土地法》和 1934 年《办理土地陈报纲要》均规定了土地纠纷调解制度。《土地法》第 186 条规定："因出租土地契约终止返还耕地时，承租人得向出租人要求偿还其所支出的相应土地改良费，但以其未失效能部分之价值为限。"第 187 条规定："前条偿还金额当事人不能协议或协议不成立时得请求地方法定调解委员会调解之，不服前项之调解者得请求主管地政机关决定之，其决定为最终之决定。"[②]《办理土地陈报纲要》第 27 条规定："办理土地陈报遇有产权争执时应由区乡镇调解之，调解不洽由县政府核定，其已提起诉讼者仍由司法机

① 戴剑波：《权利正义论》，法律出版社 2007 年版，第 73 页。
② 陆费执编：《农业法规汇辑》，中华书局 1937 年印行，第 137 页。

关处理。”[①] 这两部法律都规定了调解这一纠纷解决方式，但具体内容有所不同:《土地法》中调解的适用对象是业佃双方因佃户索偿土地改良费而生的纠纷,《纲要》中调解的适用对象是土地陈报过程中出现的土地产权争执;《土地法》中负责调解的机关是地方调解委员会,《纲要》中规定的调解机关是乡区镇。《纲要》是临时性文件，对其不多论述。仅就《土地法》的规定来说，调解正常进行的前提是必须有调解委员会这个机构组织，但事实是当时并没有广泛成立之。所以,《土地法施行法》第 41 条又进一步规定“《土地法》第 187 条所称地方法定调解委员会未设立时得由主管地政机关指定地方公正人士调解之”，法律又赋予了地政机关组织“调解委员会”的职能。《土地法》的这项规定，会带来实施中的困难，所以 1946 年修改后的《土地法》简化了调解程序，其第 122 条直接规定：因耕地租用，佃业间发生争议，得由该管市县地政机关予以调处，不服调处者，得向司法机关诉请处理，取消了调解委员会的设置。

二、诉愿

1928 年《土地征收法》规定了诉愿解决土地征收纠纷的方式，它适用于对征收审查委员会的议定不服的情况。该法第 44 条规定：“对于县或市征收审查委员会之议定有不服者得诉愿于省政府，对于特别市征收审查委员会之议定有不服者得诉愿于内政部。”这里的诉愿，类似于现在的行政复议制度，当对县或市土地征收审查委员会做出的议定不服时，当事人可向省政府提出诉愿，也就是提起复议，而对特别市的议定不服的则向内政部提起复议。

三、公断或仲裁

公断是《土地法》规定的解决土地权利人与地政机关在土地税收和土地征收中发生纠纷的一种途径，其内容大致如下：

---

① 徐百齐编:《中华民国法规大全》(一)，商务印书馆 1937 年版，第 740 页。

公断组织的组成。《土地法》第 249 条规定："公断，应由主管地政机关之估价专员及异议人双方各推公断员一人，另由两公断员加推公断员一人，会同公断。前项加推之公断员不能推出时，应由该地方自治团体推出一人充之。"即公断组织是主管地政机关设立的一个调处土地纠纷的组织，由 3 人组成，一人由地政机关推出，一人由土地权利人推出，一人由前两名公断员共同推出。从公断组织的组成，可见其类似仲裁，与仲裁不同的是公断员的组成有特别之规定。按 1930 年《土地法》的规定，公断适用于地价公断、土地征收公断、迁移费公断。

关于地价公断，《土地法》第 246 条规定土地税收中"标准地价自公告之日起三十日内同一地价区内之土地所有权人认为计算不当时，得以全体过半数人之连署，向主管地政机关提起异议"。"所提之异议经主管地政机关决定后原异议人不服时，得要求召集公断员公断之。"第 252 条规定："公断之决定为最终之决定。"发起地价公断，需要两个条件：一是对地价提出异议，二是地政机关对异议做出决定。对决定不服时，土地权利人才可申请公断。

关于土地征收公断，《土地法》第 390 条规定：因土地征收涉及第 345、第 346、第 347、第 375、第 381 条之情形而发生异议，"不服主管地政机关之决定时，土地所有权人或土地他项权利人得要求召集公断员公断之"。前所述各条，包括土地征收会影响征收地之连接地效能而申请补偿、请求征收被征收地残余部分、征收土地时请求因除去障碍而导致土地受损之补偿等问题。

关于迁移费公断，《土地法》第 386 条规定，土地征收后，"受领迁移费人对于迁移费额有异议时，应将其定着物依限迁移，始得要求公断"。这项规定表达了两方面信息：一是关于迁移费发生异议时，可以请求公断；二是请求公断的前提是"依限"先将土地上定着物迁移。

关于公断的程序，《土地法》并没有更多规定公断程序，但《土地法施行法》第 12 条作了细化说明："土地法所规定之各项公断，其规则由中央地政机关定之。"

与公断类似的是仲裁。1929 年 9 月，浙江曾有《佃业争议处理办法》，其中有"合法的撤佃，则以无永佃权者为限。无永佃权者，经省或县仲裁会之裁决，而仍不缴租，则科以撤佃之处分"的规定。这可谓地方上的一种调处土地纠纷之方法。

四、土地裁判所裁断

土地裁判所是《土地法》规定的处理土地登记纠纷的裁判机关。《土地法》第 34 条规定“关于土地权利在登记程序进行中发生之争议由土地裁判所裁判之”，明确了土地裁判所裁判这种方式处理登记程序中发生的纠纷之职能。该法第 35 条规定：“土地权利，其名义与第 33 条第一项所列各种不符，而其性质与其中之一种相同或相类者，交由土地裁判所审定，认为某种权利后，为该权利之登记并添注其原有名义。”这是对土地裁判所处理权利之具体事项的规定。第 104 条规定，当相关人等对第一次土地登记有异议时，“土地裁判所接受权利关系人提出之异议，应于公告期满后开始审理”，本项审理经裁判确定后，应即通知地政机关登记之。这一规定，说明的是土地裁判所处理事项的具体程序。

关于土地裁判所的职能，民国土地专家同时也是《土地法》起草人的吴尚鹰曾有过说明：“地政机关之设立，有中央与地方之分。关于实际工作之执行，由地方机关任之，中央地政机关，立于指挥监督地位，对于地方机关所为之土地整理，务使一一依法进行，免涉分歧，以收整齐划一之效。其土地裁判所之设立，乃专为行政上处理不当或因土地权利发生纠纷时，负审理处断之责任也。”[①] 土地裁判所是地政机关内设的一个部门，其职能是处理土地登记纠纷事宜，它与公断的职能不同，公断是在土地征收中发生地价、补偿费、迁移费纠纷时发挥作用的。

五、民事诉讼

民事诉讼是法定解决土地纠纷的一种形式，既适用于权利人相互之间的

---

① 吴尚鹰：《土地问题与土地法》，载何勤华、李秀清主编：《民国法学论文精粹》（第三卷），法律出版社 2002 年版，第 78 页。

民事纠纷，也适用于权利人与地政机关之间的某些纠纷。关于业主间纠纷的解决方法，《土地法》中未见明文规定，推其法意，当以此为民事法部分，应归法院解决。《土地法》明确规定了通过法律诉讼解决土地纠纷的情形，如第42条规定："损害赔偿之请求为地政机关拒绝时，受损害人得向法院起诉。"民国时期著名民法学家史尚宽曾对土地征收中的相关问题做过阐述："土地征收的收回中，事业人否认原土地所有权人之收回权或不履行其移转土地之义务时，原土地所有权人得依民事诉讼法主张其权利。事业人如已将土地移转于第三人，而该第三人对于土地之移转于原土地所有权人不为承诺时，原土地所有权人得请求法院以判决代替其承诺。"[①] 也就是说，民事诉讼适用于平等的民事主体之间，当纠纷发生后，当事人一方可以向法院提起民事诉讼。

此外，其他一些法律也规定了民事诉讼解决土地纠纷的内容。依矿业法，因土地使用或定着物迁移之偿金，迁移费或担保，有争执时，得呈请省主管官署核定之（《矿业法施行细则》第68条），对于核定如有不服，得依法提起民事诉讼（同《细则》第70条）。1928年《土地征收法》第45条规定："对于征收审查委员会之议定有不服者，得向该管地方法院起诉。"[②] 民事诉讼对保障土地上的私权利发挥了一定积极作用。

六、行政诉讼

行政诉讼是对有关因行政行为而引起的官民纠纷所适用的司法解决途径。行政诉讼的当事人一方为政府，另一方为行政行为的相对人。南京国民政府《行政诉讼法》第1条规定："人民因中央或官署之违法处分，致损害其权利，经依法诉愿提起再诉愿而不服其决定或提起再诉愿逾三个月不为决定者，得向行政法院提起行政诉讼。已向五院或直辖国民政府各官署提起之诉愿，以再诉愿论。"[③] 也就是，提起行政诉讼须有如下前提：一是官署有违法行为；二

---

① 史尚宽：《土地法原论》，台北正中书局1975年印行，第547页。

② 《中华民国土地征收法》，载彭津主编：《民国时期土地法规选编》，广东省地图出版社1994年版，第81页。

③ 徐百齐编：《中华民国法规大全》（四），商务印书馆1937年版，第5620页。

是当事人利益受到损害；三是经过两次诉愿，且行政诉讼须向专门的行政法院提起。《土地法》中没有规定行政诉讼，但其388条规定“诉愿于征收土地有违法或不当之处分时，依法为之”，这里的“依法为之”，主要指的是依《行政诉讼法》为之。1928年《土地征收法》第45条规定：“对于土地征收审查委员会之议定有不服者，得向该管地方法院起诉，但以未经提出诉愿者为限。”① 所以，“我土地法虽无此规定，于有违法之征收核准或征收补偿决定等情事致损害其权利者，自可依行政诉讼法，提起行政诉讼”②。不过，依照《行政诉讼法》提起行政诉讼之前，必须经过“诉愿”程序，但诉愿并不影响行政机关行政决定的执行，即原则上应不因诉愿而停止征收之进行程序。

七、刑事处罚

刑事处罚是对违反土地相关法律之行为最为严厉的制裁措施，也可以看作调处土地纠纷最具强制力的办法。南京国民政府1927—1937年各种有关地权的法律中，只有个别法律规定了刑事制裁措施。1932年《剿匪区内各省农村土地处理条例》第61条规定了对伪造契据等的“科罪”办法：“农村兴复委员会发现业主提出之契据或保证书状系伪造，意图欺诈者，当与从重科罪，保证人如有扶同隐蔽情弊并科以同等之罪。”③1934年《土地陈报纲要》第30条规定：“凡阻挠土地陈报者依法治罪。”④ 采取刑事制裁措施有利于法律的贯彻落实和当事人权利的实现，但作为基本法的《土地法》竟然没有规定刑事制裁措施，委实不可思议，这从某种程度上也说明了南京国民政府推行土地政策的诚意不足、信心不够、态度不坚决。

以上是南京国民政府调处土地权利纠纷的一些途径。其中有民事的，也有行政的和刑事的；既有诉讼程序的也有非诉程序的，途径不少，反映了国家公权力在调处地权纠纷、权利救济上对私权利的约控。但问题是，这种解

① 徐百齐编：《中华民国法规大全》(一)，商务印书馆1937年版，第728页。
② 史尚宽：《土地法原论》，台北正中书局1975年印行，第607页。
③ 徐百齐编：《中华民国法规大全》(一)，商务印书馆1937年版，第746页。
④ 徐百齐编：《中华民国法规大全》(一)，商务印书馆1937年版，第740页。

决纠纷的种类过多、过于复杂凌乱的状况，在实践中也会造成混乱、推诿甚至投诉无门情况的发生。

小 结

南京国民政府建立之后制定的一系列法律文件，展示了南京国民政府农地地权制度的内容。农地地权制度的核心内容是土地权利分配，它直接体现国家统治者处理社会各阶层利益关系中的价值取向。权利分配的主要任务是处理好公权力和私权利的关系，实现公权力对私权利的合理约制，使私权利既能充分发挥其在促进效率方面的作用，又有明确的边界，以免伤及社会和他人的利益，从而实现社会正义。南京国民政府以孙中山的三民主义为指导，选择性移植了西方特别是日本的法律，吸收借鉴了中国传统社会土地制度中的许多固有习惯，建立起了一个具有中国特点的农地地权制度体系。这个体系也即私权利体系，包括所有权、他物权（用益物权和担保物权）、典权、占有权、优先权、耕作权等，其中他物权中的用益物权包括地上权、地役权和永佃权，担保物权在土地上主要是抵押权。土地私权利体系的建立，使民事主体间的权利义务关系得以明晰，人身关系淡化而契约关系加强，基本符合商品经济发展的要求，具有资本主义性质。

所有权是全部土地私权利中最重要的一项权利，南京国民政府实行土地双重所有制。先是从理论上确定土地由国民全体共享，为国家控制私人土地所有权创造了理论前提，又在此基础上将土地分为公有和私有两种不同的所有性质。公有土地是由各级省、县、乡所有的土地，私有土地是中华民国国民按法律规定取得所有权的土地。由于当时绝大多数土地为地主所有，所以南京国民政府实际确认的是农地地主私有制，保护的是既有地主的利益。从对所有权的规定看，南京国民政府的农地所有制既有封建性，又有资本主义性，具有半封建半资本主义性质的土地私有制特点。

地上权、地役权、永佃权是南京国民政府农地私权利中的用益物权部分。依法理，所有权具有绝对效力，用益物权要服从于所有权，受所有权的制约。但南京国民政府坚持社会本位的立法理念，提升了用益物权的地位，给它们以充分的保护，起到了限制甚至对抗所有权、削弱所有权绝对性的作用。保护用益物权的目标不尽相同，对地上权和地役权的保护多出于提高效率的需要，对永佃权的保护更多的是出于实现平等的需要。在抵押权的设计上，南京国民政府特别重视抵押权人权利的实现，这对提高交易效率有积极意义，但它却忽略了对第三人利益的保护，给社会交易的安全留下了隐患。特别需要强调的是典权制度，典是除中国外绝无仅有的现象，无外法可资借鉴。南京国民政府在典权制度设计中以西方法学理论为指导，尊重了中国传统社会典的习惯，又对其进行了限制性改造，形成了中国特有的土地典权法律制度，反映了其立法技术的较高水准。

这样，南京国民政府土地私权利设计确认了土地的地主所有权，同时又对其进行了一定限制，平等和效率的法律价值都得到了体现，反映了一定程度的正义性。但这种正义是在承认和保护既有土地分配不平等前提下的正义，虽然“国民全体所有”为限制土地私有权的数量提供了空间，但土地登记制度又规定一经登记便取得土地私有权，也就意味着它是在维护地主阶级利益的全局性的不平等、不正义。

公权力对私权利的约控，反映的是统治者如何依靠国家强制力实现国家、社会、个人三者间利益的平衡。南京国民政府在这方面的做法主要包括实行土地登记、限制所有权、给农地租用者以权利特惠、鼓励及强制荒地开发、土地强制使用、土地重划、土地税收、土地征收等。实践中，本应对“平均地权”、“耕者有其田”、促进地尽其利、实现社会正义发挥决定作用的公权力，其表现却差强人意。采用强制登记制度，规定不经登记地权不生法律效力是实施平均地权的前提，目的是便于国家对农地信息掌控和管理，确定权利状态，避免纠纷及保证交易安全。但过于烦琐的土地登记程序要耗费大量人力、物力、财力，需要较长的时间，这就从技术、经费、人才等方面给这一制度带来了致命的影响，难以实施，而且它还有维护既有地主土地利益的意图和作用在内。对农地所有权的主体、客体、数量、内容等进行限制，使所有权绝对原则受到约束，一定程度显示了对公平和正义的追求。但它所确认的是既有地主的土地所有权，并且对所有权的限制不是像“限田”这样不可行，便是像“限租”“权利特惠”等这样隔靴搔痒，最终让无地少地的农民依旧一无所得。土地税收和土地征收是能最直接、最集中反映国家公权力对私权利行使强制力的手段，其作用发挥得好的话就有可能实现土地权利平等的价值取向。然而，固定税率的地价税主要目的是增加财政收入；只在土地所有权移转时才征收的农地增值税，起不到调整土地所有权的作用；土地征收制度虽是为“公共利益”而设，但对“公共利益”的界定中并无土地所有权调整的内容；“公共利益”中的“实施国家经济政策”“调剂耕地”只是为国家经济建设用地、合理利用土地而征收土地提供法律依据；虽然有对超额占田、不在地主的土地进行征收的规定，但这是在肯认既有土地所有权下的规定，意图可嘉，却早已被中国历史证明行不通。总的来看，南京国民政府农地地权立法在公权力对私权利的约控中，文本上兼顾了法律的几种价值，但这些规定的可行性实在值得怀疑，因此其立法的整体价值取向也就难以保证。

南京国民政府农地地权立法在土地纠纷处理上规定了相当多的调处方法，有民事的，也有行政的和刑事的；有诉讼程序的，也有非诉程序的。但解决纠纷办法的种类过多、过于复杂凌乱、刑事处罚乏力的状况，在实践中容易造成混乱、推诿甚至投诉无门。

第四章　立法的特点与影响

以上几章，我们对1927—1937年南京国民政府农地地权立法的历史与现实背景、渊源与过程、内容等进行了描述，接下来我们要深入到事物的内部去探求其本质，分析其原因及影响，揭示其规律。

第一节　立法特点

总结1927—1937年南京国民政府农地地权立法的实践，我们认为它具有如下几个比较明显的特点。

一、思想、政策、法律：在理想与现实间步步失据

在此我们重点探讨农地立法指导思想、国民党农地政策与立法的过程及内容相互之间的关系，从而既总结农地地权立法特点，也回应前面的问题。

（一）指导思想的理想性与功利性对土地政策与法律的影响

总体上看，南京国民政府农地地权立法的指导思想根源于孙中山的“平均地权”“耕者有其田”思想，同时又受蒋介石和胡汉民等人的立法与执政思想影响。

1. 受孙中山农地地权思想的影响，政策、法律具有浓厚的理想色彩

孙中山的地权思想有一个发展过程，尤其在国民党一大召开前后，有一个比较大的变化。检视孙中山的文章、演说，他最后一次讲土地问题是 1924 年 8 月 21 日的《在广州农民运动讲习所第一届毕业礼的演说》，在这个演说中，他多次提到"耕者有其田"，也就是说，孙中山的农地地权思想止于"耕者有其田"之说。而"耕者有其田"的最早是在同年 8 月 17 日的《民生主义》演讲中提出的。也就是说，孙中山一生中就是在这 3 天内讲"耕者有其田"，下面我们就来分析一下他的"耕者有其田"思想。

首先，关于什么是"耕者有其田"。孙中山始终对"耕者有其田"没有明确的解释，不过他在演说中讲："对于地主，要解决农民问题，便可依照地价去抽重税；如果地主不纳税，便可以把他的田地拿来充公，令耕者有其田，不至纳租到私人，要纳税到公家。"[①] 我们可以由此推断"耕者有其田"的含义。"把地主的田地拿来充公，令耕者有其田"，即是说消灭地主的土地所有权，将之变为公有土地，再将公有土地分配给"耕者"即农民。而分配给农民的是土地所有权还是耕作权呢？"税"字可以说明问题，只有土地归农民所有的情况下，农民才纳税；若是土地仅归农民耕作或使用，那农民只能还是交租。因此，孙中山所讲的"耕者有其田"是要农民取得土地的所有权。这在他 3 日前的《民生主义》演讲中也能得到印证，他说："现在俄国改良农业政治之后，便推翻一般大地主，把全国的田土都分到一般农民，让耕者有其田。耕者有了田，只对于国家纳税，另外便没有地主来收租钱，这是一种最公平的办法。我们现在革命，要仿效俄国这种公平办法，也要耕者有其田，才算是彻底革命。"[②] 言下之意，即要学习俄国推翻大地主并把田土分给一般农民的做法，让农民享有土地所有权，这就是"耕者有其田"。

其次，关于如何实现"耕者有其田"。孙中山虽然讲要效仿俄国公平的办法实现"耕者有其田"，但他并不主张用革命的方式。他的办法，是他一贯主

---

① 孙中山：《在广州农民运动讲习所第一届毕业礼的演说》，《孙中山全集》（十），中华书局 1986 年版，第 558 页。

② 孙中山：《在广州农民运动讲习所第一届毕业礼的演说》，《孙中山全集》（十），中华书局 1986 年版，第 558 页。

张的照价抽税、照价征收等，像前文所提到的要“照地价去抽重税”，“拿来充公”，以及在《民生主义》演讲中所说的办法，“政府照地价收税和照地价收买。究竟地价是什么样定法呢？依我的主张，地价应该由地主自己去定”[①]，都是如此。在《国民党第一次全国代表大会宣言》中所阐述的“当由国家规定土地法、土地使用法、土地征收法及地价税法。私人所有土地，由地主估价呈报政府，国家就价征税，并于必要时依报价收买之，此则平均地权之要旨也”，更明确具体地讲了他的方法。由此可见，孙中山晚年虽然提出了“耕者有其田”，但它与其早期所提出的“平均地权”并没有实质区别，只不过此时更注重农民土地问题的解决，而以前的“平均地权”更关注的是城市地权问题而已。所以，孙中山的土地思想至少在国民党一大之后是一贯的，“平均地权”与“耕者有其田”属相同内涵的不同词语表达。

最后，关于何时实行“平均地权”“耕者有其田”。这个时间点在孙中山历次演说里都比较模糊。他在 8 月 17 日《民生主义》演讲中讲：“我们应该马上用政治和法律来解决，如果不能够解决这个问题，民生问题便无从解决。”[②]但在 8 月 21 日演说中又说：“你们更要联络全体的农民来同政府合作，慢慢商量来解决农民同地主的办法。”前面讲“马上”，后面又讲“慢慢”，并无确切时间。不过，从《国民政府建国大纲》里，我们可以推断大致时间。该《大纲》第 10 条指出：“每县开创自治之时必须先规定全县私有土地之价，其法由地主自报之地方政府则照价征税，并可随时照价收买。自此次报价之后，若土地因政治之改良、社会之进步而增价者，则其利益当为全县人民所共享而原主不得而私之。”[③]据此可知，实施“耕者有其田”的起始时间应是“每县开创自治之时”。那什么时候是开创自治之时呢？按《大纲》第 8 条的规定，“在训政时期政府当派曾经训练考试合格之员到各县协助人民筹备自治县”[④]，据此我们又可以理解，“筹备自治县”之时也就是开创自治之时，但“开创自治之时”又一定是在“训政”开始之后。由此推论，实施“耕者有其田”

---

① 孙中山：《三民主义·民生主义》，《孙中山全集》（九），中华书局 1986 年版，第 388 页。

② 孙中山：《三民主义·民生主义》，《孙中山全集》（九），中华书局 1986 年版，第 400 页。

③ 徐百齐编：《中华民国法规大全》（一），商务印书馆 1937 年版，第 14—15 页。

④ 徐百齐编：《中华民国法规大全》（一），商务印书馆 1937 年版，第 14—15 页。

的具体时间应是在训政开始之后的各县开创自治之时，这时最先要做的是规定地价，这也就是“耕者有其田”的开始实施时间。不过，各县开创自治并没有准确的时间表，实施“耕者有其田”的时间也就无法确定了。

孙中山的农村地权思想带有浓厚的理想性色彩。所谓理想性色彩，是指其土地制度变革的设想与现实差距较大，不容易甚或不可能实现。这主要表现在：第一，对国情缺乏正确认识。他前期没有看到中国土地分配不均的严重性，认为当时农村的事实是“大家所受贫穷的痛苦。中国人大家都是贫，并没有大富的特殊阶级，只有一般普通的贫。中国人所谓‘贫富不均’，不过在贫的阶级之中，分出大贫与小贫”①。后期他虽然认识到了农民缺少土地的状况，但又否认社会上农民和地主间存在尖锐的矛盾，没有看到农民对土地的热切渴望。他认为“中国到今日，虽然没有大地主，还有小地主。在这种小地主时代，大多数地方还是相安无事，没有人和地主为难”②，主观地认为天下太平无事。第二，解决问题的方法可行性不足。虽然孙中山土地思想中存在矛盾之处，但他实现“平均地权”和“耕者有其田”的方法是一贯的，即自报地价、照价纳税、照价收买、涨价归公，如此做法，需要对全国土地进行全面的测量，技术难度大，程序复杂，耗时长，这在当时政权不巩固、社会秩序极不稳定的情况下不易做到。第三，孙中山实现“平均地权”的操作基础是进行“县自治”，但县自治的可行性又存疑问。这些理想性色彩非常浓的地权思想指导着国民党土地政策的制定，成为后来土地政策、土地法律的核心精神和方向指引，这在我们前述国民党的土地政策和立法内容中都能看到。

2. 受蒋介石、胡汉民农地地权思想影响，政策、法律的理想性与功利性并存

胡汉民与蒋介石都是孙中山的追随者，在基本方向上是坚持孙中山土地思想的。但毕竟二人是南京国民政府的创建者，是一个全国性政权的实际操控者，在实践中他们必然会面临各种纷繁复杂的矛盾，也就必须要在各种利益冲突中作出倾向性选择。因此，他们的思想在继承孙中山理想性上又增添

---

① 孙中山：《三民主义·民生主义》，《孙中山全集》（九），中华书局1986年版，第381页。

② 孙中山：《三民主义·民生主义》，《孙中山全集》（九），中华书局1986年版，第382页。

了许多功利性色彩。

身为党和国家首脑的蒋介石，在国家建设、军事行动中深感财政困乏的掣肘，扩大财源便成为他心头之要。体现在土地问题上，他尤为关注的不是土地分配关系，而是“地尽其利”。他说：“今后我们要使民生问题得到解决，使社会趋于繁荣，务必讲求‘地尽其利’之道，首先就是要竭力开垦荒地。”[①]“所以最要紧的事，便是测量土地，振兴水利，开垦荒地，和设立农器制造厂，普及机器生产的办法。”[②]“我们必首先完成土地整理与改良的工作，确知土地之实况，并能充分地利用土地，然后才可以谈到土地之处分，和土地问题之根本解决。”[③]在蒋介石看来，解决土地问题的核心是地尽其利，为此，他认为最重要的是开垦荒地、整理土地，再次是改良土地、振兴水利。1933 年 12 月 22 日，蒋介石在复汪精卫的电报中强调：“今日中国之土地，不患缺乏，并不患地主把持。不苦人不得地，惟苦地不整理。”[④]这样的认识，一方面反映了蒋介石在国家治理上维护既有秩序的价值理念，另一方面也是对增加财政收入的迫切需要的体现。

在这些功利性需要的推动下，蒋介石提出了自己的土地改革方法，那就是在巩固既有土地关系基础上，采用合作社、土地整理等经济手段进行农业生产。如在合作社方面，他说要“一方根据国情，采取小农制的方法，逐渐推进到佃农变为自耕农，以期达到总理耕者有其田的目的；一方又鉴于我国小农耕作之困苦而不合理化，更于合作条例中采用现代集产农场的精神，实行利用合作社制度，来扩张生产的效能”[⑤]。在土地整理方面，他发表看法：“以和平途径使耕者有其田”，“倡导集合耕作以增加生产。”在他看来，土地的“经

① 蒋介石：《国父遗教概要》，载秦孝仪：“蒋介石思想言论总集”卷三，中国国民党中央委员会党史委员会 1984 年版，第 32 页。

② 蒋介石：《国父遗教概要》，载秦孝仪：“蒋介石思想言论总集”卷三，中国国民党中央委员会党史委员会 1984 年版，第 83 页。

③ 蒋介石：《建国的行政》，载秦孝仪：“蒋介石思想言论总集”卷十四，中国国民党中央委员会党史委员会 1984 年版，第 290 页。

④ 章有义编：《中国近代农业史资料》第三辑，生活·读书·新知三联书店 1957 年版，第 1055 页。

⑤ 蒋介石：《整理土地是我们国计民生一个生死关键》，载秦孝仪：“蒋介石思想言论总集”卷十，中国国民党中央委员会党史委员会 1984 年版，第 668 页。

营及整理问题，实更急于分配问题”[①]。蒋介石功利性的农村地权思想，继承了孙中山所主张的和平渐进、土地税收等理想性的不足之处，理想性与功利性叠加的结果是由于理想不现实而不能实现、功利性注重短期效益而问题越积越多，最后也就使渐进变成了不进甚至倒退，和平的初衷却导致更加激烈的战乱。

胡汉民是孙中山之后的一个重要理论家，在国民党中的地位举足轻重，只不过由于与蒋介石发生了尖锐矛盾，所以他身居高位的时间并不长。但他毕竟执掌立法院3年，《民法》《土地法》都是他主持下制定的，他的思想对国民党的土地政策及农地地权立法都有直接的影响。

胡汉民的理想性和功利性对国民党的土地政策和农地地权立法也有很大影响。其理想性既体现在对孙中山地权思想的坚持上，也体现在其三民主义立法主张上。胡汉民坚持孙中山土地思想的态度很是坚定，而他也对孙中山的思想有重要发展，这主要表现在社会本位立法理念和土地国有论上。1929年11月，他在《民法精神》中讲："我们立的法，乃以全国社会的公共利益为本位，处处以谋公共的幸福为前提。"[②] 他的社会本位立法思想"结束了清末以来的法制变革中，中国家族本位与西方个人本位法律原则冲突、妥协、共存的混乱局面"[③]。当然，他在坚持社会本位的同时，也注重对个人权利的适当保护。他曾说："凡公众所认为不良者，及其损于公共利益者，俱应革除，以纠正个人主义之错误。至其不妨社会之公益者，其个人行为、责任、财产，仍受法律保护。"[④] 也就是说，国家法律应该保护个人的正当权益。但这句话的关键还是在于主张当个人权益与社会发生冲突、损害社会利益时，个人权益就应当服从社会利益的需要。这一思想为南京国民政府立法中的利益分配和价值取向指出了方向，直接作用于农村地权立法的具体实践中，如《土地法》中对所有权的种种限制就体现了这一理念。在土地国有论上，他说："国家之

① 《蒋委员长对于土地问题之意见》,《地政月刊》，第1卷，第11期。

② 胡汉民:《民法精神》，载中国国民党中央委员会党史委员会编:《胡汉民先生文集》第2卷，台北文物供应社1978年版，第368页。

③ 郑素一:《胡汉民的立法思想与立法实践》,《史学集刊》2005年第2期。

④ 王云五主编，蒋永敬编著:《民国胡展堂先生汉民年谱》，台湾商务印书馆1987年版，第451页。

资力，果何自而来乎？则惟用土地国有主义，使全国土地归于国有，即全国大资本家亦归于国有。”[①] 胡汉民的土地国有论与孙中山不同，孙中山的土地国有论是指土地税收归国有，而胡汉民的土地国有则直接指向了土地所有权。他说：“我们知道，凡是土地问题，至少要属于三方面：一是使用，一是享受的收益，一是处分。总理的意思要把所有土地的处分权，统统归于国家，而使用权则由国家授予那些要以土地去生产的人民，使用土地的人以其收入的一部分纳给国家，其余则收归自有。在这一个原则之下，使用土地的人——地主，如果占了土地不去生产，或将土地给人家使用而从中取利，国家就得征收极重的税去限制他。”[②] 这里，他通过曲解孙中山的土地国有思想，提出了自己的主张：国家行使处分权，人民行使使用权而占有土地，多占的土地将被征以重税。可以说，这是南京国民政府土地双重所有的思想来源。三民主义立法理论有其独到之处，但极富理想性色彩，因为它是既反对封建主义的，又反对资本主义的，还是反对社会主义的，是根源于三民主义理论的，而三民主义又具有很大理论缺陷和不现实性，所以胡汉民的三民主义立法主张包括社会本位、土地国有在中国都缺少根基，难以实现。而胡汉民的这些思想，恰恰都体现在了南京国民政府的农地地权立法之中。

胡汉民特别强调各种法律制度的尽快制定完成，这是他的功利性所在。他执掌立法院后就筹划了一个庞大的立法计划，而且快马加鞭予以落实，立法院立法速度之快令人咂舌。这一方面显示了他工作的奋进态度，另一方面也显示了其施展抱负急于求成的功利之心。

总之，蒋介石的土地思想，其理想性体现在对社会实际情况的认识不清甚至否定，而其功利性则体现在对短期经济利益的追求上；胡汉民的地权思想同样兼具理想性与功利性，其理想性体现在三民主义立法主张及对孙中山平均地权方法的坚持上，而其功利性则体现在对社会本位立法的过速追求上。包括孙中山地权思想在内的国民党农地指导思想的理想性，给南京国民政府的农地地权立法在实现过程中设置了巨大的难以跨越的鸿沟，而蒋介石的功

① 王云五主编，蒋永敬编著:《民国胡展堂先生汉民年谱》，台湾商务印书馆 1987 年版，第 62 页。
② 胡汉民:《平均地权的真义及土地法原则的来源》，载时希圣编:《胡汉民言行录》，广益书局 1931 年版，第 120 页。

利性又使农地地权立法丧失了追求理想的动力，胡汉民的功利之心则导致欲速则不达，使《土地法》漏洞百出、可行性不足并导致推行受阻。他们这些思想深刻地影响了 1927—1937 年南京国民政府农地地权立法的过程、内容和实施。

（二）国民党农地地权政策在地权思想和法律间的作用

在既脱离实际又追逐功利的思想指导下，国民党的土地政策在 1927—1937 年间严重地偏离了初衷。从南京国民政府立法体制看，国民党中央的决议也属于法律渊源之一，但按现代政治理论，其应属政策范畴，与立法院通过的法律具有不同的性质。因此我们有必要将这些决议等政策单独进行讨论，揭示政策与法律之间的互动关系。

1. 国民党“一大”至南京国民政府建立前的土地政策之作用

（1）国民党“一大”土地政策之作用

国民党第一次全国代表大会是在孙中山亲自主持下于 1924 年召开的，本次会议确定的国民党土地政策主要体现在 1 月 23 日通过的《宣言》和孙中山手书的《国民政府建国大纲》中。该政策的要点为：①土地改革以县自治为前提。②“平均地权”“耕者有其田”的方法是“自报地价”“照价抽税”“照价收买”“涨价归公”。③土地改革开始于每县开创自治之时。④土地税收及地价增益收入归地方政府所有。⑤由国家规定《土地法》《土地使用法》《土地征收法》及《地价税法》。

以上之土地政策，反映了孙中山的主张。这是国民政府土地立法的基本指导思想，大部分都在《土地法》中得到了体现，但也有部分内容没有写进法律，甚至发生了变化。如自报地价在《土地法》中变成了估定地价；土地税收归地方政府所有开始是坚持的，后来收归了中央；地价税在《土地法》中没有按设想采用累进税率，而采用的是固定税率。这些情况说明“一大”的土地政策对《土地法》及其他相关地权立法发挥了奠基作用，但未能完全落实。

（2）国民党“二大”及《本党最近政纲决议案》中土地政策之作用

1926 年 1 月，国民党召开了第二次全国代表大会，大会通过了《农民运动决议案》[1]，其基本内容是减轻农民负担、整理土地、开发荒地、实行农民合作、建立农业银行。

1926 年 10 月，中央各省区联席会议通过了《本党最近政纲决议案》[2]。这次会议是国民党与共产党联合组织召开的，也就意味着该《决议案》是国共合作的产物。《决议案》中在经济部分涉及农地问题的有一条，即“改良地税”。在农民部分涉及农地问题的有：减轻佃农田租 25%；遇饥荒时，免付田租，并禁止先期收租；省公有之地由省政府拨归农民银行作基金；政府应帮助组织及发展垦殖事业；政府应帮助农民组织各种农民合作社；禁止包佃制等。这些内容表明其农地政策的要点在于减租、垦殖、改良地税、组织合作社、以公地为农民银行基金、禁止包佃等，与国民党“二大”的政策一致。引起我们关注的是它与国民党“一大”时所定土地政策差别较大。“一大”土地政策的核心在制定法律、实现“平均地权”，而“二大”和《决议案》的关键在减租减负、合作等。何以至此呢？我们认为，主要基于以下原因：第一，1926 年比之 1924 年过去了两年时间，孙中山的去世对国民党土地政策一定会产生影响。第二，体现了蒋介石的土地主张，农村合作社就是蒋介石特别感兴趣的办法。第三，体现了中国共产党的土地主张。1925 年 10 月，中共中央通过了《中国现时的政局与共产党的职任议决案》[3]，认为现在处于一个过渡时期，党的长期目标是没收大地主、军阀、官僚、庙宇的田地交给农民，但过渡时期农民方面的政策应该是减租、减税等。第四，也与孙中山的土地主张有关。孙中山认为土地改革始于自治县开始创建之时，“一大”时还没有实现县自治，也就还没到实施“平均地权”的时机。从之后的农村地权立法来看，这些土地政策也得到了体现。

1927 年 3 月 16 日，国民党第二届中执委第三次会议又通过了《农民问题

① 荣孟源主编：《中国国民党历次代表大会及中央全会资料》（上），光明日报出版社 1985 年版，第 134 页。

② 荣孟源主编：《中国国民党历次代表大会及中央全会资料》（上），光明日报出版社 1985 年版，第 286—287 页。

③ 中央档案馆：《中共中央文件选集》（1921—1925），中共中央党校出版社 1982 年版，第 396 页。

决议案》。[①] 本案关于地权的重点内容是政府应成立区乡自治机关，机关内应设土地委员会，以筹备土地改良及政府所规定关于土地整理与使用之各种方法；"二五减租"决议应于本年内完全实行，公地及庙产应交给乡自治机关管理，统一田税税率，改良司法制度以解决土地纠纷，预备提出土地问题的具体办法。这次会议的政策与前述《农民运动决议案》相差不多，不过提出了更高的目标，虽然在南京国民政府的立法中有所体现，但均未能实现。

以上土地政策距孙中山"平均地权""耕者有其田"的思想较远，这些政策对南京国民政府地权立法的影响很大，体现了南京国民政府地权立法的短期目的性。

2. 南京国民政府成立后国民党土地政策之作用

1927 年 4 月 18 日南京国民政府成立之后，国民党的主要土地政策及作用如下：

（1）1927 年 11 月《农人运动大纲案》之作用

1927 年 11 月 16 日，国民党中央特别委员会第十次会议制定《农人运动大纲案》[②]，提出农民有组织团体之自由，以科学方法改良并扶助农业之发展，减轻农人负担等。本案并没有提改革土地关系、平均地权等内容，主要是以减轻农民负担、改良农业生产为主。它基本上与国民党"二大"之后的政策基调一致，但不再提减租而是以减轻农人负担代之。

（2）1929 年《训政时期国民政府施政纲领》之作用

这个纲领在第三章已有介绍，它以"施政纲领"冠名，可见地位之高。这个纲领中关于地权的政策要领有：①厉行法治主义。以法治的方式进行土地改革，这是地权立法的政策性前提。②厘定土地分配标准。这是《土地法》中"限田"制度的政策依据。③实现土地调查测量登记。这与国民党"一大"《宣言》及《国民政府建国大纲》中规定的训政开始之时要进行土地测量登记的政策一致，也体现于《土地法》之中。④改革田赋，实行地价税。地价税

① 荣孟源主编：《中国国民党历次代表大会及中央全会资料》（上），光明日报出版社 1985 年版，第 329—330 页。

② 荣孟源主编：《中国国民党历次代表大会及中央全会资料》（上），光明日报出版社 1985 年版，第 490 页。

政策是孙中山的土地主张之一，又是《土地法》中的重要内容，前文已述。⑤改进农业技术。改进的方法既包括土地改良，也有生产技术改进和耕作方法改良等。这些虽然不是土地改革方面的内容，没有体现到土地相关法规中，但它们是农业发展的必要条件。⑥农民组织政策。包括推行农业合作社、设立农民银行、建立新村制度、健全农民团体等。这些政策都是以地权为基础或为地权服务的，它们不仅体现在当时相关法律的制定中，也体现在国民政府的行政活动之中。可见，这个纲领对南京国民政府前期的农地地权立法的影响还是相当大的。

（3）《民法》《土地法》等立法原则之作用

立法原则是国民党中央执行委员会政治会议制定的对立法院制定某一法律的指导性意见。这些原则既是国民党的政策，又是法律的基本内容。

1928年11月制定的《土地法立法原则》共有九项内容，其特点是：①基本坚持了孙中山用地价税方式进行土地改革的思想。②比之孙中山的土地主张缺失了不少内容，如“耕者有其田”、地价的标准、照价收买等。③对孙中山原来设想有所改变。如在改良物的征税上，原设想是不征税的，而本《原则》中则规定了征收轻税。④增加了部分内容。主要体现在土地权移转须经政府许可上，孙中山、蒋介石均没有此项主张，它体现了胡汉民社会本位立法的思想。

与之前国民党的土地政策相比，《原则》没有体现减租政策、土地分配的标准，也没有体现减轻农民负担、整理土地、开发荒地等内容。不过在《原则》中没有体现的，并不代表法律中就不出现，从我们对1930年《土地法》的介绍可以看出，该法的内容远超出了《原则》的规定。这说明立法也有可能不完全按立法原则进行，其主要是因为在立法过程中，立法者看到对土地登记、土地利用、土地税、土地征收等分别立法，不如将这些内容合为一体，以法典形式制定一部整体的《土地法》更合理。

1928年底，中政会通过了《民法总则编立法原则》，共19条，1929年10月，通过了《民法物权编立法原则》，共15条。我们在前文对《物权编立法原则》已经进行过了探讨，不再赘述，《总则编立法原则》对农地地权立法有很大影响：一是规定了习惯的法源作用，“民法所未规定者依习惯”，使中国的传统习惯在一定程度上影响到了农地地权法律制度。二是在民事主体中规定了自然人和法人两种，确定了主体的平等地位，改变了原来民事主体在性别上的不平等状况，意味着男女平等地享有地权的地位。三是规定法律规定必须依法定方式进行的法律行为，就必须严格执法定的方式进行，这为地权登记制度提供了法律根据。四是在侵权方面规定以侵害他人为主要目的而行使权利者，其权利之行使为不法，这为保护地权提供了法律依据。《物权编立法原则》中有关农地地权的内容比较多，包括：一是物权法定原则的确立，不经法律确定的物权不生物权效力，这为地权赋予了较高的法律效力；二是不动产物权须经登记，非经登记不生效力，这严格了农地地权的生效条件；三是赋予所有权除法律限制外的绝对效力，这样就给农地所有权的行使提供了相当大的保证，也为公权力限制所有权提供了法律原则基础；四是专门规定了土地的范围及于地上地下，为土地所有权的客体范围划定了比较广阔的空间，但这一规定又与《矿产法》等相矛盾；五是特别规定了佃权和典权，尤其是在典权方面用了 4 条的篇幅来规定，显示出对中国特有的这种地权制度的高度重视。以上这些原则，政治原则性和法律技术性都比较强，在《民法》中都得到了比较好的体现。

以上这些政策产生于 1930 年之前，对《土地法》及《民法》的制定都产生了直接的指导作用，我们也就不难理解当时的农地地权法律为何会有本文第四章所述的内容。《土地法》制定之后，迟迟不能施行，这都与此前此后国民党的土地政策有关，此前政策的不足在于脱离实际，缺乏可行性，而此后的问题则在于这之后几年国民党就很少关注土地问题了。

（4）四届中执委三次、四次会议上的土地政策之作用

自 1930 年《土地法》颁布至 1934 年的几年内，国民党中央只有 1932 年四届三次会议上有冯玉祥等提交并讨论通过的《救济农村案》中提出了有关农民土地问题的提案，但该提案仅有一句“解决土地问题”与农地地权有关，且没有具体措施。

到 1934 年，情况就不同了。这年 1 月，国民党召开的四届四次会议上一连有 5 个有关农地的提案，即《迅速实行土地法并救济农民案》《整理田赋先举行土地陈报以除积弊而裕税源案》《减轻田赋附加以救济农村案》《推行本党土地政策纲领案》和《实行土地政策消灭乱源巩固革命政权案》。这些提案的提出有其客观原因：一是《土地法》颁布后迟迟不实施，地方遇土地征收、土地利用等无法律可援用；二是连年自然灾害使得农村经济陷入困境，农民生活困苦不堪；三是共产党领导的土地革命如火如荼，国民党的统治面临巨大威胁；四是中央财政面临巨大困难。这些提案中三个是关于推行土地政策和《土地法》的，旨在督促既有土地政策和《土地法》的落实，并无新意。另外两个提案中，《减轻田赋附加以救济农村案》旨在减轻田赋，较少涉及土地制度改革。因此，《整理田赋先举行土地陈报以除积弊而裕税源案》就成为本次会议有关农地政策的一个亮点。这个提案的通过，直接导致了国民政府的一项重要农村土地立法和行政活动，即前文已述之由行政院颁布的《办理土地陈报纲要》和全国比较大规模的土地陈报之土地行政活动。提案对国民政府摸清土地状况，增加土地税收也起到了一定积极作用。但在推行《土地法》的过程中，又横插进一个与《土地法》规定的土地登记及地价确定办法有诸多不合之处的土地陈报，其负面作用不容忽视。

（5）1935 年《关于积极推行本党土地政策案》之作用

1935 年 11 月 19 日，国民党第五次全国代表大会通过了萧铮等提出的《关于积极推行本党土地政策案》。[①] 该案共 5 条，内容是：①实行土地统制，以便调整土地分配，促进土地使用，而利整个国民经济之建设；②迅速规定地价，实行累进制地价税及增值税，以图平均人民之负担，充裕政府之收入；③实现“耕者有其田”，以谋改进农民之生活，增加农业之产量，兼以巩固农村之组织，奠定民族之基础；④促进垦殖事业，以扩大可耕之面积，增加国家之富力，兼以调剂人口，充实边疆；⑤活动土地金融，以调剂农村经济，取缔高利贷，扶植自耕农，增加农村资本，奖励土地生产。这一提案一改以往土地政策有态度而无办法的弊病，直指当时土地问题的要害，并提出了在坚持既有大政前提下的有效改革措施。这些政策中最为重要的是其第一项“实行土地统制”。它把土地集中到中央手里，消除地方各自为政的情况。做

① 荣孟源主编：《中国国民党历次代表大会及中央全会资料》（上），光明日报出版社 1985 年版，第 317—318 页。

到这点，其他的各项政策就容易实现。所以，与实现土地统制相比，其他四点就都是技术性的问题了，如规定地价、实现“耕者有其田”、促进垦殖、土地金融，都必须以土地统制为前提。这些“技术性”的政策，具体明确，可操作性强，针对性明显，尤其是实现“耕者有其田”，直指当时土地问题的弊害，把巩固农村之组织放到“兼”的地位，这就抓住了事物之本。本案表明国民党的土地政策发生了比较大的改变，对土地问题的认识清醒了起来，决心渐强了起来。本案对《土地法》的实施起到了重要推动作用，同时也为《土地法》的修改起到了方向指引作用。不过，必须看到的是，这个方案仍是在坚持和平渐进式土地改革大政方针下的措施，这就决定了在当时国民党政权不巩固、国家法律执行力不强的情况下仍会收效甚微。

（6）《各省市地政施行程序大纲》的作用

《各省市地政施行程序大纲》是 1936 年 2 月由国民政府公布。这个大纲虽然是由国民政府所公布而非国民党中央所定，但也反映了国民党的关键性政策。该《大纲》最为关键的内容是决定设立专门的地政机关，“省已设立专管地政机关而限于事实未能依法成立地政厅以前，得暂维现状，但应一律改称省地政局”[①]。“各省市地政机关之执掌在组织法未经明定前应有各省市政府依照土地法原则之规定迅予划定”，在此之前从中央到地方就没有统一的地政机关。《大纲》还就地政机关设立程序、土地测量施行程序、土地登记施行程序、土地使用施行程序、土地征收施行程序均进行了明确的、具体的规定。如此，也就为国民党土地政策及《土地法》的执行创造了条件。不过，这只是提供了一种可能性条件，是否真的能实行，还需要许多其他条件的支持。而恰恰其他条件出现了短缺，如党政不合、政治涣散、地方执行力弱等，再加上日本侵华战争的全面爆发，《土地法》也就丧失了在 1937 年前实施的可能性。

此外，1936 年 7 月 13 日国民党五届二中全会通过孙科等提出的《改革租佃制度案》，该案提出“请迅速改革租佃制度，以实现耕者有其田”[②]。这个

---

① 徐百齐编:《中华民国法规大全》(补编)，商务印书馆 1937 年版，第 126 页。

② 荣孟源主编:《中国国民党历次代表大会及中央全会资料》(下)，光明日报出版社 1985 年版，第 416—417 页。

提案直接指向了“耕者有其田”的实现，不过它是以租佃制度改革为关注点，视角比较窄，但对《土地法》的实施起到了一定的推动作用。

从以上这些政策的内容及发展过程，我们可以看出，孙中山的地权思想在其中一直发挥着核心和精神提领的作用，和平、渐进、法治、地价税等都在政策中得到了体现。同时，蒋介石、胡汉民等人的主张也左右着国民党土地政策的制定，并在政策中得到体现。也就是说，国民党的政策和领导人的思想基本是一致的。

（三）农地地权法律内容及效果对指导思想和政策的回应

下面我们来分析当时农地地权立法的内容是如何回应指导思想和土地政策的。

1. 立法基本坚持了孙中山的农地地权思想及国民党“一大”的政策

孙中山农地地权思想，总的纲领是“平均地权”和“耕者有其田”，基本原则是以政治和法律的和平渐进方式进行，主要方法是“自报地价”“照价抽税”“照价收买”和“涨价归公”。从前文所述之农地地权法律渊源及法律内容可以看出，这些法律文本整体上坚持了孙中山的农地地权思想和国民党“一大”的土地政策。首先，坚持了政治和法律的方式。南京国民政府对农地地权变革，没有采取阶级斗争方式，而是在全国性政权建立后，立即组建了五权分立式的国家机构，由立法院专司立法。在立法院和其他机构的努力下，1927—1937 年国民政府制定的有关农地地权的法律，有宪法性文件、《民法》和《土地法》基本法、一些单行法律法规及其他相关性法律法规。其核心法律是《民法》和《土地法》，《土地法》将《土地登记法》《土地使用法》《土地税法》《土地征收法》等合为一体，形成了由一系列农地地权法律构成的法律体系。其次，以和平渐进的方式解决农地地权问题。孙中山曾讲，要实现平均地权，应该做到既让农民受益又不能让地主受损失，慢慢地用政治和法律的方式来解决问题。南京国民政府成立后，虽然《土地法》很快出台，但法律实施上却迟迟不见行动；南京国民政府严厉打击土地革命斗争，禁止以激进的方式进行，在《剿匪区内各省农村土地处理条例》中就明确规定了“田归原主”的原则;《土地法》中的土地测量登记、土地税收、限田、减租等内容，都鲜明地体现了和平渐进方式进行土地改革的特点。最后，土地税收制度基本符合孙中山的土地思想。孙中山平均地权的核心是试图以照价抽税、涨价归公的方式以经济手段迫使地主让出多余的土地，达到平均地权。《土地法》规定了地价税和土地增值税两种基本土地税，地价税体现了照价抽税的思想和政策，土地增值税则体现了涨价归公的思想和政策，都体现了孙中山的以土地税实现平均地权的路径和国民党“一大”时期土地政策的大方向。

但这里说的只是立法与思想和政策的“基本”方向符合，并不意味着具体制度上的吻合。不符合之处主要在于地价的确定不是按地主自报，而是采用估定地价；照价抽税是估定税率而不是累进税率；土地增值税除非农地地权移转，基本也不征收。因此，《土地法》只是在表面上符合孙中山土地思想和国民党“一大”的土地政策，实际上则是按兵不动，对实现“平均地权”“耕者有其田”并没有实质性作用。

2. 总体上坚持了权利的社会本位之基本理念

社会本位是胡汉民及国民政府所坚持的基本立法理念。这一理念在农地地权立法中也得到了体现，如在《民法》中对农地相邻关系的规定，在保护土地所有权或其他权利的同时，也保证与之相邻土地权利人的权利；对不动产物权不经登记不生效力的规定，使农地地权的取得、变更等都受到法律的严格控制，这对于保证农地的安全交易有重要作用，保护了农地流转时的社会秩序稳定；对传统习惯的改造，使各地参差不齐、情况各异的习惯尽可能多地统一了起来，有利于地权制度在全社会的一致实施等。又如在《土地法》中，土地双重所有权的规定保留了全体人民对土地的所有权，从而使国家拥有了对私有土地进行管控的法理支撑；限田制度的规定，对占田多者的土地数量加以限制，实际是对占田少者的照顾，有利于实现社会公平；减租的规定，同样在一定程度上能协调地主与农民在土地收入上的利益矛盾，有利于社会稳定；土地税制度，其初始目的也是使税收取之于地主而用之于社会；土地征收中规定只有出于社会公共利益需要才能征收土地，更是出于对社会利益的维护和满足。与中国历史上不设地制、自由交易的土地制度相比，南京国民政府农地地权立法社会本位的特点是相当明显的。但其农地地权立法又是在确保既得利益集团即地主的利益，承认他们对已占土地所有权的前提下展开的，它对社会公共利益的维护因此是有限的。

3. 体现了重在地尽其利、轻视地权关系调整的思想与政策

“地尽其利”是孙中山的主张，蒋介石对此也特别关注。南京国民政府的农地地权立法，更多地关注了这一方面，对土地关系调整却倍加冷落。南京国民政府 1927—1937 年间援用了原北京政府的或自己新出台了一系列旨在促进地尽其利的法规，包括《国有荒地承垦条例》《清理荒地暂行办法》《奖励辅助移垦原则》《农业推广规程》《合作社法》《内地各省市荒地实施垦殖督促办法》等。但在土地关系调整方面，它不但不去推进，反而出台了如《剿匪区内各省农村土地处理条例》，强行恢复原土地秩序。当时即便有照顾无地农民地权需要方面的法律，也是以不伤及现有地主的利益为前提，如《国有荒地承垦条例》《清理荒地暂行办法》《公有土地处理规则》等。但荒地、公有土地数量毕竟是有限的，相对于至少占全国人口一半以上的广大农民的土地需求而言，可以说是杯水车薪，而且以荒地安置无地农民本身就存在不公平。在《土地法》这样一部集中体现土地思想和政策的地权大法中，也凸显了对地尽其利的偏重和对土地关系调整的冷漠。土地双重所有制实际上保护的是地主对既有土地的所有权；地价税的固定税率不但没有起到平均地权的作用，反而使占地少的小农面临更不公的待遇；土地征收是出于公共利益需要，而不是为了抑多补少实现地权平均；唯一能起到调整土地关系作用的“限田”规定，又由于其不现实性而形同虚设。

4. 国民党地权政策之“初心”在步步失据中丧失了机会

国民党进行农地地权制度改革的“初心”简单地说就是“平均地权”和“耕者有其田”。“一大”之后，国民党接连出台了一系列土地政策，这些政策步步失据，离这个“初心”越来越远。南京国民政府建立前后，国民党的土地政策重在减租，保护佃农权益，为此国民政府制定了《佃农保护法》《限制田亩加赋办法令》；后来蒋介石重视农村合作，所以出台了《农村合作社暂行规程》《合作社法》；重视土地开发利用，所以制定了前文所述的那些有关荒地开发的法律；强调对地主土地所有权的保护，则专门制定了《剿匪区内各省农村土地处理条例》。1930 年《土地法》虽然表面坚持了孙中山的土地思想和“一大”的政策，但在关键的土地税环节却采取固定税率的地价税和对农

地不移转则不征收增值税的办法，土地过限额征收的规定也因其不可行，成为无源之水、无本之木，更凸显了对“平均地权”“耕者有其田”初心的违背。尽管1935年1月国民党“五大”通过了《关于积极推行本党土地政策纲领案》，提出了土地统制等政策，此后又加快了制定《土地法施行法》的步伐，《土地法》也终于在1936年2月12日得到实施，但一是因其不可行，二是为时已晚，时局的发展已经不给国民政府弥补过失的机会了。

二、移植与本土化：法律西方化中的艰难取舍

南京国民政府时期的立法，包括地权立法，是中国近代以来移植西方法律的重要活动。法律移植，从字面上看是将法律从一个地方移植到另一个地方，使之生根、成活、成长。但对其内涵，学者们多有不同观点，综合起来约有三类：一是过程说，将其看作一个过程；二是效果优先说，注重法律移植后的实际效果；三是文化秩序说，认为法律移植本质上是将他国建立在一定法律文化上的法律秩序或构成该法律秩序的某些因素引进、吸收、改造、消化的一系列过程。[①] 我们认为，法律移植是将他国的法律文化、法律制度吸收、借鉴到本国，并使之发挥作用。与法律移植不同，法律本土化更多地关注本土法律资源的重要价值，这包括：一是应充分尊重本国、本地区法律文化传统的继承和发掘，尊重本国人民长期历史生活中形成的生活习惯、思维方式等；二是吸收引进外来法律时，要与本国传统因素相结合，即便是法律移植，也要移植到适宜其生存的土壤中。法律移植偏重于利用、借鉴西方法律，法律本土化则偏重于尊重本国固有法律、习惯。南京国民政府的农地地权立法鲜明地体现了法律移植与保留本土法律元素之间艰难取舍的特点。

（一）中西传统地权制度的不同特点

在探讨南京国民政府法律移植与本土化之间的抵牾之前，有必要对中西传统地权制度的特点进行介绍。

① 古戴：《法律移植问题综述》，《法律与社会》2014年2月（上）。

西方法律是以协调公民私权利和政府公权力关系为核心内容的，主旨在于对私权利的保护。在私权利和公权力的关系上，西方法律经历了一个曲折的发展过程。罗马法时期，公民权、财产权、人身权等基本权利制度已经奠基，尤其罗马法中所蕴含的人人平等、公正至上的法律观念，是现代法律制度的学理渊薮。中世纪时，罗马法受到教会势力的强力压制，权利观念和权利制度被神权所掩盖。文艺复兴后，在人文主义的催发下，罗马法得以重见天日并得到进一步升华。以法国《人权宣言》为起点，以 1804 年《拿破仑民法典》诞生为标志，私权绝对的观念和制度得以确立，并持续一个世纪之久。这一个世纪私权利的特征，日本北川善太郎将其概括为：自由平等的人格、私的所有、私法自治、自己责任。[①] 这些是自由资本主义法的主要特征。自由资本主义经济发展至 20 世纪以后，随着工业化进程的加速发展，近代私权制度面临着巨大挑战，而不得不进行调整。于是，私权理论和制度开始向现代转型。日本川岛先生将现代私权的特征概括为：具体的人格、私的所有的社会制约、受规制的竞争、社会责任。[②] 所谓具体人格，是从抽象私权主体自然人、法人中分离出特殊主体，如生产者与消费者、企业主与劳动者等，对消费者、劳动者予以特别保护；所谓私的所有的社会制约，指的是对所有权绝对性的限制，禁止权力滥用；所谓受规制的竞争，指的是对私法自治的限制，权利人行使权利需受公序良俗、诚实信用等原则的制约；所谓社会责任，是对自己责任的修订，指除了对违约责任和一般侵权行为仍适用自己责任（过失责任）外，对特殊侵权行为则适用无过失责任即严格责任。这样，以绝对性为特征的近代私权制度就进化到了带有社会性的私权制度时代，这在法律上称之为私法公法化，从本位角度看，世界主流法从此由个人本位进入到社会本位。

在西方法律经历由中世纪到近代再到现代的变革之际，中国法律在 1901 年之前则一如既往地在重刑轻民，缺少私权规制的轨道上运行。其主要特点是：

首先，国家正式法律制度对土地问题规定很少，地方习惯即非正式制度

① ［日］北川善太郎：《民法总则》，有斐阁 1993 年版，第 13 页，转引自梁慧星主编：《从近代民法到现代民法》，中国法制出版社 2000 年版，第 175 页。

② ［日］北川善太郎：《民法总则》，有斐阁 1993 年版，第 13—15 页，转引自梁慧星主编：《从近代民法到现代民法》，中国法制出版社 2000 年版，第 175、182 页。

是土地规范的主要形式。查大清律例，直接与地权有关的法律规定仅有两条，一是“盗卖田宅”，一是“盗耕种官民田”。关于前者，大清律规定：“凡盗卖、换易及冒认，若虚钱实契典买及侵占他人田宅者，田一亩、屋一间以下，笞五十，每田五亩屋三间，加一等，罪止杖八十、徒二年。系官者，各加二等。若强占官民山场、湖泊、茶园、芦荡及金、银、铜、锡、铁冶者，杖一百，流三千里。若将互争及从他人田产妄作己业，朦胧投献官豪势要之人，与者、受者，各杖一百，徒三年。田产及盗卖过田价，并递年所得花利，各给主。若功臣初犯，免罪，附过；再犯，住支俸给一半；三犯，全不支给；四犯，与庶人同罪。”[①] 关于后者，大清律的规定是：“凡盗耕种他人田，一亩以下笞三十，每五亩加一等，罪止杖八十。荒田减一等。强者加一等。系官者，各又加二等。花利归官、主。”[②] 这些规定，一直延续到清末也未曾变动，而且在清末修订的《大清现行刑律》中，其实质内容仍旧保留，仅对刑罚做了修订而已。分析这两项规定，国家法律主要是在宏观方面确认了土地的私权并予以严格保护。这种“私权”，在帝制结束前，从法理上看，并非个人私权，而是家庭私权，在传统中国社会称为“业权”。清朝法律对土地私权利的确认与保护，非常鲜明地表现在对土地盗卖、换易、冒认及盗耕种的禁止上，不但规定了罪名，还明确了对犯罪者的刑罚措施。国家的法律规定奠定了中国传统土地制度的基石和基调，也圈定了中国民间非正式土地制度内容的范围。但国家法的规定仅止于此，至于业权（即民国后的所有权）如何行使，业权外还有什么权利，它们之间的关系如何，法律却只字未提，即是说对土地私权的规定，在国家法中并没有得到主要体现，而是大量地存在于地方习惯之中，这种状况一直持续到南京国民政府时期。这些习惯，经久成“法”，在各地长期发挥着类法律作用，有效地调整着各地地权行为，也成为改立新法过程中不得不重视的重要本土法律资源。

其次，土地权利层次多而且复杂。中国传统地方习惯中地权结构多样且复杂，尤以南方突出。如在江苏各县，佃户种田亩有肥土之称，又呼为“田面”，

---

① 沈之奇撰，怀效锋、李俊点校：《大清律辑注》，法律出版社 2000 年版，第 229 页。
② 沈之奇撰，怀效锋、李俊点校：《大清律辑注》，法律出版社 2000 年版，第 238 页。

业主对土地享有业权[①]；在安徽英山，土地上有“里子”“面子”之分，“里子”为地主所有权，“面子”为佃户所有权[②]；在江西宁都，“田分皮骨，骨业乃业主之所有权，皮业乃业主所设定，与佃权、地上权相似”[③]；在浙江海盐县，“田产分为田底、田面二种，田底为业主所有权，而田面乃为佃户占有”[④]；浙江景宁县则“田面有田骨、田皮两种所有权”；在福建南平县，“同一土地上得有两个所有权：一曰苗田所有权，一曰税田所有权（顺昌、建瓯等县称骨田、皮田）”[⑤]。各省习惯将农地上的权利划分为上下两层，上层或称业权，或称里子，或称骨业，或称田底，或称田骨，或称税田所有权；下层或称田面，或称面子，或称皮业，或称田皮，或称苗田所有权。虽概念不同，但实质一致，即在农地上，出现了所有权和永佃权的划分。但地权的层次并未就此而止，在一些地方，永佃权即田面或田皮之下，还存在一层权利，也就是永佃权者还可以将其佃耕之地再行转佃，如浙江鄞县，对于佃地，“无论佃户种，或转佃他人耕种，除按年照偿租谷外，业主绝无干涉之权”[⑥]。以上是从纵向来看，土地上至少存在三层权利，有的地方土地可以转佃多次，权利层次就更多了。

从横向上看，我们不得不重视传统中国社会存在的土地之“典”。“典”是中国社会大量存在的处分不动产的现象，即支付典价，获取他人土地占有、使用、收益权，届期赎回的经济活动。对“典”的性质，学界多有争论，有人认为其属于担保物权，有人认为其属于用益物权，有人认为其既有担保性质又有用益物权的性质。传统中国社会，国人重土慎卖的思想很重：一方面，

---

① 前南京国民政府司法行政部门编：《民事习惯调查报告录》，中国政法大学出版社 2005 年版，第 11 页。

② 前南京国民政府司法行政部门编：《民事习惯调查报告录》，中国政法大学出版社 2005 年版，第 11 页。

③ 前南京国民政府司法行政部门编：《民事习惯调查报告录》，中国政法大学出版社 2005 年版，第 203 页。

④ 前南京国民政府司法行政部门编：《民事习惯调查报告录》，中国政法大学出版社 2005 年版，第 213 页。

⑤ 前南京国民政府司法行政部门编：《民事习惯调查报告录》，中国政法大学出版社 2005 年版，第 239 页。

⑥ 前南京国民政府司法行政部门编：《民事习惯调查报告录》，中国政法大学出版社 2005 年版，第 235 页。

出卖祖上留下的产业，被视为大不孝；另一方面，土地是农耕社会人们维持生存的唯一经济来源，所以非到万不得已不会卖绝自己的生存依靠，只有在急需生活或生产费用又无他途时，才迫不得已处分自己的土地。一方面需要费用维持生计或发展生产，另一方面又万般不愿卖绝土地，为留一线希望，中国人发明了“典”。从各地习惯看，“典”明显具有土地所有者处分土地的特点，是所有权的一项权能。通过“典”，土地所有者获得比卖绝要少但也不菲的价钱，且能保留自己对土地的所有权，一定时间后还能赎回，可谓一举多得。典权方则付出比买价要少的价钱而获得土地的使用权、出租权等除处分权以外的权利，也乐得其成。出典方和典受方都从中受益，可见经济利益在“典”中起着核心作用。从所有权的角度看，出典与出卖有相近之处，都是将土地让与他人而获取一定价金，但二者不同处是出典保留回赎权，所以通常又将出典称作小卖。所以，“出典”一定程度上是一种处分所有权的行为，到期不能赎回时即为绝卖，是走向土地绝卖的一种过渡形式。出典又具有用益物权的性质，所有权人获取价金，将土地让与他人占有、使用、收益，听凭典权人自由使用。但与用益物权不同的是，典金是出典时一次性给付，数额较大，并且约定回赎期限，到期不回赎，土地则归典权人所有；用益物权的使用费用一般是固定期间给付，不存在回赎问题，更不涉及土地所有权转移。所以，典也不能归入纯粹的用益物权之列。出典又有担保物权的性质，这是从典期届满不能回赎，土地即归典主所有这个角度讲的。但典权又与担保物权有很大不同，一是担保物权的质权是针对动产而言，土地属不动产，不能归入质权；二是抵押权的标的虽然是不动产，但抵押权不需要转移占有，而且抵押权的行使方式并不是取得抵押物的所有权，而是以拍卖标的物所得价金优先受偿其债权。所以，“典”既不是“卖”，又不是“用益物权”，也不是“担保物权”，用西方法学概念中的哪一个概念替代“典权”均不合适，也就只能使用中国固有的“典”的概念了。这样，横向上看，中国的土地权利制度也就有了所有权、用益物权、担保物权、典权的多种形式。这是与西方法律制度的明显不同之处，也是中国本土法律资源的一个特点。

最后，土地所有权权利虚弱，永佃权和典权的权利相对较强。如果我们将传统中国土地制度中的“业权”视作西方法律中的“所有权”，就明显可以看出所有权在中国传统法律中的虚弱和永佃权与典权的相对强势。在中国地方习惯中，土地所有权的行使除了受限于地役权和地上权外，还要受如下限制：第一，主体的限制。传统中国社会，除未成年人、有夫之妇女不得处分土地所有权外，孀妇也不能随意处置土地的所有权。如按江苏省江北各县习惯："孀妇绝卖田产，须亲族出名见卖，始能发生效力。"[①] 福建闽清亦有此类习惯："孀妇与人缔结契约，典卖祖［租］遗业产，须经亲族同意、署名签字。若本夫手置业产，订约典卖，亦必经房内一二人在见签字，方生效力。"[②] 在中国传统社会，妇女甚至是不能享有土地所有权的。此外，外国人在中国拥有土地所有权也受到限制。如黑龙江省六道沟县即有这样的习惯："凡垦民（朝鲜人）价买中国土地，以入中国籍者为限，若未入籍之朝鲜人，虽系垦民，亦无买地之权。"[③] 有的地方还对特殊人群限制其土地所有权，如奉天怀德县："凡民与民兑换即属有效，若兑与回民、花脸、邪教各类之人，作为无效，此系普通之习惯也。"[④] 第二，土地交易的限制。一般我们都会认为中国传统制度中，土地交易是非常自由的，因为自宋以降国家不设地制。前文我们也说中国传统社会中是自由放任性的土地制度，那是指国家法律规定是这样的。但考察各地习惯，对土地交易的限制在民间还是不少的。一是对土地交易主体的限制，这体现在一系列优先购买权的设定上，除了典主、永佃权人具有优先购买权外，最为重要的是亲属和近邻的优先购买权。如河北平泉县有"出卖地亩，先尽地邻"[⑤] 的习惯；绥远全区也有"卖房邻，卖地尽畔"的习惯[⑥]；

---

① 前南京国民政府司法行政部门编：《民事习惯调查报告录》，中国政法大学出版社 2005 年版，第 148 页。

② 前南京国民政府司法行政部门编：《民事习惯调查报告录》，中国政法大学出版社 2005 年版，第 144 页。

③ 前南京国民政府司法行政部门编：《民事习惯调查报告录》，中国政法大学出版社 2005 年版，第 34 页。

④ 前南京国民政府司法行政部门编：《民事习惯调查报告录》，中国政法大学出版社 2005 年版，第 20 页。

⑤ 前南京国民政府司法行政部门编：《民事习惯调查报告录》，中国政法大学出版社 2005 年版，第 329 页。

⑥ 前南京国民政府司法行政部门编：《民事习惯调查报告录》，中国政法大学出版社 2005 年版，第 335 页。

陕西省榆林县则“于典户之外，又多认族邻亦有优先留买权利”[①]；在山西潞城县，典卖田房，即使与他人说妥，成立了契约，亲属也可以“依照原议价额争回”[②]；在安徽省泗县，“当卖田产，需先尽本族，如族中无人承受，始能谋及异姓”[③]。二是需要履行特殊程序才能成交。全国各地普遍存在着需中人做中土地交易方能生效的习惯。有的地方必须交出官方红契或执照，如黑龙江讷河与热河承德、平泉、隆化、开鲁等地即如此。三是土地交易应在特定时期内进行，只是各地时间不一。如陕西长安典当田地在冬腊两月；扶风县在每年六月；略阳县在七、八两月；陕西鄠县在每年谷雨；甘肃皋兰县赎地须在秋后；山西平遥回赎土地，水地不得过惊蛰，旱地不过清明；山东惠民、朝城回赎土地应在清明节前，过了清明就要等到秋末。四是对土地性质的限制，如“蒙古之户口地向例不准出卖，其辗转典租，无论移转何人，必须向蒙古纳租”[④]。第三，土地所有权受典权和永佃权的制约很大。在河北清苑，“只许客辞主，不许主辞客”，即只要佃户不欠租，不许地主收地；在绥远，“佃户除自行解约及有欠租情形外，地主不能擅行解约”[⑤]；热河亦有业主不得撤佃的习惯；江苏靖江，佃户对地主有特别权利，“业主不可转佃，佃户则可随时转抵押”[⑥]；在江西九江，“业主只能收租不能提佃”[⑦]；福建南平县，“只要不短少租额之一部或全部，土地所有人即永久不得责令退佃”[⑧]；在江苏砀山，“凡典

① 前南京国民政府司法行政部门编：《民事习惯调查报告录》，中国政法大学出版社2005年版，第32页。
② 前南京国民政府司法行政部门编：《民事习惯调查报告录》，中国政法大学出版社2005年版，第123页。
③ 前南京国民政府司法行政部门编：《民事习惯调查报告录》，中国政法大学出版社2005年版，第182页。
④ 前南京国民政府司法行政部门编：《民事习惯调查报告录》，中国政法大学出版社2005年版，第335页。
⑤ 前南京国民政府司法行政部门编：《民事习惯调查报告录》，中国政法大学出版社2005年版，第59页。
⑥ 前南京国民政府司法行政部门编：《民事习惯调查报告录》，中国政法大学出版社2005年版，第161页。
⑦ 前南京国民政府司法行政部门编：《民事习惯调查报告录》，中国政法大学出版社2005年版，第199页。
⑧ 前南京国民政府司法行政部门编：《民事习惯调查报告录》，中国政法大学出版社2005年版，第238页。

当不动产，成交后，业主欲复绝卖，须先商之当户，如当户不愿价买，方准卖与他人”[①]；甘肃盐池县，“典当田地，以三年为满期，过期不赎，典户得常年经营”[②]。典权、佃权对所有权的强烈制约，是中国传统土地制度的一大显著特点。

总之，中国传统土地权利制度与西方法律存在重大差别。这些差别，在中国法律近代化道路上，既是不可回避的改造对象，又是不可忽视的本土法律资源。在南京国民政府的农地地权立法中，我们明显看到了它既移植西方法律又保留本土元素的特点。

（二）西方法理搬移中坚守着中国传统地权理念

前文已述，19世纪末，私法理念发生了重要变化：（一）限制契约自由，摒弃绝对的个人本位，而移于团体本位；（二）采用无过失责任主义，补救过失主义；（三）严防权利之滥用，务使所有权趋于社会化。[③]这些理念的变化反映到了私法立法中，以《德国民法典》和《瑞士民法典》的制定为代表，私权理念由个人本位进入了社会本位阶段，即私法的现代化时代。南京国民政府《土地法》和《民法》的制定，距德国、瑞士《民法典》已有30年历史，深受近代、现代两个时代私法理念的影响。首要的表现是土地资源天赋观念的确立，土地为人民共有的思想代替了“普天之下，莫非王土”的传统观念。这以孙中山先生的土地国有论为代表。其次是社会本位的影响。当时立法的主导者胡汉民明白指出：“我们立的法，乃以全国社会的公共利益为本位，处处以谋公共的幸福为前提。”[④]何勤华指出：“从1901年清末修律开始，至1935年国民党六法全书完成，中国的近代法律体系基本形成。而构成这一

---

① 前南京国民政府司法行政部门编：《民事习惯调查报告录》，中国政法大学出版社2005年版，第171页。

② 前南京国民政府司法行政部门编：《民事习惯调查报告录》，中国政法大学出版社2005年版，第332页。

③ 李祖荫：《中华民国新民法概评》，载何勤华、李秀清主编：《民国法学论文精粹》（第三卷）2004年版，第13—14页。

④ 胡汉民：《民法精神》，载中国国民党中央委员会党史委员会编：《胡汉民先生文集》（2），台北文物供应社1978年版，第368页。

体系的基础，就是西方的法律理念、制度、原则和概念术语。”[①] 这些都表明西方法学理念对南京国民政府农地地权立法的重要影响。

但是，仔细考察南京国民政府的农地权利制度，它又仍坚守着中国传统的“限田”理念及“不患寡而患不均”的思想，这与近代以来的资本主义自由经济理念形成了鲜明反差，也与孙中山的土地主张相去甚远，更与中国共产党所主张的“耕者有其田”思想截然不同。

“限田”是中国传统社会一度实行过的土地制度，也是汉朝之后历朝都曾提及过的解决中国土地问题的思想主张。西周有“普天之下，莫非王土”的土地王有论思想，曾以“井田制”方式分配国家土地。春秋时期井田制开始瓦解，齐国管仲提出“相地而衰征”，开启了自由土地制度之幕。战国时，秦国启用商鞅进行变法，从法律上取消井田制，准许土地自由买卖，实行土地自由占有制。土地的自由买卖，导致了土地兼并的严重后果，富者田连阡陌，贫者则无立锥之地。如此，西汉时期董仲舒提出限田主张，以解决土地分配不公的严峻状况。两汉之间，王莽提出“王田制”，由国家占有全部土地，这比限田更激进了一步。东汉时期荀悦、仲长统也主张限田。西晋占田制规定了王公贵族、官吏、一般民户的占田数额，按身份等级确定占田数额也是限田的一种形式。北魏、隋、唐实行均田制，均田制可视作王莽王田制的进一步发挥和发展。唐朝后期之后直到明清时期，官方都奉行“不立地制”的政策，所以，中国长期都是自由的土地占有制度。但这种自由土地制度，激发了周期性的“土地兼并—农民战争—建立新王朝—土地兼并”的循环，为此不少人提出了不同的解决土地兼并问题的办法，总结起来，无非两类，即“复井田”和“限田”。“复井田”就是恢复西周之前的井田制，历代均有这样的主张，而且呼声还很高。但反对“复井田”的人更多，反对者提出了各种理由，也指出了不同的替代办法，其中突出的就是“限田”。“限田”就是限制占田数量，持此论者亦历朝均有，比如宋代的苏洵、王安石，元代的郑介夫，明代的王叔英、丘濬，清朝顺治时期的魏裔介、乾隆时期的顾琮等等。

---

① 何勤华：《法的国际化与本土化：以中国近代移植外国法实践为中心的思考》，《中国法学》2011 年第 4 期。

不管是“复井田”还是“限田”，都直指土地自由占有制度的弊端，但二者最终都只不过是作为观点和呼声，悬浮在空中或停留于纸面而已。这一方面说明了历史上土地兼并问题的严重，同时，也表明中国思想界跳出传统观念的乏力，还说明土地自由占有制度力量之强大。

南京国民政府把传统的“限田”思想落实在了法律规定之中。《土地法》第 14 条规定，“地方政府对于私有土地得斟酌左列情形分别限制个人或团体所有土地面积之最高额，但应经中央地政机关之核定，一、地方需要；二、土地种类；三、土地性质”，并且规定，由地政机关限令地主于一定期间内将额外土地分划出卖，否则地方政府得依法进行征收。第 193 条规定：“承垦地之单位面积额以其收获足供十口之农户生活或其可能自耕之限度为准，一农户之承垦地一个单位为限。”《剿匪区内各省农村土地处理条例》明确规定了限田额度：“私人所有土地，依第二章、第三章之规定确定其所有权后，应由乡或镇农村兴复委员会参酌左列情形限制每一业主所有田地面积之最高额自一百亩至二百亩止：（一）当地之土壤肥瘠；（二）当地之人口稀密；（三）业主之家庭状况。”[①]《剿匪区内屯田条例》也规定：“计口授田，每士兵一人至少不得低过四亩，至多不得超过八亩。”“凡士兵有配偶及老弱者，其配偶授田与士兵等，其老弱授田当士兵二分之一。但以同居屯田者为限。每户授田不得超过三十亩。”[②] 可见，不管是综合性的《土地法》法典还是特别法及单行法规，均采取了“限田”的政策。

但限田不符合孙中山的土地思想，事实上也行不通。孙中山的土地思想概括起来就“土地国有”“平均地权”“耕者有其田”，实现这些主张的基点是土地税收和土地收买，基本办法有四：核定地价、照价征税、照价收买、涨价归公。孙中山主张的土地国有并不是指土地的所有权归国家，而是要使土地上产生的利益归国有，然后以这些土地利益惠及全民。“平均地权”也是从土地利益全民共享这个意义上而言的。虽然他晚年提出了“耕者有其田”，但

① 《剿匪区内各省农村土地处理条例》，载中国第二历史档案馆编：《国民党政府政治制度档案史料选编》（上），安徽教育出版社 1994 年版，第 427 页。

② 《豫鄂皖三省剿匪总司令部公布〈剿匪区内屯田条例〉》，载中国第二历史档案馆编：《国民党政府政治制度档案史料选编》（上），安徽教育出版社 1994 年版，第 430 页。

孙中山并不主张用暴力的方法使人民获得土地所有权，而是主张用法律的和政治的方法进行，核心是照价抽税、照价收买。可见，孙中山的土地思想中税收、收买是两个基本点，这两个基本点本质上是经济手段，用税收这个经济杠杆打消人们对土地的过分占有欲，从而使农民拥有适当的土地所有权。可见，"限田"绝不是孙中山的主张。作为崇尚资本主义的政治家，孙中山的视野、胸怀绝不会停留在传统小农经济"不患寡而患不均"的水平上。限田政策，已被中国历史证明不可能实行，因为在市场经济条件下，"田"一定是要流动的，用行政力量是限制不住的，清朝规定旗地不得买卖的政策最后也不得不取消。因此，这种限制土地数量的方式即使短时间得到落实，长期看也是行不通的；即使短期内能实现，也是需要付出昂贵的资本和政治代价的，它无异于一场革命。

（三）在移植西方地权制度的同时，保留了许多中国传统地权的固有做法

南京国民政府成立后，大刀阔斧地开展了土地法律由习惯法向成文法的改造活动，大量移植了大陆法系的法律理论、原则、概念、法律逻辑表达方式、体系、结构等，由此，中国的土地法律制度在形式和内容上均发生了重大变化。

南京国民政府前期的地权立法中确立了一系列与中国传统的地权制度完全不同的制度，体现了移植西方法律的成果。这些制度主要包括：1. 建立了农地地权权利体系。这个体系包括所有权与他物权两大类，他物权分为用益物权、担保物权和典权三种，用益物权中包括地役权、地上权、永佃权，担保物权主要是抵押权。2. 土地流转须经政府许可。《土地法原则》第 9 条规定"土地权移转须经政府许可"，《土地法》第 16 条规定"国民政府对于私有土地所有权之移转设定负担或租赁认为有妨害国家政策者得制止之"。3. 土地登记制度。《民法》第 759 条规定"不动产物权依法律行为而取得、设定、丧失或变更者，非经登记不生效力"，《土地法》详细规定了土地制度和程序。4. 土地税收制度。《土地法》第 283 条规定"土地税分左列二种征收之，一、地价税；二、土地增值税"。5. 土地分类制度。《土地法》第 142 条规定"土地得

就国家经济政策、地方需要情形及其所能供使用之性质编为各种使用地”，第143条规定“编为某种使用地之土地不得供其他用途之使用”，第146条规定“使用地编定公布后国民政府于认为有较大利益或较重要之使用时得命令变更之”。6. 限制土地最小面积制度。《土地法》第147条规定“地政机关于其管辖权内之土地得依其性质及使用之种类为最小面积单位之规定”。7. 限制不在地主制度。《土地法》第175条规定“本法施行后同一承租人继续耕作十年以上之耕地，其出租人为不在地主时，承租人得依法请求征收其耕地”。同时征收不在地主税，《土地法》第331条对不在地主税按其应纳地价税率递年增高之，“增高税率不得超过该土地应纳税率之一倍”。8. 限制地租制度。《土地法》第177条规定“地租不得超过耕地正产物收获总额千分之三百七十五”，“出租人不得预收地租并不得收取押租”。9. 设立专门地政机关。《土地法》及其他一些单行法都规定了土地的行政主管机关，由其专门负责土地事宜，这改变了中国历史土地管理的传统，在制度方面体现了西方法律理念。10. 规范土地租赁关系。《土地法》对不定期限的土地契约，只有在法定条件下方得解除，规定了7种解约条件。11. 土地征收制度。《土地法》第208条规定“编为农地之私有荒地应由主管地政机关限令其所有权人于一定期间内开垦或耕作，逾期间而不为开垦或耕作者，得由需用土地人依法呈请征收之”，第335条规定“国家因公共事业之需要，得依本法之规定征收私有土地”。12. 土地重划制度。《土地法》第18条规定“因一定区域内之土地，其分段面积不合经济使用者，得由主管地政机关就该区域内土地之全部重行划分并将重划地段分配于原土地所有权人”。13. 设立民事法律行为制度。民事法律行为是指以设立、变更、终止民事权利义务为目的的具有法律约束力的合法民事行为。这方面体现在民国《民法》第71—73条规定的法律行为无效的情况：违犯强制或禁止之规定者，有悖于公共秩序或善良风俗者，不依法定方式者。对可撤销的法律行为做了如下规定：乘他人急迫、轻率或无经验，显失公平等。笔者的总结不一定全面，但已经能充分说明南京国民政府在农地权利方面已经建立起了一套系统的西方式规则，不管从法律形式还是法律内容上，都已经远离了中国传统，这些可以视为中国农地地权制度进步的体现。

当然，在移植西方法律过程中，南京国民政府并非没有顾及中国传统。如前所述，它是很重视“习惯”这一法律渊源的。《民法》第 1 条规定“民事，法律所未规定者，依习惯，无习惯者，依法理”[①]，明确了民事习惯的法源地位。法律其他条文中也体现了对民事习惯的重视。如《土地法》第 173 条规定“出租人出卖耕地时承租人依同样条件有优先承买之权”，就是对中国典权人的承买优先权习惯的尊重。还如《民法》中，有不少条文是对传统习惯的认可，它们是：第 776 条（邻地蓄水设施费用负担）、第 778 条（高地疏通低地水流费用负担）、第 781 条（水源地、井、沟渠及其他水流地所有人用水）、第 784 条第三项（水流地所有人变更水流或宽度）、第 785 条第三项（水流地所有人设堰）、第 786 条第三项（于土地上变更安设电线、水管、煤气管或其他筒管费用）、第 790 条第一项第二款（让人入其地刈取杂草，采取枯枝、枯干，采集野生物，放牧牲畜）、第 793 条（禁止煤气、蒸汽等入其地）、第 800 条第一项（他人使用自己正中宅门）、第 836 条第一项（地上权人因积欠地租撤销地上权）、第 838 条（地上权人转让权利）、第 846 条（永佃权人因积欠地租而撤佃）、第 915 条第一项（典权人转典或出租典物）。这些条款，基本上都是遵照当地习惯的。这说明，农地地权立法中，没有忽略法律的本土资源，而是在一定程度上考虑到了中国农地地权传统。

《土地法》中对土地双重所有权的规定，很大程度上也带有中国传统土地制度的影响。虽然我们主张中国传统地权制度为地主所有权，但皇帝是最大的地主，具有至高无上的权力，包括对土地的权力。从理论上看，民人虽享有土地所有权，但这种所有权也是皇帝分享给地主的，充其量只能说皇帝是形式上的土地所有权者，地主是实际的土地所有权者，这样在一块土地上就有了皇帝和地主两个所有权人。我们再看 1930 年《土地法》第 7 条规定，“中华民国领域内之土地，属于中华民国国民全体，其经人民依法取得所有权者，为私有土地”，仔细分析，“中华民国国民全体”多么像封建时期“理论上的土地所有者”地位，私有土地所有者又多么像过去的“业主”（即地主）。所

① 《中华民国〈民法〉》，载中国第二历史档案馆编:《中华民国史档案资料汇编》第一编政治（一），江苏古籍出版社 1994 年版，第 317 页。

以，《土地法》中对土地双重所有权的规定，很大程度上也保留了中国传统土地制度的特点。

但这并不是说南京国民政府土地相关法律的规定，完全或充分吸收了本土法律资源。胡汉民曾非常尖锐地说："我们知道我国的习惯坏的多，好的少。如果扩大了习惯的适用，国民精神更将提不起来，而一切政治社会的进步，更将迂缓了。"[①] 这表明从立法的指导思想上就对我国的传统习惯存在压制态度。实际立法工作中，也对民事习惯表现得异常谨慎。如民法总则起草说明书中明确指出：对民事习惯"若不严其取舍，则偏颇窳败，不独阻碍新事业之发展，亦摧残新社会之生机，殊失国民革命之本质"[②]，这表现了对中国传统法律资源的芥蒂之心。在司法判例中对适用习惯要求也极为严格。民国二十一年（1932 年）上字第 2131 号判例要旨强调："（一）习惯法成立以习惯事实为基础，习惯事实之调查，依诉讼法则与审查争执事实同程序。应据当事人依法提出之证据、或法院调查之结果而为认。（二）当事人应就其所主张之利己事实尽举证之责，若所举证据不足为利己主张之证明，则相对人即无举出反证之必要。至部刊之《民商事习惯调查报告录》所载习惯，系据县承审员个之报告，只足以供参考，有无法之效力，自应另为审认。"[③] 这个判例规定了习惯的举证责任，由当事人负责或法院审认，从而增加了对习惯认定的难度。民国十七年（1928 年）上字第 691 号判例要旨又规定"习惯法则应以一般人共信，并不害公益为要件，否则，虽系旧有习惯，亦难认为有去的效力"[④]，对习惯的成立提出了要求，习惯需为一般人共信、不得损害公益为要件。如何认定一个习惯是否为一般人的共信？举证颇为繁难。民国二十二年（1933 年）上字第 279 号民事判例要旨又进一步规定："习惯乃事实，当事人主张有利于己之事实，依法本应负立证责任，如事实于法院已甚显著，或为其职务所已知者，虽可毋庸举证，法院在裁判前亦须令对造当事人就此辩论，

---

① 胡汉民：《新民法的新精神》，载中国国民党中央委员会党史委员会编：《胡汉民先生文集》（4），台北文物供应社 1978 年版，第 848 页。

② 台湾"司法行政部"：《中华民国〈民法〉制定史料汇编》（下），1982 年印行，第 382 页。

③ 载南京国民政府《司法院公报》第 61 号。

④ 郭卫、周定枚编：《最高法院民事判例汇刊》（2），上海法学书局 1934 年版，第 56 页。

否则仍难采取。”[①] 这个判例要旨对适用习惯提出了双方辩论质证的要求，从习惯认定的程序上又提高了要求。所以，几个民事判例要旨，分别从举证责任、习惯成立要件、习惯认定程序等方面进行了严格限制，导致现实民事诉讼中习惯的采纳、作用的发挥难上加难。

所以，总的看，南京国民政府在移植外来法律文化的同时，也积极地对我国本土法律资源进行了吸收和改造，保存了中国的固有法律元素。但在这种改造过程中，也遭遇了艰难取舍的纠结。

三、正义与非正义：法律价值在彷徨中失守

正义与非正义是就立法的价值选择而言的。对南京国民政府农地地权立法价值选择的评判，必须基于两个现实基础上：首先，以全球视角看，时至20世纪，人地矛盾紧张，土地资源的有限性益显突出，它如阳光和空气一样的公共资源性特点越来越被人们认可；其次，从基本国情来看，因为生产力水平低及工业化和商品经济不发达，农民除了务农外基本别无谋生机会。这两个事实导致农地地权实质上已成为他们的生存权。对南京国民政府农地地权立法价值选择的评价，还必须从这样的理论基础出发：法律权利的核心是利益，权利配置之核心是处理好公权力与私权利的关系。私权利是社会个体所享有的权利，目的是实现个人利益，发挥权利最大效用、追求利益最大化是私权利最根本的特点；公权力的宗旨是实现社会利益，控制私权利行使的范围、保证社会利益的最佳效果是公权力的特点。农地地权立法的理想目标便是最大限度地发挥私权利的作用，促进效率尽可能提高，同时最小限度地施以公权力控制，以足够保证社会利益实现为度。总之，评价1927—1937年间南京国民政府农地地权立法的标准，主要在于它是否基于当时的国情，恰当地发挥了公权力的作用，妥善处理自由、秩序、效率及公平间的关系，做到它们之间的有机协调，实现了社会正义。

① 郭卫、周定枚编：《最高法院民事判例汇刊》(2)，上海法学书局1934年版，第70页。

（一）倾心于效率却举措无力

所谓效率，就是资源投入和产品产出的比，投入一定的资源，产出越高说明效率就越高。效率是法律的基本价值，效率的提高意味着生产力的提高。考察1927—1937年南京国民政府农地地权立法，我们认为它首重的是效率。这不仅体现在土地思想、土地政策上，也体现在土地各项立法中。

孙中山关于土地问题的思考，最先就是从效率问题着眼的。他在1890年即曾发出对当时农地生产率的哀叹："试观吾邑东南一带之山，秃然不毛，本可植果以收利，蓄木以为薪，而无人兴之。"① 痛心于这么严重的问题，他苦苦寻找提高土地效率的办法，提出："先考土性原质，次辨物产所宜，徐及浇溉粪壅诸法，务欲各尽地利，各极人工。"② 在技术上，孙中山主张派人到西方学习农学、翻译西方农书等办法。在管理上，他提出要"专派户部侍郎一员，综理农事，参仿西法，以复古初……每省派藩臬道府之精练者一员，为水利农田使，责成各牧令于到任数月后，务将本管土田肥瘠若何，农功勤惰若何，何利应兴，何弊应革，招徕垦辟……"③ 他还指出了兴地利的综合方法："所谓地能尽其利者，在农政有官，农务有学，耕耨有器也。"④ 后来，他认识到提高土地效率不能仅从技术和管理上进行，必须从生产关系上予以根本解决，于是相继提出了"平均地权""耕者有其田"的主张。

蒋介石也看到了土地效率低下问题，他在《国父遗教概要》中曾说："你们看见现在到处闹水灾旱灾，到处很多荒地，到处疫疾流行，到处流亡载道；社会如此凋敝，民众如此痛苦。"⑤ 哀怜之情也可谓真挚。但对于如何提高土地效率，蒋介石并没有更好的方法，只能将目光专注到土地整理上，他讲："总之，目前政治建设亟应（？ ）手的要务，就是以下七项：（一）调查户口；

---

① 孙中山：《致郑藻如书》，载《孙中山全集》(一)，中华书局1981年版，第1—2页。

② 孙中山：《农功》，载《孙中山全集》(一)，中华书局1981年版，第4页。

③ 孙中山：《农功》，载《孙中山全集》(一)，中华书局1981年版，第5页。

④ 孙中山：《上李鸿章书》，载《孙中山全集》(一)，中华书局1981年版，第10页。

⑤ 蒋介石：《国父遗教概要》，载"蒋介石思想言论总集"卷三，台北中国文化大学出版社1984年版，第25页。

（二）办理警卫；（三）清丈土地；（四）发展交通；（五）普及教育；（六）推行合作；（七）开垦荒地。”[①] 这里，“清丈土地”和“推行合作”是蒋在农村土地整理方面急于解决的问题。他还说：“在积极方面更能兴办水利，发展交通，开发富源，培植森林，开垦荒地，改良农产，发展各种生产事业，决不会有现在这样货弃于地，民困于野的情形。”[②] 蒋在这里提出的提高土地效率的办法，无非是兴办水利、发展交通、开垦荒地、改良农产、推行合作、发展教育等。这些办法看似不错，也确实是发展农业生产所必备的，但是这些条件要起作用，从根本上来说都需要处理好地权关系。兴办水利、发展交通都需要国家大量投资，在当时工商业收入过低的情况下，国家投资所需资本主要还是要从农业积累而来，这又归结到土地生产自身。对开垦荒地、改良农产来说，最重要的是调动农民的生产积极性，这不能不涉及地权问题。广大农民没有土地所有权，只有租佃权，耕种他人土地的租佃人对土地的投资就不会很积极，即使有扩大土地投入的积极性，过高的地租使农民一年的生产入不敷出，投入的能力也很有限。所以，这种状况下，土地的生产效率也就不会提高。推行合作、发展教育固然很重要，但合作的基础是农民享有地权，既有土地制度下的合作，本质上是封建剥削者的合作而不是生产者的合作，合作的结果也是地主在一起商量怎么更好地剥削农民，农民没有自己的土地，也就没有资格一起合作生产。发展教育从长远来看是必须的，但它不能直接作用于农业生产，短期难以见效，也不是尽快提高农业生产率的好办法，而且发展教育也需要国家投资，其资金仍需从农业生产力提高中获取。所以，当时条件下，提高土地生产效率根本上是要保障农民对土地的切实支配权和收益权，让农民获得自己的土地，哪怕是低租的永佃权，只要农民能掌控这片土地，收益能稳定，保证扩大再生产的需要，这都需要调整土地上的权利义务关系。

我们进一步思考，不但蒋介石的主张解决不了土地利用效率问题，就连孙中山倡导的“平均地权”“耕者有其田”，在提高土地效率方面的功用都大

---

① 蒋介石：《国父遗教概要》，载“蒋介石思想言论总集”卷三，台北文化大学出版社1984年版，第16—17页。

② 蒋介石：《国父遗教概要》，载“蒋介石思想言论总集”卷三，台北文化大学出版社1984年版，第25页。

可怀疑。这种方法主要是用土地税和涨价归公的双重手段来实现土地资源分配的公平，平时国家向地主征收地价税，土地交易时国家收取增值税，国家可按地主申报地价征收地主土地，所涨地价要归公。如此做法，势必让土地所有者无利可图。无利可图的话，谁又去经营土地，改良土地，提高土地效率呢？而且《土地法》对农村土地分配又采用"限田"的办法，规定每家每户拥有土地不能超过若干亩。从本质上来说，这种"限田"的办法是对自由扩大生产和土地投资意愿的违背，没有自由就不可能有效率。限田就是限制生产者扩大生产的可能性，短期内会在保持土地公平分配的基础上使土地生产效率得到提高，但长期来看是对生产效率的限制。更甚者，南京国民政府根本没有改变既存土地生产关系的决心和动作，在既有的地主租佃制下，地主收租不关心生产，佃农收入微薄，无力进行土地投资，不公平的土地分配使得土地的生产效率无从谈起。所以，国民党及其领导人虽然给予农地生产效率以高度关注，但缺少有效的应对措施，在自由和公平不能保证的情况下，土地效率在整个南京国民政府时期没有多大改观。

以上主要是从宏观上考察地权理论和政策对农地效率的影响，接下来我们从微观角度探讨南京国民政府的地权制度设计对农地效率的作用。南京国民政府的地权体系是这样的：土地所有权（双重所有权，即底层的全体国民所有和其上的私有 + 公有）、用益物权（地上权、地役权、永佃权）、抵押权、典权。土地所有权中，底层之"全体国民所有"实质上是保留国家对土地的调控权，运用好了会对土地效率提高起到很大作用；"全体国民所有"之上的土地私有实质上是保护既有地主的权益，并没有改变以往的封建土地所有制，凌虐了无地农民获得土地的"天赋"之权。这样的结果是维持甚至加剧了土地分配不公，造成社会秩序不稳和动荡，效率也就难以保证。用益物权的设置，其核心和宗旨都是提高土地效率，但它们又都是在所有权下面受所有权制约的。他物权中的地上权和地役权制度的过于技术性，决定了其作用几乎可以忽略。对效率起比较大作用的是永佃权。虽然永佃权人可以永久使用地主的土地，他除了不能处分其土地外，可享有几乎与所有权无异的权利，但其最大弊害是地租过高，几乎将一半的收入都交于地主，地主又不负责对土地的投入，如此土地生产效率就不可能提高。关于抵押权，民国《民法》规定，土地的所有权、地上权、永佃权及典权都可以作为抵押权的标的物，抵押权的功能在于获取抵押款，以扩大投资或解生活之难。将该款项用以扩大土地投资，无疑有益于土地效率提高。但借钱一定是要偿还的，当时生产力水平下，还款一定会成为问题，所以它对效率提高的作用也值得怀疑。中国人对绝卖土地一向谨慎，所以才有了“典”的制度。国民政府对“典”采取了容忍但限制的态度，规定了典的30年最长期限，30年不回赎即视为绝卖，这虽然有利于物的流转，减少土地权利层次，利于提高土地利用效率，但典权人获取土地使用权后，对土地的开发利用仍是在旧有的生产技术条件和生产方式下进行的，对土地的生产效率并未实际产生积极作用。因此，从微观层面看，南京国民政府的土地权利关系并不能促进土地生产效率的提高。

（二）对平等的提倡与背道而驰

孙中山对地权平等分配的倡导与追求前面已有阐述，其积极意义自不用论。不过，孙中山对地权分配状况认识的自相矛盾使得公平难以实现。首先，对地权分配平等与否的认识自相矛盾。他一度认为中国不存在地权不均问题，可他又说：“中国现在虽然是没有大地主，但是一般农民有九成都是没有田的。”①这种自相矛盾似乎也有一定道理。他说中国不存在地权不均，是指中国没有欧美那样的大地主，但小地主还是有的，小地主占有了大量土地，导致九成农民没有土地，所以要做到“平均地权”“耕者有其田”，需要农民去分小地主的地。但如此一来，“平均地权”的迫切性便大打折扣，因为“普遍的穷”之下去分小地主的土地是不是不太公平呢？其次，孙中山的平均地权，前期面向未来，后期多关注现实，也易被误解。他讲：“由于土地问题所生的弊病，欧美还没有完善方法来解决。我们要解决这个问题，便要趁现在的时候，如果等到工商业发达以后，更是没有方法可以解决。”②他还说：“如果我们的地主是像欧洲那种大地主，已经养成了很大的势力，便很不容易做到。不过中国今日没有那种大地主，一般小地主的权力还不甚大，现在就来解决，

① 孙中山：《三民主义》，载《孙中山全集》（九），中华书局1986年版，第399页。
② 孙中山：《三民主义》，载《孙中山全集》（九），中华书局1986年版，第387页。

还容易做到。”[①]“我们所主张的共产，是共将来，不是共现在。”[②]在对现实如此判断的基础上主张平均地权，自然会延伸出面向将来而不是解决现实问题的理论推导，对实现土地公平分配极为不利。这样的政策在实践中也不会得到群众的认可和支持。萧铮就曾直言：“诚以处今日之情势，亦犹病在朝夕，如求医于数万里之外，求药于数十年之后，虽有良医良药，遑容为计。”[③]第三，从实现方式来看，时而将要马上解决，时而又主张渐进地以政治与法律的方式解决。他讲，要“由国家规定土地法、使用土地法及地价税法，以谋地权之平均”[④]，“我们应该马上用政治和法律来解决，如果不能解决这个问题，民生问题便无从解决”[⑤]。他的政治与法律的解决方式，目的是“让农民可以得利益，地主不受损失”[⑥]，即让地主和农民都满意。试想，向地主征累进税或原价收买其土地，地主怎会满意？农民慢慢地才能得到土地，他们的当下疾苦不能解除，又怎么会满意？采取“骑墙”的政策，结果失去了双方的支持和拥护。以上是孙中山土地思想的严重悖论和致命弱点，虽然提出了“平均地权”的平等理念，但具体方案则具有明显的软弱性、不切实际性。

孙中山的指导思想如此，南京国民政府的农村地权立法更有过之而无不及了。如《土地法原则》开篇即讲：“国家整理土地之目的，在使地尽其用，并使人民有平均享受使用土地之权利。”这里有两个地方值得注意，一是“整理”一词，二是“平均享受使用土地之权利”。所谓整理，一般的理解，是对土地地形地貌、土地质量、地块面积等自然状态的整理，即使扩展一下，也就是对地籍的整理，并不涉及土地的所有权关系。所以，南京国民政府农地地权立法的初衷并不是调整既有土地所有权关系。“平均享受土地使用之权利”一语就明确了土地“整理”的对象在“使用权”，并非“所有权”，即不改变土地所有权的性质，而只是在土地使用效率上做文章。问题也恰在于此，

---

① 孙中山：《三民主义》，载《孙中山全集》（九），中华书局 1986 年版，第 388 页。
② 孙中山：《三民主义》，载《孙中山全集》（九），中华书局 1986 年版，第 389 页。
③ 萧铮：《拟请修改土地法导言》，《地政月刊》第 3 卷第 1 期。
④ 孙中山：《中国国民党宣言》，载《孙中山全集》（七），中华书局 1985 年版，第 5 页。
⑤ 孙中山：《三民主义》，载《孙中山全集》（九），中华书局 1986 年版，第 340 页。
⑥ 孙中山：《在广州农民运动讲习所第一届毕业礼的演说》，载《孙中山全集》（十），中华书局 1986 年版，第 558 页。

所有权分配状况不变，一方面不符合当时广大农民获取土地的愿望，违反大多数人民意愿的法律不能称作正义；另一方面，土地所有权私有的性质注定了土地集中不可避免，从而同时产生拥有众多土地的大地主和失去土地的农民，生产资料占有的不平等就会造成收入的不平等，对资源占有的不公平也会造成社会经济平等的丧失，进而形成政治上的不平等。减租、限田、征收地税虽然也是实现社会公平的办法，但从理论上有不彻底之弊，实践上又难以施行，最终毫无作用。因生产资料占有不平等导致的收入不平等可以由社会分配的平等来弥补，但南京国民政府又缺少分配平等的调节机制。所以，在平等这个法律价值上，可以说南京国民政府除了在男女地权平等方面外，没有多少作为，其主张和做法是背道而驰的。

（三）强制的秩序与秩序的失范

秩序是社会存续和发展的前提，也是法律追求的重要价值目标，没有了秩序，平等、效率及自由都会归零。秩序需要维护，但问题的关键是法律保证什么样的秩序以及如何保证秩序的实现，这就又不得不需要用平等、效率、自由来度量秩序。只有求平等、讲效率、重自由的秩序才是合理的秩序，才是正义的秩序，才是可持续的秩序。平等主要是就利益的分配而言，效率是从利益量的增加而言，自由是就利益的获取和处分方式而言。这就意味着农地地权立法应当以社会秩序稳定作为首要价值要素，因为秩序稳定是社会和个人利益实现最大化的前提，是公平分配利益的前提，也是人们自由地获取和处分利益的前提。而在建立什么样的秩序的问题上，则必须以利益分配为核心要素来考虑，要保证秩序的实现，利益分配必须是平等的分配，必须是讲求效率的分配，又必须是注重自由处分权的分配。背离了平等，脱离了效率，忽视了自由的政策及法律，就不可能实现正义的秩序。所以，秩序应该是符合正义价值取向的秩序，这就需要国家公权力介入，但这个公权力必须要限定在一定范围内。

然而，南京国民政府地权立法没有满足以上要求。孙中山主张用政治的和法律的方法解决农民土地问题，是他重视社会秩序的体现。但他没充分认识到农民对获得土地的强烈愿望，没有意识到社会不公平及土地分配不公的存在，希冀地主不受损失地保持既有社会秩序，如此就只能硬性规定农民服从政府的规定，服从地主占据土地了。虽然孙中山晚年提出了“耕者有其田”，也曾说过要像俄国那样进行比较彻底的平均地权，但他并不主张用革命、暴力方式实现，其继承者蒋介石更主张强力恢复原有土地秩序，这样，公权力也就指向了农民而保护了地主。所以，南京国民政府成立后制定的土地政策及《土地法》，都是在维护地主土地所有权、保护地主既得利益、维持既有秩序前提下的政策和法律，漠视土地所有权的改变，更多的寄希望于地政机关的建设、地籍整理、培养土地行政及技术人才、进行垦殖事业等，当然还包括1934—1935年间的“土地陈报”“利用荒废土地办法”等措施。虽然1935年提出的“实行土地统制、迅速规定地价、实现耕者有其田、促进垦殖事业、活动土地金融”，1936年提出的“改革租佃制度案”等政策，抓住了和平渐进方式实现地权制度改革的要害，但由于现实条件的限制，这些政策在当时根本没有实行，也不可能实行。结果，与人民利益相违背的法律强制下的社会秩序，必定会产生不平等、无效率、缺自由的秩序。这种失范的秩序主要表现在农民与地主之间就土地及与土地利益相关问题的斗争上，包括抗租抗税斗争、反抗役力和土地征发的斗争、抢米风潮、土地革命等。

抗租抗税斗争，也称佃农风潮，遍及全国。20世纪30年代，有人对当时的佃农风潮进行了研究。蔡树邦对1922—1931年《申报》《新报》所报道的比较大规模的佃农风潮进行了统计，其中1927年之后的佃农风潮达到了130件，参加人数达到了248453人。[①] 章有义的《中国近代农业史资料》中也有诸多例证：“民国十七年东台大丰公司所发生之佃潮及二十年南通通海垦牧公司四五两堤要求减租风潮均其较著者也”，“三月间（1932年）的涡阳农民与驻军之战，一月间正阳关农民之武力驱逐特税处人员，八月间萧县、铜山之农民暴动，其中尤以七月间之宿县惨案与八月间之灵璧民变为轰动全国”。1932年，“陕西关中道、汉中道各县农民因春收不到，交纳农具于县府，反抗苛捐

① 章有义编：《中国近代农业史资料》第三辑，生活·读书·新知三联书店1957年版，第1012页。本部分3段内容中所引用资料均出自该书第1012—1018页。

的地方有七十余县”。1932 年，“（绥远）毕克齐地方因烟苗税苛重引起农民暴动”，“一般农民的抗税，在去年（1933）十一月二十一日江苏扬中县曾有过一次”。1933 年 3 月 29 日，浙江余姚不约而集者多至千余人，赴县城向县长请愿。1933 年 4 月 5 日《南宁日报》报道，恭城蔗农以收榨捐银过高，不肯缴纳，召集全县各区榨农秘密开会，向县府请求酌减，县府认为并未违章苛收，不能减少，但各榨农仍不肯照缴。川南各县，初仅有少数人，从事抗捐运动，揭橥宗旨，略加宣传，而同情者即接踵而起。1933 年 4 月，广西、云南省境的苗民曾为反抗军阀与地主的榨取，发生过很大的暴动，参加者计有十余万人。1933 年，绥远达拉特旗曾掀起一个“督贵”运动，反抗当地蒙古王公的虐政，他们提出的最低要求是：（一）所有蒙民每人须分予土地两百亩；（二）所有屯垦军的军官不得压迫蒙民。据中国经济情报社统计，1934 年一年中因为抗租抗税而发生的骚动计有 35 次。江苏苏州农民，因灾荒与租税交迫，农民们就爆发了两次大规模的暴动。苏州农民 1934 年 10 月 19 日晚在外跨塘、斜塘、车坊各乡发生暴动，一昼夜间，纵横二十余里，延续一个多月。1934 年，云南蒙自县苗民 7—9 月与政府发生武力冲突，参与者达一千余人之多。川南雷波县令人民种烟，因收烟捐过多而激起民变。江苏苏州，地主们“开列佃户名单，呈请县父派警下乡，拘城追押”，因而也激起了农民的减租风潮。1936 年 2 月，杭县人民因政府征收新税，群起反对。1936 年 1 月，献县农民因为包商苛征，各乡民众先后进城，到县政府县党部请愿。钱志超对 1936 年国内 69 种报纸有记载的农民抗捐拒税的斗争进行了统计，就有 25 起这样的事件发生，参加人数共达数万人。

农民反抗役力和土地征发的斗争也很激烈。1935 年，江苏高邮因征工防黄，口粮无着，六千余名农民，男女老幼用铁锄和扁担作武器，把县政府捣毁。金坛二万人，因为每日所得不能饱肚，致与武装护路队大起冲突。海门和无锡，都因监工过度加紧和工作强度，致河工罢工相抗。反抗土地陈报清丈，也成一般农民骚动的原因。浙江余姚农民五百余人捣毁沙田清丈处和测量队，江苏萧县农民八百余人为了黄河故道土地陈报，进行武力反抗。反对保甲和拉夫方面，河南泌阳曾有老妪千人围攻区公所。因灾荒所引起的农民自动救灾运动，湘鄂一带的农民喊出了“到武汉吃赈去”的口号。1936 年，江苏泗阳县一带因强制征发农民数千人修理河道，农民与江苏军队之间发生了大规模的武力斗争，死亡人数不少。1937 年运河疏浚中，又发生了二万人的大罢工。

抢米风潮主要在南方。仅据张汉统计，1934 年秋季各地的抢米事件就发生了 24 起。1934—1935 年间，河南的罗山，湖北的广济，安徽的合肥，江苏的泰县、溧阳、吴江、无锡、金坛，浙江的嘉兴、萧山、嘉善、湖州、长兴，四川的各县，都先后发生过抢米现象。豫鄂皖边区常发现“穷光蛋会”，江苏的启东、海门还组织了“共吃团”，河北蓟县的农民更有“穷人会”，实行抗税。[①] 中国经济情报社统计，抢米吃大户风潮已经蔓延到 7 省 38 县，计有 64 次。

除以上各种秩序失范事例之外，中国共产党领导的土地革命运动更是如火如荼地进行着。这样，一面是执政者用强力维护既有的社会秩序，保持对既有社会利益分配不公的漠视；另一方面是人民群众为合理利益，甚至是维持生存的基本利益的奋力斗争。在两种力量角逐下，社会秩序的失范与日俱增。公权力对私权利的肆意践踏导致了秩序的严重失范。

四、过程、形式与结果：多重矛盾的鲜明反差

通过前文各部分内容，我们可以发现一个十分突出的特点，那就是不管在立法的指导思想和政策中，还是在其形式和内容中，抑或是初衷和结局中，都存在着鲜明的矛盾。我们在本节前面总结特点中已经揭示了指导思想、法律资源选择、法律内容等方面的矛盾特点，下面我们主要从过程、形式、结果等立法的外在方面来看这个矛盾的特点。

（一）立法活动的迅速与法律实施的不断拖延

南京国民政府在成立后 2 年左右的时间里，便先后制定出台了《民法》《土地法》，可谓迅疾，但法律实施却被严重推延了。这里所说的推延，是指

① 章有义编：《中国近代农业史资料》第三辑，生活·读书·新知三联书店 1957 年版，第 1035 页。

《土地法》制定后，它的实施经历了一个比较长的过程，一是《土地法施行法》延迟 6 年出台，二是《土地法》实施的各项准备工作不断推延。法律制定迅速与法律实施延宕间的鲜明对比，是南京国民政府法制建设中少有的事情，其原因是多方面的：

首先是各方利益冲突严重，地主激烈反对。土地是人类赖以生存的基础，在农业社会中，土地几乎是人们唯一的生活来源，谁占有了土地，谁也就有了生存依靠和发达的资本，也就具有了控制、支配他人的条件，进而该主体能够由经济生活的主导者变为政治生活的主导者。也许正是由于这种主导欲的驱使，中国自宋代开始便不再设地制，因为统治者明白设地制也形同虚设，阻挡不住人们占有土地的强烈愿望。于是，宋之后除清朝曾一度不许买卖旗地外，其他时期土地买卖基本都不受国家干预，除受地方习惯约束外，土地的自由占有、移转成为常态。但国民党的土地政策和地权立法对传统地权制度造成很大冲击，果真付诸实施会对既得利益者——地主以沉重打击，这从前面已经讨论过的《土地法》中的各项土地制度即可知道。该法规定的土地税收制度，对地主所占土地实行地价税和增值税；限田制度对地主所占土地限制数量，超过限量即要求出卖，否则将征收或征税；土地征收制度规定国家因公共利益需要，可以按所报地价或估定地价进行征收；对不在地主加重征税等，都剑指利益既得的地主集团。地主们历经几代人积累而获得的土地，若认真执行上述制度，势必会给他们带来重大损失，失去几代人的积累和后代子孙的“福祉”。这些政策和法律遭到地主们的极力反对和阻挠就在预料之中了。

其次是政治决心不足。面对既得利益者的强烈反对和抵制，法律如何规定及能否落实，取决于政权的力量。孙中山、蒋介石等人无视当时地权集中的严重状况，一方面是因为认识存在问题，另一方面也与政治决心不足有关。如孙中山主张用政治和法律的方式与地主协商解决土地问题，做到既让农民满意又不让地主受损失，明显是其政治倾向所致以及政治底气不足、决心不够。蒋介石则认为农村最要紧的事，是测量土地、振兴水利、开垦荒地和设立农器制造厂、普及机器生产的办法，也没有把地权问题看重。他认为：“今日中国之土地，不患缺乏，并不患地主把持。不苦人不得地，惟苦地不整理。”以这样的政治态度解决农地地权问题，反映了统治者对地主阶级经济力量的倚赖。国民党内当然不乏有识之士和有勇之人提出了不少针对农村、农民、土地问题的议案，试图推动《土地法》的实施，解决民困，在实践中也有部分地方官员进行了减租、地籍整理、土地陈报、土地村公有等改革活动。但是，毕竟孤树难成林，单兵难作战。土地、地权这么重大的利益调整，是需要全党尤其是中央坚定的政治勇气和决心去完成的，而现实是“在南京建都以后，一些前辈同志在意识上已经松懈下来，行动上便不会积极。有几位，在首都及其他大都市，已买进大批土地建筑大厦，甚至经营房地产生意，因之更牵涉到本身利害关系”[①]。孙科也曾尖锐地指出：“窃以本党之衰落原因虽多，而其根本病症，实在于脱离民众立场，丧失革命精神，致一般党员于不知不觉中生活腐化，思想落伍，理论徒托空言，行动惟求利己。”[②]国民党员和革命者们，在政权建立之后过于贪图经济利益和安乐生活，追求自身的荣华富贵，革命意志丧失，革命进取心淡漠，无心进行艰苦的国家建设工作。浙江所进行的“二五减租”的失败就很好地说明了这个情况。更重要的是，国民党政府在治国中依靠的是地主阶级，如此就不敢也不能伤害地主阶级的既有利益，所以进行土地改革，满足农民的地权需要也就没有指望了，《土地法》的实施当然也就成为泡影。

再次是时间仓促，法律不科学。任何立法必须要考虑的一个重要因素是执法和司法是否可行，是否便利。[③]南京国民政府的立法体制存在一定合理性，它先由国民党中央制定立法原则，然后立法院按照此立法原则组织相关法律的立法委员会起草法律，法律草案成型后提交立法院审议，立法院经三读后通过该法案，草案可以整体审议也可以逐条审议。这种立法体制和立法程序，集权于国民党中央，立法机关多由专业化法学专家组成，便于法律的迅速制定，效率较高。南京国民政府建立后，至1936年就形成了比较完备的六法体系，充分说明了其优势。但是，凡事欲速则不达，短时间内立法任务非常繁

---

① 萧铮：《萧铮回忆录：土地改革五十年》，台北地政研究所1980年版，第72页。

② 孙科等：《整理本党实施方案案》，载中国第二历史档案馆编：《中华民国史档案资料汇编》第五辑第一编政治（二），江苏古籍出版社1994年版，第325页。

③ 苏力：《法治及其本土资源》，中国政法大学出版社1996年版，第100页。

重，各种法律一股脑堆到立法院，如《民法》《刑法》《土地法》《诉讼法》等，立法委员们研究、讨论《土地法》的时间被大大压缩。不经过充分准备、讨论，不管从理论上还是技术上，都容易出问题。《民法》的制定因为有许多外国现成的法律可以参考，情况尚好，但《土地法》就不一样了，按孙中山的三民主义理论在中国制定《土地法》，是世界上的创举。理论问题尚且不说，仅《土地法》的章节安排、土地利用、地政机关设置、税收方法、地籍整理、土地测量等法律技术问题，就需要充分的理论准备和文本推敲，不可能短时间内完成。所以迅速出台的《土地法》，刚刚颁布便引起了社会上的广泛而强烈的反对和质疑，引致了《土地法》的修改运动。

最后是时局不利。南京国民政府的生存环境可谓内外交困、波诡云谲。国民政府建立之时，北伐战争还未结束，1928 年 12 月张学良于东北易帜，标志着南京国民政府形式上的统一。但形式的统一并不代表实质的统一，南京国民政府存续期间新军阀混战不断，其中最著名者为 1930 年蒋冯阎桂之间发生的中原大战。大战之后蒋介石又马不停蹄地“清剿”中共根据地，国共之间的内战一直持续至 1936 年底西安事变发生。国际上，法西斯势力主导的世界大战策源地正在加紧酝酿形成。在东亚，1931 年 9 月 18 日，日本悍然侵占中国东北三省，紧接着侵略势力向华北扩展，平津危急，华北危急，中华民族危急。内外交困的局面，有外在强加的，也有国民党政策错误所导致的，但不管什么原因，都需要国民政府去应对。而在这种紧张的局势下，政治家们不得不集中精力应对时局，就难免会影响到对土地立法的关注。再加上政治家们在理念上对地权问题就不甚重视，从而使《土地法施行法》的制定一拖再拖，历经四届立法院工作才最终定型。

（二）法律渊源的丰富与司法资源短缺

从法律渊源来看，南京国民政府有关地权的立法非常丰富，既有宪法性文件及基本法律、单行法律、特别法，还有国民党中央决议，以及行政规章等。但相比之下，用以推动法律实施的手段和条件就差得很远了。

首先，执法机关不健全。法律的实施，必须由实施机关来推动和完成。行政机关是执行法律的第一力量。1930 年《土地法》第 2 条规定：“本法除法律别有规定者外由地政机关执行之。”第237条规定：“前项估计专员之任用资格，由中央地政机关定之。”第257条规定：“地政机关，于本法所定估计原则范围内，对于地价估计得为方法之变更。但应先经中央地政机关之核准。”从这些法律规定可以知道，《土地法》的执行由地政机关负责，没有这么一个机关，《土地法》断难行寸步。但地政机关却迟迟没有建立，或者其职能由别的机关替代。1936年《土地法施行法》第7条规定“土地法所称省地政机关为地政厅在成立前省地政事宜暂由民政厅设科办理”，由此可见，当时各地的地政机关尚不存在。直到1936年7月17日，《修正内政部组织法》才决定，内政部下设立地政司，掌管以下事项：1. 关于地政机关之组织及经费事项；2. 关于地政人员之训练、任免、考罚、奖惩事项；3. 关于土地调查、测量及登记事项；4. 关于土地使用事项；5. 关于土地占价及土地税率事项；6. 关于土地征收事项；7. 关于都市计划及建筑事项；8. 关于移民实边事项。该法还规定：“在土地法所定之中央地政机关未成立前，关于土地行政及土地调查、测量、登记、估价之筹备事项，暂由地政司掌理之。”[①] 中央地政机关至此仍未成立，《土地法》所规定的地政机关的职能由实业部下设的一个司来行使。该年11月，《修正实业部组织法》还做出了这样的规定：“将关于农地改良事项，归实业部农业司管辖。”[②] 把与农地相关的事务从地政司划归到另外一个司管辖。除地政机关外，《土地法》还规定了其他一些土地相关执法组织，如《土地法施行法》第41条规定“土地法第一百八十七条所称地方法定调解委员会未设立时，得由主管地政机关指定地方公正人士调解之”，增加了调解委员会；第34条规定“关于土地权利在登记程序进行中发生之争议由土地裁判所裁判之”，增加了土地裁判所；《土地法》第248条规定，对标准地价认为不当时，所有权人得以全体过半数人之联署，向主管地政机关提起异议，对这种异议，经主管地政机关决定后，原异议人不服时，得要求召集公断员公断之，这是增加了土地公断组织。所以，中央和地方地政机关均告阙如，法律又设立了繁杂的执法机构，这就使《土地法》的执行无法进行，农地地权的

① 蔡鸿源主编：《民国法律集成》(34)，黄山书社1999年版，第244页。

② 蔡鸿源主编：《民国法律集成》(34)，黄山书社1999年版，第159页。

调整更无从谈起。

其次，法院不健全。南京国民政府最初实行四级三审制，《法院编制法》规定，全国设置四级法院，包括最高法院、高等法院、地方法院和县法院。1928 年后，新的《法院组织法》进行了改革，将法院系统改为三级，即最高法院、高等法院及分院、地方法院三级，实行三级三审制。法院建设上，1929 年订有筹设全国地方法院的六年计划。实际操作上，1928 年在江苏、浙江、安徽与福建四省省会设立了高等法院，1929 年在湖北、湖南、广东、四川、江西、山东等地设立高等法院，后又陆续组建了一些高等法院。但在地方，当时多数地方实行县长兼理司法，这样的县有 1400 余个。1936 年，国民政府颁行《县司法处组织暂行条例》及相关法规，拟以三年为限，将所有兼理司法各县先改设县司法处，再改设为地方法院。但至 1937 年 6 月底为止，各省改设之县司法处不过只有 611 处[①]。就这样，司法院长居正还夸耀此成绩，说 1936 年“视十五年（即 1926 年，笔者注）约为 3 倍”[②]，显示了南京国民政府前十年期间司法工作的成就。但是这些数据也正说明南京国民政府成立之初法院组织之苍白。由此我们也不难推断出，在这样的情况下，地权司法审判的状况必定不良，法律既已规定的地权调整内容也不会得到很好的实现。

最后是农民和地主均缺乏现代法律权利意识。几千年的中国传统法律，从权利角度看，是以君权至上、维护特权为基本特征的。费孝通曾讲，在中国传统社会中，底层百姓在长期的生活挣扎中，形成了知足、安分、克己的价值观念。[③]这说明了中国传统农民对自身权利争取的无奈，这种无奈长期固化，也就造成了权利意识的淡漠。西方法律引到中国，至国民政府时期，也不过十几年的时间，这期间知识界、上层社会乃至政治精英们对法律甚至都一知半解，更别说受几千年传统文化熏陶的普通庶民了。与普通底层百姓不同，社会上一些激进的“有胆有谋”之士，在反传统的思想浪潮中抛弃了传统道德观念，但他们对西方法律观念的核心“平等”又嗤之以鼻，因而竭

① 郭正怀：《民国时期审判制度研究》，湘潭大学 2010 年博士学位论文，第 38 页。

② 居正：《十年来的中国司法界》，载中国文化建设协会编：《十年来的中国》，第 69—92 页。

③ 费孝通：《乡土中国》，上海人民出版社 2006 年版，第 119 页。

尽其所能或用经济手段或用政治手段或用武装蛮力抢占土地资源，完全没有法律观念和意识。他们中，一些地主富农用自己从农民手中剥削积累起来的资金，继而再掠夺农民的土地，然后把土地零碎分割租给贫苦农民耕种，继续直接向他们榨取高额地租；一些权臣政要则动用手中的公权力，公然巧取豪夺；甚至一些武夫迷信枪杆子的作用，直接用武力抢夺。电影《东陵大盗》中，军阀孙殿英的一句名言毫不隐讳地说明了当时的情况：从冯国璋、段祺瑞、张作霖，直到蒋介石，我算是悟出了一个道理：枪杆子加枪杆子就等于总统。这些人眼里没有底层群众，没有法律，更没有权利的平等观念。所以，当时基本是这样的局面：一方面是底层人民缺乏现代权利观念，不能用法律维护自己的地权，时间长了，会团结起来用自力维护权利；另一方面是强权者不屑权利平等，肆意妄为。没有对法律的尊崇，这个世界就慢慢地向各使招数你争我抢的状态发展，法律实施成为空谈，社会秩序定会紊乱。

（三）良好的地权愿望与悲戚的地权结局

孙中山先生很早就提出了“平均地权”的主张。他开地权认识的先河，倡导民权，牵挂民生，不愧是中国民主运动的先锋。孙中山之后，很多他的追随者，包括中国共产党，积极推行并认真实现着他的“平均地权”理念。这些理论主张和实际行动代表着时代潮流，更代表着广大农民群众的利益诉求。南京国民政府建立后，本应通过土地立法及实施，尽早实现国民党自身多年的主张，使耕者有其田、地尽其利，但是良好的设想和美好的愿望并没有换来理想结果，反而情况每况愈下。

首先，公有土地私有化趋势加重。公有土地私有化是从清朝灭亡开始的，原来大量的公有土地通过经济的或强权的方式落到私人手里。南京国民政府时期，这一趋势愈演愈烈。1934 年行政院《公有土地处理规则》第 5 条规定：“凡属公有土地非经行政院核准，管有机关不得放领、标卖、设定负担或超过十年期间之租赁。”[①] 这个规定表面上是严控公有土地变为私有，但也表明南

① 徐百齐编：《中华民国法规大全》(一)，商务印书馆 1936 年版，第 740 页。

京国民政府并不禁止公有土地的出售和出租，只要有行政院的核准就可以公有土地私有化，这为公有土地私有化创造了法律前提。公有土地有荒地和非荒地之分，民国时期的公有土地多数为公有荒地。而对于荒地，南京国民政府采取的办法是鼓励私人承垦，其结果就使这些土地转归了私人。这方面也有法律规定。1933年《督垦原则》第4条规定："公荒垦区得准许人民个人或其组织之合作团体依法承垦。"《国有荒地承垦条例》第2条规定"凡国有荒地除政府认为有特别适用之目的外，均准人民按照本条例承垦"[①]，但在执行中，非荒地也大部被据为私有，"龙州原来很少私人地主，土官撤废以后，土地大都已归农民占有"[②]，"在从前这里有一个比较大的族，原有公田二百多亩，但是现在呢，多转入了族长手中，也就是给该族的富豪侵夺了，残存着的不过七八亩而已"[③]。通过这些途径，国有土地私有化趋势继北京政府之后一直在发展。据国民政府主计处1946年统计，"我国土地百分之九十以上属于私有，近百分之六左右，系政府或人民公有"[④]。这里的政府或人民公有，包括了官有及学田、寺庙田地、族田、军屯田地、义田等。据卜凯统计，1929—1933年官有田地仅占1%，军屯田地占2.3%[⑤]，二者合计只占全国土地面积的3.3%。严中平统计的数字与卜凯基本一致。[⑥]

其次，地权分配不均加剧。虽然南京国民政府的一系列法律中明确规定了财产权利问题，突出强调了对人民权利的保障，如1931年5月12日的《中华民国训政时期约法》就明确规定"人民财产所有权之行使在不妨害公共利益之范围内受法律之保障"，"人民依法律得享有财产继承权"，人民的财产不能随意受限制，包括没收、征收和征用，只有在特殊情况下才可依法律进行，即"人民财产因公共利益之必要得依法律征用或征收之"[⑦]，1934年《中华民国宪法草案》第17条规定"人民之财产非依法律不得征用、征收、查封

① 徐百齐编：《中华民国法规大全》第一辑，商务印书馆1936年版，第749页。
② 章有义编：《中国近代农业史资料》第三辑，生活·读书·新知三联书店1957年版，第721页。
③ 章有义编：《中国近代农业史资料》第三辑，生活·读书·新知三联书店1957年版，第719页。
④ 国民政府主计处统计局：《中国土地问题之统计分析》，正中书局1946年版，第51页。
⑤ 卜凯：《中国土地利用》，台湾学生书局1971年影印版，第234页。
⑥ 严中平：《中国近代经济史统计资料选辑》，科学出版社1955年版，第275页。
⑦ 蔡鸿源主编：《民国法律集成》（33），黄山书社1999年版，第30页。

或没收”[①]，这符合当时世界法律的一般原则。但深入分析后我们就会发现，这种对财产所有权的保护实质是对既得利益者的保护，在土地问题上就是对现有地主土地所有权的保护。依据这些法律，地主不仅可以合法地、名正言顺地、堂而皇之地、理直气壮地享有既有土地所有权，而且还可以合法地用手中资本“掠夺”其他土地，进行土地兼并。这是用国家强制力的方式锁定既有土地利益关系，固定不合理的土地关系秩序。正因此，南京国民政府的地权分配不均问题不仅不能改善，反而会更加突出。刘克祥经过大量考证认为，南京国民政府时期，南北之间地权分配的差异缩小，地主、富农占地比重上升，占全国人口 11.8% 的地主、富农垄断了 61.7% 的土地，而占人口 66% 的贫雇农只有 17.2% 的土地，仅相当应得土地的 1/4 强。[②]至于地权集中趋势加剧的原因，根本上是土地私有制的制度基础，此外还有政治强权、商业资本介入、灾荒不断等各方面原因。

再次是土地利用不经济加深。土地利用的不经济主要表现在两方面：第一是土地荒废严重。国民政府土地委员会曾对垦地之荒废情形，就 14 省 89 个县进行过调查，总计近 10 年内已垦地之荒废者计占原垦地面积 16.4%，而荒地之已垦者则仅占 8.91%，江苏等 20 省 672 个县的荒地面积共为 14.7 亿公亩。另据天津《大公报》及西安《民意日报》1934 年调查，陕西 19 个县被弃不耕之田地，平均占总耕地面积 70%。[③]这些数字，反映出当时土地荒废程度异常之高。第二是土地经营方式落后。据有关专家对各方面资料的统计分析，旧中国出租的土地数量一般占土地总量的 35%—50%。其中，地主出租的土地占其所占有土地的 67.73%，富农出租的土地占其所占有土地的 11.73%。也有统计资料指出，地主土地约有 70% 是出租的，富农出租的土地约为 1/3。[④]南京国民政府时期，土地经营仍以租佃制为主要方式。租佃经营中，土地被小块零散地出租给佃农，缺乏规模效益；佃农又承担高额地租，耕种者积极

① 蔡鸿源主编：《民国法律集成》(33)，黄山书社 1999 年版，第 1 页。

② 刘克祥：《20 世纪 30 年代土地阶级分配状况的整体考察和数量估计》，《中国经济史研究》2002 年第 1 期。

③ 章有义编：《中国近代农业史资料》第三辑，生活·读书·新知三联书店 1957 年版，第 909 页。

④ 秦兴烘等著：《中国农民的变迁》，广东人民出版社 1999 年版，第 225 页。

性缺失。这一方式造成的土地效率低下问题直接从农作物的产量上反映出来，参见下图。①

表 9　历年重要作物产量统计（全国）1931—1937 年　　单位：千市担

时间 作物	1931	1932	1933	1934	1935	1936	1937
稻	974369	1100055	1036920	833766	1031907	1034125	995321
小麦	468545	480640	483743	466822	445023	479487	343087
大麦	161229	164280	150972	163282	158232	162868	124131
高粱	221531	222828	222969	204966	212454	233201	219760
小米	190740	187382	198782	179640	195961	196544	181865
玉米	168215	187382	198782	149259	178781	170455	175587
甘蔗	329872	374034	381376	333968	384891	355074	438097
大豆	220265	221195	250888	186239	178182	203086	200768
油菜籽	45365	48815	44032	51966	49812	49635	40883
芝麻	?	?	19350	17039	15317	17360	15028
花生	?	?	60931	54207	46291	53940	5209
桐油	?	?	?	2100	2720	?	?
棉花	7513	9874	11826	13661	9781	17357	13170
家蚕茧	317	?	?	?	297	?	?
茶叶	?	4949	4877	?	?	?	?
烟叶	?	?	12777	12227	12827	12865	13082

最后是地权矛盾冲突加剧。总体看，南京国民政府时期涉及土地的纠纷大致有四类：第一，业主与佃户间的纠纷；第二，业主与业主间的纠纷；第三，业主与地政机关间的纠纷；第四，业主与其他行政机关或公共事业团体间的纠纷。②

① 章有义编：《中国近代农业史资料》第三辑，生活·读书·新知三联书店 1957 年版，第 928 页。

② 成自亮：《江宁自治实验县实习报告》，载萧铮主编：《民国二十年中国大陆土地问题资料》第 106 册，台北成文出版社 1977 年版，第 56048 页。

佃业纠纷。所谓佃业纠纷，就是土地所有权人（业主或地主）和佃户之间的纠纷，这是当时土地矛盾纠纷中最为突出的部分。佃农和地主之间的关系，在封建社会中，是一个典型的矛盾共同体。地主需要佃农的劳作，佃农离不开地主的土地，二者在利益分割上又互不相让，始终是在斗争中寻找着心理上的平衡点。二者有一方稍不平衡，矛盾纠纷就在所难免，甚至会严重到剑拔弩张，成为社会动荡之源。

清末特别是民国之后，自耕农失地沦为佃农的数量越来越多，并呈加速增长的趋势，地权分配也日益集中。与这些现象相伴的是地主对佃农剥削的加重和他们之间贫富分化的严重，佃农的生活越来越苦不堪言。佃业纠纷的发生，有经济利益冲突的原因，也受外部因素影响，如年景收成、政治形势、佃农维权意识、偶然事件等。佃业纠纷的形式，以地主和佃农个人之间的纠纷为常态，但群体性事件的发生，在南京国民政府时期已不鲜见，甚至出现了高潮。佃业纠纷的方式，主要有自杀、逃避、起诉、抗捐、抗租、吃大户或抢米、请愿、游行示威、暴动等。

民国时期的学者蔡树邦对当时以江浙为中心的佃农风潮有过比较详细的研究。他用了几个月的时间，将《申报》《新闻报》的相关报道进行了梳理，对 1922—1931 年发生的佃农风潮进行了比较系统的研究。根据他的统计数据，在浙江省，1927—1932 年的租佃风潮基本上处于上升趋势，其中 1927 年为 18 起，1928 年为 25 起，1930 年为 46 起，1931 年为 20 起，1932 年为 21 起。[①] 蔡树邦确定地说："每年参加风潮的人数，是在不断地增高的。"[②] 风潮的方式，也由消极转向积极，即前期以自杀为主转为后期的抗租为主，这说明佃业纠纷的强度在不断升级。但风潮的结果，则多以佃农失败告终。

当代学者王合群对浙江省在 20 世纪二三十年代的佃业纠纷也有研究。他的研究从"二五减租"对佃业纠纷的影响角度进行，他的数据显示，"二五减租"实行较为普遍的县平均发生纠纷 333 件，为最高数额，未普遍但实行较多的县平均 210 件，不普遍而且实行较少的县平均 121 件，从未实行的县平

① 蔡树邦：《近十年来中国佃农风潮的研究》，《东方杂志》第 30 卷，第 10 号。

② 蔡树邦：《近十年来中国佃农风潮的研究》，《东方杂志》第 30 卷，第 10 号。

均35件，减租的范围与佃业纠纷的数量基本上保持了同步增长的趋势。[①]这一方面说明了“二五减租”中农民权利意识的觉醒，另一方面，从实质上看，这些纠纷实际上均属于地主维护其剥削地位的行为，“在减租推行中佃农主动的行为并非是佃业纠纷发生的主导性因素，地主维护其地位的防御性行为才是其真正的根源”[②]。

除了江浙地区外，其他地区也广泛地发生着佃业纠纷。在安徽，“人民忍无可忍，于是聚众抗税的农民暴动，纷然而起”[③]；在陕西，“反抗苛捐的地方有七十余县”[④]；在四川，“初仅有少数人，从事抗捐运动，揭橥宗旨，略加宣传，而同情者即接踵而至，如蚁附膻，愈聚愈众”[⑤]；在云南，打着“遇公务人员杀公务人员”“遇地主杀地主”的标语，“把乡长和地主杀害了好几个”[⑥]。据中国经济情报社统计，1934年内，全国发生的抗租抗税骚动就有35次，1934年的抢米吃大户风潮蔓延到7省3市8县，计有64次。[⑦]地权矛盾冲突不断加剧、升级，不能说不是对多年来一直紧锣密鼓地制定土地法律法规的极大讽刺。

土地所有权纠纷。土地所有权纠纷，即土地所有权人与他人之间发生的土地纠纷，主要包含三种情况：一是未经土地所有权人许可，私自转让、出售他人土地造成争议；二是订约双方单方面变更或不履行土地契约，致使造成土地纠纷；三是伪造契约与真实契约并在，因契约的真伪性而发生争议。

有研究者以民国时期河北高等法院民事案件档案为资料，对河北的土地纠纷案件进行过统计，说明了当时土地纠纷激增状况，其统计表如下[⑧]：

---

① 王合群：《浙江“二五”减租研究》，华东师范大学2003年博士学位论文，第58页。
② 王合群：《浙江“二五”减租研究》，华东师范大学2003年博士学位论文，第63页。
③ 章有义编：《中国近代农业史资料》第三辑，生活·读书·新知三联书店1957年版，第1016页。
④ 章有义编：《中国近代农业史资料》第三辑，生活·读书·新知三联书店1957年版，第1016页。
⑤ 章有义编：《中国近代农业史资料》第三辑，生活·读书·新知三联书店1957年版，第1018页。
⑥ 章有义编：《中国近代农业史资料》第三辑，生活·读书·新知三联书店1957年版，第1020页。
⑦ 章有义编：《中国近代农业史资料》第三辑，生活·读书·新知三联书店1957年版，第1019、1032页。
⑧ 张静：《民国时期河北地权纠纷—以河北民国高等法院档案为中心》，河北师范大学2010年硕士学位论文，第8页。

表 10　民国时期河北省高等法院受理的土地纠纷案件统计表

案卷号及时间	地亩	赎地	交地	典地	永佃权	地价	地契	地基	地界	地租	地权	地役权	退收地	租地	旗地	总和
634–1（1936）	107	20	12	1	2	6	1	17	2	5	5	1	3	4	1	187
634–2（1937）	70	29	10	0	4	3	2	11	1	7	5	0	1	1	1	145
634–3（1938—1939）	126	31	14	1	15	8	4	24	8	9	0	1	11	4	0	256
634–5、6（1940—1941）	139	135	40	11	13	4	1	31	3	11	13	2	13	0	1	417
634–7、8（1942—1943）	115	119	53	2	16	0	4	22	3	2	15	1	12	1	2	367
634–9（1944）	88	81	44	4	5	2	8	7	2	1	2	1	5	3	0	253
634–10（1938—1945）	41	37	17	0	6	2	2	2	0	1	4	0	9	0	0	121
634–11（1946—1947）	108	81	75	2	4	0	7	42	6	6	3	2	3	0	0	339
634–12、13（1948—1949）	246	100	54	1	15	11	6	25	6	6	5	1	13	0	0	489

上表是张静总结的 1936—1949 年间河北地权纠纷案件情况，虽然与本文的研究时间段不完全吻合，但很大程度上也能说明民国时期地权纠纷问题确实非常突出。

对于民国期间土地所有权纠纷激增的原因，把增强先生有过比较深入的分析：首先是由于经界不明所致。毗连地亩分属不同的地主，中间仅仅依靠人为制定的经界划分产权，随时间的变更，往往容易发生欺地而导致经界不清的现象，从而引发争执。其二是地权人离村复归造成。土地所有人在其离村期间，他们的土地并非严格维系其离村时的状况，既有离村后土地被他人占用的，也有被亲属转让的，还有被同族卖出的。无论何种情况，一旦外出离村者回村重新确认地产时，都会成为引发土地纠纷的导火索。其三是分家析产所造成。分家析产意味着土地产权的逐步分化，在很大程度上致使许多小农家庭停留在生存的边缘上，在分家过程中，一旦分配不公，兄弟姊妹之间就往往会为了那点儿可怜的土地产权而发生争执，甚至告上法庭。[①]不管出于什么具体的事由，纠纷增多的结果是事实。这些纠纷的产生，与地权立法有无关系呢？我们认为至少与立法中改变了纠纷处理方式有关。过去田土纠纷基本由乡里、族内调解解决，新式法律将处理纠纷的解决机关归到法院，这必然造成诉讼案件的增多。此外，全新的立法与中国传统习惯多生纠葛，造成人们对法律的不熟悉或抱有希望，出现滥讼，导致诉讼案件增加。

权利人与政府机关的纠纷。此处所讲权利人，既指土地所有权人，也指其他权利人。随着经济社会的发展，公共事业对土地的需求不断增加是引发土地征收的重要原因，国家政权对土地私权利的干涉和控制则是此类纠纷的主因。土地征收和国家权力的涉入，就会产生土地权利人与国家有关行政机关的矛盾纠纷，这一纠纷甚至会以非常激烈的面貌出现。

浙江的“二五减租”就遭到了地主的强烈反抗：“武义县党部指导委员胡福，因兼佃业理事局理事，为佃农说话甚力，竟被地主买凶刺伤；天台县党部指导委员朱良庆被刺身死……其他各县努力的同志遭各种打击者尚多。”[②]不过，从官方记载来看，权利人与行政机关通过法律途径解决土地纠纷的案例并不多。以下是郭腾云对南京国民政府行政法院受理的涉“官”土地纠纷的总结[③]：

表11 南京国民政府行政法院受理的涉官土地纠纷统计表

年度	二十二	二十三	二十四	二十五	二十六	二十七	二十八	二十九	三十	三十一	三十二	三十三	三十四	三十五	三十六	三十七	总计
受理	40	52	67	48	28	15	24	6	13	19	8	14	8	7	34	39	422

① 把增强：《产权变异：民国时期华北乡村土地纠纷之动因探研》，《河北师范大学学报》2008年第3期。

② 萧铮：《萧铮回忆录：土地改革五十年》，台北地政研究所1980年版，第27—28页。

③ 郭腾云：《南京国民政府时期行政法院土地案件的裁判》，山西大学2010年硕士学位论文，第29页。

从上表展示的数据看，当时全国的土地权利人与政府机关间的土地纠纷确实不多。我们分析，这一方面是因为行政法院是面向全国的，所涉案件一般都是重大案件，能达到“重大”标准的案件数量自然有限；另一方面是当时全国局势并不稳定，不但使行政法院的效能发挥受到影响，还会影响人们对法院裁判的诉累及诉讼前景的担忧。

以上我们总结了 1927—1937 年南京国民政府农地地权立法的特点，包括指导思想、政策与法律相互作用步步失据；法律移植中保存了大量本土元素；法律对正义有所诉求，但最后失守；立法过程、法律形式、立法结果上存在诸多矛盾等。这些特点一方面反映了南京国民政府农地地权立法的状况，另一方面也在一定程度上解释了其地权立法效果欠佳的原因。

第二节　影响地权立法的主要因素

前面我们分析了 1927—1937 年南京国民政府农地地权立法的鲜明特点，本节我们将深入分析产生这些特点的影响因素。对法律制定的影响因素，不同法学派存在着不同观点。实证主义认为法律本质上是对国家权力的行使[①]，试图将法学研究的范围限定在分析和剖析法律制度的范围之内。自然法学派代表人物孟德斯鸠曾说：“人类受多种事物的支配，就是：气候、宗教、法律、施政的准则、先例、风俗、习惯。结果就在这里形成一种一般的精神。”[②]从某个角度看，这也说明法律要受到多种因素的影响。英国法学家卡恩·佛罗因德将这些因素分为两大类：一类是环境因素，包括地理因素（气候、地理位置、土壤等）、社会和经济因素（生活方式、人口、财富和贸易等）、文化因素（宗教、传统和习惯等）；另一类是“纯粹政治因素”（例如政体的性质和原则等）。[③]历史法学派强调历史的作用，认为人们对于因历史沿承而来的法律无法用理性方式彻底改变，只能进行些许的修正。斯宾塞认为，生存竞争、

---

① ［美］E. 博登海默著，邓正来译：《法理学：法律哲学与法律方法》，中国政法大学出版社 1999 年版，第 140 页。

② ［法］孟德斯鸠著，张雁深译：《论法的精神》（上），商务印书馆 1959 年版，第 364 页。

③ 沈宗灵：《论法律移植与比较法学》，《外国法议评》1995 年第 1 期。

自然选择、“适者生存”是法律进化的主要决定因素，也说明了环境对法律的作用。美国社会学法学主张法学与其他社会科学分支学科结合，必须对形成和影响法律的社会因素和经济因素有充分的认识。可见，多数法学家在研究法律时，不只是分析法律自身，还要对影响其形成、发展、变化的各种因素进行分析。马克思对此做过更经典的论述：“立法者应该把自己看作一个自然科学家，他不是在制造法律，不是在发明法律，而仅仅是在表述法律，他把精神关系的内在规律表现在有意识的现行法律之中。”[①] 他还说：“社会不是以法律为基础的，那是法学家们的幻想。相反的，法律应该以社会为基础。”[②] 在马克思主义看来，法律属于上层建筑的内容，上层建筑取决于经济基础，社会经济状况必然对法律有决定性的影响；同时，上层建筑中各要素之间也互相影响，政治、思想理论、社会文化等都会作用于法律。因此，本节我们主要从理论、经济、文化、政治等多方面去解析影响 1927—1937 年南京国民政府农地地权立法的因素。

一、治国思想和理论对农地地权立法的影响

思想、理论是实践的先导。科学理论一经武装群众头脑，便会焕发无穷的物质力量，但如果没有科学认识顶层设计，社会实践则不可能有良好的结果。孙中山是民国的缔造者，农地地权立法主要就是受孙中山的治国思想和理论的指导。

（一）法治与党治思想的重要影响

孙中山早就重视中国法治建设。在《中国之司法改革》一文中，他第一次明确指出：“夫法律者，治之体也。权势者，治之用也。”[③] 对中国传统的法律工具论提出了批判，认为法律是国家治理的根本，法治的命脉在国会，“共和之

---

① 马克思：《论离婚法草案》，载《马克思恩格斯全集》（1），人民出版社 1956 年版，第 183 页。

② 马克思：《对民主主义者莱茵区域委员会的审判——马克思的发言》，载《马克思恩格斯全集》第 6 卷，人民出版社 1960 年版，第 291—292 页。

③ 孙中山著，余霞译：《中国之司法改革》，《近代史研究》1984 年第 2 期。

根本在法律，而法律之命脉在国会。”[①] 国会的状况如何是能否实现法治的关键，因为它是人民的代议机关，是法律的制定机关，也是法律执行的监督机关。在强调国会作用的同时，他很看重法律建设，在诸种法律中，他尤其重视宪法，他反复强调：“必举国有共同遵守之大法，斯政治之举措有常轨；必国会能自由行使其职权，斯法律之效力能永固。所谓民治，所谓法治，其大本要旨在此。”[②] 在宪法建设上，他又超越西方法律理论，主张建设五权宪法，即除西方行政、立法、司法三权之外，再加考试、监察二权，五权独立，同时又受四权（选举、罢免、创制、复决，四权由人民掌握）制约。从孙中山的这些主张可以看出，将中国建设成为超越东西方的现代法治国家是他坚定的信念。孙中山是中华民国的开创者，是中国法治建设的奠基人，正是在其法治思想和理论的影响或指导下，南京国民政府走上了法制建设的道路，从这方面看，孙中山的功绩在中国历史上是独一无二的。在孙中山的思想影响下，南京国民政府建立后迅即展开了立法活动，大力进行法制建设，中国法制近代化出现了前所未有的成果。农地地权法制建设就是在这种大背景下进行的，虽然这种立法存在很多问题，有些甚至是致命性的，但这毕竟是中国土地制度由习惯状态走向国家法状态的进步，也是中国土地制度可资借鉴的重要探索。

在主张法治的同时，孙中山又主张党治。他的党治思想有一个发展过程，起初是面对民国北京政府国会与法治的乱象，尤其是宋教仁遇刺后，他认识到一盘散沙的政党不可能实现其治国理想，于是开始从以前向往的西方式多党议会制度向强调一党制转变。《中华革命党总章》规定：在革命时期，“一切军国庶政，悉归中华革命党党员负完全责任”[③]，强调党员的作用与权力的集中。在《建国方略》中，他重申军政、训政时期一切事务应由革命党完全负责。1924 年国民党“一大”宣言集中论述了党治理论：“既取得政权树立政府之时，为制止国内反革命运动及各国帝国主义压制吾国民众胜利的阴谋，芟除实行国民党主义之一切障碍，更应以党为掌握政权之中枢。盖惟有组织有

① 陈旭麓：《孙中山集外集》，上海人民出版社 1990 年版，第 234 页。

② 孙中山：《辞大元帅职临行通电》，《孙中山全集》（四），第 480 页。

③ 《中华革命党总章》，载萧继宗主编：《革命文献》第 70 辑《中国国民党党章政纲集》，台北中国国民党中央委员会党史委员会 1976 年版，第 17 页。

权威之党，乃为革命的民众之本据，能为全国国民尽此忠实之义务故耳。”[①]在俄国革命胜利的影响下，孙中山从中国国民党失败的教训中认识到组织有权威的政党的重要性，并最终确立了党治思想。孙中山的党治思想，对革命和建设都有积极意义，它有利于集权和政令一致，起到团结统一全党并提高执行效率的作用。但这种思想也存在重要缺陷：首先，党治与法治的关系不清，过多地强调了党的权力的集中，法治被削弱了。其次，不恰当地强调党的作用，他认为训政时期国民党应担负起“训导”国民行使“政权”的责任，国民党与国民之间的“父子”主从关系昭然可见，这样就使得人民权利的行使必然遭遇过于强大的党权（公权力）的压制。最后，党治思想影响下的训政阶段的政治设计，为后来南京国民政府的国民党独裁统治提供了理论依据。胡汉民在解释孙中山的党治理论时说：“在军政训政两个期间，本来人民应操的权柄，须由国民党暂时代操，并须只让国民党一党来代操，一切思想、行为、组织，都是要统一的。这两个时期，不能容许多党来合治，是要唯一的自己担任的。”[②]这从政治上明确宣布了对其他政党的排斥。民主不能实现，民权就得不到保障，地权当然也就不能受到青睐。不仅如此，国民党还滑向了人治的歧途，孙中山曾讲：“法从何来？须要我们人去造成他。所以党的作用，也就不能不重人。党本来是人治，不是法治。我们要造法治国家，只靠我们同党人的心理。党之能够团结发达，必要有二个作用：一是感情作用，二是主义作用；至于法治作用，其效力甚小。”[③]如此强调人治，否定法治，给独裁提供了理论支撑。党治与独裁，一定会影响到地权权利立法内容，容易使之走向轻民权的方向，后来的事实也证明了这一点。

总之，孙中山的法治思想开拓了中国法制近代化的新道路，为农地地权立法打开了空间，但其理论，尤其是法治理论，又使人民权利包括农地地权受到消极影响。党治与独裁的结果是少数人的意志霸凌了绝大多数人民的意

① 《中国国民党第一次全国代表大会宣言》（1924年1月30日），载《中国国民党历次代表大会及中央全会资料》（上），光明日报出版社1985年版，第19页。

② 《胡汉民先生讲演集》第一集，民智书局1927年版，第44页。

③ 孙中山：《在上海中国国民党本部会议的演说》，载《孙中山全集》第五卷，中华书局1985年版，第391页。

愿，少数人的既得利益得到保护，而多数人的权利却受到冷遇。

（二）三民主义建国理论决定了地权立法的走向

孙中山是中国历史上具有划时代意义的人物，他所提出的三民主义建国理论，所开辟的共和道路，所倡导和建立的民主制度，一改中国几千年的专制传统，给国人一种全新的理论和方向。但细思他的理论与路径，其中存在难以解决的矛盾。这一矛盾反映了中国资产阶级的软弱、不成熟，说明资本主义道路在中国行不通，从而也决定了在这种理论指导下的地权制度的失败命运。

孙中山的思想和理论理想成分居多，难接地气。孙中山的革命及建国理论，以“三民主义”即“民族”“民权”“民生”为核心。民族主义起初的含义是驱除鞑虏，后来增加了反对帝国主义，如他自己所言，“是对外打不平的”。民权主义是推翻封建君主专制制度，建立资产阶级民主共和国，“是对内打不平的”。民生主义，具体讲就是“平均地权”“节制资本”，“是对资本家打不平的”。南京国民政府的农地地权立法，与三民主义的这些观点主张有不可分的关系，我们在此需简要讨论一下三民主义。中国是一个有几千年农耕文明和专制传统的国家，自给自足的小农自然经济已为常态，文化上则以等级差序为要义的儒家思想为主导，间杂道、法、释等思想，深入人心。相较之下，西方国家历史上却有着古希腊的民主基因，更有上千年的富有平等精神的基督教文化传承；政治上在 18 世纪便完成了资产阶级革命，建立了民主政治制度；经济上则早在 14—16 世纪便兴起了资本主义经济。中西方在政治、经济、文化上形成了巨大反差，这种反差是西方资本主义兴起后中西差距拉大的重要原因。孙中山看到了这些，他试图改变中国传统政治、经济、文化的弊端，走西方式资本主义道路，以改变中国的命运。于是在中国稳固的文化传统环境中，孙中山试图吸收西方文化精华，同时还要克服西方资本主义的那些缺陷，由此创建了三民主义，这样的理想堪称可嘉。但要在短时间内走出几千年积累的历史沉疴，迅速改变国家积贫积弱、任人宰割、人民权利缺失、地位不平等的现状，又谈何容易。这样的理想，首先，它具有激进性，超离现实很远。作为远期理想目标去追求无可厚非，而问题在于中国的长期历史沉疴绝非一朝一夕能够清除。孙中山却急切地提出“毕其功于一役”，这就更不现实了。其次，与人民群众的实际愿望相脱离。从民权主义来看，它没有充分反映和体现工农大众的要求，反而用党权限制民权，用军政、训政来否认民众的政治自由。从民生主义来看，“平均地权”不是给农民真实的土地以从事生产，而是否认地权不均的现实，将矛头指向未来；“节制资本”不但有侵犯人民财产权之嫌，而且压制资本经营，进而抑制生产力发展。所以这样的主张很难得人心。不与人民切实需求相联系的理论和思想，讲得再好也是难以实施的。蔡和森当时就对孙中山提出了尖锐的批评：它“实质上是害怕资本主义的发展，而企图用平均地权的方法而阻止之，‘平均地权’‘节制资本’的口号完全是小资产阶级的政党首领拉拢工农的手段，而在事实上完全不可能”①。就连革命党人内部也对三民主义颇多怀疑。冯自由曾讲：“孙中山到处演讲民生主义，连在上海商会演讲也是讲民生主义，党员不但对民生主义能否实行深感怀疑，甚至于担心会引起商界人士的反感。真是所谓‘始终不懈者，亦只有总理一人’。”②美国著名中国史学者费正清也说：“‘民生主义’是最模糊的一条。”③所以，孙中山的三民主义确实存在不少问题，这是导致南京国民政府地权立法不良的理论根源。

目标固然激进，但若方法得当，平均地权也并非不能实现，共产党土地改革的成功就是例证。但国民党进行土地制度变革的方法却存在严重问题。首先，孙中山没看到工农群众真正的强烈需求及群众中蕴藏的巨大力量，没有采取依靠群众的方法去实现三民主义，而是捭阖于各军阀之间。结果是不管哪派军阀取得胜利，其政权也不会按三民主义的方向发展，人民权利也得不到实现和保障。孙中山晚年虽然看到了这点，但还是“主张利用‘会党’‘土匪’军队，同时亦主张暗杀，对农民、工人参加革命的力量看不清”④。其次，主张用谈判与法律的方法解决封建土地问题。其“耕者有其田”是要农民与地主合作，地主、农民都不受损失地温和地实现“平均地权”，这俨然与虎谋皮。第三，违反了社会发展规律，奢望“毕其功于一役”。孙中山早在《民报》发刊词中

① 蔡和森：《蔡和森的十二篇文章》，人民出版社 1980 年版，第 16 页。
② 冯自由：《同盟会四大纲领及三民主义溯源》，《组织旬刊》3（1），第 7—8 页。
③ 费正清：《中国：传统与变迁》，世界知识出版社 2002 年版，第 535 页。
④ 蔡和森：《蔡和森的十二篇文章》，人民出版社 1980 年版，第 16 页。

即提出“举政治革命、社会革命，毕其功于一役”。社会发展有其内在规律，从社会形态来说，从封建社会到资本主义社会的转变，是以生产力的发展为前提的。在孙中山时代，中国还处于落后的自然经济条件下，想建立资本主义制度都是很困难的事情，更何况实现他所主张的超资本主义（后资本主义）的三民主义了。孙中山过于激进地指摘资本主义的弊端，提出“节制资本”，会严重地影响社会经济的发展。而社会经济不发展，农民就无法获得谋生之路，就只能向土地谋生存。可当时土地又被少数地主把持，大多数的农民是租种地主土地的佃农，这样，农民的生存权都成了问题。处在生存线之下的农民迫切需要得到土地以解决生存问题，但孙中山却认为当时土地集中状况并不严重，设想用和平渐进的办法解决将来可能会产生的土地不均，严重的社会矛盾与激烈的社会冲突就这样在南京国民政府时期更加尖锐了。

（三）哲学世界观对地权立法的影响

前面我们探讨了南京国民政府前期农地地权立法的理论和方法，追根溯源，理论和方法是由哲学世界观决定的。在此，我们对孙中山的哲学世界观进行分析。总体看，孙中山的哲学世界观主要由他的进化论思想、知难行易学说和民生史观组成。

进化论思想。进化论思想是孙中山领导革命党进行革命活动的重要理论根据。中国传统哲学讲求“天不变，道亦不变”，这是维系中国封建统治的重要思想武器。至近代，中国社会与西方差距日增，诸多志士仁人希冀变法图强，这种万古不变的理论也就成为变革的障碍。此时，达尔文已提出了生物进化论。此论一出，其影响不仅及于生物界，社会科学乃至哲学也从中得到重要启发，马克思主义的形成与发展即受其影响，孙中山倡导的民族民主革命也从进化论中找到了理论依据。孙中山说：“自达尔文之书出，则进化之学，一旦豁然开朗，大放光明，而世界思想为之一变，从此各种学术皆归依于进化矣。夫进化者，自然之道也。”[①]可见，孙中山以“进化者，自然之道也”剑锋直指“天不变，道亦不变”的传统观念，主张社会的进化与变革。在肯定

① 孙中山：《建国方略》，载《孙中山全集》（六），人民出版社1985年版，第195页。

生物进化论的同时，孙中山提出了自己的人类进化理论。他认为人类进化不同于生物进化，它有自己的特殊法则，如果将生物界的“物竞天择”机械移至人类社会中，那将是弱肉强食，会导致霸权主义和强权政治，这和人类“自由、平等、博爱”的价值观念与追求相违背。所以，孙中山认为，人类进化的法则应该是“互助”，而不是“竞争”。他还提出了“突驾”理论，即人类的发展是有规律的，有一个“从洪荒时代经由神权时代、君权时代而进到民权时代的必然发展过程”①。但这一过程并非千篇一律，往往会有跨越式发展，有些落后国家可以以飞跃的速度超过发达国家，这就是“突驾”。民权时代的必然性结论为地权立法破除以往土地权利的地主垄断，实现“平均地权”提供了理论根据；“突驾”论为中国在积贫积弱的农耕文明状态下建立资本主义制度，超越其他资本主义国家讲通了道理，具有朴素辩证法思想。但孙中山的社会进化论又存在重大不足。他的互助论是以资产阶级人性论作为哲学基础，持阶级调和观点，否定阶级和阶级斗争，这也就必然会陷入唯心史观。孙中山在人类社会进化上虽然看到了社会发展的大趋势，肯定社会激变、突变、跨越式发展的可能性，但他不了解社会发展的基本矛盾，在生产关系一定要适应生产力发展这个铁律面前犯了错误，不去解除束缚生产力发展的生产关系障碍，强力变革地权关系，而是寄希望于农民和地主协商解决农地地权问题，这是根本行不通的。否认中国有大地主，否认地权分配不均的严峻形势，也与这些理论有紧密关系。同时，他在理论上把社会发展的动力归于道德仁义上的互助，则是体现了中国资产阶级的软弱，表现了他在追求平等、实现“三民主义”的妥协性和一厢情愿。在巨大的利益冲突面前，说教是靠不住的，这既是资产阶级领导的民主革命不能取得胜利的重要原因，也是不能真正实现“平均地权”的重要原因。因为他提出的照价抽税、照价征收办法，即便不是暴风骤雨式的革命，也是一项极大损及地主利益的重大社会变革，必须依靠强大的国家机器的力量促使地主阶级服从。可见，由社会进化论引出的阶级调和论是南京国民政府农地地权立法出现诸多问题的理论根源之一。

---

① 刘敬东、吴国风：《试谈孙中山哲学的理念及其意义》，《哲学研究》1999 年第 3 期。

知难行易说。中国古代有“知之非艰，行之惟艰”[①]的说法，即知易行难。孙中山反其道，提出“知难行易”说。孙中山主张通过革命结束清王朝，改良派、保守派和革命派中的蜕化者们举起“知易行难”古训来反对孙中山的革命，认为孙中山是理想家、空想家，不切实际，革命说起来容易，做起来很难。为了扫除行动障碍，孙中山必须建立自己的理论根基。他认为革命党人在辛亥革命后屡受失败，丧失信心，主要在于他们在思想上长期受“知易行难”的束缚，这样会“不知则不欲行，知之又不敢行”。于是，他把知行问题当作革命党人“心理建设”的基础，提出“知难行易”，认为当人们懂得了所要做的事情的道理、意义后，就会拼命去做，即使遇到困难和挫折也不致灰心、退却，甚至背叛革命。孙中山的“知难行易”说有进步的一面，看到了人主观认识的能动作用和积极意义，看到了革命理论的重要性。但是，“知难行易”说轻视实践的作用，没有正确看待认识和实践的关系，与辩证唯物主义的知行合一相违背。辩证唯物主义认为，认识来源于实践，又要在实践中接受检验，实践是第一位的，认识是第二位的，知与行应是统一的。“知难行易”忽视实践的作用，不适当地强调理论的重要性，导致在现实生活中严重轻视劳动人民的作用，劳动者只需要按理论工作者、科学工作者、革命家的“知”的指导去“行”就可以了，而且“行”起来会很容易。孙中山提出的“训政”阶段的政治设计，就是知难行易说在实践中的体现，它导致了独裁和专制，压制了人民权利的行使，也使得国民党的政策和法律严重脱离群众。“知者”的“知”很难符合实际并被群众认同，地权立法也就难以在群众中行得通。所以“知难行易”说是南京国民政府农地地权立法产生重大问题的理论根源之二。

民生史观。孙中山的历史观是民生史观，他将“民生”作为历史观的基本范畴，认为“民生”是社会历史的“中心”，是推动社会发展的动力，人类社会的历史就是“人类求生存”的进化发展史。他认为所谓“民生”，“就是人民的生活——社会的生存、国民的生计、群众的生命”[②]。孙中山强调人类物

---

① 《尚书·说命》。

② 孙中山：《三民主义》，载《孙中山全集》（九），中华书局1986年版，第355页。

质生活的重要性，主张通过发展经济等手段来解决民生问题，满足民众的生存、生计、生命等方面的需求，这些都具有合理的因素，符合唯物主义原则。但孙中山的“民生史观”却具有严重的局限。首先，他的民生史观是以无阶级差别的人为考察对象的，抹杀了人与人之间在经济、政治乃至社会属性等方面的差别，因为生活在社会中的人必然会带有根于经济地位不同而导致的政治地位、社会地位的差别，人必然带有其阶级属性。民生史观抹杀了这种阶级差别，也就寻不到社会矛盾存在的根本原因，最终陷入了历史唯心主义。民生史观在实践中会导致阶级调和的政策，孙中山认为中国只有“大贫”“小贫”，没有阶级对立，他不承认地主阶级与农民阶级之间实际存在着的实实在在的尖锐矛盾，反对阶级斗争，主张农民去与地主谈判、合作。所以，南京国民政府在解决农民地权需要时，采用温和的政治与法律的方式就不难理解了。另外，孙中山把人类求生存的愿望看作是社会进化的原因和定律。他说：“民生就是政治的中心，就是经济的中心和种种历史活动的中心，……我们现在要接触社会问题中的纷乱，便要改正这种错误，再不可说物质问题是历史的中心，要把历史上的政治、社会、经济种种中心都归之于民生问题，以民生为社会历史的中心。”① 实际上人类求生存的欲望归根到底是受那个时代的生产力制约的，人和人之间的关系归根结底是建立在生产资料所有权上的关系，是围绕经济利益而发生的各种各样的关系，在这一问题上孙中山显然陷入了社会意识决定论，亦即历史唯心主义。离开物质谈民生，必然导致在解决人与人的矛盾时回避利益矛盾和冲突，造成舍本逐末。这是导致南京国民政府农地地权立法出现严重问题的理论根源之三。

以上，我们分析了孙中山治国思想和理论对南京国民政府前期农地地权立法的影响。需要说明的是，我们无意否定伟大的革命先行者孙中山先生，他所开辟的民主共和、民族民生民权的道路给中国人民指出了美好的前程，他的功绩将永远被中国人民铭记。但伟人也存在自身的局限性和不足，这不是他一个人的不足，而是中国资产阶级的不足和那个时代的不足。同时我们从分析中也能看到意识形态的重要性，它决定着一个政党的方针、政策，规

---

① 孙中山：《三民主义》，载《孙中山全集》（九），中华书局 1986 年版，第 377 页。

定着政策走向，从而也决定了《土地法》这个关系人民根本利益的一部法律的内容和最终结局。

二、中国农村经济对农地地权立法的影响

马克思和恩格斯曾对资产阶级讲："你们的法不过是被奉为法律的你们这个阶级的意志一样，而这种意志的内容是由你们这个阶级的物质生活条件决定的。"[①] 这说明，一方面法律具有阶级性，是统治阶级意志的体现；另一方面作为上层建筑的法律，根本上是由占统治地位的阶级的经济条件决定的。马克思主义认为，生产力决定生产关系，有什么样的生产力就需要什么样的生产关系与之相适应。生产关系的总和构成一个社会的经济基础。经济基础和作为上层建筑的法律之间有相互作用的辩证关系，经济基础决定法律的内容和形式，有什么样的经济基础就需要什么样的法律与之相适应。当法律符合经济基础的时候，法律就容易实施，并对经济发展起促进作用；当法律与经济基础不相符合时，便会阻碍经济的发展，并不易实施。同时，法律也不是被动地去适应经济基础，它具有引领、促进经济发展的功能，它能为经济发展指引方向，规范经济运行轨迹，维护经济秩序。正是基于法律与经济基础的这种辩证关系，我们需要探究南京国民政府时期农村经济基础（生产关系）对农地地权立法的影响以及二者的关系状况，这是帮助我们理解这一立法的关键因素。

（一）社会经济状况影响着农地立法内容的可行性

南京国民政府时期，中国是一个绝对的农业国家，具有人口多、生产方式落后、商品经济不发达、人民生活贫困的特点。造成这种状况的根本原因是生产力水平低。

这样的国情特点，决定了除千方百计发展外别无选择，而发展的目标应

① 马克思、恩格斯：《共产党宣言》，载《马克思恩格斯文集》（二），人民出版社 2009 年版，第 48 页。

当是：首先，对国家来讲是实现国家工业化；其次，对人民来讲是实现生存权，得到生存和生活最基本的底线保障。将农业国变为工业国，是饱受西方列强欺凌的中国面临的一项重要而艰巨的任务，孙中山在其实业计划中充分表达了这一愿望。但要实现工业化，必须尊重中国国情，综合考虑实现工业化的产业结构的情况及实现工业化的障碍。在工农业关系上，农业是第一产业，为工业化提供粮食、生产原料和消费市场。农业不稳，工业便无从发展，所以，实现工业化，应稳住和发展农业，在粮食安全、农产品丰富、农村社会秩序安定的前提下去实现。

要稳住和发展农业，就要找到农业生产中存在的问题，改变不适应和阻碍农业生产力的生产关系。这也是生产力与生产关系原理对农村地权提出的要求。当时农业的特点表现为土地所有权集中而使用权分散、农民租佃负担过重、人均土地不足、土地利用效率不高、农业生产技术落后、农业生产封闭性强。有学者进行了比较精确的计算：华北地区，5 口之家，以 4—5 元为人均基本消费，若一个月为 20—25 元，一年即为 240—300 元。如此，贫农需要有 30 亩地方可勉强维持生计，但当时多数贫农只有 10 余亩，甚至几亩。若是佃农，耕种 30 亩地，他们的净收入基本在 330 元以下，还要用收入的 20%—40% 交地租，则每年要负债 20%—40%。雇农由地主提供低标准的住食外，每年工资为 15—40 元，不够另养活一个人的花销。[①] 在苏南地区，人均 2 亩地方能维持衣食之需，5 口之家，即需 10 亩方能生存。但那里地少人多，无地农户有 10.9%，不足 2 亩的农户占 14.5%，经营 2—3.9 亩的农户占 27.1%，经营 4—5.9 亩的占 13.6%，以上几类约占全体农户的 66.1%，20 亩以上的农户不到 5%。[②] 即农村绝大多数人处于贫困状态，很大比例的人甚至在温饱线以下。所以，不论北方还是南方，在传统的土地占有状况和土地租佃制经营方式下，占总人口至少一半以上的贫雇农们无法改变贫穷状况，甚至无法维持生计。在当时封闭性农业生产方式中，农民的生存权受到了极大威胁。这个问题不解决，不用说工业化实现不了，只能靠土地谋生的中国农民连生

---

① 樊卫国：《民国经济二元结构与农村分配》，《上海经济研究》2003 年第 10 期。

② 曹幸穗：《旧中国苏南农家经济研究》，中央编译出版社 1996 年版，第 102 页。

存权都难以保证。

国家保障农民在土地上谋生存的路径只有三条可供选择：一是农民有自己的土地且税收不高；二是农民租佃土地且地租不能过高；三是在既有土地关系下发展生产力，提高土地生产率，增加国家收入，然后再通过转移支付等二次分配、三次分配的方法将发展成果分配给农民，保障农民的生存。前两点都关乎农地地权的调整，第三点主要涉及产品分配。我们先看第三种方法在中国是否可行。一般而言，提高土地生产率的途径有两个：一是发展科技，提高生产效率；二进行土地集中经营，实行农场式管理。而发展农业科技不可能一蹴而就，并且中国自古又没有土地集中经营的传统，这也不是短时间能做到的。既然如此，政府就不可能有足够的财政收入来通过再分配改善农民的生存条件，退一步讲，即使有这样的条件，于经济政策上又会发生新的不劳而获的不公平。所以，第三种方法是行不通的。如此，出路就在于对地权及地租进行公平合理的调整了，即要么实现人人平等享有土地所有权，要么把地租降到足够低。

显然，南京国民政府在农村地权立法中选择了将前两条道路综合到一起的道路，既通过限田的办法调整土地所有权关系，又通过“三七五减租”降低地租额。我们说这路径的选择大方向是对的，考虑了当时的中国国情，正如 1931 年 11 月国民党第四次全国代表大会通过的《依据训政时期约法关于国民生计之规定确定其实施方针案》所称：“中国为农业国家，今后固须尽力于基本工业之建设，而尤不能不注意于农业之发展、合作事业之提倡，以及本党土地政策之实施。一切水陆交通、运输事业、金融事业之建设方针，均须以便利于农业之发展与农民之生计为要件。”[①] 但是再往深处看，问题就来了：限田政策规定地主占田不得超过一定数额，超过部分或者自行卖出，或者由政府征收，规定得挺严格，但地主卖出土地的时候农民买入该土地的资金从何而来？地主如不卖出超额土地而由政府征收，征收的资金又从何而来？在这个疲弱的国家，这是不可能做到的事情，所以这个规定与国情、经

① 荣孟源：《中国国民党历次代表大会及中央全会资料》（下），光明日报出版社 1985 年版，第 48 页。

济条件严重不符。“三七五减租”政策体现了对土地承租人地权的保护，但减租后，承租人还要承担高达 37.5% 的地租率，照样难堪重负，这与国情及农民的意愿相去甚远。南京国民政府土地立法还规定了促进土地开发、提高土地利用效率的各种制度和措施，从土地利用的技术层面有一定积极意义，但这种促进效率的措施是在维护不公平的前提下去促进效率，其结果就会是不公平越来越严重，实际上成了对国情和经济基础的违背。

（二）经济利益选择影响立法者的法律价值取向

虽然南京国民政府为农村地权立法时，考虑了中国现实生产力水平和小农经济的需要，但在经济利益选择上，立法者最终站到了地主阶级一边，这严重地影响了农村地权立法的价值取向。南京国民政府建立后，除了发展经济、实现国家工业化的任务外，还面临其他复杂问题，重要的有两方面：一是中央政府虽然建立了，但国家的统一、政权的巩固还远未完成；二是帝国主义势力在国内还很强大，晚清时期签订的一系列不平等条约还未废除，这既是严重的民族耻辱，同时也给政府带来了巨大的经济负担。对南京国民政府来讲，这都是急切需要解决的问题。而要解决这些问题，没有足够的经济支撑是做不到的。在这种情况下，执政者不得不考虑他的经济来源和依靠力量。最终，国民党站到了地主一方，这样的利益选择导致不管是在地权立法还是在法律施行中，都将利益天平的重心倾向了地主。所以《土地法》明确肯定了农村土地的私有制，实质上是确认了土地占有的既有状况，保护了既有地主的既得利益，仅以力度不大的减租和不可能实现的“限田”来应付“耕者有其田”，在方法上是以和平渐进实质上是强力压制而不进的方式维持既有土地秩序，对《土地法》迟迟不予实施。

（三）经济发展水平影响立法的施行

总的看，南京国民政府的社会经济状况，从根本上制约着其农地地权立法的内容和实施，任何超越或不及这个国情的立法都是不良立法。而南京国民政府农地地权立法没有多大的实施效果，最关键的原因就是立法者没有认清社会经济实情，并制定与之相符合的法律，其直接表现就是没有反映占人口大多数的农民的利益诉求，没有平衡好社会集团之间的利益关系。同时，由于经济发展水平不高，财政困难，地方政府的地政机关、司法机构法院的设立以及地政实施经费都存在严重问题，经济基础对农地地权立法发挥着重要制约作用。

三、南京国民政府政治生态对农地地权立法的影响

政治因素也是影响南京国民政府农地地权立法内容和实施的重要因素。法律和政治同属上层建筑中的内容，它们由经济基础决定，也为经济基础服务。政治与法律之间也是辩证统一、相互作用与支撑的，法律是政治的有效手段，也是统治阶级维护政治统治的重要保障，政治则为法律指引方向、提供环境。政治主导法律，也极大影响着法律的实施。孙中山对此曾说："国家最大的问题就是政治，如果政治不良，在国家里头无论什么问题都不能解决。"[①] 所以，南京国民政府的政治生态对农地地权立法也有重要影响。

（一）一党独裁专制，民权缺失

孙中山在其治国方略中曾提出治国三阶段理论，即军政、训政、宪政。重组国民党后，他更是特别强调国民党的领导作用。南京国民政府的建立，为孙中山治国理念的实施提供了条件。1928 年国民党二届中央常务会议通过《训政纲领》，主要内容就是确立中国国民党的领导地位，强化国民党的作用。其中第 1 条规定："中华民国于训政期间，由中国国民党全国代表大会（代表国民大会）领导国民，行使政权。"第 2 条规定："中国国民党全国代表大会闭会时，以政权托付中国国民党中央执行委员会执行之。"第 5 条规定："指导、监督国民政府重大国务之施行，由中国国民党中央执行委员会政治会议行之。"第 6 条规定："中华民国国民政府组织法之修正及解释，由中国国民党中央执行委员会政治会议议决行之。"[②]《训政纲领》是国民党在训政时期的

---

① 孙中山：《在广州大本营对国民党员的演说》，载《孙中山全集》（九），中华书局 1986 年版，第 297 页。

② 《训政纲领》，载中国第二历史档案馆编：《国民党政府政治制度档案史料选编》（上），安徽教育出版社 1994 年版，第 590 页。

纲领性文件，确立了国民党一党独裁的基本方针，并具有法律效力。1929年3月，国民党第三次全国代表大会，“确定总理所著《三民主义》《五权宪法》《建国方略》《建国大纲》《地方自治开始实行法》为训政时期中华民国最高之根本法”①。同年国民党“三大”通过议案，“中华民国人民须服从拥护中国国民党，誓行三民主义，接受四权使用之训练，努力地方自治之完成，始得享受中华民国国民之权利”②，进一步明确了国民党的独裁统治地位。胡汉民在对政体的说明中特别强调指出：“在训政时期中，国民大会的政权由本党的全国代表大会代行，所以凡政治上一切最高的方针与原则，无论是外交的、财政的、军事的、内政的、教育的……都有待于大会决定。”③1931年5月9日，蒋介石在国民政府《政治总报告》的说明中指出，“中央执行委员会政治会议才是最高的立法和政治指导机关，而国民政府是在党的指导下一个最高的行政执行机关”，全国“一切权力，全操于中国国民党”。④这些纲领、法律及领导人的讲话，要求法律的制定、政府的活动乃至全国人民的行为都要遵循国民党的意志，从而逐步形成了一党独大、一党独裁的政治体制。

一党独裁的结果是民众权利的缺失。民众参与立法，是现代社会法之社会力最彰明的表现。日本学者穗积陈重曾就法的进化规律讲道：“在君意即法时代，一般人民，表面上为法之客体，居于受动的地位。至特权阶级，参加立法，人民之一部，始为法之主体；至行代议政体后，人民之一部，代表得为法之主体；至普通选举权、国民法案权、国民议决权实行以后，一切人民，始直接为法之主体。”⑤在世界已进入民权时代的历史背景下，国民党政府却反其道而行之，刻意强调一党统治，这就与世界潮流及“民权”主张格格不

① 孟荣源：《中国国民党历次代表大会及中央全会资料》（上），光明日报出版社1985年版，第654页。

② 《确定训政时期党、政府、人民行使政权治权之分际及方略案》，载荣孟源：《中国国民党历次代表大会及中央全会资料》（上），光明日报出版社1985年版，第659页。

③ 胡汉民：《国民党第三次代表大会开幕词》，荣孟源：《中国国民党历次代表大会及中央全会资料》，光明日报出版社1985年版，第617页。

④ 李新总主编，韩信夫、姜克夫主编：《中华民国大事记》第三册，中国文史出版社1997年版，第187页。

⑤ [日]穗积陈重著，黄尊三等译：《法律进化论》，中国政法大学出版社1997年版，第52页。

入了，在实践中，使得以“平等”“自由”“正义”等为核心价值追求的现代法律失去了其生长甚至生存的环境，人民的意志、权利不可能真正得到体现，更不可能得到切实保障。孙中山讲过：“政治问题大抵以权利为基础，言政治而不言权利，不可通之说也，故薄权利而不言者，亦当废言政治。”[①] 但现实却成为重大的讽刺，南京国民政府农地地权立法的诸多不如人意，与这种漠视民权的独裁制度有重要关系。

国民党实行党治，加强中央权力，说是以此训导民众支持三民主义的实现，集中力量进行国家建设。但与国民党的初衷相悖的是，在民主观念鹊起的浪潮下，它的独裁并没有集中起政治权力，反而处处表现出了国民党的涣散和权力行使之艰难。

（二）中央派系斗争，无意民生

国民党的派系斗争由来已久。1925 年冯自由、张继、于右任等在北京成立了“中国国民党同志俱乐部”，该俱乐部同年 12 月在西山召开所谓的国民党一届四中全会，标志西山会议派的形成，国民党正式分裂。自此之后，分裂便成为国民党内部组织的常态。1927 年北伐过程中，又形成了以汪精卫为首的武汉国民政府及以蒋介石为首的南京国民政府两个国民政府。1928 年冬，陈公博、顾孟余、王法勤等在上海成立“国民党改组同志会”，几乎所有有国民党党部的地方，都有该同志会的秘密成员或组织。1931 年，蒋介石与胡汉民发生“约法之争”，结果胡汉民被囚，导致了国民党又一次大分裂，这种局面持续到 1936 年胡汉民去世方告一段落。此外，1930 年中原大战和 1933 年李济深领导的“福建事变”更将国民党内的派系斗争激烈化。国民党在深受派系斗争之害的同时，却又在刻意制造派系斗争。早在 1924 年蒋介石给孙中山的信中就提出用人要有派系，在他掌权之后，便开始推行派系政治，最终导致国民党内派系林立。据《中央导报》估计，国民党改组后纷纷树立的派别达 150 余个。[②] 如国民党中央就有汪精卫系、宋子文系、孔祥熙系、何应钦

---

① 孙中山：《致吴敬恒书》，载《孙中山全集》（三），中华书局 1984 年版，第 150 页。

② 王国君：《论国民党内的派系斗争》，《松辽学刊》1994 年第 2 期。

系、朱家骅系、孙科系——这个单子还可以一直开下去。这些派系中，最具影响力的是 CC 系、黄埔系和政学系。蒋介石将党务权力交给陈果夫、陈立夫两兄弟，以他们为核心形成了 CC 系；中央军的权力则由自己把控，以黄埔军校学生为主干，形成黄埔系；此外还有以黄郛和张群为核心的政学系以及孔祥熙等为首的财经系等。推行派系斗争，使中央的权力分散，这有利于蒋介石的独裁统治，但是派系间的你争我斗，相互掣肘，也大大影响了国民党施政的效率，如果将派系斗争视作民主的体现，则只能是民主的悲哀。

在地权问题上，CC 系与财经系官僚在土地问题上一向看法不合。财政当局整理土地的目的在于获得财源，所以，孔祥熙对土地政策一向不积极，甚至加以反对阻碍[①]，他们更为关注的是土地陈报，以获取税源。CC 系则以为土地政策不只是财政问题，而且是政治问题，是“消弭乱源，巩固革命政权”之要策，所以在国民党中央会议上提出落实“平均地权”的主要是 CC 系人员，以陈果夫为代表。陈果夫在 1934 年中国国民党第四届中央执行委员会第四次全体会议提出了《推行本党土地政策纲领》，而且在其就任江苏省政府主席兼任导淮委员会副委员长一职时，针对土地问题做了三方面工作：一是扩大耕地面积和促进土地利用；二是办理地籍整理，分区测量，以为建立平均地权的基础；三是择地实行耕者有其田政策和镇江的土地重划。

国民党中央的派系分歧和斗争如此严重，我们就不难理解为什么《土地法》制定之后，《土地法施行法》这么难产，土地政策又为什么如此难以落实了。同时，派系斗争的焦点是权力争夺，他们对人民的利益必定是漠不关心，农民地权问题也就会被忽视，至多成为派系斗争的筹码。

（三）地方党政矛盾，官绅合污

国民党自身存在的问题，不只是体现在中央权力层的各种矛盾，地方党政之间也矛盾重重。1926 年 11 月颁布的《省组织法》明确规定，“省政府于中国国民党中央执行委员会及省执行委员会指导监督之下受国民政府之命令管理全省政务”，赋予国民党中执委及省执委对省政府的监督指导权；1927 年 7 月

① 萧铮：《萧铮回忆录：土地改革五十年》，台北地政研究所 1980 年版，第 72 页。

对其修正时，删除了“省执行委员会”，即省执委不能指导和监督省政府；到1927年10月，对《省组织法》再修正时，又删除了“于中央执行委员会的指导监督之下”，即中执委不能监督和指导省政府了，而代之以“依中国国民党党义”，即省政府只从命于国民党党义和国民政府。1928年8月，国民党二届五中全会通过《各级党部与同级政府关系临时办法案》，规定各级党部对于同级政府之举措，有认为不合时，得报告上级党部，由上级党部请政府依法查办；各级政府对于同级党部之举措有认为不满意时，亦得报告上级政府，转咨上级党部办理。[①]这一规定体现了这样的制度安排：在地方，分别设有党的机关即党部和政府机关，党部和政府之间互不隶属，各行其道，没有交集。当地方党部与政府意见不合之时，各自报请上级部门或政府来处理。不但地方党部与地方政府之间没有隶属关系，互不统领，就连国民党中央与地方政府之间的关系也没有统率关系。而到1930年2月，又将“依中国国民党党义”改为“依国民政府建国大纲”，即省政府的施政与国民党没有直接关系了，只听命于国民政府。如此，便造成了地方党部与政府之间的矛盾甚至冲突，“训政时期，国民党地方党政关系一直处于紧张对峙的局面”[②]。地方党政矛盾有各种表现，在党对政府方面是“以党揽权，以党干政”，在政府对党方面则是“政府随时捕杀党部人员”。[③]党部和政府之间缺乏合作，互相掣肘，甚至相互践踏，严重影响了南京国民政府的地方施政，大部分精力都浪费在了权力角逐之中，这不但对法律的实施产生了重大的负面影响，也严重摧抑着民权和民生的实现。浙江省“二五减租”中党部与省政府的尖锐矛盾正说明了这一问题。

不但地方党政之间的矛盾影响着农地地权立法的实现，官绅勾结、官绅一体、绅商互利牟取土地利益也是农民地权实现的严重障碍。民国时期是中国历史上地主势力增长比较快的时期，这个时期的地主，不但有以往沿承下来的地主，还有新兴地主，他们有的靠军权夺取，有的靠行政力量兼并，有

① 荣孟源：《中国国民党历次代表大会及中央全会资料》（上），光明日报出版社1985年版，第786页。

② 王奇生：《党政关系：国民党党治在地方层级的运作（1927—1937）》，《中国社会科学》2001年第3期。

③ 田湘波：《中国国民党党政体系剖析》，湖南大学2004年博士学位论文，第319页。

的靠私人武装强夺，还有的靠经商资本投入购得。民国时期出现的新兴地主和西方地主不同，西方地主一般都是资本主义农场主，而中国的地主大都既为地主又为收租者、商人、高利贷者或行政官吏。这样，地主集数身份于一身，“许多地主兼高利贷者，可以变身为地主兼商人，许多地主兼商人，又可以变为地主商人兼政客。同时，许多的商人、政客也可以变为地主”[①]。1934年调查江苏无锡 104 村村长的阶级成分，地主占 91.3%，富农占 7.7%，商人占 1%，没有一个中农贫农。[②] 从国民党党员的身份也可以间接看出这一特点，据 30 年代的不完全统计，农工党员合计约占国民党普通党员人数的 10%—20%。地主身份的多重性，使他们能够以地权为基础，以政治特权为保障，以商业和高利贷为主要收入来源，互相利用和补充，共同的利益使他们结合在一起，形成强大的经济和政治势力，不仅远离农业生产，而且加紧对农民的剥削，还能联手对抗政府政策和法律，使法律形同虚设。

（四）央地关系不顺，政令不畅

国民政府政治体制中还存在一个重大问题，窒碍着立法及其实施，那就是中央和地方关系的不顺畅。费孝通先生曾讲过：“一个健全的、能持久的政治必须是上通下达，来往自如的双轨形式。一是自上而下的轨道，一是自下而上的轨道，如果这双轨中有一道淤塞了，就会发生桀纣之类的暴君。”[③] 一个法治的国家更是这样，从中央到地方各级政治机构的设置，必须能够实现上情下达、下情上达，保证政令畅通。但南京国民政府的央地关系却恰恰没有能做到这一点。如在浙江省，“二五减租”条例刚刚付诸实施，省主席张静江就大喊：“二五减租办法自实行以来，纠纷迭起，佃业两方，均受其害，徇属有弊无利。”[④] 省政府主席公然对抗中央法令，于是，便出现了中央法令难以贯彻执行的严重局面。国民政府的举措，包括国际的法律，“往往传到省政府时打了一个折扣，传到县政府时再打一个折扣，落到区乡长的手里的时候，便已所剩无几……地方政府尤其是乡村

---

① 陈翰笙：《现代中国的土地问题》，载《陈翰笙文集》，复旦大学出版社 1985 年版，第 60 页。
② 章有义编：《中国近代农业史资料》第三辑，生活·读书·新知三联书店 1957 年版，第 379 页。
③ 费孝通：《乡土中国》，上海人民出版社 2006 年版，第 147 页。
④ 金德群：《民国时期农村土地问题》，红旗出版社 1994 年版，第 164—165 页。

政治组织充满着豪绅封建势力，很难希望它来忠实地执行反封建的改良政策”①。为什么会出现如此局面？除了前述地方党政矛盾、官绅一体外，还有几个重要原因：第一个方面原因是当时实行的“地方自治”政策。1933 年 10 月 8 日第四届中央第 71 次常委会通过《地方自治指导纲领》，“引言”开篇宣称“推行地方自治为训政时期最重要之工作”②。当时地方自治的事项有六，其次序为：清户口、立机关、定地价、修道路、垦荒地、设学校。③“地方自治体不只为一政治组织，而且为一经济组织，且规定自治机关之职务。”④地方自治政策使地方有了非常多的自主权利，极大地抵消了中央的权威。而且，“自治事业，多被土豪劣绅所把持盘踞，……则自治组织徒有虚名，反而成为派款征税的剥削机关”⑤。第二个原因是土地收入纳入地方财政。1928 年 8 月 14 日，二届中央执行委员会二次会议通过《统一财政确定预算整理税收、并实行经济政策财政政策以植财政基础以利民生建议案》，决定将田赋纳入地方收入。1929 年 3 月 27 日，国民党第三次全国代表大会通过了《对政治报告之决议》：依照《建国大纲》所定经济建设之原则，凡土地之岁收，地价之增益，公地之生产，山林川泽之息，矿产水力之利，皆为县政府所有。⑥当时国家的财政来源主要是农业，农业收入的主要来源是土地，将田赋、土地岁收、地价增益均归地方，就使地方有了比较大的抗衡中央的经济力量。第三个方面的原因是地方机构的不健全。原国民党土地署署长郑震宇曾说：“土地法对于租田、租额、撤田等均有规定，但无执行者，因中央法令推行自在于县市，而县市

---

① 益圃：《新土地政策的实施问题》，载薛暮桥、冯合法编：《〈中国农村〉论文选》（上），人民出版社 1983 年版，第 313—314 页。

② 徐百齐编：《中华民国法规大全》（五），商务印书馆 1936 年印行，第 115 页。

③ 蔡鸿源主编：《民国法规集成》（39），黄山书社 1999 年版，第 150 页。

④《确定地方自治之方略及程序以立政治建设之基础案》，载中国第二历史档案馆编：《中华民国史档案资料汇编》第五辑第一编政治（二），江苏古籍出版社 1994 年版，第 98 页。

⑤ 王先明、常书红：《传统与现代的交错、纠葛与重构——20 世纪前期中国乡村权力体制的历史变迁》，载复旦大学历史学系、复旦大学中外现代化进程研究中心编：《近代中国的乡村社会》，上海古籍出版社 2005 年版，第 65 页。

⑥《对政治报告之决议》，载中国第二历史档案馆编：《中华民国史档案资料汇编》第五辑第一编政治（二），江苏古籍出版社 1994 年版，第 79 页。

政府及下属组织不能健全而致令而不行。”[①] 第四个原因是地方官员重视和维护既得利益。“政府官吏重视个人利益，对于平均地权缺乏信心，认为政府公布之土地法窒碍难行，多方反对，未能认真实施。”[②] 由此，我们可以看出南京国民政府时期中央与地方的权力抵牾之严重，也能理解一个高效、顺畅的政治体制对国家管理、法律实施有多么重要。农地地权问题不能切实解决，这是一个非常重要的原因。

中国大地上的土地改革并非缺乏成功案例，当初在胶州推行土地税政策即很顺利，单维廉的地价税主张“即系胶州所以实行之办法”，“胶州办法实行以后，对于防止土地投机事业颇著成效，地价亦无突涨之弊，其为良好的土地政策，世人多称之”。[③] 另外，国民党迁台后的土地改革、中国共产党进行的土地革命都取得了众所公认的成果。这些成功的土地改革有一个共同的特点，那就是都有一个强有力的政权作后盾。经济利益的调整，经济格局的变动，势必会影响既得利益者的利益，也势必会遭到他们的反对、抵制乃至抵抗，所以，经济变革是一场艰巨的革命，没有强大的政权力量支持，是不可能做到的。毛泽东曾对此做过精彩的点评：“在我们方面，是如此认真地纠正自己的缺点，把我们的全党全军团结得差不多像一个人一样，使全党全军和人民群众密切地结合起来，有效地执行着我党中央所规定的一切政策和策略，……在我们的敌人一面，则一切相反。”[④] 南京国民政府的土地改革之所以不能顺利推进，一个重要原因就是国民党治理下的国家存在着重大政治体制问题，王奇生称其为“弱势独裁”[⑤]。独裁造成了其地权立法价值取向与人民权利的背离，“弱势独裁”则使其即便有意推行些许有利于人民的土地改革，也会无能为力。

---

① 《1945 年 9 月 22 日行政会议上的发言记录》，中国第二历史档案馆，全宗号三（8），案卷号 13789。

② 潘连方：《台湾土地改革之回顾与展望》，台北正中出版社 1965 年版，第 105 页。

③ 陆费执编：《农业法规汇集》，中华书局 1937 年版，第 120 页。

④ 毛泽东：《在晋绥干部会议上的讲话》，载《毛泽东选集》（四），人民出版社 1991 年版，第 1313 页。

⑤ 王奇生：《党员、党权与党争：1924—1949 年中国国民党的组织形态》，华文出版社 2010 年版，第 356 页。

四、中国文化传统对农地地权立法的影响

文化对立法的影响是深层次的。西方历史法学派代表人物萨维尼认为："一个民族的法律制度，像艺术和音乐一样，都是他们的文化的自然体现，不能从外部强加给他们。"[①] 孟德斯鸠坚持自然法理论，认为："法是由事物的性质产生出来的必然联系……一切事物都有它们的法。"[②] 他们都认为法律会受到历史文化的影响。余英时则说："文化虽然永远在不断变动之中，但是事实上却没有任何一个民族可以一旦尽弃其文化传统而重新开始。"[③] 马克思主义也承认人的认识会受各种条件和因素的限制，历史即是其中一种，人类不能无视、割断、抛弃、凌驾自己的历史而"从头再来"，现实一定是在"扬弃"历史的过程中发展的。南京国民政府的法制近代化进程必然受到传统文化的影响，农地地权立法亦然。

（一）中国传统义利观的影响

义利观是一个社会在价值判断和价值选择方面的观点和倾向，是道德层面的概念。所谓"义"，即与公正、合理等相联系的价值判断标准，与"正义"相近；所谓"利"，则是指功利、收益等与物质相联系的现实利益。中西文化中均存在义利关系之辩。中国先秦时期，百家争鸣，儒、墨、道、法等各家均表达了关于义利关系的观点。中国传统文化自汉朝以降是以儒家思想居正统地位的，因此中国传统的义利观，主要就是儒家的义利观。儒家把"义"规定为人性的本质及义理的至善原则，具体而言，是指人们对先王、圣贤、人主等的敬畏和遵从，即温、良、恭、俭、让、仁、忠、孝、悌等。义和利的关系到底该怎样，虽然在儒家各代表人物的著述中多有涉及，但向来没有一致的、系统的、集中的论述，均是由后人从他们的零散论述中去解读和归纳的。正因此，在对儒家义利观的理解上，便出现两种基本观点，一种观点认为儒家是重义轻利的，另一种则认为其是义利并重、"贵义重利"的。

---

① 张宏生主编：《西方法律思想史》，北京大学出版社 1983 年版，第 369 页。

② 孟德斯鸠著，张雁深译：《论法的精神》（上），商务印书馆 1961 年版，第 6 页。

③ 余英时：《文史传统与文化重建》，生活·读书·新知三联书店 2004 年版，第 429 页。

我们认为，总体看，中国传统的义利观还是重义轻利的。早期儒家思想家们讲重义轻利，但他们所讲的“重”和“轻”不是绝对的“重”，也不是绝对的“轻”，既不是“义”至高无上，也不是“利”一文不值，而是说在“义”与“利”发生冲突的时候，以“义”为重而以“利”为轻。孔子讲“君子爱财，取之有道”，孟子讲“鱼，我所欲也，熊掌，亦我所欲也，二者不可得兼，舍鱼而取熊掌者也。生，亦我所欲也，义，亦我所欲也，二者不可得兼，舍生而取义者也”等即是此意思。而在“义”和“利”不发生冲突的时候，则是义、利并重的。如重“义”的孔子也很看重“利”：“富与贵，是人之所欲也”，“贫与贱，是人之所恶也”。[①] 他还主张“先富后教”，强调物质利益对“义”的重要性。孟子言：“民之为道也，有恒产者有恒心，无恒产者无恒心。”[②] 荀子说：“义与利者，人之所两有也，虽尧舜不能去民之欲利，……虽桀纣不能去民之好义也。”[③] 西汉董仲舒也认为“天之生人也，使人生义与利。利以养其体，义以养其心。心不得义不能乐，体不得利不能安。义者心之养也，利者体之养也”[④]。“义”对应心，“利”对应体，对人都是非常重要的。但到宋明时期，义利并重思想被理学家们重重地阉割了，走上了“存天理，灭人欲”的极端道路。值得注意的是，虽然宋明理学将儒家始祖们的思想引入了“义”“利”尖锐对立的道路，违背了儒家的初衷，但我们也必须正视其对中国社会的重要影响。由于过度地宣扬和推行“理”存“欲”灭，自宋明以降的几百年时间里，致使它们压抑着人们对物质利益的追求，甚至起着礼教杀人不见血的作用，这样，就走上了“义”绝对重、“利”绝对轻的歧途。所以，总体来看，影响中国近代社会的义利观，主要是“重义轻利”。

重义轻利的义利观，很大程度上影响着南京国民政府的农地地权立法。孙中山的“平均地权”“耕者有其田”，就是在农地地权分配上对“义”之尊崇的体现。“限田”“减租”也体现了“义”的要求。双重所有权的规定，既允许土地私人所有，又设立了土地归国民全体所有的前提，土地的国民全体

---

① 《论语·里仁》。
② 《孟子·滕文公》(上)。
③ 《荀子·大略》。
④ 《春秋繁露·身之养重于义》。

所有为限制私人土地所有权提供了理论基础，也是“重义”的体现。照价抽税、照价收买是为了均贫富，同样是重义轻利。《土地法》颁布后至正式实施前，国民党要员提出了不少落实土地政策、实施土地法的提案，江苏、浙江等地自发进行了地方性的土地改革，这都说明“重义轻利”传统的影响。“重利轻义”在中国传统社会有着长期而重要的意义，它在社会和个人对正义的坚守、社会秩序的稳定方面发挥了重要作用。但不无遗憾的是它也具有一定负面作用，即对社会经济发展和个人经济利益追求的忽视。当历史进入到近现代以后，资本主义思想在中国兴起，这种重义轻利的价值观势必会与勃兴的资产阶级自由竞争思潮发生激烈的冲突。实际上，就是在《土地法》中，也明显存在着“重义轻利”和私有财产神圣不可侵犯两种价值观的冲突。确认土地私有制，对私有土地的法律保护，体现了资本主义的保护私有财产的价值取向，在此基础上的社会本位原则又是传统义利观的体现；土地增值税对农地采取不移转所有权不予征收的办法是对私利的保护，限制占田数量则又是重义轻利观的体现。两种价值观的冲突，也表现在立法者左右摇摆，最终在利益的驱动下“利”超过了“义”。因此，1927—1937 年南京国民政府农地地权立法最终没有使地权在道义的轨道上行驶，而陷入了对利益追逐自由放任的泥潭。

（二）重农抑商经济观的影响

重农抑商思想在中国既久远又漫长，始于战国，晚清始衰，也深刻影响到南京国民政府的农地地权立法。

重农抑商的文化对南京国民政府农地地权立法的影响主要体现在以下几个方面。第一，限制地主土地占有面积。南京国民政府的土地立法规定了限田政策，这是中国传统重农抑商思想的延续。西汉时期曾施行的摧抑土地兼并就是重农抑商的重要体现，其目的是防止地主进行土地投机和土地商业化经营，从而做大做强，危及统治者的政权稳定。同时，限制土地占有面积，也会间接地使更多人从事农业生产，乐农务农，从而稳定社会秩序。小国寡民的重农思想仍是影响南京国民政府地权立法的重要文化因素。第二，保护自耕农，制裁不在地主。自耕农是以自己的劳力从事土地耕种的农民，不在地主则是自己身在外地、雇用别人耕作土地的地主。南京国民政府土地立法中对自耕农的保护和对不在地主的制裁，体现了鼓励人们亲自从事农业生产的政策倾向，防止土地投机，也是对土地商业的抵制和打压。第三，对土地典权制度的确认。土地典是中国农业社会特有的一种土地制度，它反映的是中国农村百姓对土地的看重，不轻易将土地权利完全出手卖人。民律“一草”和“二草”曾一度取消了典权制度，南京国民政府则将其大篇幅地写入《民法典》，体现了立法者对民众重土慎卖的认可。典虽然有利于分散土地上的权利，但它又是从制度上对土地所有权交易设置的障碍，体现了重农抑商的精神实质。第四，对不劳而获的土地增益行累进税。土地商人的目的就是通过土地投资交易，从中获取利益，也就是不劳而获。《土地法》对这种收益征收累进税，是对地商土地投资的否定，从某种角度上看也是重农抑商的表现。第五，土地不得转租。《土地法》第 174 条规定：“承租人纵经出租人承诺，仍不得将耕地全部或一部转租于他人。”对土地转租的禁止，有利于稳定土地秩序，但也是对土地资本经营的限制。以上仅是择要分析重农抑商文化对南京国民政府农地地权立法的影响，可见传统文化对立法影响之深刻。

（三）宗法文化的影响

宗法文化是中国传统文化的一个重要特征，影响深远。宗法文化是建立在宗法制度基础上，经儒家思想理论化、系统化，并进行宣传、教化、培育而成的具有中国特点的文化体系。宗法关系或称宗族关系，根源于血缘关系，在原始部族社会中即已存在，同一部落成员聚族而居，形成了部族成员之间的建立在血缘关系上的紧密联系。国家产生后，这种以血缘关系为纽带的社会关系沿承到国家制度中，以大禹传位于启为起始，开创了宗法制度的先河。中国奴隶制社会期间，宗法制度及宗法统治是其显著特征，国王、诸侯王、卿大夫、士等各阶层将其宗族分为大宗和小宗，嫡长子继承父亲身份，为大宗，其他诸子降一级身份，为小宗。这种宗法制度以血缘关系为纽带，以维护父权、突出兄权为表征，以确保嫡长子继承的世袭特权为内容。春秋战国时期，礼崩乐坏，宗法制度遭到极大破坏，但其基本内容经过调整，被更系统地保留和发展了起来。中国传统宗法文化的特点有三：其一是以父系单世系原则确立宗族关系和血脉传承；其二是家族制度是社会组织的基础，族、官二元管理体系并行，家族的社会管理作用更强于官府管理，官府管理也往往依靠家族管理，族权与政权、神权、夫权一起，成为维系社会的中坚力量；第三是家、家族、国家一体，家是国的缩影，国是家的放大。这种宗法制度和文化，核心思想是男系为主，男尊女卑，夫为妻纲；等级明确，长幼有序，父为子纲；家国一体，国是最大的“大宗”，君临天下，是天下人的家长，君为臣纲。由于在中国传统农业社会，生产并不十分依赖社会分工，大有“鸡犬相闻，老死不相往来”的村社构成状况，人们的社会关系主要表现为血缘关系和地缘关系的稳定结合，这就使得宗族组织在中国传统社会中长期表现为极其稳固的形态。在宗法文化的影响下，还衍生出类似于血缘关系的纽带群，如地缘关系、学缘关系和上下级关系等。宗法文化将中国境内的庞大人群以血缘关系为纽带紧密联系到一起，起着社会稳定的强大黏结剂作用。但是，在传统社会自然经济条件下发挥重要作用的宗法文化，到近代社会，其作用就主要是消极的了，它与近代社会“民主”“科学”等理念发生了尖锐的冲突。民国建立之后，皇帝没有了，在西方现代文明的冲击下，宗法文化也就逐渐式微。但经久形成的文化特质不能在短时间内消除，到南京国民政府时期，宗法关系的影响依然强劲，血缘关系、地缘关系等错综复杂地叠加在一起，构成了影响近现代中国社会的一种新的势力——宗派主义。它们对南京国民政府的立法活动有着重要的影响。

宗法文化对南京国民政府的农地地权立法有较大影响。首先，宗法文化影响法律的制定过程。任何法律都是由“人”通过一定程序制定的，立法者是法律制定的关键因素。立法者与家乡地主有千丝万缕的亲缘联系，在宗法文化影响下，形成各种不同派系和利益集团，造成国民党很难形成统一的意志，会出现这种状况：有人主张厉行孙中山的土地政策；有人则以财政收入为目标，只顾征税；还有人极力维护地主的土地权利。宗族文化背景下的民主欠缺也使民众的意愿很难被采纳进立法中。“近代中国宗法秩序架构下的立宪催生出了一元化的权力结构设置，从而导致国家的最高权力无法得到有效限制，反而日益膨胀。在近代中国，社会秩序仍然是宗法秩序而非宪法秩序，因此，近代中国的宪法和法律必然缺乏自由精神。”[①]由此，宗法文化的影响造成国民政府农地地权立法中民众意志难以被吸收采纳，立法进程艰难曲折。其次，宗法文化影响立法内容。在传统中国社会宗族文化下，宗族关系被视为人际第一关系，它既包含天然的血缘关系，也包含基于共同生活的经济关系。宗法关系体现在土地关系中的，一是“族田”的存在，以之维持宗族事务，如祭祀、婚丧、助贫、助学等；二是土地买卖中亲邻先买权的存在。民国《民法》中继续保留的土地亲邻先买权内容即是宗法文化影响的结果，而对族田的废除就势必会受到传统势力的抵制。最后，宗法文化影响法律的实施。中国是一个人情社会，人情产生的原因，一个重要方面就是受宗法文化的影响。“父为子隐”、“子为父隐”、准五服以定罪及大量存在的枉法裁判、以权谋私、以法徇情等现象，都是与宗法文化有关。到南京国民政府时期，宗法文化仍顽固地影响着社会生活和国家政治。在法律实施中的具体表现，就是人们对习惯的遵从和民主权利观念的淡薄。“在个人权利没能得到国家切实地保障、个人在公共领域普遍缺乏安全感的情况下，进一步强化私人领域的宗法伦理道德就显得尤为重要”[②]，“其现实导向直接排斥与现代契约关系相关联的个人主动精神和公民权利、法制意识的培育和生长”[③]。传统中国社会中，“知足、安分、克己这一套价值观念是和传统的匮乏经济相配合的，共同维持着这个技术停顿、社会静止的局面”[④]。这些，不仅是中国法制近代化道路上的重要障碍，也是南京国民政府农地地权立法得不到很好实施的重要原因。如费孝通在江村调查时，便有些老人说：“我们是好人，我们从不拒绝交租。我们就是穷，也不会去偷东西，我们怎么会拒绝交租呢？”——“你为什么要交租呢？”——“地是地主的，我们种他的地，我们只有田面。没有田底，就不会有田面。”[⑤]窥斑见豹，传统宗法文化对农地地权立法及实施的影响

---

① 杨志民：《传统宗法文化与近代中国宪政》，《法律评论》2011 年第 2 期。

② 屈永华：《宗法文化及其对中国近代宪政的制约》，《法商研究》2006 年第 2 期。

③ 杨志民：《传统宗法文化与近代中国宪政》，《法律评论》2011 年第 2 期。

④ 费孝通：《乡土中国》，上海人民出版社 2006 年版，第 119 页。

⑤ 费孝通：《江村经济》，商务印书馆 2001 年版，第 166 页。

是显而易见的。

（四）官本位文化的影响

所谓官本位，就是以官为本，将官位及其层级高低作为衡量人生价值和成败的主要标准。官本位思想和信条在中国源远流长，官本位文化是中国传统文化中的重要组成部分。中国官本文化的产生根本上来说是由中国传统的农耕经济造成的。农业社会商品经济不发达是官本位文化形成的经济土壤。农业社会中，商品经济几乎为零，手工业亦不发达，于是耕田务农几乎成为人们经济收入的唯一来源。在这样的经济背景下，欲出人头地无非经由两个途径，一为兼并土地，二为积极“入仕”。在中国历朝摧抑豪强政策下，入仕途也就成了必然选择，入仕做官意味着俸禄的获得、特权的占有、土地的封赏等，这也就催发了官本位文化。

官本位文化传统对南京国民政府的农地地权立法有比较大的影响。首先，官本位文化是南京国民政府保留土地私有制的基本原因。官本位的实质是对特权的追求，如上所述，官员的特权有多种，在经济方面主要就是对土地占有的特权。到民国时期，官本位文化丝毫没有消减，官员的经济特权仍主要体现在对土地的占有上。所以，《土地法》确立土地私有制，就包含满足官员追求特权的因素在内，若取消土地私有制，官员们也就失去了占有更多土地的特权，定遭抵制。其次，从法律执行上来看，《土地法》的一些规定不能落实，也与官本位思想有关。《土地法》中限制地主土地面积，就要消除多占土地的状况；进行“三七五减租”，就要减损地主的利益。这些都是官员们不愿看到的，也是要遭到他们反对的。鲁迅先生曾一针见血地指出：“其所以要升官，只因为要发财，升官不过是一种发财的门径。”[①] 因此，农地地权立法中的许多规定不但与当朝官僚的意愿相左，也与社会民众，尤其是有土地在手的地主们追求仕途的意愿相背离，其遭遇强大的执行阻力也就在意料之中了。

---

① 鲁迅：《南腔北调集》，人民文学出版社 1973 年版，第 112 页。

五、立法者和学者对农地地权立法的影响

立法者和学者们的学识素养及政治态度也是影响1927—1937年南京国民政府农地地权立法的重要因素。

（一）土地学研究推动了农地地权立法

南京国民政府土地学的兴起和发展对农地地权立法发挥了重要作用。具体而言，其土地学具有如下特点：

第一，在学术领域上，众家云集。面对民国时期尖锐的土地问题，学界人士立足各自所长，纷纷发表见解，表达自己的看法。这其中不仅有法学家，也有经济学家，还有历史学家。历史学家主要考察中外历史上的土地问题、土地制度及其得失利弊；经济学家主要研究土地的规划、利用、土地税等问题；法学家则着眼于土地所有权的分配、各种地权制度的设计，如何能达到社会利益的公平及社会正义的实现等。这种研究，从不同的专业角度观察问题，提出各自不同的见解，对地权问题的探讨更趋深入和全面。

第二，学术视野上论及古今中外，视域宽广。学者们不仅对中国传统土地制度进行研究和探讨，也对中国当时的土地政策及法律进行研究。对中国传统土地制度的研究既包括对中国土地制度史的整体研究，又包括针对特定时期土地制度展开的断代研究。总体上看，对于当代土地政策的研究成果数量相对较多。在土地法方面的研究出现了大量著作，如吴尚鹰的《土地问题与土地法》、陈顾远的《土地法》、孟庆普的《中国土地法论》、郭卫的《土地法》、张之龙的《中国土地制度与土地法之研究》、祝平的《中国土地行政与土地立法之进展》、李之屏的《土地法释义》等，在社会上都有相当影响。对地权制度的研究多集中在民法学之物权研究上，对国外土地制度的研究也很丰富，涉及欧洲、日本、苏俄、土耳其等，内容则涵盖世界土地制度发展趋势、总体概况及各国土地改革、土地政策、土地法、土地税、佃地制度等。

第三，土地法学成果丰硕，既有宏观又有微观。“西方先进国家的一些基本的法律理念和法学观、法律制度和原则、法律框架与体系，以及大部分法

律术语，都随着这一浪潮涌入了中国这块古老的土地，使中国的法律发展出现了前所未有的现象，呈现出一番崭新的图景。”[①] 通过对何勤华先生主编之《民国法学论文精粹》中所附当时法学文章目录及各图书馆图书的统计，笔者得出一个大致准确的数据。南京国民政府时期出版或发表的有关地权之著作和论文总共有 219 部（篇），其中，论文 145 篇，著作 74 部；而民国北京政府时期仅有 27 部（篇），其中著作 10 部，论文 17 篇，增长近十倍。在研究层面上，既有宏观又有微观。宏观方面的研究较多，主要集中在对中国土地问题的表现及其对策、土地法制的研究上，也有人对现实的土地问题与《土地法》进行研究。微观方面的研究，涉及土地所有权、佃权、典权、土地陈报、土地征收、土地税、田赋等。当时以物权为研究对象的著作共有 29 部，对具体土地权利进行研究的著作集中在所有权和典权上，如关于所有权的《所有权论》、安部机雄著《土地公有论》、郁元英著《所有权之变迁》，关于典权的《典权要论》《典权制度论》等。宏观理论探讨与微观制度设计相互结合、补充，为南京国民政府地权立法提供了学理基础。

第四，对孙中山的三民主义地权理论及国民党土地政策的研究，是这一时期学术探讨的重要组成部分。总的看，南京国民政府时期土地政策及法制的研究，基本上是沿着孙中山的土地理论和国民党的土地政策进行的，著作主要包括朱子爽的《中国国民党的土地政策》、黄通的《民生主义的土地政策》、吴尚鹰的《土地问题与土地法》、张继与萧铮的《平均地权与土地改革》、朱采真的《土地法释义》、李之屏的《土地法释义》、萧明新的《土地政策述要》等，论文则更有 30 余篇。这种研究既有有利的一方面，也有不利之处。有利的方面是深入地探讨了孙中山土地理论的内容和要义，对立法能起到推动及指引方向的作用；不利的方面则是这种研究千篇一律，实际上充当了政府喉舌的作用。

总之，南京国民政府时期的土地学研究，尤其是土地法学研究比以往有了长足的进展，涌现出了一批颇有见地和造诣的土地学专家和土地法学家，

---

① 何勤华：《法的国际化与本土化：以中国近代移植外国法实践为中心的思考》，《中国法学》2011 年第 4 期。

出现了大批质量上乘的研究成果。比较充分的学理研究，是法制发展的前提和基础，它为南京国民政府移植西方法律提供了思想上和技术上的条件。不过，由于以三民主义为指导的土地立法在世界上绝无仅有，所以一时难以研究透彻，这也是导致 1927—1937 年南京国民政府农地地权立法存在较大欠缺的原因。

（二）立法者的认识严重脱离实际

与学者对土地学有比较充分研究相反的是，立法者的认识严重脱离实际。

首先，对地权状况存在认识错误。目前学界对民国时期的土地分配状况已经有了基本的认识，即土地占有严重不均，少数地主、富农占地数量远远高于多数的贫雇农占地数量。其实当时就连国民党中央农民部在 1927 年的估计中也认为，无地农民占 55%，土地极少的贫农占 20%，两者共占 75%；有地 10—30 亩的中农占 11%，有地 30 亩以上的富农、中小地主及大地主占 14%。[①] 但是，面对如此严峻的地权不均状况，国民党的领袖们却主观地认为地权不均并不是当务之急。孙中山曾讲："欧美经济之患在不均，不均则争；中国之患在贫，贫则宜开发富源以富之。惟富而不均，则仍不免于事，故思患预防，宜以欧美为鉴，力谋社会经济之均等发展，及关于社会经济一切问题，同时图适当之解决。"[②] 蒋介石 1933 年也称："今日中国之土地，不患缺乏，并不患地主把持。不苦人不得地，惟苦地不整理。故中正对于土地政策，认为经营及整理问题，实更急于分配问题。"[③] 孙中山是国民党的精神领袖和思想引领者，蒋介石是国民党的政治领袖和统帅，他们对地权分配不均、不公的现实的漠视决定着土地政策走向和法律方向。

其次，国民党对当时重点工作的认识发生偏差而且观点变化频繁。孙中山首倡"平均地权"，理应在革命成功后迅疾落实平均地权的政策。然而，当初广州革命政府建立之时，他曾讲："广东目前最先决之问题，即裁兵是

---

① 李新总主编，韩信夫、姜克夫主编：《中华民国大事记》第二册，中国文史出版社 1997 年版，第 732 页。

② 孙中山：《中国国民党宣言》，载《孙中山全集》第七卷，中华书局 1985 年版，第 3—4 页。

③ 章有义编：《中国近代农业史资料》第三辑，生活·读书·新知三联书店 1957 年版，第 241 页。

也。……又吾国吏治之坏，由来已久，实应行整刷。……其次为外交问题，亦有应注意研究之点。……若上述各项次第解决，则进而着手交通、实业、教育等事业之发展。”[①]这段话讲到要做的事情有裁兵、吏治、外交，然后是交通、实业和教育，提到的这么多事项中竟然没有土地字眼。1928年2月国民党第二届第四次中央全会的开幕词“以后我们的唯一工作，就是会开成后，希望能遵照总理的遗嘱，开国民会议，废除不平等条约，这都在我们身上去做”[②]，这是将外交工作视为第一位的工作。1929年国民党第三次全国代表大会也认为今后首宜举办之经济建设，厥为交通与水利，“盖此二者，为农业与工业之基本条件；国家苟能于此获取相当之成就，社会即能随之发舒其他相当之新生产力，可断言也”[③]，将国家建设的重点放在交通和水利上。这次大会上，蒋介石还讲，“在建设实施之先，则首当保持革命势力之统一，巩固革命所得之政权，齐一国民政府之命令，绥靖各地之土匪，以安社会之人心，裁减全国淆杂之军队，以苏军民之喘息”[④]，这颇符合其“攘外必先安内”的一贯思想，把“剿匪”放在前提位置。1931年11月，国民党第四次全国代表大会通过了《依据训政时期约法关于国民生计之规定确定其实施方针案》，该案说：“中国为农业国家，今后固须尽力于基本工业之建设，而尤不能不注意于农业之发展、合作事业之提倡，以及本党土地政策之实施。一切水陆交通、运输事业、金融事业之建设方针，均须以便利于农业之发展与农民之生计为要件。”[⑤]这段话强调了农业的重要性，难能可贵，但国家建设事业的顺序是基本工业、农业合作、水陆交通、运输、金融等事业。这里虽然提及了土地政策，但并没有将其放在突出地位。1931年11月17日的《依据训政时期约法

① 孙中山：《在欢宴广州军政各界时的演说》，载《孙中山全集》（七），中华书局1985年版，第207页。

② 荣孟源：《中国国民党历次代表大会及中央全会资料》（上），光明日报出版社1985年版，第507页。

③ 《对政治报告之决议》，载中国第二历史档案馆编：《中华民国史档案资料汇编》第五辑第一编政治（二），江苏古籍出版社1994年版，第80页。

④ 《中国国民党第三次全国代表大会宣言》，载中国第二历史档案馆编：《中华民国史档案资料汇编》第五辑第一编政治（二），江苏古籍出版社1994年版，第67页。

⑤ 荣孟源：《中国国民党历次代表大会及中央全会资料》（下），光明日报出版社1985年版，第48页。

关于国民生计之规定确定其实施方针案》中又强调，“总理在建国方略中，以铁道网之完成，为一切经济事业之根本”[①]，土地问题又被置若罔闻。同月21日的《国家建设初期方案案》中又提出，“建设纲要有三：（一）以国防为建设中心；（二）以假想敌为建设对象；（三）以必要与可能为建设范围”[②]，就是说又将国家建设的中心确定在国防建设上。1935年5月12日，蒋介石在昆明省党部及各界民众欢宴席上发表题为《全滇民众应负起复兴民族之责》，希望“大家起来建设一个真正工业化的云南，来做复兴民族一个最重要的基础”[③]。实现工业化本无可厚非，但工业化的前提应是农业基础的稳固，不发展农业，不解决迫切的土地问题，工业化是不可能实现的。从这些国民党的领袖及党代会的决议，可见当时思想家和政治家们在国情和国家建设重点方面的模糊认识和摇摆态度，以及在对农民土地、地权的无视与冷漠，这就从顶层设计上注定了当时地权法律制度的末路命运。

最后，立法者立法理念及立法技术上的不成熟使法律脱离现实。应当承认，与清末和民国北京政府时期相比，南京国民政府时期在立法技术上有了很大进步，正像有学者所讲的：“在具体立法时，也尽可能地将外来法与本土法作某种融合与折中。使中国的法律移植由‘照搬照抄’开始走向较为理性的‘拿来主义’。”[④]但不可否认的是，当时的立法理念及技术仍不成熟。其一，对当时广大人民的迫切需求认识不清。我国广大农民对土地所有权的要求是十分强烈的，中国农村经济主要是小农经济，农民基本上靠土地维持生计。立法者没有顾及农民对土地的基本需求，片面地保护土地私有权，却没有切实办法消除地主对土地的垄断。农民们在乎的也许并不是土地私有制还是公有制，而是自己有没有土地上的利益，维持和发展自己的生活。但立法者保护了既有土地私有权，使农民在土地上的利益处于绝望状态，这是问题

---

① 《依据训政时期约法关于国民生计之规定确定其实施方案》，载中国第二历史档案馆编：《中华民国史档案资料汇编》第五辑第一编政治（二），江苏古籍出版社1994年版，第325页。

② 《国家建设初期方案案》，载中国第二历史档案馆编：《中华民国史档案资料汇编》第五辑第一编政治（二），江苏古籍出版社1994年版，第325页。

③ 李新总主编，韩信夫、姜克夫主编：《中华民国大事记》（三），中国文史出版社1997年版，第787页。

④ 黄金兰：《法律移植研究》，山东大学2006年博士学位论文，第176页。

的根本。其二，过于倾向效率而忽视公平。立法者对农业论述更多的是如何提高农业经济，如合作社、水利设施、交通等的发展，而忽视了土地生产关系的改变。如《土地法》中就更多地注重土地利用、土地税，而在土地占有关系的调整方面则缺少实质性的向无地农民倾斜和保护的规定，即使有些规定，也难以落实。事实上，当不公平的状况过于严重时，效率是无从谈起的。其三，地籍测量难以实现。《土地法》第24条规定：未经依法为地籍测量之土地，不得为所有权之登记。地籍测量是《土地法》得以实施的前提条件，但地籍测量耗时费财，绝非短时可以完成，当时的学者便对此指出："欲将全国一千一百万方公里航测完毕，假定飞机一百架同时作业，需历时三十年之久。"① 如果三十年之后再行《土地法》，会有多少无地少地的农民饥寒而死，这是不容等待的。其四，土地测量的规定过于详密。在《土地法》中，专设了一编规定地籍测量，事无巨细，进行了非常详密的规定，连证书的样式都有规定，这已超出了法律文本的应有范围，从立法技术上很不合适。其五，将典权置于抵押权和质权之后，可能会使典权被误认为担保物权。典权是我国特有的一种物权制度，其性质既不同于用益物权，也不同于担保物权，应该单设规定。其六，规定土地税为地方税，不符合中国国情。中国是农业大国，当时的历史条件下，国家税收主要靠农业，土地税归地方，会大大削减中央财政收入，于国家集中财力非常不利。其七，对佃农加以比较多的义务。当时的法律学者对《佃农保护法》颇有微词："佃农保障办法既给了农民某些权利，又课予了不少义务，对权利，农民无力取得，而所承担的义务，却被地主严格责成，于是所谓保障佃农，结果反束缚了佃农。"② 一方面保护地主的既有土地私有权，另一方面又对佃农课以较重的义务，这使得法律对权利的分配更为不公。其八，《土地法》对农地以固定税率征收地值（价）税，没有将"增值"加以"不劳而获"的规定，又对农地在所有权不移转则不征增值税，是本法的重要缺点。立法者在法理和立法技术上的这些不足，使得农地地权立法中存在的问题更加突出。

---

① 何海晏：《平均地权与土地法》，载何勤华、李秀清主编：《民国法学论文精粹》（三）2004年版，第54—55页。

② 郑震宇：《中国之佃耕制度与佃农保障》，《地政月刊》第1卷，1933年第3期。

第三节 地权立法的历史影响与借鉴

1927—1937 年南京国民政府的农地地权立法，内容上存在着一系列的不足，已如前述，在实践中也仅有一些局部性的试验，没能真正推行，更未把孙中山“平均地权”与“耕者有其田”的理想转化为现实。但这并不能说它一无是处，将其全盘否定。从国民党政权的土地制度史来看，南京国民政府的立法只是一个逻辑起点，它的理论基础与制度体系对其后台湾地区的地权制度建设有重要影响。跳出国民党的单一视阈，它的地权制度改革也必定会对共产党政权及当前我国的地权制度变革有一定的借鉴价值。

一、对战后国民政府及台湾地区农地地权立法的影响

南京国民政府时期是中国法律近代化的重要时期，也是继清末变法之后，中国将西方法律移植到本土速度最快的时期。国民党政权在大陆及国民党在台湾地区制定实施地权制度的整个过程，都是西方法律在中国的一场实验。在这场实验中，以《民法》为代表的民事法律制度和以《土地法》为代表的土地法律制度对后世有着深刻的影响。国民党的土地法律变革主要划分为三个时期，第一阶段是抗战前的南京国民政府时期，第二阶段是抗战胜利后的国民政府时期，第三阶段是台湾时期。这三个时期的农地地权制度，有一脉相承之处，又有明显不同。第一个时期立法对其后两个时期立法的作用主要表现在：

（一）奠定了国民党政权农地地权制度的基本框架

1927—1937 年南京国民政府的地权立法，特别是 1930 年《土地法》奠定了之后两个时期农地制度的基本框架，其中很多具体制度设计为后来 1946 年修改后的《土地法》和国民党迁台的土地改革提供了蓝本，不少制度被直接承袭。

1. 确立了土地法律的基本理念和制度

1930 年《土地法》为其后立法确立的基本理念体现在如下几个方面：第

一，1930 年《土地法》从形式上采用的是法典编纂的方式，将土地登记、土地使用、土地税收、土地征收等纳入一个法典中。1946 年《土地法》继承了这一做法，并在此基础上进行了修改。迁台后，台湾当局又制定了几个单行法，进行土地改革。所以，1930 年《土地法》的立法技术和框架体系成为其后土地立法的蓝本和参考。第二，在指导思想和原则上，1930 年《土地法》所坚持的“平均地权”“耕者有其田”的目标及“自报地价”“照价抽税”“照价收买”“涨价归公”的基本点也是其后制定的法律的依归。第三，和平解决土地问题的方法是基本一致的。在这些方法中，地价是基础和前提，土地税是核心。1929 年《土地法立法原则》共 9 条内容，除第 5 条“政府收用私有土地办法”及第 8 条规定了土地掌管机关外，其他 7 条都与土地税有关。1937 年 5 月通过的《修改土地法立法原则》共 23 条，虽然大大减少了税收方面的条款，仅余 2 条，但其规定的累进税制仍是该法的重要支柱。1946 年《土地法》设土地税专编进行规范，同时又以土地种类划分、土地登记、地租额、土地重划等行政强制的方法调整土地权利，多管齐下来“和平”地实现所谓“平均地权”和“耕者有其田”。国民党败退台湾后，在该地区下决心进行了土地改革，该改革包括“耕地三七五减租”“公地放领”“实施耕者有其田”“耕地之积极开发与充分利用”“实施都市平均地权”等几个步骤。这些土地改革措施，按当时负责此项工作的陈诚的说法，“近今言土地改革者，必以国父之说为之权兴”[①]，其核心亦是通过降租、征税、征收等和平的经济强制的方法，迫使地主放弃过多土地，转让给农民。第四，在保护地主的利益上也是一贯的。自南京国民政府建立一直到国民党退到台湾之后，虽然法律对地主进行了经济的甚至是政治的强制，但始终没有放弃保护地主阶级既得利益的做法。比如，1932 年 10 月的《剿匪区内各省农村土地处理条例》，就以“地归原主”为原则；即使是在被认为土地改革比较成功的台湾时期，也是付给了地主大量等价资本，地主不但没受损失，还摇身一变成为现代资本家，靠这些资本转而经营工商业，深受其益。以上几个方面证实，1946 年《土地法》及台湾地区的土地改革，与 20 世纪 30 年代的土地立法同根同源，深受

① 陈诚:《台湾土地改革纪要》，台北中华书局 1961 年印行，第 10 页。

其影响。

1930 年《土地法》为其后的立法奠定了制度基础。首先，规定了土地的双重所有权制度。1930 年《土地法》规定："中华民国领域内之土地，属于中华民国国民全体，其经人民依法取得所有权者，为私有土地，但附着于土地之矿，不因取得土地所有权而受影响。"这一规定，一是确定了国内土地从整体上归属于国民全体，二是确立了土地私有和公有两种形式，影响较大。虽然土地私有制弊端重重，但也有其优点：一是权责具体明确，能提高农地所有者经营土地的积极性；二是便于土地流转，利于发挥土地效益；三是对私有财产的保护有利于人权的实现。不过，这种私有制是以土地"国民全体所有"为前提的，这个前提为限制土地私有权，在台湾地区实现"耕者有其田"提供了理论基础和法律根据，也能很大程度上克服其他资本主义国家土地私有制的不足。其次，确立了所有权以外的一系列地权制度。1930 年《土地法》中规定的对农地的登记、土地重划、荒地承领、土地税收、地价申报、土地征收等基本土地制度，均在 1946 年《土地法》及台湾地区的农地制度中有集中体现，为这些时期的农地地权制度提供了样本和基本制度框架。

2. 固定了农地地权体系

南京国民政府制定的 1930 年《民法》《土地法》，吸收、借鉴了中外立法经验，最终将地权体系固定了下来。中国历史上曾有两个民律草案，"一草"参照了德国、瑞士、日本的物权体系，以日本民法典为蓝本，提出了中国历史上第一个比较完善的地权体系。"一草"将土地权利分为所有权和他物权，所有权又分为私有和公有两类，私有中包括单个人所有和共有两种。将他物权分为用益物权和担保物权两类，用益物权包括地上权、永佃权、地役权，担保物权则包括抵押权、质权和土地债务。民国北京政府时期的《民国民律草案》(即"二草")也将土地权利分为所有权和他物权两类，与"一草"一样，所有权分为私有和公有两种，私有包括单个人所有和共有。"二草"的他物权分为用益物权、担保物权和先买权，比"一草"多了先买权；用益物权的划分与"一草"一致。担保物权则包括抵押权、质权和典权，与"一草"相比，多了典权，少了土地债务。到南京国民政府时期，经过精简，最终形成了具有中国特点的地权体系：土地权利分为所有权和他物权两类，所有权中包括私有和公有两种，私有又包括单个人所有和共有，这与前两部民律草案一致。他物权包括用益物权和担保物权两类，去除了“二草”中的先买权。用益物权包括地上权、地役权、永佃权，这与前两部草案也是一样的。不同之处体现在用益物权上，南京国民政府增加了耕作权。在担保物权上，南京国民政府的土地担保物权去除了“二草”中的质权，只剩下抵押权和典权两种，差异较大。这表明，经过清末修律和民国北京政府的法制建设，中国的立法经验在不断积累，在吸收西方法律的同时，对自身法制资源的运用更加科学。重要的是，这个土地物权体系确立了一个模板，以这一地权体系为核心的土地法律制度，既有西方资本主义性质，又有对中国传统地权改造的鲜明特点，不但奠定了以土地权利为中心的国民党政权的土地法律制度基础，也是后来台湾地区土地改革成功的重要因素。

（二）为之后国民党政权的农地地权制度改进提供了借鉴

以 1930 年《土地法》为例，它不论在农地权利内容上，还是权利制度设计上，或是在法律施行过程中，均存在诸多弊端，但这些不足又为之后农地地权制度的完善提供了借鉴。

1. 为地权概念和制度逐步完善准备了条件

1930 年《土地法》的《总则》中，只有“所有权”的概念，没有“地权”概念。在体例安排上，该法把土地重划、土地测量、地政机关及土地裁判所与所有权问题并列纳入“总编”，结构比较松散，条理不清；尤其是土地测量，属于地籍方面的技术性问题，也被纳入所有权这一内容中进行规定，明显不伦不类。当然这部土地法毕竟提出了明确的土地所有权概念，并对其进行分类，作出了对所有权的限制性规定。1930 年《土地法》为 1946 年修正后的《土地法》提供了蓝本和借鉴。在《总则》第二章明确规定了“地权”的概念和内容，将土地所有权划分为公有和私有两种，还规定所有权之外的土地他项权利要遵循《民法》的规定。这就将“地权”明确地分为所有权和他物权，所有权又包括私有与公有两种的权利内容。此外还规定了对地权的限制，主要是对土地可为私有的范围的限制和对外国人地权的限制，还有对公有土地的限制，主要是限制该土地的处分，设定负担和租赁。这样规定，既坚持了 1930 年《土地法》的基本制度，也使内容更丰富、准确、清晰。1930 年《土地法》中的“土地重划”问题在 1946 年《土地法》中则以“地权调整”部分加以规定，在“土地调整”的相关内容中，不仅规定了因地块面积引起的土地重划，还规定了诸如土地负债、照价收买不在地主土地、征收私有荒地及不在地主土地等方面内容。以上这些法律及制度都为国民党迁台后制定《实施耕者有其田条例》等相关土地法律提供了经验借鉴。

2. 为地籍制度的完善起到了奠基作用

地籍是确定和行使地权的基础性条件，地籍的内容包括每块土地的坐落四至、面积、所有权归属、他物权事项等。中国历史上曾经有过像“鱼鳞册”这样的地籍制度，但时至民国，鱼鳞册早已散佚或与事实不符，地籍凌乱不堪。1930 年《土地法》中没有地籍概念，而是设专篇规定“土地登记”，登记事项记载于“登记簿册”，土地登记后发放土地权利书状。土地登记以土地测量为前提，土地测量与土地登记应该是紧密相连的两个问题。但在 1930 年《土地法》中，土地测量仅在总则篇列出了寥寥 5 条。不但结构安排不合理，而且土地登记篇的内容又非常琐碎，甚至对登记簿册的内容、样式、登记地图、登记程序等都详细地予以规定，有伤《土地法》的规范性和权威性。1946 年《土地法》则克服了上述这些技术上的缺陷和不足，遵循其基本制度设计进行了结构优化，形成了比较完善的“地籍”制度。1946 年《土地法》将“地籍篇”的内容分为土地测量和土地登记两部分，又将土地登记分为土地总登记和土地权利变更登记。这些规定简单明了，逻辑性强，对土地确权及地权转移、分割、合并、增减、消灭等提供了重要法律规范，是农地地权制度的重要环节。台湾地区实行土地改革时，也没有对地籍制度进行修改，可见 1930 年《土地法》中的“土地登记”制度，为以后地籍制度的完善和定型起到了奠基和借鉴作用。

3. 为保护佃农和自耕农、促进土地利用等提供了经验

1930 年《土地法》对农村土地的使用，大致确定了如下事项：①将土地进行分类，各类不同土地不能转为他用；②规定土地最小使用面积，限制过分分割，必要时进行土地重划；③承租人享有对承租土地的优先承买权；④规定地租额最高不超过土地正产物的 375‰；⑤对不定期限的租地契约的终止予

以限制；⑥原承租人对曾承租土地再出租的优先承租权；⑦承垦公有荒地符合条件后获得该土地的耕作权，视为永佃权。这些规定从立法初衷看，是要通过限制地主的地权来保护佃农，通过保护土地耕作者的权利来调动其生产积极性，促进土地利用和开发。这些规定在1946年《土地法》中大部分都得以保留。但1930年《土地法》在相关规定上也存在一些技术上的不足之处，如“三七五减租”是以土地“正产物收获总额”为基准，但什么是正产物、正产物价格如何计算，均没有明确说明，存在极大不确定性，执行起来就比较困难。于是，到1946年对《土地法》进行修改时，就将此制度规定修改为地租额不得超地价8%，即以地价为基准来限制地租，增强了法律的可操作性。不过，到台湾土地改革时，《耕地三七五减租条例》又改回了实行“三七五减租”，但这时“三七五”的基准与1930年《土地法》中的基准有所不同，该条例第2条规定，“耕地地租额不得超过主要作物正产品全年收获量千分之三百七十五”[①]，基准是“主要作物正产品全年收获量”。相比之下，它继承了1930年《土地法》的原则，但地租额基准的概念表述更明确具体了。除此之外，在承租人的优先权上，1946年《土地法》中还增加了农地承租人对农地的优先承典权，进一步扩大了土地承租人的权利，对佃农的保护进一步加强。当然，台湾地区土地改革高潮时期制定的《实施耕者有其田条例》，更坚决地将征收的地主土地有偿交给佃农，进一步保证了农民的土地所有权。这些都是在对南京国民政府农地地权制度加以借鉴吸收基础上的进一步深化和发展。

4. 促进土地税制不断改进

土地税是国民党解决土地问题的核心手段，体现了实现“平均地权”的经济强制。南京国民政府1930年《土地法》第四编集中规定了土地税收制度，其基本内容主要包括：土地税由地方政府征收和使用。土地税分地价税和土地增值税两种，地价税照估定地价按年征收，土地增值税于土地移转时或土地所有权持续15年之后按增值价额征收。农村土地分为乡改良地、乡未改良地、乡荒地，实行固定税率制，乡改良地地价税税率为估定地价的10‰，乡未改良地的地价税税率为估定地价的12‰—15‰，乡荒地的地价税税率为估

① 陈诚：《台湾土地改革纪要》，台北中华书局1961年印行，第181页。

定地价的 15‰—100‰。土地增值税按增值额实行税率递增制，税率从 20% 至 100% 不等，增值越高，税率越高：增值 50% 以内的，税率为 20%，增值超过 300% 的，增值部分全部征收。除土地税外，《土地法》还规定了改良物税和不在地主税，改良物税不超过其估定价的 5‰；不在地主之土地除改良物外得由主管地政机关按其应纳地价税率递年增高，但不得超过该土地应纳税率之一倍。

孙中山主张土地税之目的是平均地权和地尽其利，1930 年《土地法》虽然作出了土地税收制度的基本规定，却存在比较大的问题。第一，地价的确定不合理。《土地法》规定地价税按估定地价征收，这一是违背了孙中山所设计的按地主自己申报的地价征税的原则，二是估定地价的确定方法不科学。《土地法》将根据申报地价或估计地价或二者之平均计算出来的地价作为标准地价，标准地价经公示无异议后为估定地价。也就是说，估定地价可以是申报地价，可以是政府估计的地价，还可以是申报地价和估计地价的平均值，操作起来随意性太大。第二，地价税实行固定税率不科学。不管占有多少土地，所纳地价税税率一样，这起不到促使多占土地的地主交出土地的作用，也就达不到“平均地权”的目的。第三，对积极利用土地不利。一是规定征收改良物税打击了农民改良农业的积极性，二是对不积极利用土地的行为又缺乏惩罚性规定。

1946 年《土地法》承袭了 1930 年《土地法》对土地税的基本设计，又针对其弊端进行了改造：第一，地价确定办法更科学。新法划定不同的地价区，进行地价调查，按不同地价区的宗地市价或收益价格的平均数确定标准地价，地主申报的地价只能于标准地价的 20% 范围内增减，标准地价和申报地价均为法定地价。第二，改进了地价税征收办法。地价税按法定地价征收，地价税实行累进税率；15‰为基本税率；超过累进起点 500% 以下的，超过部分加征 2‰，超过 500% 的部分，加征 3‰，超过 1000% 的部分，加征 5‰。第三，更积极地促进土地开发利用。对私有空地，于依法使用前加征 3—10 倍地价税的空地税；对私有荒地，逾期未使用者加征 1—3 倍地价税的荒地税。同时又规定对农作改良物不征税。第四，缩短土地增值税征收时间，给增值过高者也留有一部分收入。土地增值税于所有权移转时或虽无移转而届满 10 年时征收，比旧法缩短了 5 年；土地增值数额在原地价 100% 以下者，征收增值数额 20%，增值越高，税率越高，但增值 300% 以上的征收增值部分的 80%。第五，地价税和增值税都可向典权人征收，这在 1930 年《土地法》中二者均只能向土地所有人征收。经过改造的《土地法》，其土地税制度更加符合孙中山“平均地权”的价值理念，立法技术也更显成熟。

5. 为土地征收制度的规范化积累了经验

土地征收是最具强制性的实现“平均地权”和“耕者有其田”的行政手段。1930 年《土地法》设专篇规定了土地征收制度，其主要内容包括：第一，土地征收的缘由和范围。该法第 335 条规定，“国家因公共事业之需要得依本法之规定征收私有土地”，即征收土地的缘由是“公共事业之需要”，征收的范围是“私有土地”。对于“公共事业”的内涵，该法概括为 12 项，包括实施国家经济政策、调剂耕地、国防军备、交通事业、公共卫生、改良市乡、公用事业、公安事业、国营事业、政府机关地方自治机关及其他公共建筑、教育学术及慈善事业、其他以公共利益为目的之事业。第二，土地征收补偿。这是土地征收制度的核心，主要涉及三个事项。一是补偿标准，法律规定所有权已经登记而未转卖的土地，照申报地价额补偿；没有申报地价的，应补偿地价额由主管地政机关估定。除了地价补偿外，因征收土地致土地上定着物迁移时，应由需用土地人给予相当迁移费。二是补偿金来源。法律规定由需用土地人提供。三是补偿方法。需用土地人将应补偿款缴于主管地政机关，地政机关在清偿该土地应有负担后，将余款交付被征收之土地所有权人。第三，土地征收的强制措施。若没有强有力的措施保证，土地征收将不可能完成。1930 年《土地法》“土地征收篇”中专设一章为“罚则”，“罚则”对需用土地人和土地所有权人违反法律规定的行为设定了“罚锾”的制裁方式，罚锾数额从 5—1000 元不等。

1930 年《土地法》关于土地征收的规定，值得称道之处在于以“平均地权”为目标，确定了土地征收的基本原则，从技术层面对土地征收的补偿标准、方法、保障等方面都做了规定。其不足之处在于一是土地征收范围有的失之过宽，如对“公共事业”的列举式界定中的“国家经济政策”，在实践中就不好把握；有的失之于无，如水利事业。二是只是以罚锾的方式对违法行为进行惩罚，力度明显不足。相形之下，1946 年《土地法》对 1930 年《土地法》进行了一定弥补，但同时也表现了一些背离。首先，1946 年《土地法》将 1930 年《土地法》中“公共事业”中的项目“国家经济政策”“调剂耕地”“改良市乡”“公安事业”予以删除，增加了“水利事业”。对土地征收缘由的调整，去除“国家经济政策”这一难以确定的变数颇大的一项，有所进步，但也去除了“调剂耕地”“改良市乡”，也就将“平均地权”“耕者有其田”的目标排除在外，体现了《土地法》维护地主阶级既得利益的本质。其次，1946 年《土地法》竟将罚则部分删除，这就使土地征收制度彻底成为一纸空文，是对 1930 年《土地法》的倒退。国民党迁台后，1953 年制定了《实施耕者有其田条例》，不但恢复了 1930 年《土地法》关于土地征收的基本原则框架，且土地征收力度大为加强。第一，进一步明确了土地征收范围。该条例第 8 条规定，以下出租耕地一律由政府征收，转放现耕农民承领：一、地主超过本条例第 10 条规定保留标准之耕地；二、共有之耕地；三、公私共有之耕地；四、政府代管之耕地；五、祭祀公业宗教团体之耕地；六、神明会及其他法人团体之耕地；七、地主不愿保留申请政府征收之耕地。以上这些耕地是都在征收范围之内的，不像之前法律所规定的只有为公共利益需要才征收，而突出强调为“耕者有其田”之目的而征收。第二，规定了地主占地额上限。该条例第 10 条规定，地主得保留其出租耕地七则至十二则水田三甲（1 公顷相当于 1.031 甲），及其他等则水田及旱田若干。第三，明确了征收耕地地价及承领地价标准。征收地价依照各等则耕地主要作物正产品全年收获量之二倍半计算。耕地经征收后由现耕农民承领，承领耕地地价亦按前标准计算。第四，规定了严厉的违法制裁措施。该条例第 31 条规定，对妨害土地征收、土地放领、破坏耕地、损坏耕地附着物的，“由法院处三年以下有期徒刑”[①]。以刑事制裁手段规范土地征收，主要针对的是地主，可见决心之大、力度之强。对耕地承领人违反法律规定的惩罚要轻，主要有收回承领地、所缴地价不予发还、加收违约金等。

---

① 陈诚：《台湾土地改革纪要》，台北中华书局 1961 年印行，第 199 页。

（三）国民党在台湾土地改革中对大陆时期土改的改进

以上我们分析了 1930 年《土地法》对之后国民党政权土地立法及土地改革的影响。总体来看，1930 年《土地法》的作用在于一是对 1946 年修改《土地法》的影响，二是对国民党到台湾后土地改革实践的影响。台湾土地改革一般认为是成功的，它可以被视作是 1930 年《土地法》不断完善和真正施行的结果。它使农业得到稳固，工商业也因为地主转变为资本家而迅速发展起来，台湾地区也因此成为 20 世纪的“亚洲四小龙”之一。

台湾地区的土改采取的是“三部曲”步骤。第一步，实行“三七五减租”。1951 年 5 月 25 日，“立法院”通过了《三十七点五减租法》，减轻佃农的地租负担，这是治标的办法，从地权角度可以视作是对佃农土地权的初步落实。第二步是“公地放领”。1951 年 6 月，台湾当局颁布了《台湾省放领公有耕地扶植自耕农实施办法》，将“国有”及“省有”耕地的所有权移转为农民所有。这是政府利用可控制的土地资源解决农民土地问题，是最容易实行的内容。但公有土地毕竟有限，仅靠公地放领解决不了太大问题。第三步是实现“耕者有其田”。1953 年 1 月 20 日，“立法院”通过《耕者有其田法》，规定地主可以保留水田三甲或旱田六甲，多余部分都要由政府征收，转放于农民，但给予地主一定地价补偿，这才是治本的方法。这“三部曲”使台湾的土地改革得以顺利进行。

台湾地区的土地改革“三部曲”与国民党政权在大陆制定的土地法律中的基本制度如出一辙，为什么在大陆没能施行的土地改革到台湾却做成功了呢？我们认为：第一，政治的高压态势起了威慑作用。国民党到台湾后加强了政治统治，1949 年 5 月颁布了“戒严令”，特务可以据此令任意抓人杀人；国民党当局严厉实行“党禁”，实行党外无党。对反抗土改的，处理也非常严厉。这种政治高压措施，为国民党推行土地改革、镇压地主反抗提供了强大的威慑力量。第二，国民党败退到台湾后，“中央政治势力”与“地方利益集团”的关系不密切，为强力实行土地改革创造了条件。在大陆时，国民党中央官员大多与地方有着千丝万缕的联系，实行土地改革形同割自己的肉。到台湾后则是割别人的肉，决心大，力气足，容易成功。第三，吸取了在大陆进行土改的教训。蒋介石集团总结在大陆失败的教训，深刻认识到最主要的原因是没有满足农民对土地的需求，丧失了民心。所以，到台湾后，推行土地改革的决心非常坚定。第四，台湾地区面积小，人口少，矛盾不甚复杂，土改要远比大陆时期容易。这是台湾土改成功的客观条件。第五，国民党败退台湾时，从大陆劫掠的大量黄金，为实行土改提供了财政条件。第六，台湾地区进行的土改，为地主准备了出路。要实行“耕者有其田”，必然要从地主手里获取土地，这就会遭到地主的反对，台湾当局为此采取了灵活的措施，发行实物土地债券，分 10 年 20 期兑付本息，还发行公营事业股票，让地主入股公营企业。这些措施不仅缓和了地主的反抗，还使地主摇身一变成为现代资本家。除了这些之外，还有其他原因，不再一一列举。总之，国民党在台湾地区的不少条件是其大陆时期所不具备的，台湾地区土地改革得以成功当然就可以理解了。

但我们也必须认识到，国民党在台湾进行的农村土地改革，虽然下了真功夫，取得了实效果，但实际上仍是保护了地主的利益。补偿给地主的大量地价款，使之有条件由地主摇身一变为工商业资本家，其发展与盈利的空间更为广阔；农民虽然取得了土地，却背上了至少 10 年的土地债务，社会公平并未真正实现。

二、对中国共产党土地改革的影响

1921 年中国共产党成立，党成立后的最初几年，提出了“耕地农有”“土地国有”等主张，支援农民“打土豪，分田地”的革命。1927 年 4 月，中国共产党被迫走上了独立领导中国革命的道路。在南京国民政府有一搭无一搭地进行土地法制建设的同时，在中国大地的另一部分区域，中国共产党开展着轰轰烈烈的土地改革，逐渐积累着解决农民土地问题的经验和做法。虽然国共两党明显是两条轨道上跑的车，各有各的目标和路径，但由于他们均主张进行土地改革，而且具有相同的背景、条件和对象，他们的土地改革政策也就难免会相互影响、相互作用。国民党此间的农村地权立法对共产党的土地改革主要有如下影响：

（一）影响了共产党领导土地改革的目标

“平均地权”是孙中山民生主义的基本主张，“耕者有其田”是“平均地权”的另一种表达方式和具体化，二者为国共两党开展合作奠定了重要的目标基础。孙中山去世后不久，国民党叛变革命，中国共产党毅然接过“平均地权”和“耕者有其田”的旗帜，并为此进行了不懈的探索。共产党的探索可分为三个时期，即土地革命时期、抗日战争时期和解放战争时期，而在不同阶段的探索都面临着需要解决的共同问题。

首先，土地从哪里来到哪里去。南京国民政府地权立法主张实现平均地权，已如前述，不过它采取的主要方法是“限田”、公有土地分配、荒地开发、征收土地增值税等。其意图是以行政与经济相结合的手段从地主手里获取超额土地，加之以政府自己能掌控的公地、荒地，把这些土地分配给无地农民。这种设想对于已经执掌国家政权的政党来说具有一定合理性，认真执行的话是有可能在社会秩序保持基本稳定的情况下达到既定目标的。不过，《剿匪区内各省农村土地处理条例》却又坚决地采取“田归原主”原则，强行将农民已经获得的土地退还给地主。这与国民党主张土地私有、在稳定的社会秩序下进行土地改革的路径一致，但也明显表明其“平均地权”的虚伪性。在南京国民政府无意于实现“耕者有其田”时，共产党看到了蕴藏于农民中极大的革命力量，这就是农民对拥有土地的渴望。早在1925年“中层以上社会至国民党右派”指责湖南农民运动是“痞子运动”，“糟得很”时，毛泽东就从中发现了重大机遇，他在《湖南农民运动考察报告》里提出农民运动并不是“糟得很”，而是“好得很”，不是“痞子运动”，而是“革命先锋”。他在《中国社会各阶级的分析》中分析了当时的地主和买办阶级、中产阶级、小资产阶级、半无产阶级、无产阶级等社会各阶级的状况，认为农民和地主的矛盾是当时社会各阶级中的主要矛盾，说明了谁是我们的朋友，谁是我们的敌人，即革命的对象和同盟军问题。这就解决了实现“耕者有其田”的土地来源与去向问题，即大部分来源于地主，将这些土地分配于无地少地农民，并以阶级成分划分的方式精准采用不同政策加以对待。毛泽东同时指明了实现这一目标的路径，他说：“农村革命是农民阶级推翻封建地主阶级的权力的革命，农民若不用极大的力量，决不能推翻几千年根深蒂固的地主权力。”[①] 农民对土地的渴求，政府政策和法律对农民的无助，决定了只有革命才是达到“耕者有其田”的唯一途径。共产党土地改革路径的选择，从某种程度看，正是南京国民政府农地政策和法律导致的结果。

其次，无偿还是有偿获取地主土地。南京国民政府秉承着“让农民满意，地主也不吃亏”的原则，有偿从地主手里获取土地。中国共产党自始就坚决地主张无偿没收地主的土地。1927年5月，中共五大提出“无代价的没收地主租与农民的土地”[②]，11月的《中国共产党土地问题党纲草案》规定对“一切地主的土地无代价的没收”[③]，1928年6、7月间中共六大发布的《土地问题决议案》提出要“无代价的立即没收豪绅地主阶级的土地财产”。1928年12月，党制定的首部土地法《井冈山土地法》提出“没收一切土地归苏维埃政府所有”。1929年上半年的《兴国土地法》，将“没收一切土地”修改为“没收地主的土地和公共土地”。1930年《苏维埃土地法》则规定：“立即没收一切私人的或团体的——豪绅、地主、祠堂、庙宇、会社、富农——田地、山林、池塘、房屋，归苏维埃政府公有。”[④]1931年11月《苏维埃共和国宪法大纲》规定：“没收地主阶级的土地，分配给贫农、中农，并以实现土地国有为目的。”[⑤]1931年的《中央关于“平分一切土地”的口号的决议》亦提出，“所有封建地主豪绅军阀官僚以及其他大私有主的土地，无论自己经营或出租，一概无任何代价的实行没收”[⑥]，土地革命的核心口号仍旧是“没收地主、教堂、寺院以及大私有财产者的一切土地”[⑦]。1934年，党的土地革命政策有了系统表述：“中华苏维埃政权，以消灭封建剥削及彻底的改善农民生活为目

① 毛泽东：《湖南农民运动考察报告》，载《毛泽东选集》(1)，人民出版社1991年版，第17页。
② 中央档案馆：《中共中央文件选集》(三)，中共党史出版社1989年版，第501页。
③ 中央档案馆：《中共中央文件选集》(三)，中共党史出版社1989年版，第501页。
④ 中央档案馆：《中共中央文件选集》(六)，中共党史出版社1989年版，第656页。
⑤ 《中华苏维埃共和国宪法大纲》，载《中共中央文件选集》(一九三一)，中共中央党校出版社1983年版，第465—466页。
⑥ 《苏维埃第一次全国大会土地法草案》，载《中共中央文件选集》(一九三一)，中共中央党校出版社1983年版，第468页。
⑦ 《中央关于“平分一切土地”的口号的决议》，载《中共中央文件选集》(一九三一)，中共中央党校出版社1983年版，第550页。

的，颁布土地法，主张没收一切地主阶级的土地，分配给雇农、贫农、中农，并以实现土地国有为目的。”[①] 党在不同时期的政策法令对地主土地采取的态度都是无偿没收。不过，不同文件里所规定的地主的范围不同，有时指向大地主，有时指向所有地主，有时指向一切私人土地。这虽然反映了党内存在一定程度上的“左”的错误，但从另一角度看，它极其鲜明地反映了中国共产党对“耕者有其田”目标的执着追求。这一方面是中国共产党坚持维护人民利益，彻底改变农民无地少地悲惨境遇、实现既定理想所致，另一方面则是由于国民党依靠地主力量对共产党打压、消灭，被逼迫而引起。要战胜国民党，实现自己的理想，共产党就必须针对南京国民政府的土地政策与法律，走出自身快捷、经济、高效的实现“耕者有其田”之路。这可视作南京国民政府《土地法》对共产党土地改革的反作用。

第三，农民取得土地所需代价。孙中山主张“耕者有其田”，即“把地主的田地拿来充公，令耕者有其田”，这也是共产党人追求的目标。在实现耕者有其田的路径上，共产党有过两种考虑，一是土地先归公有（国有）再分配给农民耕作，另一种是土地直接分配给农民私有。在实践中，党逐渐认识到了人民的愿望和革命规律，最终确定了实行土地私有即农民所有的政策。在实现“耕者有其田”的方法上，共产党的主张与孙中山及国民党就有了重大差别了。国民党主张税收、征收的办法，而共产党主张无偿没收的方法。在“耕者”获取土地的代价问题上，南京国民政府主张农民必须照原登记价格购买；共产党则坚持土地无代价易主，即无偿移转土地所有权。所以，南京国民政府农地地权立法，与共产党在农村的土地改革，均受孙中山“耕者有其田”主张的影响而具有目标的一致性，但在态度、路径与方法上则截然不同。共产党抓住了国民党土地政策的弊害，克服了其决心不大、路径不佳、方法不对的致命缺陷，这样，同时存在的两个土地改革方案相映成趣，共产党的农村土地改革在南京国民政府农地地权立法的陪衬中一步一步走向了成功。

解放战争时期，共产党实现“耕者有其田”的办法最终成熟。1947 年 4

① 《中华苏维埃宪法大纲——第二次全国苏维埃代表大会通过》，载《中共中央文件选集》（一九三四——一九三五），中共中央党校出版社 1983 年版，第 92 页。

月 22 日，刘少奇给晋绥同志的信里这样说："没有一个有系统的、普遍的、彻底的群众运动，是不能普遍彻底解决土地问题的。"[①]1947 年 9 月 13 日，全国土地会议通过了《中国土地法大纲》，明确要求"废除一切地主的土地所有权"，"乡村中一切地主的土地及公地，由乡村农会接收，连同乡村中其他一切土地，按乡村全部人口，不分男女老幼，统一平均分配……并归各人所有"[②]。这样就克服了党在土地革命时期对地主所采取的从人身上进行消灭的"左"倾错误，南京国民政府的农地地权立法再也没有发挥作用的空间了。

（二）影响了共产党进行土地改革的方法

抗日战争时期，中国共产党实行减租减息的土地政策，团结了大批地主共同抗击日本帝国主义，地主群体为抗战做出了较大贡献。抗战胜利后，不少同志对地主有了同情之心，这也反映到党的土地政策上。1946 年 7 月，《中共中央为实现耕者有其田向各解放区政府的提议》提出，"凡不在地主之土地，在该地主未返回前由政府征收之，但在该地主返回后，即按地主土地征购之"[③]，"一切分得土地之农民须向政府分年交付一定数量之地价。其定额由各解放区政府根据情况定之"[④]。1946 年 8 月，中央指示"在土地问题已经解决的地方，应保障一切地主必须生活，除少数反动分子外，应对一切地主采取缓和态度"[⑤]，这意味着党对地主的土地正在考虑放弃没收改行征购的政策。征购是要付给地主一定补偿的，农民也不再是无偿分得土地，而是要交付一定数量之地价，征购政策与党长期坚持的无偿没收地主土地的政策发生了重大变化。1947 年 1 月 10 日，刘少奇向解放区发出了询问土地改革中的几个问

---

① 《刘少奇关于彻底解决土地问题给晋绥同志的一封信》，载《解放战争时期土地改革文件选编》，中共中央党校出版社 1981 年版，第 63 页。

② 《中国土地法大纲》，载《解放战争时期土地改革文件选编》，中共中央党校出版社 1981 年版，第 85 页。

③ 《中共中央为实现耕者有其田向各解放区政府的提议》，载《解放战争时期土地改革文件选编》，中共中央党校出版社 1981 年版，第 23 页。

④ 《中共中央为实现耕者有其田向各解放区政府的提议》，载《解放战争时期土地改革文件选编》，中共中央党校出版社 1981 年版，第 24 页。

⑤ 《中共中央关于对富农土地不宜推平给华中局的指示》，载《解放战争时期土地改革文件选编》，中共中央党校出版社 1981 年版，第 23 页。

题的通知，其中一个问题便是“是否由各解放区政府各自颁布法令，发行土地公债，征购一切地主多余土地，无代价分给农民，一边采用一般合法方式，最后取消地主这一个阶级”①。这个问题包含着三层意思：一是是否对地主的土地实行征购，二是是否征购的对象仅是地主多余的土地，三是是否将土地无偿分给农民。不但中央在考虑是否要有偿获取地主土地，而且在陕甘宁边区，还真的实行了这样的办法。1947 年 2 月 8 日，《中共中央关于陕甘宁边区若干地方试办土地公债经验的通报》就介绍并赞扬了土地公债的办法：“最近陕甘宁边区若干地方试办土地公债结果，证明这是彻底解决土地问题——最后取消封建土地关系与更多满足无地、少地农民土地要求的最好办法之一。”② 该通报总结了采用土地公债办法的 7 点经验，其中第 7 点说：“边区公债条例传到北平时，很得中外记者赞许，认为共产党的土地政策已经有所变更，故土地公债的办法可使我们的土地改革增加一般的合法地位，减少中间派资产阶级的反对。”③ 这些材料说明中国共产党曾经考虑并且在局部实施过如同国民党南京国民政府那样的征购地主土地、有偿分给农民的办法，南京国民政府的农地地权立法对中国共产党有过重要的影响。

（三）为共产党根本改变农地地权面貌创造了历史机遇

站在历史的高度看，土地改革不论采取什么样的路径和方式，激进的抑或渐进的，经济的、行政的、法律的抑或革命的，只要最终既能提高土地效益又促进社会公平，既能促进生产力发展又让人民满意，就该给予肯定。抛开政治斗争、意识形态、与现实符合度等因素，仅就其实现社会公平和促进农业发展的理念和某些技术性制度而言，1927—1937 年南京国民政府农地地权立法还是有不少可称道之处的。其农地地权立法主旨在于和平地、渐进地

---

① 《刘少奇询问土地改革的几个问题的通知》，载《解放战争时期土地改革文件选编》，中共中央党校出版社 1981 年版，第 43 页。

② 《中共中央关于陕甘宁边区若干地方试办土地公债经验的通报》，载《解放战争时期土地改革文件选编》，中共中央党校出版社 1981 年版，第 45 页。

③ 《中共中央关于陕甘宁边区若干地方试办土地公债经验的通报》，载《解放战争时期土地改革文件选编》，中共中央党校出版社 1981 年版，第 46 页。

实现“平均地权”“耕者有其田”；其途径是采用经济的和法律的手段，通过调整地主和农民利益关系，在坚持不导致社会秩序混乱的前提下进行；其办法就是核定地价、照价抽税、照价收买、涨价归公，核心是通过土地税收和土地征收两个强制的办法达到“平均地权”的目的。这些观点和主张，若不是当时困顿的时局和国民党组织涣散、执行无力等原因，是有实现的可能的。但理论是丰满的，现实则是骨感的。客观存在的现实，导致南京国民政府农地地权法律不可能实现，从而为中国共产党推行土地改革赢得民心提供了重要的历史机遇。

首先，南京国民政府的土地改革方法贻误了大好时机。南京国民政府主张法治，建国伊始，便筹划了规模庞大的立法计划，土地立法也在其中。南京国民政府的法治建设大量移植西方法律，这对有二千多年封建法制传统的中国来说，难度可想而知。1930年《土地法》从纳入立法计划到颁布，其速度在立法史上堪称史无前例，但由于立法准备不足，该法出台后便在立法技术及制度设计方面遭到不少诟病，很快进入修改阶段。再加上与之配套的《土地法施行法》迟迟不出台,《土地法》便陷入长期悬置状态。又由于既已颁布了《土地法》,就不能再制定其他单行土地法规，南京国民政府的土地行政及改革陷入“无法可依”的境况。这种情况之下，时间的天平自然倾向了共产党一边。

其次，南京国民政府无力驾驭纷繁复杂的国情。南京国民政府1927年建立，1928年实现了形式上的统一。党内分派，以派治派，是蒋介石治国理政的重要理念，由此导致南京国民政府的一个突出特点是派系林立，在关乎各派重大利益的土地问题上，不可能达成共识，更不可能采取步调一致的行动。此外，军阀混战绵延不断，国民党对共产党的“围剿”持续进行，日本侵华步步紧逼。在此背景下，过于相信武力的作用，急于取得军事胜利，一意“攘外必先安内”，忘了“民生”这个根本，回头看时，才发现民心大失。正所谓“一步走错，满盘皆输”，国民党对农民获得土地的冷漠与共产党积极推行土地改革，满足人民需要，稳固社会秩序以巩固政权的做法形成了鲜明的对比。

最后，南京国民政府的价值选择发生了根本性错误。南京国民政府建立后，是着眼社会公平还是追求效率，是依靠广大人民群众还是借重少数地主、资本家，这是它必须要面对的价值抉择。结果使人大跌眼镜，它罔顾社会公平而偏执于提高效率。通过清党，大部分工农进步分子被清除，许多士绅、官僚、土吏、土匪及其他投机分子涌入党内。如长沙，清党前号称有党员 19 万，清党后仅剩下"合格党员"1526 人，其中，"农工两界寥寥无几"[①]；在成都，清党后党员由原来的 3000 余人增加到 1 万人，四川全省党员达到 10 万，增加了数倍。清党运动完全是"党内人才逆淘汰运动"[②]，基层党员大都为地主、官僚等，他们已远离人民。由此，它对《土地法》、土地改革采取推脱、敷衍的态度就不足为奇了。南京国民政府时期，农业生产是中国经济的基本样态，而农业生产的主要资料就是土地，土地是当时社会利益的核心和焦点。当这种利益在社会上分配不公，被一少部分人独享而另一部分人深受其害时，社会成员追求公平的意愿就成为关乎社会安定与否的重要因素。南京国民政府没有及时地、坚决地满足社会大部分成员的要求，致力社会公平，而是对"耕者有其田"一再拖延。国民党不忠诚于人民权利和利益诉求，就为忠诚者创造了条件和机遇。

（四）促使中国共产党走出了一条彻底废除农村封建地权制度的路径

实事求是地讲，南京国民政府并非不想废除中国二千年的农村封建地权制度，其《立法原则》开篇即讲："国家整理土地之目的，在使地尽其用，并使人民有平均享受使用土地之权利……欲求此主张之实现，必要防止私人垄断土地。"[③] 但是，由于当政者错误的立场和不契合中国国情的制度设计，平均地权的理想在国民党执政的南京国民政府根本行不通。这也促使中国共产党为实现"平均地权"和"耕者有其田"进行独立思考，探寻符合中国特点的道路。这就是 1948 年 4 月 1 日毛泽东《在晋绥干部会议上的讲话》中总结的中国共产党土地改革的总路线："依靠贫农，团结中农，有步骤地、有分别地

---

① 《长沙市之党员统计》,《广州日报》，1929 年 1 月 4 日。转引自王奇生：《清党以后国民党的组织蜕变》,《近代史研究》2003 年第 5 期。

② 王奇生：《清党以后国民党的组织蜕变》,《近代史研究》2003 年第 5 期。

③ 《土地法原则》，载《民国时期土地法规选编》，广东省地图出版社 1994 年版，第 1 页。

消灭封建剥削制度，发展农业生产。”[①] 这条路线与国民党农地地权立法有本质上的不同。

第一，坚定地满足人民群众获取土地的愿望。国民党的农地地权法律，否定客观存在着的土地分配不均的事实，罔顾农民对土地的热切需求，并以强力保持既存的土地关系。这与人民群众的愿望背道而驰。中国共产党面对汉奸、豪绅、恶霸、地主对解放区土地改革的谩骂，面对中间人士的动摇及少数党内人士的错误认识，坚定地于1946年5月4日发出《中共中央关于土地问题的指示》，明确提出：“我党不能没有坚定的方针，不能不坚决拥护广大群众这种直接实行土地改革的行动。”[②] “五四指示”坚定地表明共产党的政治立场，坚定地站在广大农民一边，为人民主持正义，实现社会公平。《土地法大纲》更是充分照顾了各阶层农民的利益需要，团结了80%以上的人民群众，满足了他们对土地权利的诉求。正是人民立场和公平的价值取向，使共产党抓住了历史机遇，走向了成功。

第二，采用科学有效的土地改革方法。国民党采用和平渐进的方法去进行土地改革，搞阶级调和，结果越调和矛盾越尖锐。中国共产党坚持马克思列宁主义的阶级分析观点，依靠贫雇农，通过阶级斗争取得了土地改革的成功。如何划分农村阶级，是当时农村土地改革的关键问题，对此，任弼时代表中央提出：“划分阶级成分的标准只有一个，就是依据人们对生产资料的关系的不同，来确定各种不同的阶级。由于对生产资料占有与否，占有多少，占有什么，如何使用，而产生的各种不同的剥削被剥削关系，就是划分阶级的唯一标准。……由于对土地、耕畜、农具、家屋等生产资料占有与否，占有多少，占有什么，如何使用（自耕、雇工或出租）而产生的各种不同的剥削被剥削关系，就是划分农村阶级的唯一标准。”[③] 这种办法，标准明确，要点

① 毛泽东：《在晋绥干部会议上的讲话》，载《毛泽东选集》第4卷，人民出版社1991年版，第1314—1316页。

② 《中共中央关于土地问题的指示》，载《解放战争时期土地改革文件选编》，中共中央党校出版社1981年版，第1页。

③ 任弼时：《土地改革中的几个问题》，载《解放战争时期土地改革文件选编》，中共中央党校出版社1981年版，第107页。

清晰，操作简单，为土地改革的顺利进行提供了重要的技术支撑。

第三，团结最大多数人民的力量。国民党的土地改革，从理论上本着让农民受益、地主也不吃亏的原则进行，但实践中是坚定地维护了地主阶级的利益而损害了广大农民利益。在共产党的土地改革历史上，也曾犯过比较严重的利益关系不清、打击面过大的“左”倾错误，如主张富农分坏田，地主不分田，把本来能团结的人推向了敌人阵营，也使与之接近的中农产生了恐惧心理。“五四指示”明确提出：“决不可侵犯中农土地，凡中农土地被侵犯者，应设法退还或赔偿”，“一般不变动富农的土地”，如“不能不有所侵犯时，亦不要打击得太重”。[①] 对于土改过程中一些地方实际存在的损害富农及中农的利益的行为，党及时进行了纠正，要求“必须坚决联合中农，保持乡村人口百分之九十的反封建统一战线，使中农在复查中得到利益，密切注意中农情绪和态度的波动”[②]。对中农和富农的团结政策，使党的土地改革政策得到了 80% 以上绝大多数人的支持，孤立了地主，保证了土地改革的顺利进行。相反，国民党的土地政策则伤害了 80% 以上的大多数，结果就可想而知了。

第四，坚持群众路线。南京国民政府进行土地改革，不敢发动群众，单纯依靠政府进行，使得《土地法》的实施遥遥无期；共产党则相信群众，依靠群众，大规模地发动群众进行土地改革。“五四指示”明确指出：“在进行斗争时，必须完全执行群众路线，酝酿成熟，真正发动群众，由群众自己动手来解决土地问题。”[③] 对一些地方进行得不彻底，不敢发动群众的情况，中央及时指出问题所在并坚决给予纠正：“在已实现耕者有其田的地方，还有解决不彻底的缺点存在，主要是因为没有放手发动群众，以致没收和分配土地都不彻底，在这些地方，必须认真检查，实行填平补齐，务使无地少地的人都

① 《中共中央关于土地问题的指示》，载《解放战争时期土地改革文件选编》，中共中央党校出版社 1981 年版，第 2 页。

② 《朱德、刘少奇关于彻底完成冀东土改的指示》，载《解放战争时期土地改单文件选编》，中共中央党校出版社 1981 年版，第 57 页。

③ 《中共中央关于土地问题的指示》，载《解放战争时期土地改革文件选编》，中共中央党校出版社 1981 年版，第 4 页。

能获得土地，而豪绅恶霸分子则必须受到惩罚。”[①] 群众路线是我党的根本工作路线，土地改革中，依靠群众路线，解决了中国人长达二千年的封建土地剥削问题，这是共产党主张的民主制度的胜利，说明人民群众是共产党力量的源泉。

第五，土地改革分两步完成。国民党进行土地改革并非没有目标，孙中山提出的“平均地权”“耕者有其田”得到了国民党的确认，只不过是在目标的坚定性和路径选择上存在问题。相比之下，共产党的目标更远大，是要建立一个土地公有制的社会主义土地制度，最终实现共产主义。共产党主张土地制度改革要分两步走，实现“耕者有其田”只是实现其远大理想所必经的第一步。毛泽东曾经对此有过经典的论述：“这个共和国将采取某种必要的方法，没收地主的土地，分配给无地和少地的农民，实行中山先生‘耕者有其田’的口号，扫除农村中的封建关系，把土地变为农民的私产。农村的富农经济，也是容许其存在的。这就是‘平均地权’的方针。这个方针的正确的口号，就是‘耕者有其田’。在这个阶段上，一般地还不是建立社会主义的农业，但在‘耕者有其田’的基础上所发展起来的各种合作经济，也具有社会主义的因素。”[②] 由此可以看出共产党领导的土地改革志向之远大，设计之精心，现实性之强。从中我们也能领悟到社会在其发展的每个阶段各有其特点，每项政策都须与该阶段性特点相符合，超越阶段的政策是不可行的。

总之，中国共产党领导的农村土地改革秉承了“平均地权”“耕者有其田”目标，同时对其又是一种超越，“是把土地从封建剥削者手里转移到农民手里，把封建地主的私有财产变为农民的私有财产，使农民从封建的土地关系中获得解放，从而造成将农业国转变为工业国的可能性”[③]，走出了自身马克思主义特色的道路。这条道路的成功是在国民党强压下取得的，强压的结果是一个全新的土地改革策略和方案的诞生。

① 毛泽东：《迎接中国革命的新高潮》，载《毛泽东选集》(4)，人民出版社1991年版，第1216页。

② 毛泽东：《新民主主义论》，载《毛泽东选集》(2)，人民出版社1991年版，第678页。

③ 毛泽东：《论联合政府》，载《毛泽东选集》(3)，人民出版社1991年版，第1074页。

三、对完善我国当前土地制度的借鉴意义

南京国民政府时期，距现在已经过去了 70 年。70 年后的今天，不论经济状况、政治状况还是人民生活水平，乃至文化状况，与当初相比都发生了天翻地覆的变化。然而，一切历史都是当代史，不管时间过去了多久，客观情况发生了多大的变化，它总会对当前社会有这样那样的影响。尤其历史总是一面镜子，我们从中可获得借鉴和启迪。1927—1937 年的南京国民政府在中国近代历史上是一个不可忽略的阶段，它从中华民族倍受凌辱的清末走来，初步建立了一个形式上基本统一的中央政权，是多年未曾有过的有条件展开大规模国家建设、进行国家治理的时期，但同时面临着各种纷繁复杂的矛盾。通过研究南京国民政府农地地权制度，可以为解决现实问题寻得一些借鉴。

（一）理念的借鉴

借鉴该时期农地地权立法中的合理因素，我们先从顶层看起，即从其理念观之。

1. 民生理念。"民生"概念是孙中山先生最早提出的，其基本含义是"节制资本""平均地权"，其主旨是为大多数人谋幸福，防止富人为富不仁毒害人民。在平均地权上，他的观点有一个发展过程，大致分前后两期，前期他主张实行土地国有，以自报地价、照价征税、照价收买、涨价归公的办法实现地权在社会成员间达至平均，土地增值由全社会共享，但主要指向城市土地；后期，他主张向苏联学习，与中国共产党联合，实现"耕者有其田"，这一政策主要针对农村土地。纵观孙中山不同时期的土地思想，变化的是实现平均地权指向的区域和时态，养民、均富的理念上始终未变，甚至实现目的的方式也别无二致。南京国民政府成立之后，国民党虽然阶级立场发生了逆转，投向了大地主、大资产阶级阵营，但至少口头上还没有离弃孙中山的理论，而且通过了《确定总理主要遗教为中华民国训政时期最高根本法案》。在《土地法立法原则》里，国民党要求《土地法》要"设法使土地本身，非因施以资本或劳力改良结果所得之增益，归为公有"，以实现平均地权目的。在南京国民政府制定的《民法》《土地法》中，也有很多基于民生理念的制度设计

和规定。如《民法》“物权编”中之相邻权的规定，就是要求土地所有权者在行使自己土地权利的时候照顾其他人的权利或公共利益；在赋予所有权人以排除他人之干涉行使权利的同时，又给予一定限制；对永佃权人，规定因不可抗力致其收益减少或全无者可请求减少或免除地租。《土地法》中的限田、限租、土地税收制度及土地征收制度等，都蕴含着民生理念。中国共产党向来重视民生，当前又把人民满意不满意作为考量政绩的最终标准，执政的民生理念已深入人心。不过在农村土地问题上，虽然集体所有制消除了土地分配不公平的根源，但仍存在一些问题需要解决。

2. 市场经济理念。市场经济最大的优势是能高效地配置资源，促进物尽其用。中国自唐末以来，便不立田制，土地市场活跃。南京国民政府延承了历史上土地的市场自由交易制度，且土地“资本”意识大大增强。其市场理念比较明显地体现在农地地权立法中，按西方市场经济要求确立了民事主体平等原则、意思自治原则，建立了土地物权权利体系，满足了市场经济对主客体的各项条件要求。南京国民政府为保证市场交易的安全和有序，还设计了其他一些市场规则，比如土地的登记制度、权利证书制度、抵押制度、土地租佃制度等。南京国民政府采用土地税的方式对土地市场进行调控，这在中国历史上是一重要创举。虽然这些做法在当时未能有效实施，但台湾地区土地改革的成功说明它们在一定条件下还是很有价值的。当然，南京国民政府的市场经济是资本主义性质的，是坚持土地私有制的，与当前我国的社会主义市场经济有着本质的区别，但这并不意味着社会主义市场经济不能吸收南京国民政府土地制度中的某些合理因素。我国法律规定农村土地归集体所有，集体所有的土地不能由私人所有，只能转为国有土地，因此土地所有权不能在市场上交易，这是不能逾越的底线。不过，虽然所有权不能交易、转让，但土地承包经营权是可以也应该走向市场的。

3. 依法治地理念。孙中山早就提出了建立法治国家的设想和规划。他对法律情有独钟，认为“夫法律者，治之本也”,“夫国家治乱，一系于法”。[①] 他

---

① 孙中山:《通告护法各省军政首领支持军政府电》，载《孙中山全集》(四)，中华书局 1985 年版，第 349 页。

还讲，法治与其说是一种社会事实，不如说它是一种社会理想目标。孙中山从理论上和理念上重视法律、法治，实践中也是如此。中华民国成立后，在他的主导下，制定了《中华民国临时约法》。在土地问题上，他认为："这是一个很重大的问题，我们应该马上用政治和法律来解决。"[①] 南京国民政府成立之后，即以前无古人的速度和规模开展了立法工作，从《中华民国训政时期约法》到《民法》《刑法》《行政法》《土地法》等，迅速建立起了比较完整的具有大陆法系特点的六法体系。虽然当时乃至今天的政界和学术界对南京国民政府的法治状况颇有看法，但那的确是中国法制史上的一大奇观。不但立法迅速且全面，形成了凡事皆有法依的法律体系，南京国民政府还按照孙中山的设想，在中央设立以五院制的法治运行机构，即立法院、司法院、监察院、行政院与考试院，在地方着手建立各级审判组织和监督组织，法治的基本框架初具形态。土地法方面，南京国民政府先后制定了《土地法立法原则》《土地法》《土地法施行法》《民法物权编立法原则》《民法物权法》《土地赋税减免规程》《征收定期土地增值税办法》《土地重划办法》《地价调查估计规则》《收复地区土地权利清理办法》《绥靖区土地处理办法》等一系列民事的和行政的法律法规，形成了包括宪法性文件、基本法律以及特别法在内的土地法律法规体系。南京国民政府的一些法律规定也体现了法律在规范地权中的特殊作用，如《民法》第 157 条规定："物权，除本法或其他法律有规定外，不得创设。"不动产物权，依法律行为而取得设定丧失及变更者，非经登记，不生效力。不管这些法律法规的指导思想如何，立法精神实质怎样，立法内容和质量是否科学进步，仅从形式来看，已有法治的外在特征。当然，法治的本质是对权力的约束，这需要很长一段时间才能实现，但树立了法治的理念，具有了法治的形式，这就是法治的进步。当前，依法治国已成为我国治国理政的基本方略，这是我们多年来国家建设经验和教训的总结，但在土地治理方面，目前的法制建设还很不够，体系还不健全，理论研究尚有很大欠缺，这需要借鉴南京国民政府的有益做法，在土地法治建设上迅速弥补不足。

4. 参古酌西理念。中国在长期的历史中形成了独具特色的传统法律体系，

---

① 孙中山：《三民主义》，载《孙中山全集》（九），中华书局 1986 年版，第 399 页。

它适应农耕社会的经济需要，以君权绝对、人民义务本位为主要特点。晚清，在西方炮舰政策作用下，中国社会逐渐进入到近现代工商业时代。在西方的压力和中国工商业发展的形势下，清末开启了中国法律近代化的历程。至南京国民政府时期，中国官方主导的法律变革已越 20 年。在土地法制方面，清末只是在法言法语上引入了西方概念和形式。民国北洋政府按西方法律模板，建立了一个比较完整的土地权利体系，不过有照搬之嫌而且法律文本体系并不健全。南京国民政府的土地立法，在处理西方法与中国固有法关系方面，明显比以往时期有了很大进步，形成了颇具中国特点的农地地权制度体系。它以三民主义为指导，既融入西方资本主义私有制、天赋人权、主权在民、契约理论等主张，又顺应西方社会本位立法潮流，并且吸纳中国“限田”“均贫富”“不患寡而患不均”的传统思想。这就使南京国民政府土地法律制度既不同于西方资本主义法律又不同于中国传统法律，具有鲜明的中国精神特质。在法律形式上，既有统一的西方式法典编纂，如《民法》《土地法》，又沿用了民国北京政府时期的一些单行法规和判例，如《国有荒地承垦条例》《清理不动产典当办法》。在法律内容上，在主体上参照西方法律建立地权体系、明确权利义务关系的基础上，确立了双重所有权制度，对土地所有权进行了比西方更加严格的限制；对永佃权和典权进行了中国式的改造，尤其按西方法理，将中国特有的“典”的制度作为重要内容纳入《民法》等。对西方法律理念、形式和内容体系的引入，顺应了中国经济近代化的发展要求；对中国传统地权思想的延承及制度的改造，也使这些法律有了一定的本土基础。南京国民政府土地立法，虽然在当时的实施中没有起到预想效果，但这并不能完全归咎于立法本身，其参古酌西的立法路径值得肯定，是法律背后更深层次的政治、社会原因导致法律价值取向、利益选择出了问题。在政治昌明、社会稳定、经济繁荣的今天，我们有条件既借鉴西方资本主义法治文明成果，又充分吸收中国本土法律资源的优秀传统，建立具有中国特色的马克思主义土地法律体系。

5. 法典编纂理念。法律的法典化有很多优点，可以把零散的法律规定集中到一个整体文件中，使部门法系统化、整体化，便于检索和运用；可以弥补既有规范性法律文件之间的矛盾和冲突；便于发现法典中的缺点与不足，利于修改。南京国民政府法制建设的一个重要特点和成就是法律的法典化，其建国伊始，便全力以赴地编纂了民法典、刑法典、土地法典等。在土地相关法律的制定上，该政府起初也曾设想先制定单行法规，但最终还是将土地登记、土地使用、土地税、土地征收集中到一起，又加上“总则”一编，编订了整体性很强的土地法典。其民法制定也坚持了法典化道路，将总则编、物权编、债权编、亲属权编等分别制定，再纳入整体法典。这值得借鉴。

（二）制度的借鉴

南京国民政府的农地地权立法，虽有诸多缺陷，但仍有不少制度设计对我们今天发展社会主义市场经济、提高农村土地利用效率乃至实现社会公平有重要的借鉴意义。

1. 农地税收制度。土地税收制度是南京国民政府《土地法》的核心内容，其目的是“平均地权”和地尽其利，即通过征收地价税和土地增值税及改良物税，把土地上的利益收为国有，还之于社会，以此达到地尽其利和地利共享。这种平均地权的方法，虽然不如直接分配土地彻底，但在政权稳定、市场经济背景下，不失为一种理想的路径选择，它能在保持良好社会秩序的情况下，按照既定价值取向进行社会资源和利益再平衡，实现社会正义。我国正在进行的改革攻坚，从某种程度上讲，与当初南京国民政府进行土地改革需要触动、调整社会重大利益关系的情况有相似之处。今天，我们既无必要也不能通过暴力革命方式打破既得利益集团的利益垄断，既然如此，国家税收方式就是最理想的途径。当前我国农村土地面临的不再是所有权分配不均的问题，而主要是农地利用不经济，许多地方的农村缺少劳动力或农业生产积极性不足，导致农地撂荒、闲置、草草耕作，造成土地利用的极大浪费。中国农村土地免税政策应该考虑修改，至少应征收农地使用税和土地闲置税，以鼓励耕地有效利用，制裁土地闲置。

2. 农地征收制度。南京国民政府的《土地法》设专篇规定了土地征收制度：征收土地的事由是“国家因公共事业需要”，明确了“公共事业”的范围；土地征收的主体是需用土地人，需用土地人既可以是政府，也可以是私人；土地征收的核准者行政院、省政府各行其权；需用地人的权利，包括附带征收、区段征收、定着物征收等；土地所有权人的权利，包括被征收土地参与部分的一并征收、地价补偿、政府区段征收后再分配土地时的优先承受权、定着物迁移费补偿等；地价补偿标准以依法申报地价为准，没有申报地价的则由主管地政机关估定。南京国民政府的土地征收基本上是依市场交换原则辅以行政干预进行的，土地交易的双方即需用地人和土地所有权人就土地买卖无法成交的情况下，政府以法定事由介入，土地价格按法定地价确定，既突出了"公共事业"的重要性，保护了社会利益，又平衡了土地交易双方的利益，对保护农民地权有积极的意义。这对于我们处理土地问题有参考价值。

3. 农地重划制度。土地重划是南京国民政府土地利用中的一项重要制度。1930 年《土地法》在"总则"和"土地使用"两编中对土地重划均有规定，1946 年还专门制定了《土地重划办法》。该制度的内容大致包括：第一，土地重划的事由。《土地法》第 18 条规定，"因一定区域内之土地，其分段面积不合经济使用者，得由主管地政机关，就该区域内土地之全部，重行划分"，土地分段面积不合经济使用是引起土地重划的原因；第 211 条进一步明确，"区内之土地，其各地段面积有狭小奇零，不合耕作之经济使用者"，对不合经济使用加以"耕作"的限定；第 147 条规定，"地政机关，于其管辖区内之土地，得依其性质及适用之种类为最小面积单位之规定"，也即规定了不合经济使用的标准。但并不是出现了以上事由，土地重划就必定会启动，《土地法》第 218 条规定，"有关系之土地所有权人半数以上，而其所占土地面积除公有土地外，超过重划地区总面积一半者表示反对时，地方政府应停止其重划计划"，对任意进行土地重划进行了限制。此外，法律还规定了土地重划的时间节点，即耕地重划不得于农作收获前进行。第二，重划后的土地再分配。《土地法》第 221 条规定："已重划之土地，依照原有地段之价值或面积，为相当之分配。"第 223 条规定："因原有地段面积过小，致不能以规定之最小面积单位分配者，应补偿其地价。但该地段为耕地而其使用人仅恃之为生活者，应以适合使用之地段分配之，其无力补偿之地价，由政府补助之。"也即，土地重划后的再分配依原来面积和次序进行，不能分配土地的给以地价补偿，原来土地面积过小又不能不分配给原土地所有人土地的，应分配给其最小面积土地，但需缴纳补偿地价，无力缴纳的，由政府负担。第三，对承租人和他物权人的权利保障作了规定。这主要体现在《土地重划办法》中，对被重划土地的承租人、永佃权人、地役权人、地上权人的权利作了有效的保护性规定。以上这些规定，既体现了公权力对私人地权的干涉和调控，有利于合理开发地利，也照顾了私权利人的合理利益，避免了私权受损。这些都值得借鉴。

4. 农地私权保护制度。对农地的私权利保护是南京国民政府农地地权立法的重要特点。《中华民国训政时期约法》规定，“人民之财产，非依法律不得查封或没收”，“人民财产所有权之行使，在不妨害公共利益之范围内，受法律之保障”，“人民依法律得享有财产继承权”。这是南京国民政府以根本法的形式对人民财产权进行保护。这种保护，首先针对的是公权力滥用，禁止公权力非法对私人财产的查封和没收；其次针对的是其他人和组织的非法侵犯，规定人民财产权受法律保障就是排除他人的非法侵犯；最后是针对财产权保护的内容，包括财产权的行使和继承。不仅宪法性文件规定了对私有财产权的保护，《民法》和《土地法》也都有更为细致的规定。如《民法》规定“所有权人于法令限制之范围内得自由使用、收益、处分其所有物并排除他人之干涉”，还详细规定了对所有权及他物权、债权、抵押权、典权的具体保护措施。《土地法》中关于土地私有权和其他私权利的规定也是非常明确，前面已多有介绍，此处不再赘述。需要强调的是，南京国民政府的私有财产权保护制度是建立在资本主义意识形态之下的，这与我国公有制为主体尤其是农村土地集体所有的基本经济制度根本不同，土地私有制绝不可取，但除土地私有制度不能接受外，我们在南京国民政府对可由人民私有的财产权利进行法律保护这点上还是可以借鉴的。

小　结

本章对1927—1937年南京国民政府的农地地权立法特点进行了总结，探寻了产生这些特点的原因，并对这一时期农地地权立法的影响进行了客观、深入的挖掘。

1927—1937年南京国民政府的农地地权立法存在着这样几个特点：

1. 思想、政策、法律在理想与现实间步步失据。孙中山民生主义指导下的“平均地权”“耕者有其田”之地权分配的理想，给中国农民指出了光明的前景，但其对现实的认识及实施方法和政策却严重脱离了实际。南京国民政府农地地权立法进一步背离了孙中山的思想和既定政策，限田、土地非移转所有权不征收增值税等都是体现。2. 在移植西方法律的同时保留了鲜明的本土特色。南京国民政府的立法总体上是以移植西方大陆法系国家的法律为主要特点的，农地地权立法亦然。不过在移植西方民法及土地法相关理论、制度规范的同时，既体现了中国传统土地制度的重要理念，更体现了三民主义的中国特质。3. 法律在彷徨中背离了正义的价值要求。自由、平等、效率、秩序这些正义的基本要求、法律的基本价值，在具有理想主义特点的孙中山土地思想中得到了比较好的体现，但在国民党的政策及南京国民政府的农地地权立法中，利益的天平倾向了既得利益集团一方，现有地主的利益得到国家政权强力的保护，农民利益则被忽视，以上这些法律价值均以失守告终。4. 立法过程、法律形式、实施结果存在着诸多矛盾，形成鲜明的反差。立法过程中存在法律制定快、实施慢的矛盾，法律形式上存在法典化和法律渊源复杂的矛盾，法律实施中存在着法律渊源丰富和司法资源短缺的矛盾，在结果上则存在着良好的平均地权愿望与悲戚的地权结局之间的矛盾。

引致这些特点产生的原因比较复杂。从思想理论上看，孙中山的哲学思想、建国理论、三民主义、党治思想等均存在致命缺陷。从农村经济状况来看，落后的自然经济难以支撑激进的地权制度变革，上层建筑严重脱离了经济基础能够提供的条件。从政治生态来看，国民党中央的派系斗争、中央与地方权力的冲突等使国民党具有“弱势独裁”的特点，难以形成强有力的政权，不能为农地地权制度改革提供坚强政治保障。从文化上看，传统的义利观、重农抑商观念、宗法文化及官本位文化都对农地地权制度的变革起到了一定阻碍作用。而从立法者和法学家角度来看，法学家们比较成熟的法学研究推动了农地地权的立法进程，但立法者严重脱离实际的同时又受利益驱动而站偏了立场，从而阻滞了法律的制定和施行。

1927—1937 年南京国民政府农地地权立法对后世有一定影响和借鉴意义。

国民党政权的农地地权立法都是在1927—1937年立法的基础进行的，基本继承了这一时期的立法原则和内容。国民党迁台后，利用各种有利条件，对大陆时期的农地地权立法进行了有针对性的改进和完善，台湾地区的土地改革才取得比较明显的成效。中国共产党的土地改革，在目标上很大部分与孙中山“平均地权”“耕者有其田”的理想一致，但对其又有本质的超越。共产党也曾考虑借鉴南京国民政府收买地主土地的办法实现“耕者有其田”，但最终还是放弃了这一思路。南京国民政府农地地权立法对共产党土地改革最大的作用是提供了重要机遇，促使中国共产党走出了一条彻底的、低成本实现“耕者有其田”的道路。1927—1937年南京国民政府农地地权立法的理念和制度对我国当前农村土地制度改革也有不少借鉴之处。

结 论

土地，不管在传统农业社会还是在现代社会，都具有根本性，是国家、社会、个人绝对的利益关注焦点。研究南京国民政府的农地地权立法，不论对深化民国法制史的学术研究，还是对破解当前我国面临的重大利益调整难题及改进我国农村土地制度，都具有典型意义。

南京国民政府在继承清末、民国北京政府相关法律制度改革成果的基础上，以世界绝无仅有的速度，短时间内制定了以《民法》《土地法》为主的一系列地权法律制度。它体系完整，规定严密，既移植了西方近现代法律制度的精神、内容和立法技术，又对中国传统民事法律的形式、概念体系和内核进行了重大改造，从而形成了颇具中国特色的农地思想、理念、立法体制和地权体系。南京国民政府的农地地权立法，在思想上以三民主义为精神统帅，既区别于资本主义，又不同于封建主义，也有别于社会主义，这是其理论特色；在理念上，坚持社会本位的立法，用公权力对土地私权利进行了一定程度的约控，对所有权进行限制使其不再绝对，采用地价税和土地增值税以图地利共享，设立土地征收制度以利“公共利益”，又以土地强制使用、鼓励及强制荒地开发、土地重划等制度促进地尽其利，这些是其理念特色；在立法体制上，坚持“以党治国”，国民党中央是最高立法机构，国民党中央制定立法原则后交由立法院遵照立法，立法院实际是国民党政策的执行机构，这是其立法体制的特色；在地权体系上，则形成了以双重所有权为特色的土地所有权制度，以明晰的地上权、地役权、永佃权、耕作权为内容的他物权制度，以抵押权为内容的担保物权制度及独具中国特色的典权制度，这些是其制度特色。1927—1937年南京国民政府的农地地权制度，虽然当时并未有效实施，但它对中国法制近代化有不可小觑的作用，对后来台湾地区的土地改革更具有奠基意义，对我国当前农村土地制度改革也有重要借鉴价值。但是，与上述积极因素相比，其弊端和失误更为致命。首先，它罔顾土地分配严重不公的事实，没有致力于公平地分配地权，而是确认和巩固既有地主的土地所有权，造成经济特权和政治强权双重作用下的土地分配不公状况愈演愈烈。其次，在制度设计上，沿用了经长期实践证明行不通的限田等，试图以此缓和社会矛盾，结果却谬之千里。再次，在农地地权法律体系上，虽然制定的法律数量不少，但相互之间的矛盾与不协调之处很多，从而大大消减了立法的正向作用。最后，农地地权立法虽受重视，但法律实施却遭极大忽视，不论是《土地施行法》的出台甚迟，还是土地行政的政令不通，抑或是司法裁判的差强人意，都从不同方面导致了立法的失败。所以，总体上看，1927—1937年南京国民政府的农地地权立法对中国法律近代化，对借鉴西方法律内容与形式、整合中国地权传统内容方面都有一定积极意义，但在土地所有权分配、《土地法》立法进程、立法技术、法律实施决心与手段上都存在致命缺陷。其法律价值取向偏执于效率，忽视了当时最为严重的不平等问题，这一立法最终走向了非正义。

通过对南京国民政府前期农地地权立法的分析研究，我们可以得到如下启示：

一、立法必须有科学的思想理论指导，坚持正确的价值选择

理论是行动的先导，是法律的精髓和灵魂。说到底，立法的优劣是由其指导思想和理论的科学性决定的。南京国民政府时期，实际上存在着国民党和共产党两个政权，两个政权分别进行着土地改革，各自制定了土地改革的法律。南京国民政府1928年开始制定《土地征收法》，1929年制定《民法》，1930年制定《土地法》（该法1946年进行了修改）；共产党领导的政权则在1928年制定了第一部土地法《井冈山土地法》，之后相继有1929年《兴国土

地法》、1931 年《中华苏维埃共和国土地法》、1947 年《中国土地法大纲》的问世。对比之下，我们发现两个政权在土地立法进程上存在惊人相似度，同时也真切地看到了两个政权土地立法迥然各异的结局。这两个政权各自立法的指导思想——三民主义和马克思主义也就成为我们考察的对象。南京国民政府的土地立法是在三民主义指导下进行的，三民主义有其理论上的进步意义，曾给中国近代社会带来巨大变化，把中国引向了一条独立、民主、和平的光明道路。但是它的弊害也是显而易见的。其最根本的缺陷在于“民生史观”和“互助论”，认为社会进步的动力在“民生”，要实现进步就需要人与人的“互助”，否认人的阶级性，否认经济利益在社会发展中的作用。这样，民生主义就走向了阶级调和与无所作为。同时，其理论还存在自身内部矛盾、脱离实际、方法不可行等弊端。理论源泉本身存在不足，蒋介石、胡汉民等国民党主要领导人在功利主义的驱使下，对孙中山的思想又进一步断章取义和歪曲误读，这样使得地权立法目标、制度内容设计等各方面进一步脱离社会实际，背离人民需要，远遁于公平正义之外。马克思主义认为社会进步的根本动力在于生产力和生产关系、经济基础和上层建筑之间的矛盾相互作用，推动阶级社会向前发展的直接动力是阶级斗争，决定人们阶级地位的是他们对生产资料（经济利益）的占有情况。这样，马克思主义揭示了社会关系发展变化的根本原因。不但如此，马克思主义思想理论还为无产阶级政党提供了推动社会进步的科学方法，即依靠工农联盟，夺取生产资料，建立无产阶级专政的政权，实现人的自由和平等。所以，两个政党、两个政权进行土地立法、实行农地地权制度改革的过程和结果，根本上是两种思想理论对决的过程和结果。国民党农地地权立法的失败是三民主义理论的失败，共产党领导的农地地权斗争的胜利恰恰是马克思主义的胜利。

正义是法律的最高价值。法律的核心是权利，权利的本质是利益，所以法律正义的永恒主题就是如何进行利益的合理分配。实现正义需要处理好自由、平等、效率和秩序的关系，所以进行利益的合理分配，就是要使这种利益分配符合自由、平等、效率和秩序的价值要求。土地立法的目的根本上也是合理有效地分配好土地权利，使土地的社会效益及经济效益最大化发挥，从而实现社会正义。然而，实现正义并没有固定不变的普世的标准和公式，这是由正义的特点决定的：首先，正义带有地域性。它总会与特定的国家或地区的人们相联系，在一个国家是正义的，到另一个国家未必正义。其次，正义具有阶级性。在同一个国家里，只有体现哪个或哪些阶级利益的正义，绝没有符合所有人利益的正义。最后，正义具有历史性。过去正义不等于现在正义，现在正义不等于将来正义。不同时期、不同地域的社会中效率、平等、秩序、自由这些法律价值间的平衡状况不同、长短情况不一，实现正义的措施就该不同，根本就不可能有普世标准和公式。不过，没有普世的正义标准并不意味着无章可循。马克思主义认为生产力是人类社会发展的最终决定力量，任何社会任何时期的上层建筑、经济基础都要服从和服务于生产力的发展，这就决定了效率是法律正义价值之下的首要价值。既然如此，平等、秩序、自由就要为效率服务，不能促进效率的平等、秩序、自由都是无意义的、不正义的。但我们也必须看到平等、秩序、自由各自的独立性，它们有自身的内在尺度和时代要求，损及它们的底线，即使有利于效率的实现也是不正义的。这就要求我们根据时代特点，着眼效率，审视实现正义所需的各种要素，进行辩证分析，找到问题所在，对症下药：平等缺乏时，就努力消除不平等现象；秩序缺乏时，就尽力去维护秩序；自由不足时，就要保证自由。抓住欠缺点进行弥补，统筹兼顾正义各要素之间的关系的立法才是真正正义的立法。南京国民政府时期，土地分配不平等、土地效率低下、土地秩序缺失、土地权利自由受损严重，在这种法律价值皆失的情况下，政府就应着眼于效率，认真思考影响效率的原因，在当时的时代背景下需把平等作为重中之重考虑的对象，因为是土地分配的不平等导致了秩序不稳定、自由不存在，最终导致了效率丧失。但南京国民政府却背其道而行之，继续确认和保护既有的不平等，这是导致地权立法效果差强人意的顶层原因。

二、立法必须符合国情，满足人民的利益诉求

马克思主义唯物论认为物质决定意识，存在决定思维，建立在唯物主义基础上的马克思主义认识论要求我们必须坚持一切从实际出发、实事求是、在实践中检验真理和发展真理的思想路线。近代以来的中国农村土地问题基

本可以归结为三个方面：一是土地占有集中，二是耕作技术落后，三是土地经营方式落后，这几个问题的存在是造成当时农村呈现一派破败景象、民不聊生的主要原因，必须破解。破解这几个问题，不得不考虑当时的国情。南京国民政府时期的基本国情表现在如下几个方面：第一，人口众多，人均耕地面积少，土地负担重；第二，生产力落后，商品经济不发达，农民离不开土地；第三，技术落后，垦荒能力差；第四，封建式地租土地经营方式，农民负担过重；第五，长期遭受帝国主义掠夺，国家财政状况入不敷出；第六，封建传统影响严重，现代法律意识严重不足；第七，社会矛盾尖锐，政局不稳，社会动荡不安。这些国情特点决定了解决土地问题必须遵循以下原则：第一，必须满足广大农村人口的生存需要和利益诉求，或给之土地或减之地租至足够低，以稳定社会秩序；第二，中国将长期是小农经济，若采取资本主义生产方式，会造成大量人口脱离土地又无处就业；第三，国家财力有限，只能靠社会自身资源发展农村，以解决土地问题；第四，现代西方法律短时间内无法在中国生根，不能过分倚重；第五，不能仅靠提高农业科技，这样只会使富者愈富，贫者愈贫，社会矛盾越来越尖锐；第六，必须是迅速地而不是拖延地满足农民急切的利益诉求。这几个原则注定了在中国解决土地问题的道路就是：迅速地无偿地实现耕者有其田，把地主土地分配给无地少地的农民。

反观南京国民政府的农村地权立法，当时思想家、政治家们对地权状况的判断及解决方法恰恰违背了从实际出发、实事求是的基本要求，严重脱离了中国国情。不但没有将平均地权摆到重要位置，就连提高技术、促进效率的方法也难以支撑其立法所需要的条件。第一，他们否认中国土地分配不均的事实，认为当时中国没有大富，而是普遍的贫，是普遍的贫中的大贫和小贫的差别。基于这种判断，立法中才有了当务之急不是实现耕者有其田而是进行土地整理的政策，才有了农村地权立法上的减租、限田、农地不移转即不征收增值税等无关痛痒或不能实现的规定。第二，他们没有认识到在积贫积弱、已处于生存线之下的农民对得到土地以维持生存的强烈愿望，却反其道而行之，镇压农民获取土地的正当行为，实行“田归原主”。第三，他们对国力缺乏清醒认识，农地地权立法中有很多制度设计超出了国力所能负担的范围，如地籍整理需要大量的物力、财力和技术人员的保障才能实现，当时的国力根本难以支撑这些人、财、物需求；再如超额土地的卖出和征收，农民乃至政府都不堪承受从地主手里获得土地的对价，这一制度就形同虚设。第四，他们过于倚重公有土地和荒地对解决农民土地问题的作用，公有土地数量有限，荒地数量虽多但也满足不了众多无地人口的需要，而且当时开荒能力又非常有限；第五，他们对中国长期人治的传统给法治建设带来的负面影响缺乏清醒认识，过于相信西方法律的作用。中国几千年的人治传统，突然要以法治取代，人们的法治意识难以适应，法治环境难以形成，所以用政治的法律的方式达到平均地权的设想就很难实现，这也是对国情缺乏认识的结果。对国情认识的不足和应对不利，直接导致了立法跑偏、法律实施不力，当然最为根本的还是南京国民政府的地权立法不能满足人民群众的强烈利益需要，人民群众是历史的创造者，违背人民群众意愿的立法终会被人民群众抛弃。

三、立法必须有坚强的政治力量，保证其顺利进行

台湾地区土地改革的成功，说明在政治决心和方法得当的情况下，是有可能通过改良的方式实现土地制度变革的，但国民党在大陆时期的政治生态并没有提供这一可能性。作为政治的衍生物，法律的制定需要政治思想、政治原则、政治政策的指导，需要政治主导下的民主制度、立法机关、立法程序的支撑；法律的执行需要稳定的政治环境来保障；良好的法律秩序也需要良好的政治生态来维系。反观南京国民政府前期的政治环境却存在着诸多问题。第一，政治秩序不稳定。南京国民政府虽然形式上实现了国家统一，但却面临着外强横行、国内政党矛盾尖锐、党内派系林立的状况，特别是国民党内部的派系斗争尖锐复杂。南京国民政府成立后，派系斗争始终伴随着国民政府的政治运作，派系政治被看作是南京国民政府的政治特色。纷纷扰扰的派系斗争分散了主政者的注意力，影响到施政效率；派系斗争往往又伴随着权力的角逐和转移，在此过程中，立法工作必然受到牵连，《土地法施行法》的迟滞出台即是明显例证。第二，党政要员的政治主张分歧严重。南京国民

政府的政要均以孙中山忠实信徒自居，但对其思想遗产却以实用主义的态度各取所需，加之利益纠葛、认识水平等种种原因，立法者们的思想并不统一甚至分歧严重，因而对如何立法难以形成一致意见，《土地法》中的“限田”内容，在国民党政策中从未发现，已表现出了立法中的分歧；即便形成了立法原则，制定出了法律文本，由于意见本就不统一，迅即受到诟病，继而转入法律的修改阶段。第三，南京国民政府的政治体制不顺畅。在中央，实行“以党治国”、一党独裁，党权集中在个别人手中，民主决策不能实现，导致农地地权立法中出现严重忽视人民权利、利益的情况。在地方，党部和政府之间的矛盾尖锐，相互掣肘，双方相当多的精力都消耗在权力角逐中。这使得中央政令难以在地方贯彻落实，法律执行出现梗阻现象。第四，国民党官僚体系腐败成风。南京国民政府的官僚腐败问题已成公认事实。贪污腐败盛行，违法乱纪成风，这使得农地地权立法中私欲横行，政治权力成为私人利益的附庸，国家和人民的整体利益受损。没有良好的政治环境、政治支撑及政治执行力的立法，不管是立法内容还是法律执行，都会产生严重问题。

四、立法必须处理好中西法律文明的关系，逐步实现法治化

中国是世界上唯一一个文化不曾被隔断的文明古国，在其漫长的历史中形成了独具特色的中华法律文明，这一文明对中国传统社会的稳定和发展发挥着重要作用。到了近代，中国长期行之有效的法律制度却受到西方法律文明的严峻挑战。在坚船利炮的打击下，中国人不得不越洋过海，向西方学习，走上了西方式法律现代化的道路。1949 年之前，中国法律的法律现代化实质上是西方化，以大量引进、移植西方法律理念和制度为特征。在具有几千年惯性的中国农业社会植入甚至是彻底更换为另一种以商品经济为对象的治理模式，受中西文化基因和社会经济状况迥异的影响，就必然会发生西方与中国传统法律文化间交流、融合以及碰撞和交锋。于是，面对法治现代化，我们必须考虑并解决两个问题：一是现代法律在中国建立需要满足的条件，二是如何看待中国固有的法律文明。我们认为，法律现代化的成功必须满足两个基本条件：第一是现代法律与当前生产力与经济基础的发展水平相适应；

第二是法律人对现代法律需要谙熟，而且社会对它的适应程度达到一定水平。这两个条件不满足，现代法律制度就不可能在中国建立并畅行无阻。对于中国传统法律文明，我们认为它虽然很多地方已不适应经济发展现状及趋势的要求而需要被改造或淘汰，但由于相当长时期内中国经济社会不会发生根本性变化，这种情况下，经过长期历史考验的一些固有制度仍是我们的国粹和珍宝，我们对它应十分珍视并努力吸收借鉴，断然对本土固有法律进行全盘否定的态度是历史虚无主义，采取过激的破旧立新的方法，将会陷入新法不会用、旧法不能用的尴尬境地。

南京国民政府在农地地权立法中，迅速制定了以西方法学理论为指导和西方概念、制度体系为主要内容的农地地权法律体系，同时也吸收了中国传统中的合理制度，如地上权制度、典权制度，成果斐然。但在其仿照西方模式进行立法的过程中，也存在着重要弊端：第一，忽视了中国法律法治基础的薄弱，对中国严重缺乏实施西式法律所必需的司法体系及更重要的是人民现代法律意识条件缺乏清醒认识，新制定的法律遂成空中楼阁。第二，顽固地吸收了中国传统制度中的一些糟粕，如妨碍平等实现的既有地主所有制、行之不通的限田制度等，致使立法发生方向性错误。第三，西方式地权法律制度构建过急过快，不管引进新制度还是对旧有制度的更新改造，其概念体系及法律理论精神都与中国传统制度大相径庭，一时难以被社会认知和接受，这种情况下，新式法律变为社会现实也就会面临严重困难。所以，中国法制现代化，必定是一个渐进式过程，既需要有长远目标，又要根据现实国情充分利用本土资源的有益成分，不断创造条件，分阶段逐步推进，欲速则不达。

五、立法必须处理好公权力与私权利的关系，明确各自边界

马克思说："人们为之奋斗的一切，都同他们的利益有关。"[①] 毛泽东也指出："马克思列宁主义的基本原则，就是要使群众认识自己的利益，并且团结

① 马克思：《第六届莱茵省议会的辩论》，载《马克思恩格斯全集》（1），人民出版社 1956 年版，第 82 页。

起来，为自己的利益而奋斗。”[①] 所以，任何立法都不能无视人们对利益的追求，要保护好这个生产力发展的原动力，同时，立法又不能任这种对利益的追求漫无边界，以致损害他人和社会公共利益。调处好个人利益、社会利益、国家利益的关系是立法要解决的中心问题。

利益在法律中的代表就是权利，所以立法的关键在于保护、约控好私权利，使私权利在正义的空间内行使。欲达此目的，离不开国家公权力的介入，缺乏公权力，私权利定会漫无边际地驰骋，结果是秩序混乱、平等丧失、效率不再、自由无缘。南京国民政府农地地权立法中的一个重要偏颇之处就是没有处理好公权力和私权利的关系，核心是公权力发挥不当。其具体表现在两个方面：一是公权力过大而限制了私权利的行使，二是公权力不足而造成私权利滥用。关于前者，主要是对现有地主权利的过度维护，不惜以军事力量强力恢复土地旧秩序，镇压农民获得土地的行为；后者则表现为立法中软弱的限田、税收、减租等制度以及法律推行中的不断拖延和无所作为。公权力发挥不当，核心原因当然是明显的利益倾向，由此导致权利分配整体失衡，造成社会成员（主要是地主和农民）间既存的不平等状态更加不平等。社会利益分配的严重不公，势必造成尖锐的社会矛盾和阶级对立，社会秩序就会失范及自由和效率等价值的缺位。

当前我国正处在改革攻坚阶段，各种利益矛盾交织在一起，消除既得利益集团壁垒的难度某种程度上甚至不亚于当初南京国民政府进行的土地改革。南京国民政府在解决农地地权问题时的阶级立场、政治生态、保守态度、软弱力度及靡费时日的笨拙办法是其最终陷于失败的主要原因。今天我们对南京国民政府农地地权立法的研究，主要意义当不限于农地问题的解决，更在于如何实现社会主要利益的平衡上。

---

① 毛泽东：《在晋绥干部会议上的讲话》，载《毛泽东选集》（4），人民出版社 1991 年版，第 1318 页。

参考文献

一、古籍部分

1.《管子》。

2.《孟子》。

3.《尚书》。

4.《论语》。

5.《荀子》。

6.《商君书》。

7.《春秋繁露》。

8.《史记》。

9.《汉书》。

10.《明史》。

11.《明会典·田土》。

12.（清）《钦定户部则例》。

13.《大清会典》。

14.《大清律例》。

15.《清德宗实录》。

16. 沈之奇:《大清律辑注》，怀效锋、李俊点校，法律出版社 2000 年版。

17. 杨立新点校:《大清民律草案·民国民律草案》，吉林人民出版社 2002

年版。

二、经典著作

1.《马克思恩格斯全集》。

2.《马克思恩格斯选集》

3.《列宁全集》。

4.《毛泽东选集》。

5.《毛泽东文集》。

6.《孙中山全集》。

三、史料汇编

1. 时希圣编:《胡汉民言行录》,广益书局 1929 年版。

2. 郭卫编:《最高法院判例汇编》,上海法学社 1931 年版。

3.《最高行政法院判例汇编(22—50 年)》,http://www.docin.com/p-459322664.html。

4. 郭卫、周定枚编:《最高法院民事判例汇刊》第 2 册,上海法学书局 1934 年版。

5. 江苏省财政厅:《江苏省土地陈报纪要》,1935 年版。

6. 实业部中国经济年鉴编纂委员会:《中国经济年鉴》续编,商务印书馆 1935 年版。

7. 陈伯庄:《平汉沿线农村经济调查》,中华书局 1936 年版。

8. 陆费执:《农业法规汇辑》,中华书局 1937 年版。

9. 徐百齐编:《中华民国法规大全》,商务印书馆 1937 年版。

10. 中国国民党土地委员会:《全国土地调查报告纲要》,1937 年。

11. 国民政府主计处统计局:《中国租佃制度之统计分析》,正中书局 1942 年版。

12. 关吉玉、刘国明:《国民政府田赋实况》,正中书局 1944 年版。

13. 国民政府主计处统计局：《中国土地问题之统计分析》，正中书局 1946 年版。

14. 孟南：《中国土地改革问题》，新民主出版社 1948 年版。

15. 华东军政委员会土地改革委员会：《山东省华东各大中城市郊区农村调查》，1952 年版。

16. 章有义编：《中国近代农业史资料》，生活·读书·新知三联书店 1957 年版。

17. 何香凝：《回忆孙中山和廖仲恺》，中国青年出版社 1957 年版。

18. ［美］卜凯：《中国土地利用》，台湾学生书局 1971 年影印版。

19. 行政法院编辑：《行政法院判决汇编》，成文出版社有限公司 1972 年版。

20. 台湾"司法行政部"：《中华民国〈民法〉制定史料汇编》，1976 年刊行。

21. 萧铮主编：《民国二十年代中国大陆土地问题资料》，台北成文出版社、美国中文资料中心 1977 年版。

22. 中国国民党中央委员会党史史料编纂委员会编辑：《革命文献》，台北文物供应社 1978 年版。

23. 中国国民党中央委员会党史委员会编：《胡汉民先生文集》，台北文物供应社 1978 年版。

24. 萧铮：《萧铮回忆录：土地改革五十年》，台北地政研究所 1980 年版。

25. 中央档案馆：《中共中央文件选集》，中共中央党校出版 1982 年版。

26. 人民出版社编辑：《第一次国内革命战争时期的农民运动资料》，人民出版社 1983 年版。

27. 秦孝仪主编："蒋介石思想言论总集"，台北文化大学出版社 1984 年版。

28. 西北政法学院法制史教研室编印：《中国近代法制史资料选辑》，1985 年版。

29. 荣孟源主编：《中国国民党历次代表大会及中央全会资料》，光明日报出版社 1985 年版。

30. 台北"国史馆"：《中华民国史事纪要》，台北"国史馆"1986 年版。

31. 侯坤宏编:《土地改革史料》,台北“国史馆”1988年印行。

32. 中国第二历史档案馆编:《立法院公报》,南京出版社1989年版。

33. 中央档案馆:《中共中央文件选集》(1921—1949),中共中央党校出版社1989年版。

34. 中央档案馆:《中共中央文件选集》,中共党史出版社1989年版。

35. 中国第二历史档案馆编:《蒋介石年谱》,档案出版社1992年版。

36. 中国第二历史档案馆编:《国民党政府政治制度档案史料选编》,安徽教育出版社1994年版。

37. 彭津主编:《民国时期土地法规选编》,广东地图出版社1994年版。

38. 中国第二历史档案馆编:《中华民国史档案资料汇编》,江苏古籍出版社1994年版。

39. 中华民国史法律志编纂委员会编:《中华民国史法律志》(初稿),台北“国史馆”1994年版。

40. 李勇、张仲田编:《蒋介石年谱》,中共党史出版社1995年版。

41. 李新总主编:《中华民国大事记》,中国文史出版社1997年版。

42. 蔡墩铭主编:《民事程序法 立法理由、判解决议、令函释示、实务问题汇编》,台北五南图书出版公司1997年版。

43. 中共中央党史研究室:《联共(布)、共产国际与中国国民革命运动》,北京图书馆出版社1998年版。

44. 蔡鸿源主编:《民国法律集成》(第33册),黄山书社1999年版。

45. 师沛生:《中国民事习惯大全》,上海书店出版社2002年影印版。

46. 夏新华等整理:《近代中国宪政历程:史料荟萃》,中国政法大学出版社2004年版。

47. 中国第二历史档案馆编:《国民政府立法院会议录》,广西师范大学出版社2004年版。

48. 复旦大学历史学系、复旦大学中外现代化进程研究中心编:《近代中国的乡村社会》,上海古籍出版社2005年版。

49. 前南京国民政府司法行政部编:《民事习惯调查报告录》,中国政法大学出版社2005年版。

50. 谢森、陈士杰、殷吉墀编，卢静仪点校：《民刑事裁判大全》，北京大学出版社 2007 年版。

51. 严中平等编：《中国近代经济史统计资料选辑》，中国社会科学出版社 2012 年版。

四、中国学者著作

1. 聂国清：《中国土地问题之史的发展》，华通书局 1930 年版。

2. 陈登元：《中国土地制度》，商务印书馆 1932 年版。

3. 王去非：《民法物权论》，上海法学编译社 1932 年版。

4. 刘鸿渐：《物权法论》，北平朝阳学院出版部 1933 年版。

5. 万国鼎：《中国田制史》，正中书局 1934 年版。

6. 马寅初：《中国经济改造》，商务印书馆 1935 年版。

7. 朱章宾：《土地法理论与诠解》，商务印书馆 1936 年版。

8. 杨幼炯：《近代中国立法史》，上海商务印书馆 1936 年版。

9. 寿勉成、郑厚博：《中国合作运动史》，正中书局 1937 年版。

10. 祝平：《中国土地行政与立法之进展》（出版者、出版年不详）。

11. 历史研究编辑部编：《中国历代土地制度问题讨论集》，生活·读书·新知三联书店 1957 年版。

12. 景苏、罗伦：《清代山东经营地主底社会性质》，山东人民出版社 1959 年版。

13. 南开大学历史系中国古代史教研室编：《中国封建社会土地所有制形式问题讨论集》，生活·读书·新知三联书店 1962 年版。

14. 潘连方：《台湾土地改革之回顾与展望》，台北正中出版社 1965 年版。

15. 史尚宽：《土地法原论》，台北正中书局 1975 年版。

16. 杨与龄：《民法物权》，台北五南图书出版公司 1981 年版。

17. 倪江表：《民法物权论》，台北正中书局 1982 年版。

18. 潘维和：《中国民事法史》，台北汉林出版社 1982 年版。

19. 陈翰笙：《陈翰笙文集》，复旦大学出版社 1985 年版。

20. 薛暮桥、冯和法编:《〈中国农村〉论文选》,人民出版社 1983 年版。

21. 孔永松:《中国共产党土地政策演变史》,江西人民出版社 1987 年版。

22. 樊树志:《中国封建土地关系发展史》,人民出版社 1988 年版。

23. 杨国桢:《明清土地契约文书研究》,人民出版社 1988 年版。

24. 曾宪义、郑定:《中国法律制度史研究通览》,天津教育出版社 1989 年版。

25. 杨际平:《均田制新探》,厦门大学出版社 1991 年版。

26. 金德群主编:《中国国民党土地政策研究(1905—1949)》,海洋出版社 1991 年版。

27. 武建国:《均田制研究》,云南人民出版社 1992 年版。

28. 沈宗灵:《现代西方法理学》,北京大学出版社 1992 年版。

29. 刘俊文编:《日本学者研究中国史论著选译》(第六卷),中华书局 1993 年版。

30. 章开沅:《比较中的审视:中国早期现代化研究》,浙江人民出版社 1993 年版。

31. 张文显:《法学基本范畴研究》,中国政法大学出版社 1993 年版。

32. 郭德宏:《中国近现代农民土地问题研究》,青岛出版社 1993 年版。

33. 叶孝信:《中国民法史》,上海人民出版社 1993 年版。

34. 成汉昌:《中国土地制度与土地改革——20 世纪前半期》,中国档案出版社 1994 年版。

35. 武树臣等著:《中国传统法律文化》,北京大学出版社 1994 年版。

36. 金德群:《民国时期农村土地问题》,红旗出版社 1994 年版。

37. 钟祥财:《中国土地思想史稿》,上海社会科学院出版社 1995 年版。

38. 孔庆明主编:《中国民法史》,吉林人民出版社 1996 年版。

39. 曹幸穗:《旧中国苏南农家经济研究》,中央编译出版社 1996 年版。

40. 郭道晖:《法的时代呼唤》,法制出版社 1996 年版。

41. 苏力:《法治及其本土资源》,中国政法大学出版社 1996 年版。

42. 侯绍庄:《中国古代土地关系史》,贵州人民出版社 1997 年版。

43. 梁治平:《寻求自然秩序中的和谐——中国传统法律文化研究》,中国政法大学出版社 1997 年版。

44. 朱玉湘：《中国近代农民问题与农村社会》，山东大学出版社 1997 年版。

45. 马克垚：《中西封建社会比较研究》，学林出版社 1997 年版。

46. 张俊浩：《民法学原理》，中国政法大学出版社 1997 年版。

47. 张晋藩：《清朝民法综论》，中国政法大学出版社 1998 年版。

48. 虞宝棠：《国民政府与民国经济》，华东师范大学出版社 1998 年版。

49. 梅仲协：《民法要义》，中国政法大学出版社 1998 年版。

50. 谢振民编著，张知本校订：《中华民国立法史》，中国政法大学出版社 2000 年版。

51. 郑大华：《民国乡村建设运动》，社会科学文献出版社 2000 年版。

52. 梁慧星：《从近代民法到现代民法》，中国法制出版社 2000 年版。

53. 张佩国：《地权分配·农家经济·村落社区——1900—1945 年的山东农村》，齐鲁出版社 2000 年版。

54. 费孝通：《江村经济》，商务印书馆 2001 年版。

55. 王利明：《中国物权法草案建议稿及说明》，中国法制出版社 2001 年版。

56. 张文显：《法学基本范畴研究》，中国政法大学出版社 2001 年版。

57. 杨振山：《罗马法·中国法与民法法典化》，中国政法大学出版社 2001 年版。

58. 马学强：《从传统到近代：江南城镇土地产权制度研究》，上海社会科学院出版社 2002 年版。

59. 何勤华、李秀清主编：《民国法学论文精粹》，法律出版社 2002 年版。

60. 龙卫球：《民法总论》，中国法制出版社 2002 年第 2 版。

61. 李剑农：《中国近百年政治史》，复旦大学出版社 2002 年版。

62. 李贵连：《近代中国法制与法学》，北京大学出版社 2002 年版。

63. 张晋藩主编：《中国民法通史》，福建人民出版社 2003 年版。

64. 周诚：《土地经济学原理》，商务印书馆 2003 年版。

65. 曹杰著，周旋勘校：《中国民法物权论》，中国方正出版社 2004 年版。

66. 高王凌：《租佃关系新论——地主、农民和地租》，上海书店2005年版。

67. 罗澍伟：《引领近代文明——百年中国看天津》，天津人民出版社2005年版。

68. 梅夏英：《物权法·所有权》，中国法制出版社2005年版。

69. 朱勇主编：《中国民法近代化研究》，中国政法大学出版社2006年版。

70. 蒲坚主编：《中国历代土地资源法制研究》，北京大学出版社2006年版。

71. 赵金康：《南京国民政府法制理论设计及其运作》，人民出版社2006年版。

72. 费孝通：《乡土中国》，上海人民出版社2006年版。

73. 高富平、吴一鸣：《英美不动产法：兼与大陆法比较》，清华大学出版社2007年版。

74. 杨天石：《寻找真实的蒋介石》，山西出版集团、山西人民出版社2008年版。

75. 杨士泰：《清末民国地权制度变迁研究》，中国社会科学出版社2010年版。

76. 王奇生：《党员、党权与党争：1924—1949年中国国民党的组织形态》，华文出版社2010年版。

五、外国学者著作

1. [日] 横田秀雄：《物权法》，东京清水书店1912年版。

2. [日] 仁井田陞：《中国法制史研究》，东京大学出版会1960年版。

3. [美] 卜凯：《中国土地利用》，台湾学生书局1971年版。

4. [法] 孟德斯鸠：《论法的精神》，商务印书馆1978年版。

5. [英] 霍布斯：《利维坦》，商务印书馆1985版。

6. [美] 黄宗智：《华北的小农经济与社会变迁》，中华书局1986年版。

7. [美] 约翰·罗尔斯：《正义论》，中国社会科学出版社1988年版。

8. [美] 丹尼尔·贝尔：《资本主义文化矛盾》，生活·读书·新知三联书店 1989 年版。

9. [美] 费正清：《剑桥中华民国史》，中国社会科学出版社 1994 年版。

10. [英] 亨利·乔治：《进步与贫困》，商务印书馆 1995 年版。

11. [意] 阿奎那：《政治著作选》，商务印书馆 1997 年版。

12. [英] 弗里德里希·冯·哈耶克：《自由秩序原理》，生活·读书·新知三联书店 1997 年版。

13. [美] 理查德·A. 波斯纳：《法律的经济分析》，中国大百科全书出版社 1997 年版。

14. [日] 穗积陈重：《法律进化论》，中国政法大学出版社 1997 年版。

15. [美] E. 博登海默：《法理学：法律哲学与法律方法》，中国政法大学出版社 1999 年版。

16. [美] 黄宗智：《长江三角洲的小农家庭与乡村发展》，中华书局 2000 年版。

17. [美] 费正清：《中国：传统与变迁》，世界知识出版社 2002 年版。

18. [美] 贝哈安特：《不动产法》，中国人民大学出版社 2002 年版。

19. [日] 长野郎：《中国土地制度的研究》，中国政法大学出版社 2004 年版。

20. [德] 鲁道夫·冯·耶林：《为权利而斗争》，中国法制出版社 2004 年版。

21. [美] 杜赞奇：《文化、权力与国家：1900—1942 年的华北农村》，江苏人民出版社 2005 年版。

22. [德] 佛朗茨·维亚克尔：《近代私法史》，上海三联书店 2006 年版。

六、硕博士论文

1. 王合群：《浙江“二五减租”研究》，华东师范大学 2003 年博士学位论文。

2. 田湘波：《中国国民党党政体系剖析》，湖南大学 2004 年博士学位论文。

3. 曹伊清：《法制现代化视野中的清末房地产契证制度》，南京师范大学

2006 年博士论文。

4. 黄金兰:《法律移植研究》,山东大学 2006 年博士学位论文。

5. 蔡江:《马克思利益观研究》,四川师范大学 2007 年硕士学位论文。

6. 姚雪:《权利利益论》,山东大学 2007 年硕士学位论文。

7. 谢冬慧:《南京国民政府时期民事审判研究》,南京师范大学 2008 年博士学位论文。

8. 郭正怀:《民国时期审判制度研究》,湘潭大学 2010 年博士学位论文。

9. 张静:《民国时期河北地权纠纷——以河北民国高等法院档案为中心》,河北师范大学 2010 年硕士学位论文。

10. 郭腾云:《南京国民政府时期行政法院土地案件的裁判》,山西大学 2010 年硕士学位论文。

11. 郭昌瑞:《民国时期民事所有权的解释例研究》,山西大学 2011 年硕士学位论文。

12. 彭波:《国家、制度、要素市场与发展——中国近世租佃制度研究》,清华大学 2011 年博士学位论文。

13. 董旭:《论南京国民政府时期的土地征收制度》,华中科技大学 2011 年硕士学位论文。

14. 苗杰:《论 1935—1937 年湖北省土地陈报》,华中师范大学 2011 年硕士学位论文。

七、论文

1. 韩德章、詹玉荣:《关于近代中国农业中资本主义经济的发展问题》,《中国农史》1982 年第 2 期。

2. 邓拓:《旧中国农村的阶级关系与土地制度》,《社会科学战线》1982 年第 3 期。

3. 杨振亚:《试析国民政府十年内战时期的土地法》,《南京大学学报》1984 年第 3 期。

4. 崔红星:《简析抗战胜利后国共两党的土地政策》,《史学月刊》1986 年第 4 期。

5. 王永兴：《论唐代均田制》，《北京大学学报》1987 年第 2 期。

6. 章有义：《本世纪二三十年代我国地权分配的再估计》，《中国社会经济史研究》1988 年第 2 期。

7. 杨国桢：《论中国永佃权的基本特征》，《中国社会经济史研究》1988 年第 2 期。

8. 胡旭晟：《描述性的法史学与解释性的法史学——我国法史研究新格局评析》，《法律科学》1988 年第 6 期。

9. 柳河：《近代北方地主经营方式三例》，《中国经济史研究》1989 年第 1 期。

10. 乌廷玉：《解放前东北三省的租佃关系》，《社会科学战线》1989 年第 2 期。

11. 王均寅：《浙江二五减租与国民党土地政策》，《历史教学》1989 年第 3 期。

12. 左用章：《评国民党政府 1930 年颁布的〈土地法〉》，《教学与研究》1989 年第 4 期。

13. 郭德宏：《旧中国土地占有状况及发展趋势》，《中国社会科学》1989 年第 4 期。

14. 金普森、张忠才：《一九二七至一九三七南京国民政府农村土地政策述评》，《浙江学刊》1989 年第 4 期。

15. 乌廷玉：《近代山西省的租佃关系》，《晋阳学刊》1989 年第 6 期。

16. 姜枫：《抗战前国民党的农村合作运动》，《近代史研究》1990 年第 3 期。

17. 张文显：《从义务本位到权利本位是法的发展规律》，《社会科学战线》1990 年第 3 期。

18. 丁长青：《二十世纪前半期的中国经营地主研究》，《中国经济史研究》1990 年第 4 期。

19. 曹幸穗：《论旧中国苏南土地占有关系的演变及其推动力》，《中国社会经济史研究》1990 年第 4 期。

20. 郭德宏：《论孙中山的土地主张》，《东疆学刊》1991 年第 1 期。

21. 刘秋根：《永佃权源于何时》，《晋阳学刊》1991 年第 1 期。

22. 向达之:《论近代西北地区的土地租佃制度》,《甘肃社会科学》1991 年第 4 期。

23. 陈廷煊:《近代中国地主土地所有制下的租佃关系》,《中国经济史研究》1991 年第 4 期。

24. 郭德宏:《南京国民政府时期国民党的土地政策与实践》,《近代史研究》1991 年第 5 期。

25. 金德群:《"二五减租"发轫初探》,《教学与研究》1991 年第 6 期。

26. 杨元华:《1927—1937 年国民政府的土改政策》,《上海师范大学学报》1993 年第 2 期。

27. 唐文起:《抗战前江苏农村土地所有权浅析》,《民国档案》1993 年第 3 期。

28. 王天奖:《民国时期河南的地权分配》,《中州学刊》1993 年第 5 期。

29. 史建云:《近代华北平原自耕农初探》,《中国经济史研究》1994 年第 1 期。

30. 金德群:《民国时期土地经营问题》,《首都师范大学学报》1994 年第 3 期。

31. 李静荣:《略论大革命时期国民党的土地政策》,《北京党史》1994 年第 3 期。

32. 沈宗灵:《论法律移植与比较法学》,《外国法议评》1995 年第 1 期。

33. 北岳:《法律权利的定义》,《法学研究》1995 年第 3 期。

34. 舒国滢:《权利的法哲学思考》,《政法论坛》1995 年第 3 期。

35. 苏亦工:《法律史学研究方法问题的商榷》,《北方工业大学学报》1997 年第 4 期。

36. 马俊亚:《近代江南地区工业资本与农村社会经济关系初探》,《中国农史》1998 年第 1 期。

37. 乌廷玉:《旧中国地主富农占有多少土地》,《史学集刊》1998 年第 1 期。

38. 刘克祥:《近代城市的发展与资本主义中小农场的兴起》,《中国经济史研究》1998 年第 3 期。

39. 史建云:《近代华北平原佃农的土地经营及地租负担——近代华北平

原租佃关系探索之二》,《近代经济史研究》1998 年第 6 期。

40. 周少元:《二十世纪中国法制变革与法律移植》,《中外法学》1999 年第 2 期。

41. 刘敬东、吴国风:《试谈孙中山哲学的理念及其意义》,《哲学研究》1999 年第 3 期。

42. 张鸣:《20 世纪开初 30 年的中国农村社会结构与意识变迁———兼论近代激进主义发生发展的社会基础》,《浙江社会科学》1999 年第 4 期。

43. 于永:《30 年代中期国民政府整理田赋的举措述评》,《内蒙古师大学报》1999 年第 6 期。

44. 马俊亚:《近代江南地区工业资本与土地积累关系辨析》,《史学月刊》1999 年第 6 期。

45. 刘椿:《三十年代南京国民政府的田赋整理》,《中国农史》2000 年第 2 期。

46. 左志远:《论民国时期中国农村土地所有权之变迁》,《邢台师范高专学报》2000 年第 2 期。

47. 田维斌:《简论权利本位的历史演进过程及其意义》,《高等函授学报》(哲学社会科学版)2000 年第 5 期。

48. 夏锦文:《21 世纪中国法律史学研究的基本思路》,《学习与探索》2001 年第 1 期。

49. 王奇生:《党政关系:国民党党治在地方层级的运作(1927—1937)》,《中国社会科学》2001 年第 3 期。

50. 叶碧星:《十年时期南京国民政府土地政策的特点》,《福建省社会主义学院学报》2001 年第 4 期。

51. 姜爱林:《民国时期国民党土地政策述要》,《历史档案》2001 年第 4 期。

52. 侯建新:《近代冀中土地经营及地权转移趋势》,《中国经济史研究》2001 年第 4 期。

53. 刘克祥:《20 世纪 30 年代土地阶级分配的整体考察和数量估计》,《中国经济史研究》2002 年第 1 期。

54. 王合群:《国民党派系斗争与“二五减租”运动的兴起》,《民国档案》

2002 年第 2 期。

55. 史志宏:《20 世纪三、四十年代华北平原农村的土地分配及其变化——以河北省清苑县 4 村为例》,《中国经济史研究》2002 年第 3 期。

56. 廖光珍:《1949 年前国民党土地政策述评》,《贵州社会科学》2003 年第 1 期。

57. 李松龄:《有公平就有效率——马克思的公平、效率和分配观》,《山东社会科学》2003 年第 1 期。

58. 汪柏树:《徽州民国土地卖契的上手契》,《黄山学院学报》2003 年第 4 期。

59. 许中继:《20 世纪 30 年代广西农地地权分配状况分析》,《广西地方志》2003 年第 4 期。

60. 夏新华:《比较法制史:中国法律史学研究的新视角》,《法制与社会发展》2003 年第 5 期。

61. 樊卫国:《民国经济二元结构与农村分配》,《上海经济研究》2003 年第 10 期。

62. 李铁强:《1927—1937 年湖北田赋问题述论》,《江汉论坛》2004 年第 1 期。

63. 王全营:《民国中期的地权分配与农业经营》,《信阳师范学院学报》2004 年第 1 期。

64. 张晋藩:《综论中国法制的近代化》,《政法论坛》2004 年第 1 期。

65. 武力:《20 世纪 30—40 年代保定农村土地分散趋势及其原因》,《古今农业》2004 年第 3 期。

66. 程美东:《论近代中国现代化的缓慢发展》,《江淮论坛》2004 年第 4 期。

67. 廖光珍:《民主革命时期国共两党土地政策比较》,《贵州师范大学学报》2004 年第 4 期。

68. 长浩:《近年来利益理论研究述评》,《渤海大学学报》2004 年第 5 期。

69. 彭诚信:《"观念权利"在古代中国的缺失——从文化根源的比较视角论私权的产生基础》,《环球法律评论》2004 年(秋季号)。

70. 黄道炫:《一九二〇——一九四〇年代中国东南地区的土地占有——兼

谈地主、农民与土地革命》，《历史研究》2005 年第 1 期。

71. 邓建鹏：《私有制与所有权？——古代中国土地权利状态的法理分析》，《中外法学》2005 年第 2 期。

72. 徐旭阳：《抗日战争时期湖北后方国统区的土地呈报和减租工作》，《广西社会科学》2005 年第 4 期。

73. 莫宏伟：《近代中国农村的永佃权述析》，《学术论坛》2005 年第 7 期。

74. 赵晓耕、何莉萍：《试述民国初年的土地政策与立法》，《政治与法律》2006 年第 1 期。

75. 何莉萍：《从“二五减租”运动看民国时期土地政策之实施》，《湖南社会科学》2006 年第 2 期。

76. 俞乃华：《清至民国时期徽州无契土地房屋所有权认定考略》，《安徽史学》2006 年第 3 期。

77. 赵冈：《永佃制的经济功能》，《中国经济史研究》2006 年第 3 期。

78. 李三谋、张鸿宾：《阎锡山的“土地村公有”》，《古今农业》2006 年第 3 期。

79. 王小嘉：《从二五到三七五：近代浙江租佃制度与国民党浙江二五减租政策的嬗变》，《中国经济史研究》2006 年第 4 期。

80. 房宇：《论禁止权利滥用原则》，《辽宁行政学院学报》2006 年第 5 期。

81. 秦晖：《关于传统租佃制若干问题的商榷》，《学术月刊》2006 年第 6 期。

82. 王昉：《传统中国社会农地地权关系及制度思想在近代的转型》，《学术论坛》2007 年第 3 期。

83. 夏联委、李瑞广：《新中国成立前国民党土地政策的反思》，《南方论刊》2007 年第 5 期。

84. 郑起东：《国民政府土地陈报研究》，《古今农业》2008 年第 1 期。

85. 邓建鹏：《中国法律史研究思路新探》，《法商研究》2008 年第 1 期。

86. 把增强：《产权变异：民国时期华北乡村土地纠纷之动因探研》，《河北师范大学学报》2008 年第 3 期。

87. 罗衍军：《民国时期华北乡村土地占有关系刍论》，《晋阳学刊》2008 年第 4 期。

88. 罗翠芳:《近代汉口商业资本探微》,《湖南农业大学学报》2008 年第 4 期。

89. 杨奎松:《新中国土改背景下的地主富农问题》,《史林》2008 年第 6 期。

90. 陈丹丹:《抗战时期国民政府的土地陈报》,《郑州航空管理学院学报》(社会科学版)2008 年第 10 期。

91. 刘昕杰:《"中国法的历史"还是"西方法在中国的历史"》,《社会科学研究》2009 年第 4 期。

92. 马小红:《法律史研究方法及其在部门法中的运用》,《山东警察学院学报》2009 年第 4 期。

93. 李守礼:《民国时期甘肃省土地陈报探析》,《兰州教育学院学报》2010 年第 2 期。

94. 郭腾云:《论民国行政法院关于土地案件的裁判》,《沧桑》2010 年第 4 期。

95. 王柏树:《坚持以徽读徽——解读民国徽州土地卖契中的当、卖及典卖之典》,《黄山学院学报》2010 年第 6 期。

96. 杨志民:《传统宗法文化与近代中国宪政》,《法律评论》2011 年第 2 期。

97. 何勤华:《法的国际化与本土化:以中国近代移植外国法实践为中心的思考》,《中国法学》2011 年第 4 期。

98. 杜凤娇、高源:《专家会诊当前十大土地问题》,《人民论坛》2011 年第 10 期(上)。

99. 古戴:《法律移植问题综述》,《法律与社会》2014 年 2 月(上)。